张莉萍 ◎ 主编

中国社会工作机构督导

广东高等教育出版社
Guangdong Higher Education Press

·广州·

图书在版编目（CIP）数据

中国社会工作机构督导/张莉萍主编. —广州：广东高等教育出版社，2023. 12
ISBN 978 -7 -5361 -7454 -2

Ⅰ. ①中…　Ⅱ. ①张…　Ⅲ. ①社会工作—组织机构—监督—研究—中国
Ⅳ. ①D669

中国国家版本馆 CIP 数据核字（2023）第 080899 号

ZHONGGUO SHEHUI GONGZUO JIGOU DUDAO

出版发行	广东高等教育出版社 社址：广州市天河区林和西横路 邮编：510500　营销电话：（020）87554152　38493773 http://www.gdgjs.com.cn
印　　刷	佛山市诚铭印刷有限公司
开　　本	787 毫米 ×1 092 毫米　1/16
印　　张	19.75
字　　数	480 千
版　　次	2023 年 12 月第 1 版
印　　次	2023 年 12 月第 1 次印刷
定　　价	52.00 元

前　言

社会工作督导源起于20世纪初，至今已有140年的历史（徐明心等，2008）。进入新时代以来，通过购买社会公共服务，中国政府与社会工作机构形成了典型的“委托代理”式契约关系。如果说政府在购买社会公共服务中担当了宏观的监管者角色，那么社会工作机构督导则在机构承接的购买项目中担当了微观的监管者角色。在联合国国际标准产业分类体系（ISIC）中，社会工作组织属于三大类非营利组织之一。中华人民共和国民政部将社会工作组织（本书专指社会工作机构）定义为：以社会工作者为主体，坚持“助人自助”宗旨，遵循社会工作专业伦理规范，综合运用社会工作专业知识、方法和技能，开展困难救助、矛盾调处、权益维护、心理疏导、行为矫治、关系调适等服务工作的民办非企业单位①。

中国的社会工作组织正在以什么样的速度增长呢？中共十八届三中全会做出“推进现代国家治理体系和治理能力现代化”以及创新社会治理体制的整体战略部署，中国从经济建设转入经济与社会建设并重的时代。公共服务以合同形式将服务外包给第三方，合同管理在公共管理以及社会服务领域成为热点议题。2014年南方新闻网报道，近5年广东省政府购买社工服务资金近20亿元。2017年佛山南海区一地就抛出441个政府购买项目，总预算投入金额超1.6亿元。2018年全国各地购买社会工作服务的资金超过60亿元②。基于专业价值观和工作方法的新型治理机制——服务型治理已成为社会工作发挥协同治理作用的显性路径③（王思斌，2015），获得学界、政界、基层实践者的认同，本土社会工作被视为中国基层社会治理体系和治理能力现代化的有机组成部分。当下中国的社会工作机构是社会服务的主要载体。

在上述发展趋势下，社会对增加责任和以结果为导向管理的信任，对关于服务

① 中华人民共和国民政部．关于促进民办社会工作机构发展的通知（Z）．2009-10-12。

② 中华人民共和国民政部．2019“数”说社会工作发展：追梦新征程 社工在行动［EB/OL］．(2019-03-18). http://mzzt.mca.gov.cn/article//zt_ sgzxd/ssshgz/201903/20190300015550.shtml.

③ 王思斌：《社会工作参与社会治理的特点及其贡献——对服务型治理的再理解》，《社会治理》2015年第1期。

提供者所要完成任务的规定，或是提供者将运用的资源及其要进行的具体活动的规定，使得绩效合同管理、追踪关键结果的各种指标并反馈成为社会工作组织日常工作的必然，这也是以承接政府购买服务为初衷的。2018 年 6 月 26 日，财政部就《政府购买服务管理办法（征求意见稿）》（以下简称《办法》）向社会征求意见。旧《办法》关于绩效的第三十一条共 191 个字，而新《办法》关于绩效管理则单独设置了一章，共 7 条 850 字，对绩效管理的重视可见一斑。政府购买服务的资金必须实现效益最大化，这对于承接政府购买服务的社会组织来说，意味着在绩效管理方面需要更加重视、更多投入。那么，若要促进一线社工完成绩效，保障来自纳税人的有限资源投放与产出，督导必然是众多承接政府购买服务项目的社会组织提高社会工作者工作效率和生产率的关键因素与环节。社会工作机构督导是这个关键性环节的中坚力量，本研究总结了现阶段本土社会工作机构督导实务经验。

社会工作机构已经成长为中国社会服务领域重要的社会组织类型。截至 2018 年底，我国主管部门登记的社会工作服务机构达 9 793 家，广东省 1 406 家，其中广州市 407 家，持证社会工作者 1.8 万人，数量居全国首位。

2012 年中央组织部、民政部等 19 部委联合发布的《社会工作专业人才队伍建设中长期规划（2011—2020）》明确提出了到 2020 年我国将培养 8 万名社会工作专业督导人才的目标。以广州市为例，截至 2019 年 10 月，报备行业协会的社会工作机构督导人数已达 1 210 人[①]；同年 11 月，由广州市社会工作协会承担的督导人才培养专项为全市社会工作行业（机构）培育了 448 名合格的督导[②]。《中国社会工作督导的政策建制（2009—2018）》[③] 较清晰地画出中国地方政府联手行业协会推进发展高级社会工作人才的时间轴，深圳、广州、东莞、重庆、浙江安吉、上海、南京、成都、厦门、郑州等地先后出台社会工作督导人才培养与保障政策文件。

社会工作督导已经成为专业社会工作发展的重要组成部分。在创新社会治理以及专业社会工作发展的需求和推动下，中国社会工作督导实务进一步拓展，建设一支优秀的社会工作督导（它是社会工作梯级中的高级专业人才）队伍成为完善社会工作的重要环节和核心内容。社会工作督导是一线社工（被督导者）的陪伴者和社会服务重要的角色和实践者，社会工作机构是近年来在中国崛起的社会组织（非营利组织）新生类型和培养、使用社会工作督导人才的主体之一，也是社会工作督导者集体行动的重要场域。

黄源协（2011）提到：“督导需在以机构和更广泛的社会之结构脉络中作思

① 2019 年 10 月广州市社工督导人员备案名单公报 http://www.gzsg.org/article/id/4661.html.

② 数据由广州市社会工作协会提供。

③ 赵万林：《社会工作督导的知识类型与实践基础——基于社会建构主义的视角》，山东大学硕士学位论文，2018，第 60 页。

考……督导和被督导者彼此之间的互动、讨论内容、机构的政策和文化，以及其所处的社会和政治力，皆可能影响到督导关系的建立与运作”①。本书聚焦中国社会工作机构服务场域中的社会工作督导议题、探索中国社会工作机构督导实践知识体系。

本书的研究方法：

一是行动研究。行动研究的常见方法是以实务工作者在专业实务上的反思为基础，构思研究过程，它基于这样一种假设：所有人都会受到研究进程中必然产生的问题的影响，也会对这个问题本身产生影响。与定量研究寻求变量相关的一般性解释不同，行动研究寻求的是如何进入督导情境的动态中，它是一个集督导员与研究者于一身的行动者针对督导议题进行考察，针对督导现象理解与解释、系统化地参与式探究过程。“观察—思考—督导行动”持续性的循环活动模式，能帮助参与研究的督导员（他们自己也是被研究对象）追踪督导进程。研究参与者不仅可以提升个人系统化研究的能力，还可以建立一个互相支持的合作关系网络。本书目录是社会工作机构督导的行动逻辑或行动框架。

二是系统分析。使用系统分析方法的目的是希望通过理解督导系统及其与社会环境（主要是指社会服务系统）的关系，对督导系统的各个组成部分（如被督导者、机构、组织制度、服务对象以及其他重要持份者之间的相互联系、督导过程的各个环节进行研究。分析内容包括整体分析、环境分析、结构分析、层次分析、相关分析等。

三是历史性视角。对本土社会工作机构督导起源与发展的历史事实做详尽的梳理，分析社会工作机构督导客观现象与本土社会特定历史条件下各种因素的联系，揭示本土社会工作机构督导本质和发生发展规律。

四是文献研究。借助现有各种数据库资源，查阅国内外文献资料，借鉴相关研究理论、方法与成果，充分了解目前社工机构督导相关研究状况，包括国内外有关督导研究专著、期刊论文、学位论文、文件档案、参考文献等。文献内容加工方式有零次文献、一次、二次、三次文献，特别是当原实证调研计划受疫情影响时，电子文献研究方法就成为研究阶段后期的主要手段。

五是案例分析。以脚本形式说明社会工作机构督导人才的培养过程，以及督导一线社工开展服务的具体案例。

本书共八章。张莉萍主持全书策划、组织和改稿统稿工作，各章主要执笔人是：

第一章：张莉萍、谢玉宝、韦晓冬；第二章：张莉萍、朱静君、谢金喜、刘百秀、周扬欣；第三章：张莉萍、韦晓冬；第四章：张莉萍、郑杰榆；第五章：第一节 卓冰峰、陈锦蔡；第二节 鲁颖宇、陈敏仪、张莉萍；第三节 梁健玲；第四节

① 黄源协：《社会工作管理》，扬智文化事业股份有限公司，2001，第389－391页。

刘百秀；第五节　黄夕君；第六节　赖玉森；第七节　周　琳；第八节　冯慧玲；第九节　郭丽萍、张南森、张莉萍；第十节　李伯平、赖贵林。第六章：梁伟康、张莉萍、翁欢琪、李苑兰、张翠颖；第七章：梁伟康、张莉萍；第八章：张莉萍。

本书的编写过程参考引用了多方有关专家学者、社工行业实务者的观点和案例材料，得到了2018年度广东省哲学社会科学“十三五”规划后期资助（项目批准号：GD18HGL03）；在编写前期，汕头大学许少曼、广东财经大学陈跃青为本书做了大量协助工作。在此，一并表示诚挚的感谢。由于编者水平有限，书中难免有不足和疏漏之处，恳请读者批评指正。

张莉萍

2023年10月16日

目　录

第一章 中国社会工作机构督导概论

社会工作督导是社会工作行政的重要辅助形式，也是社会工作独具特色的专业制度设置。当下中国社会工作机构是社会服务的主要载体，本章试图梳理概括我国社会工作机构督导发展实践脉络。

第一节　中国社会工作机构督导的起源[①]

一、社会工作机构外聘督导阶段

社会工作机构外聘督导，既指从境外聘请，也包括从机构之外聘请的社会工作专业从业者。

（一）境外专业支援：香港社会工作督导参与推动内地社会工作人才队伍建设

上海市最早由政府主导推进社会工作人才队伍建设。2002 年 8 月，上海在社会工作教育者和研究者的推动下开始社区矫正试点[②]，彼时尚无社会工作机构。2003 年 3 月，国内第一家非营利的社会工作服务机构——上海乐群服务社成立。同年，上海在药物泛滥、犯罪矫治和青少年等服务领域建立了一支 1 300 多人的职业社工队伍[③]。2004 年，上海市民政局开全国之先，设立了职业社会工作处，成立了专门从事犯罪预防的上海市阳光社区青少年事务中心、上海市自强社会服务总社、上海市新航社区矫正总站等专业社会工作机构[④]，期间得到了资深社会工作者协助，如香港地区的基督教服务处协助上海浦东社会工作者协会推广医务社会工作及驻校工作[⑤]，该机构行政总裁吴水丽还担任乐群社工服务社的理事。开启境外社会工作督导参与推动内地社会工作人才队伍建设阶段。

---

① 本节作者：张莉萍（广东财经大学）、谢玉宝（深圳信息职业技术学院）。

② 张昱：《社会工作的本土化发展——上海社会工作发展过程分析》，《华东理工大学学报（社会科学版）》2004 年第 1 期。

③ 马伊里：《上海社会工作的实践探索》，《行政管理改革》2010 年第 3 期。

④ 顾东辉：《上海社会工作实践的本土导向》，《青年学报》2014 年第 4 期。

⑤ 区洁盈主编《社工先行者印记后篇——承先启后》，香港基督教服务处，2010，第 6 页。

中国政府购买社会工作服务“起源于上海，发展于深圳，传承于广州”[①]。继上海之后，深圳市在推进社会工作发展史也留下了浓墨重彩的一笔。2007 年 5 月，广东省首家社会工作机构——深圳市鹏星社会工作服务社正式成立，“社会工作机构”概念逐渐为中国政府和学界所接受和使用[②]。2007 年 10 月，深圳市委、市政府出台“1 + 7”文件，开发了 33 个社工试点岗位，招聘 10 名编制内社工，设立了 12 家民间社工机构，向社工机构购买了 445 名社工，在民政系统 11 个服务领域提供岗位服务；截至 2011 年，深圳市注册社工已达 1 022 人。[③]

为了能够让这一批深圳最早的、也最年轻、且基本不具备一线服务经验的社会工作专业本科应届毕业生尽快熟悉业务，凭借毗邻香港的地缘优势，深圳市民政局聘请香港基督教服务处及香港社会服务发展研究中心的资深督导。香港督导以全职或半职的工作形式，往返港深两地，每月定期入深圳社工机构与一线社工面谈，处理文书、开展机构内部培训、组织社工到港培训交流，协助机构完善内部管理制度、监督一线社工服务质量等。据统计，2007—2012 年间共有超过 120 名香港督导为 1 100 多名深圳社工开展督导服务，具体的督导情况见表 1 - 1[④]。

表 1 - 1　2007—2012 年香港督导提供服务情况

个人督导	小组督导	专业培训	组织到港学习	开展交流活动	直接培养本土督导
29 833 次	10 863 次	1 188 次	1 421.9 小时	196 次	230 余名

深圳社工对香港督导效果给予了高度评价，一线社工对香港督导面对面指导、个人成长指导及审阅文书的满意度超过 91%[⑤]，整体满意度达 82% 以上。对于没有任何社工经验的一线社工来说，香港督导不仅培养提升了他们“从无到有”的实务能力，而且教会了社工如何思考，为其后续独立开展工作给予了宝贵的启发[⑥]。总体来说，境外社会工作督导在推动当地社会工作的制度化、专业化方面具有重要影响。其后，广东（如广州、东莞、中山、佛山）、山东等地也陆续引入境外社会工作督导。

（二）国内专业支援：高校社会工作专业教师协同推动内地社会工作人才队伍建设

在国内社会工作机构场域，与境外社会工作督导同时存在的还有来自国内高校专业教师的支持。2010 年 8 月，东莞市民政局以项目制聘请广东商学院（后改名广东财经大学）6 名社会工作专业教师担任督导，为东莞市中堂镇、长安镇、南城区街道三地镇街（由当地社会工作机构派驻的）岗位社工提供专业指导服务。据估计，2016 年全国创办

---

① 徐蕴：《政府购买社工服务提速大考》，《中国社会报》2013 年 7 月 5 日第 5 版。

② 易松国：《高校教师创办社工机构——中国本土社会工作的实证研究》，《中国社会工作研究》2017 年第 2 期。

③ 张莉萍，韦晓冬：《中国社会工作本土化实践：督导人才培养研究报告——以珠江三角洲地区为例》，《华东理工大学学报（社会科学版）》2011 年第 6 期。

④ 深圳市社会工作者协会. 中国本土社会工作督导体系建设研究——以深圳本土督导发展为例[R]. 深圳：深圳市社会工作者协会，2015.

⑤ 同上。

⑥ 李晓凤：《社会工作督导：理论与实务及本土经验反思》，中国社会出版社，2016，第 276 页。

社工机构的高校教师人数达到400人左右，创办社工机构的受访教师有22.2%即近90人同时担任机构督导，推动社会工作本土化实践。据广州市社会工作协会2015年12月统计，广州市社会工作行业督导人员资质备案、首批认证审核通过了289名社会工作督导，其中本土督导（含30名高校教师）246名。高校教师有着较为丰富的学术知识和人生阅历，兼具教师培训、社会服务、人才培养、发展推动等社会功能。[①]

二、社会工作机构内生督导阶段：本土督导的萌芽

随着社会工作发展进程，持续聘请境外督导不仅面临资金问题，境外督导还因香港经验的“水土不服”、入深督导时间有限、特别是“不参与机构管理”[②]、行政功能受限等原因，原先的专业优势日益受限。在广东，解决从境外督导向内生督导人才的过渡衔接迫切需求问题摆上了日程。

（一）师徒式：培育本土社会工作机构内生督导的深圳经验

2008年，在政府指导下深圳市社会工作协会开始了督导选拔、认证、培养、评估等一系列工作，制定并出台了《深圳市社会工作督导助理选拔指引》《深圳市社会工作初级督导选拔考核管理办法》《深圳市社会工作督导管理办法》《深圳市初级督导工作成效评估指标体系》和《深圳市社会工作者中级督导选拔办法》等文件制度，明确本土督导工作的各项内容，逐步建立发展了督导助理—初级督导—中级督导的督导人才梯队。第一批从全市13家社会工作机构中选拔的督导助理候选者共37人，在香港督导跟班培育出合格且被认证的督导助理23人（见表1－2）。

表1－2　深圳本土督导培养时间表[③]

深圳本土督导培养时间表
2008年3月，深圳开始设置督导助理（23名）
2009年4月，首批见习督导正式上岗（20名）
2011年4月，首批初级督导正式上岗（20名）
2016年8月，首批中级督导正式上岗（20名）

2018年7月31日，在深圳市社会工作者协会第五届三次理事会会议上，深圳社协发布了督导人才规模总量数据：中级督导25人，初级督导232人，督导助理711人，共计督导968名。随着香港督导的退出，深圳逐步形成了职级化督导制度，规定社会工作督导包括督导助理、初级督导、中级督导和高级督导四个层级，每个层级都有相应的认证条件和考核标准。

深圳经验较理想地处理了境外督导与内生本土督导的人才衔接问题。在设置督导助理时，香港督导并未立即从深圳撤出，而是从“直接督导”的模式开始转向“间接督

① 易松国：《高校教师创办社工机构——中国本土社会工作的实证研究》，《中国社会工作研究》2017年第2期。

② 崔夏琼：《社会工作督导发展现状、问题及对策研究——以广州市为例》，江西财经大学硕士学位论文，2016，第31页。

③ 数据来源：张卓华．督导的管理与职责．2017年7月在深圳大学的讲座资料．

导”的方式，即由原来香港督导直接对一线社工，改为香港督导带出来的本土督导助理向一线社工提供督导服务。间接督导作用体现在：一是考察评判本土督导是否已具备独立的督导能力；二是在开展间接督导的过程中，一线社工如遇疑难个案，督导会密切跟进甚至提供直接督导服务①。

在培养本土督导的过程中，香港督导采取了多种办法，如观摩香港督导的个人督导现场，培养本土督导的督导面谈技巧；由本土督导批复社工文案后再反馈香港督导，发展本土督导的实务分析指导能力；透过各种培训、交流学习，补充本土督导的各项能力，例如香港基督教服务处设计的督导人才能力培训课程和香港 PBL 学习计划。其中，督导人才能力培训课程内容包括：《个案介入手法及技巧》《批改作业方法》《团队建立》和《进行督导面谈技巧及程序》②。在香港督导的带领下，深圳本土社会工作机构督导逐渐成长。香港督导撤出时，本土社会工作机构督导面临了诸多挑战：实务经验较少、被社工对比质疑、自信心不足等。但不管如何，深圳本土督导已从“新手上路”升级为“独当一面”，具备了独立开展督导工作的能力。2014 年，深圳成为国内首个本土督导全覆盖的城市，职级化督导制度（岗位每月补贴制）延续多年，至 2021 年深圳取消全市范围的独立督导采购经费为止。

（二）学院式：培育本土社会工作机构内生督导的广州经验

1. 源起

2009 年，广州市民政局在启动“社区家庭综合服务中心”建设试点项目期间，接受高校专业教师的建议③，在 20 个试点建设项目中特别增设一个督导人才培育项目。2010 年，借助境外香港督导以及高校教师的力量，广州市社会工作协会举办第一届社会工作督导人才培训班④，以学员形式培育从当地社会工作机构选拔出来的社会工作机构督导苗子，进行理论学习、实务实习以及督导实习三个模块为期一年的训练。第一批 43 名学员通过结业考核者 35 人，其中 23 位返回社会工作机构承任督导岗位职责工作。但其后每年一届所培养的督导数量仍不能满足广州社会工作机构发展需要，广州面临本土督导数量紧缺的局面。2012 年，广州实行督导认证制度，不仅将督导培训班毕业成员纳入督导体系，还将两类群体纳入督导人员的认证体系，一类为香港注册社工且具备十年以上社工服务经验，另一类为具备一定实务工作经验的高校社会工作专业教师。

2. 普及

2016 年，政府取消广东本地督导认证制度和师徒式模式，但学院式广州经验的纵向生命力极强，共培育广州本地督导约 560 人。

学院式广州经验的横向影响也非常广。纵观全国各省、市社会工作行业协会推进本地社会工作高级人才队伍建设概况，学院式广州培养本土督导人才经验获得推广复制。

---

① 区洁盈：《社工先行者印记后篇——承先启后》，香港基督教服务处，2010，第 3 页。

② 区洁盈：《社工先行者印记后篇——承先启后》，香港基督教服务处，2010，第 19－20 页。

③ 该动议由张莉萍发起，在场其他广州高校社工专业负责人朱静君、卓彩琴、程潜等附议，获得广州市民政局社工处当场拍板采纳，并由广州市社会工作协会策划项目。

④ 张莉萍，韦晓冬：《中国社会工作本土化实践：督导人才培养研究报告——以珠江三角洲地区为例》，《华东理工大学学报（社会科学版）》2011 年第 6 期。

据不完全统计，河北、吉林、黑龙江、江苏、浙江、安徽、福建、山东、河南、湖北、湖南、海南、四川、云南、陕西、甘肃、内蒙古、广西、新疆、北京、上海、重庆等省市自治区也开展了类似的督导人才培养工作。

不仅如此，广州、深圳的本土督导人才培育实践已产生良性溢出效应。最早培养出来的机构内生督导人才承担对外输出督导服务，为其他有需要的地区开展督导、顾问、咨询、培训等工作，协助培养受助当地的社会工作督导人才，发挥传帮带的作用。如今，本土社会工作机构督导已从“小心翼翼”的督导新手逐渐成为“独当一面”的督导人才。

三、社会工作机构外聘督导与内生督导：两种模式的比较分析

社会工作督导是集行政、教育、支持三位一体的管理技术人才，这三项功能相辅相成、不可或缺，如此才能达成督导的最终目标①。下面尝试从系统理论以及社会认同理论视角对这两种模式进行比较。

（一）在组织系统扮演不同的角色

从系统的角度，社会工作机构的外聘督导扮演着组织系统外部角色，仅向系统输入知识、信息或支持能量；输入的物质虽然能够对系统流通/产出发生作用，维持系统均衡，但它们并未进入系统，参与内部的交互性作用。因此，不论是社会服务经验老道、支持功能特点较强的境外督导，还是来自内地高校社工专业教师——教育性特点较强的外聘督导，他们都共同欠缺社会工作督导最基本的有机的行政功能。

内生社会工作机构督导则是组织系统内部的组成要素之一，机构内生的督导员受雇于系统组织，能与被督导者建立更为稳定持久的督导关系，并及时回应机构内被督导社工的需求。可以这么说，只有内生的社会工作机构督导职能与学术界有关督导定义吻合，理应承担起“保障来自纳税人的有限资源投放与产出”的责任（见表1－4）。

表1－4 外聘督导与内生督导的差异

	外聘督导	内生督导
督导功能	教育	行政、教育、支持三位一体
系统角色 社会认同	外部影响因素 外群体贬损	系统内部组成要素 内群体偏私

国内社会工作人才队伍的推进路径之一是社会工作专业制度建设。从2009年起，社会工作专业制度如社会工作者资格考试制度、社会工作者注册制度、社会工作者评价制度等陆续建成。为了与既有制度衔接，2016年广东省民政厅发文②终结了广东本地逐渐兴起的督导认证制度，但强调了应发挥社会服务机构选拔使用社工督导人员的主体作用；

① 阿尔弗雷多·卡杜山、丹尼尔·哈克尼斯：《社会工作督导（第四版）》，郭名倞译，中国人民大学出版社，2008，第20页。

② 《广东省民政厅关于加强和完善我省社工督导工作的指导意见》（粤民发〔2016〕59号）［Z］. http://smzt.gd.gov.cn/gkmlpt/content/2/2157/post_2157806.html#1668.

2021年3月，中华人民共和国民政部（通常简称民政部）发布《社会工作督导指南》，将社会工作督导定位为资深社会工作者，并没有规定督导的层级。社会工作督导去职级化的趋势[①]，纠正了早期本土社会工作督导人才培养实践中设立的督导准入门槛的倾向，不仅有利于督导回归一线服务，也有利于保证高级社会工作师评价稳定于既成制度框架下的秩序。

既然承认社工机构是督导选拔和任用的主体，本研究赞同社工机构内生督导职级化“不应受到干预”[②]观点，并且进一步提出社会工作机构内生督导职级化是系统内部分化发展规律的必然结果（详见本章第二节）。

（二）组织内部的社会心理认同：贬损抑或信任、遵从

社会认同内在心理机制是分类、认同和比较。分类机理将社会工作机构外聘督导与内生督导分成外群体与内群体。很明显，只有内群体才能产生出社会工作机构组织归属感的需要，内生督导个体才会信任并遵从内群体、形成内群体偏私心理效应（正向评价）；社会工作机构组织成员可能对外聘督导产生“外群体贬损”[③]心理效应（负向评价）。

四、中国社会工作机构督导人才与制度建设问题现状

2012年4月，中央组织部、中央政法委、中央编办、国家发改委、教育部、公安部、民政部、司法部、财政部、人力资源和社会保障部、文化部、卫生部、国家人口计生委、国家信访局、国务院扶贫办、全国总工会、共青团中央、全国妇联和中国残联共19个部委和群团组织联合发布了《社会工作专业人才队伍建设中长期规划（2011—2020年）》，提到实施社会工作管理人才综合素质提升工程，其中需要“培养8万名具有扎实理论知识基础、丰富实务经验且能够指导解决重大复杂专业问题、引导推动社会工作服务人才成长发展的专业督导人才”。目前，尚未有统计数据说明全国社会工作督导人才总量，但从上述深圳、广州等地区的机构督导培养看，中国社会工作机构内生督导已缓慢成长。

在社会工作督导制度建设方面，全国没有统一的社会工作督导制度。部分地区提出并建立了适合当地社会工作发展的本土督导建设制度。如广州市、深圳市、东莞市、重庆市、杭州市、平湖县、浦东新区、南京市、苏州市等地区出台了社会工作督导相关的选拔、培养、管理办法，为我国探索社会工作督导制度提供了思路和做法。

本土社会工作机构督导一般隶属于社会服务机构，因此，社会工作督导机构不仅受当地政府或行业督导制度的管理指导，同时也需执行机构内部的督导制度。一些发展较为成熟的社会工作机构建立了系统的管理体制，设置了机构督导岗位，有独立的社工督导制度用以规定督导的能力要求、职责内容和工作方式等。但大部分发展初期的机构可能未有独立的督导制度。同时，虽然部分地区并未设置社会工作机构督导的角色，但机构内部的项目管理者充当了团队督导的角色。

还有另一种由地级市民政局直接招聘上岗的社会工作督导，其岗位职责处于非社工

---

①② 徐道稳：《社会工作督导：职责抑或职级?》，《中国社会工作》2021年第21期。

③ John C. Turner “Social comparison and social identity: Some prospects for intergroup behaviour,” *European journal of Socal Psychology* 5, no. 1 (1975): 1 – 34.

机构环境，而是体制内部正式组织环境中，相当于政府部门聘任的合同工。比如在由广东省民政厅主办的“双百计划”里，从2017年起分两批建设407个镇（街）社工服务站，每个社工站配备3～8名社工，由镇（街）直接聘用、省统一督导。社工立足镇街、深入村居，为有需要的群众、家庭、社区打通民政服务最后一米。为了支持上千名双百社工的专业成长，项目在粤东西北、珠江三角洲地区设立地区协同行动中心，并根据各地级市的社工站数量，通过招聘（具备中级社工师或相应条件即可）等途径，配备若干名专职或兼职的资深社会工作专业人士（即协同行动者），通过陪伴式、参与式的协同，以专业力量促进双百社工的成长。

虽然本土社会工作机构督导人才培养初见成效，但从整体看，我国督导人才队伍建设还存在一些问题：地区督导发展不平衡，地方层面、南北、东西发展不均；缺少督导设置和平台建设；专业教育中缺少督导课程等挑战①。因此，处于起步阶段的内地社会工作机构督导建设仍然任重道远。

第二节 中国社会工作机构督导系统②

社会系统学派从社会学的角度研究管理，把社会工作机构及其成员的相互关系看成是一种相互协作的社会系统。依据其主要观点，社会工作机构是一个协作系统，由机构督导与机构其他成员组成，相互之间行为和活动的协调，构成了一个社会性的系统。机构的协作系统由三个因素构成，即协作的意愿、共同的目标和信息的联系。由此出发，发挥管理职能的机构督导有三项职能，即建立和维持一个信息联系与沟通系统；确定机构的目标，并运用各部门的具体目标予以阐明；使机构成员为这些目标的实现做出贡献。

组织等级体系对个人和社会的影响是经典社会理论的关注议题，马克思主义者视之为在组织内部再生产阶级的分裂，成为控制劳动力的一种手段。尽管组织的等级体系是否能提高组织的绩效尚无定论，但控制论者和效率论者都同意等级体系对于组织所具有的功能。

社会工作督导职级化必须根植于社会工作机构，才能获得持久的生命力。本节尝试从系统视角探讨社会工作机构督导系统理论，以下从系统分化以及知识维度讨论社会工作机构督导的系统性问题。

一、社会工作机构督导系统分化：功能性结构层次

本研究提出社会工作机构督导系统分化问题，源于“本土社会工作实践处境”视角解析社工机构面临的三种实践处境：项目处境、机构处境和社会处境，社工机构督导相

① 张洪英：《中国社会工作督导的现状与未来发展》，《中国社会工作》2017年第4期。

② 本节作者：张莉萍（广东财经大学）、韦晓冬（深圳市新现代社工服务中心）。

应地必须在三种实践处境中发挥输送专业服务、培养专业人才和推动机构发展的三大功能①。童敏、史天琪（2018）认为本土社工机构督导的结构性功能层次为：第一层次的督导（项目主管）关注专业服务的输送，定位在技术层面；第二层次的督导（机构主管）注重个人专业能力的成长，定位在人的层面；第三层次的督导（机构负责人）侧重专业机构的发展，定位在机构层面。社会工作机构督导的“结构性功能观”强调了三个层次的督导并没有高低之分，只是功能有别（见表1－5）②。

表1－5　本土社工机构督导的结构性功能

实务处境	督导焦点	机构督导目的	机构督导结构性功能	机构督导角色
社会	政府部门	项目开拓	推动机构发展	机构负责人
机构	社工	依托项目提升受督导者业务能力	培养专业人才	机构主管
项目	服务对象	项目运行	输送专业服务	项目主管

依据系统论的核心观点，系统是由一定部分（要素）组成的具有一定层次和结构并与环境发生关系的复杂整体，其功能取决于它的组成部分以及这些部分之间的相互关系。本研究从系统视角审视，督导子系统是社会工作机构系统的组成部分，其在机构系统中具有层级性，其内部也具有层级性，即社会工作机构督导由督导助理（初级）、督导（中级）、督导（高级）构成，对应于行业机构常用头衔如部门主管或项目主管、服务总监或机构主管、机构总干事或负责人。督导子系统与环境，即三种实践情境发生关系，社会工作机构督导子系统内部的层级结构决定了机构督导三大功能。

本研究认为，在系统视角下，应把机构督导理解为不仅具备“结构性功能”，同时还应具备“功能性结构”的系统。随着系统组织规模的扩张，机构督导系统必然发生级别高低层次的分化。如果机构督导系统处于发育初期，督导功能呈现的是结构性功能状态；一旦机构系统膨胀（项目数、员工数激增），在组织反馈控制系统、有效督导的比率极限等机制作用下，督导子系统必然随着被督导子系统呈正比例扩张并出现精细角色分工，在人力资源薪酬子系统的影响下，最终形成高、中、低层级的功能性结构状态。这就不难理解，为何在规模较大型的社工机构内部，督导确实存在因岗位职责、服务经验、学历与资历、专业技能而产生的岗位级别差异。

以表1－6社会工作机构岗位职责为例，督导职能主要分散于第一、二类岗位，机构负责人即高级督导必须设计机构督导职责发展策略，制订督导员职级的工作绩效标准以及相应的训练计划，同时兼顾连接机构外部资源；项目主管即初级或督导助理则适合为受督导社工制订个人工作绩效标准以及评估员工个人工作绩效（见表1－6）。

①② 童敏、史天琪：《本土社工机构督导的层次和功能：一个探索性框架》，《社会工作与管理》2018年第1期。

表 1-6 社会工作机构岗位类别与职责

类别	岗位名称	职位说明	学科知识	级别
第一类：纯管理岗位	总干事、副总干事	•确定机构愿景、使命和宗旨； •制定机构发展战略规划和年度发展计划； •建立、健全机构各项管理和服务制度，并在机构内部推行； •负责机构层面公共关系维护； •项目招投标、创投等业务拓展事务； •规范机构财务管理； •统筹机构人力资源管理； •突发情况应急处理； •机构运营管理其他相关事务	非营利组织管理学、公共关系学、财务管理、人力资源管理	高级（广义机构督导）
	区域/部门负责人	•参与机构相关制度制定和修订，并在负责的区域/部门内推行； •负责在本区域/部门范围内执行机构决定； •负责本区域/部门层面公共关系维护； •负责本区域/部门范围内业务拓展事务； •统筹本区域/部门的人力资源事务； •统筹落实本区域/部门收发文、数据搜集、资料报送等工作； •突发情况应急处理； •机构总部委派的其他相关事务	非营利组织管理学、公共关系学、财务管理、人力资源管理	高、中级（广义机构督导）
第二类：管理+实务岗位	督导	•完成所在岗位要求的一线社会工作实务工作； •为团队的社工定期开展个人、团体督导工作； •指导团队进行服务规划、服务总结、成果提炼、服务宣传等； •对督导团队的服务进行过程监控，确保服务质量； •与机构总部相关部门对接，协调好团队内行政、人事、财务等相关事务； •与利益相关方（如政府部门、行业组织、合作的社会组织和企业等）定期沟通，建立良好的合作伙伴关系； •参与机构服务管理相关工作，如专业服务规划、服务制度修订、表格制定等； •机构总部委派的其他相关事务	社会工作学、管理心理学	中级（狭义机构督导）

续上表

类别	岗位名称	职位说明	学科知识	级别
第二类：管理 + 实务岗位	项目负责人	•完成所在岗位要求的一线社会工作实务工作； •带领团队按时按质完成项目服务； •带领团队进行服务规划、服务总结、成果提炼、服务宣传等； •与机构总部相关部门对接，协调好团队内行政、人事、财务等相关事务； •与利益相关方（如政府部门、行业组织、合作的社会组织和企业等）定期沟通，建立良好的合作伙伴关系； •机构总部委派的其他相关事务	社会工作学、管理心理学	初级（狭义机构督导）
第三类：纯实务岗位	一线社工	•按照团队分工，完成所在岗位要求的一线社会工作实务工作，并进行资料归档； •参与项目服务规划、服务总结、成果提炼、服务宣传等； •按照督导、项目负责人的要求，完成项目相关事务（如数据统计、连接资源、项目评估等）； •完成机构交付的其他相关工作	—	—
第四类：辅助性岗位	行政辅助人员	•主要是协助社工开展一些辅助性工作，如办公场地管理、考勤登记、财务报销、服务宣传、台账管理、活动后勤或团队负责人下达的其他任务； •协助开展常规性的活动或工作，以缓解机构专业人手紧缺问题	—	—

二、社会工作机构督导的知识系统

知识管理也已经成为欧美、香港地区社会工作比较重要的研究领域，国内很少有人就社会工作机构与知识管理展开论述①。知识管理是为了实现机构目标，对机构内部的知识生产、习得、分析、维持和传播等进行管理的过程②。赵万林尝试对中国社会工作督导知识（督导实践的知识基础）进行分类，他认为主要包括四种类型，即实证主义与反思性实践取向、系统取向与实用取向等③。前两种取向牵涉到认识论上的差异，系统取向的督导知识主要是系统化和文本化的知识，实用取向的知识的存在形态主要是实践知识或

① 赵万林：《社会工作督导的知识类型与实践基础——基于社会建构主义的视角》，山东大学硕士毕业论文，2018，第59页。

② 42 区洁盈主编《社工先行者印记后篇——承先启后》，香港基督教服务处，2010，第55页。

③ 区洁盈主编《社工先行者印记后篇——承先启后》，香港基督教服务处，2010，第1页。

默会知识。在服务性组织中，社会工作督导被视为一种知识管理的形式①和发展趋势②。

（一）社会工作机构督导的系统性知识

本研究以管理社会学、心理学、社会工作学交叉融合视角，从怎样培养人才、人才能力内涵以及相关的管理性知识，到督导亚文化价值与伦理的探讨，试图建构社会工作机构督导知识系统。全书基本勾勒了社会工作机构督导系统性知识全貌。

（二）社会工作机构督导的地方性实践知识

相较于社会工作机构督导系统性、一般性的知识，社会工作机构督导的地方性实践知识则是适应中国内地制度、社会与文化心理独特环境而滋生的多变、实用和灵活的具体实践。郭伟和（2016）描述过“无权者”社区工作者（特指社区居委工作者）的地方性“应付”实践策略：拖延、推诿、相互批评或补偿的调停策略。关于社会工作机构督导的地方性实践知识的内涵有待进一步探索。

第三节　与督导研究相关的学科理论③

国内外师徒制研究涉及心理学、管理学、教育学甚至人类学等多个领域。比如管理学家关注师徒制对师徒双方的影响，徒弟能够提高效率，师傅也能获得新灵感并促进创新。师徒制是传播、共享企业隐性知识的重要途径。人类学家认为，师徒制以同台作业为前提，本质上是师傅从全面提供脚手架到逐渐撤离、徒弟合法边缘参与的过程。本章第二节运用了社会系统理论解释社会工作机构督导系统规律，本节则尝试捋顺其他社会学与社会工作学相关理论。

一、社会学理论

（一）社会交换理论与互动仪式链理论

1. 社会交换理论

社会交换理论是解释组织行为最有影响力的概念范式之一。

（1）如何增强知识员工的知识共享行为是理论界一直关注的话题。社会交换理论指出人类的一切社会活动可以归结为一种交换，一方是否愿意与对方建立关系取决于对方是否可以提供相应的回报（布劳，1964）。西方学者在社会交换理论的框架下，用以下变

---

① Tsui Ming-Sun：《社会工作督导：脉络与概念》，陈秋山译，心理出版社股份有限公司，2008，第145页。

② Tsui Ming-Sun，Pok Chui-man and Boddy Jennifer，et al. “From supervision to organisational learning：a typology to integrate supervision，mentorship，consultation and coaching，” *British Journal of Socical Work* 47，no. 8（2017）：2406－2420.

③ 本节作者：张莉萍（广东财经大学）。

量对企业导师指导行为有效性的中介机制进行探讨：

①预期满足（met expectation）。扬格与佩雷韦（2000）分别从导师与徒弟的视角，通过实证研究表明满足预期的程度在导师指导行为（职业支持和心理支持）与关系有效性、信任中间起到了中介作用。即当师徒双方感知对方达到自己预期时，才愿意投入更多的指导行为和建立良好的师徒关系。

②组织支持感（perceived organizational support，POS）。社会心理学家艾森伯格（2002）认为社会支持感是指员工对组织如何看待他们的贡献并关心他们的利益的一种总体知觉和信念，简言之，就是员工所感受到的来自组织方面的支持。学者巴拉尼克、罗令与伊拜（2010）指出徒弟接受的指导行为会增加其组织支持感，相应地，徒弟会表现出更多的工作满意度和情感承诺作为对组织的回报，即组织支持感在导师指导行为与员工工作态度之间起中介作用。这一结论表明徒弟之所以展示出较高水平的工作满意度和情感承诺，是因为导师提供的指导行为让徒弟感知到组织为他们提供了较多的支持和关注，基于社会交换理论中的互惠法则，徒弟应表现出更高的组织承诺。

（2）社会工作机构绩效评估与交换关系。根据布劳社会交换理论、企业绩效研究者对绩效评估"双重本质"的看法，在社会机构内部，评价导向的绩效评估实现以薪酬定级、职位晋升、任务分派等有形资源为主要内容的经济交换，发展导向的绩效评估实现的则是以知识、技术、互动情感等无形资源为主的社会交换。机构督导则在交换中扮演经纪人角色。

2. *互动仪式链理论*

互动仪式链模型扩大了交换理论的应用[①]。卡杜山曾将督导定义为一个过程，并明确指出督导员与受督导者的二人组合是一个需要持续关注的微观互动系统[②]。依据美国社会学家兰德尔·柯林斯提出的"互动仪式链"（interaction ritual chains）理论，我们可以更深入理解督导关系这一微观的互动系统。

（1）微观的互动系统。社会工作机构督导与被督导的互动仪式（简称 IR），是双方际遇者由资本和情感的交换而进行的日常程序化活动。社会工作机构这一微观情境，经由机构督导个人形成了社会关系或网络；机构督导关系的互动发生在社会工作机构情境之中，督导与被督导组成际遇；新手社会工作者从最初的督导关系际遇，才能流动到工作者—服务对象专业关系的际遇，这两个际遇至少构成了社会工作机构所提供的社会服务互动仪式链中最为关键的环节；督导与被督导的互动仪式链构成社会工作机构专业情境的原初链，被督导社工与服务对象的专业关系则构成二次链或常规链。就个体层面而言，督导—被督导的二人组合是微观的、面对面的互动仪式，是相互专注的情感和关注机制的情境。督导互动仪式有四种结果：机构专业群体的团结、个体（社会工作者/服务对象）的情感能量（emotional energy，简称 EE）、代表群体的符号、道德感。本书若干

---

① 兰德尔·柯林斯：《互动仪式链》，林聚任、王鹏、宋丽君译，商务印书馆，2009，第 7 页。

② 阿尔弗雷多·卡杜山、丹尼尔·哈克尼斯：《社会工作督导（第四版）》，郭名倞译，中国人民大学出版社，2008，第 25 页。

章节分散简述了这些互动仪式[①]（见图1-1）。

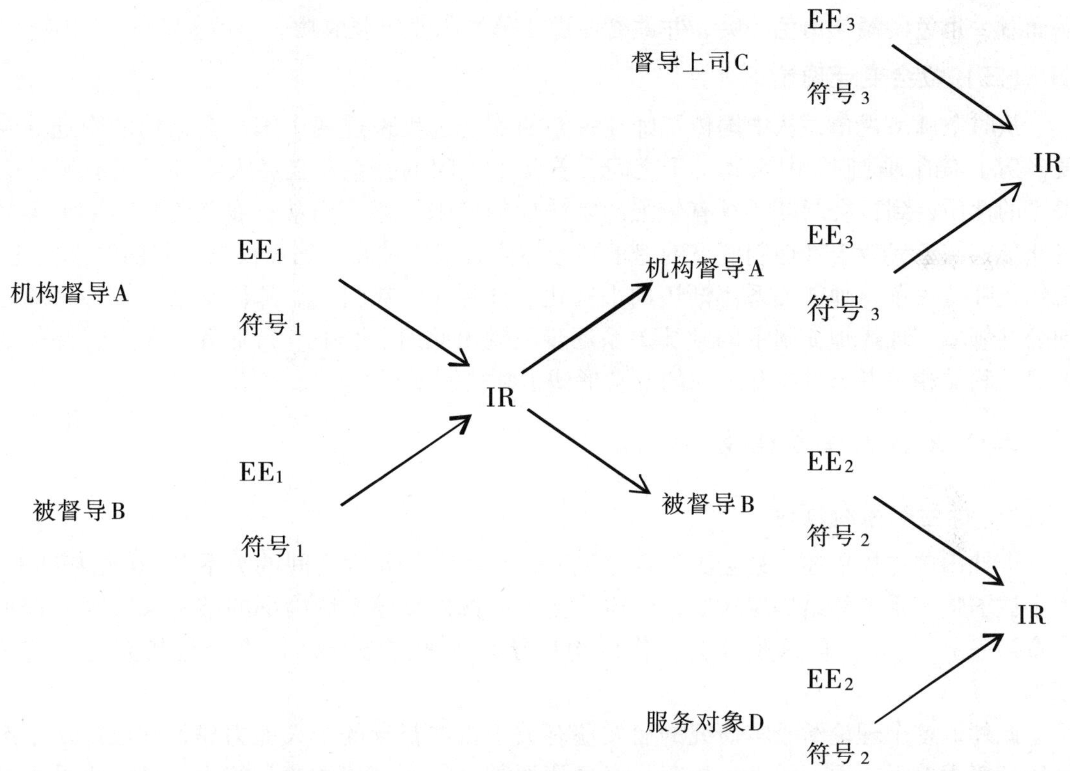

图1-1 社会工作机构督导互动仪式链

（2）宏观的互动系统。柯林斯以微观为基础、微观分析与宏观分析相结合的观点，代表了学术界的一种新综合性的理论倾向[②]，受此启发，本书将要尝试的有以下两点。

一是聚焦描述在机构情境中的分层（督导群体与被督导群体）之一，即督导阶级的地位、权力、系统性的文化资本概况，本书第三、六、七章将作简述。

二是在论证社会工作机构情境下互动仪式产生的、高水平的情感能量（EE），即机构督导的价值观文化版符号为何？其所形成的专业团结性又是如何与被督导群体相关联的？本书第四、五、八章将作简述。

（二）角色压力理论

卡恩等（1964）提出角色压力（role stress）是工作压力的重要来源之一，其包括三个方面：角色模糊（role ambiguity）、角色冲突（role conflict）和角色负荷（role over-load）。角色模糊主要指员工对给定的工作角色或规定缺乏明确的理解和认识；角色冲突指员工在扮演不同角色之间发生的冲突；角色负荷指员工承担的角色超出其能力承担的

---

① 柯林斯强调：互动仪式链理论的“仪式”涵义与宗教意义上的仪式有别。具体详阅兰德尔·柯林斯：《互动仪式链》，林聚仕、王鹏、宋丽君译，商务印书馆，2009。

② 兰德尔·柯林斯：《互动仪式链》，林聚仕、王鹏、宋丽君译，商务印书馆，2009，第10页。

范围。兰考、卡尔森和尼鲁森（2006）认为导师作为组织资深的员工，可以帮助徒弟更加清晰地认识岗位所需的职责和技能，徒弟也可以通过反馈寻求行为增加对角色的理解，从而减少角色模糊与角色冲突，并最终促进徒弟的职业生涯成功。

（三）社会变迁理论

从时空脉络视角，从中国传统师徒关系的变迁过程来透视中国社会结构的变迁。主要经历了“前师徒制”中家族父子之间、养父子之间的关系，在私人之外又具有了社会关系的性质，到行会制度下具有较强的宗法性的依附关系，到带有雇佣色彩的不平等契约化形式与近代劳工管理制度下的追求平等师徒关系的过渡，到责权更加明确的理性化、契约化师徒关系，师徒关系逐渐迈向平等化、理想化。在当代，师徒制已由私人领域走向公共领域，现代师徒制下的师徒关系逐步呈现出政府、企业、行业等“多方监督”的态势，利益相关者通过相互之间的互动形塑了师徒制变迁①。

二、社会工作学理论

（一）生态系统理论

卡杜山曾详尽描述了社会工作督导的生态环境中各元素之间的关系②，在此基础上，本书试图强调系统的结构层次观，论述社会工作机构督导系统内部的结构与层次（详见本章第一节），并坚信这是社会工作机构督导系统的层级化结构发展趋势充分的理论依据。

此外，这个理论给予本研究的启发还有关于机构督导的个人能力建设问题。从生态系统环境中获得资源，要求机构督导必备资源整合能力与资源规划能力，具体详见本书第二章相关论述。

（二）赋（增）权理论

社会工作专业自产生以来，有关赋权的研究一直是专业中的一个主题。美国学者巴巴拉·所罗门在黑人研究中第一次明确使用了赋权（empowerment）概念。依据赋权理论的假定，不平等存在于有着一定程度权力冲突的督导与被督导群体。增权实践的最终目的是社会正义和减少社会不平等（古铁雷斯与列维斯，1999）。若按照有些赋权研究的学者如海勒雅玛和塞廷戈克（1986）、塞拉诺·加西亚（1984）从资源的角度来分析，被督导群体是社会工作者当中的弱势者，因为他们缺乏充足的专业知识资源。

有学者选择赋权视角为社会工作督导关系平等权力互动模型的理论基础③。本研究认为：由于增权理论是以被去权的弱势人群为工作对象，它是否完全适用于督导关系有待商榷。至少可以明确的是，除了知识赋权，被督导者是无法被赋予行政权力的。那么这种不平等的督导关系是否消极、令人沮丧的呢？福柯的权力理论给出另一答案，按照福

---

① 郑瑾瑜：《中国师徒关系的变迁过程及其社会建构》，《现代交际》2017 年第 18 期。

② 阿尔弗雷多·卡杜山、丹尼尔·哈克尼斯：《社会工作督导（第四版）》，郭名倞译。中国人民大学出版社，2008，第 22 页。

③ 严樨：《赋权视野下的社会工作督导研究——以 J 基金 2 个项目为例》，《西南民族大学学报》2013 年第 11 期。

柯“应当将权力视为是浸透了整个社会肌体的生产性网络，而远非只是一种具有压抑功能的否定性的状况”的说法，社会工作机构督导的权力是一种机构组织内部的具备建设性的生产力网络。

（三）基于布迪厄理论的社会工作实务框架[①]

以布迪厄为杰出代表的实践理论可以为社会工作实务框架提供依据。依据实践理论，在督导场域的实践处境所展示的社会结构关系即督导关系，“惯习”这一反映主观的结构性行为模式的概念，把督导者和被督导者的行为模式和社会结构联系起来。正是督导在特定场域下的即兴发挥、当然化的活动，不仅内化和认识了督导—被督导这一社会结构中的支配性关系，同时它也在复制和再生产社会（或机构）的不平等关系。依据布迪厄场域的结构层次（客观结构、主观结构和符号结构）观点，督导者或被督导者都处于一个具体的客观结构位置上，各自具有独特的资源和资本，督导关系中的个人也在某种程度上依赖于社会位置的行为习惯和处置方式。

布迪厄既不是社会工作者也不是社会工作理论家[②]，但我们深受启发，提出在督导议题中理解如下问题：

（1）督导者集体行动的特点。本书尝试从督导系统知识视角理解督导者的独特的行动。

（2）督导群体拥有什么资源（社会资本、个人资本和符号资本）以改变他们自己的工作方式。囿于篇幅所限，本书尝试分析督导群体的个人知识、能力资本。

（3）被督导者群体应用了怎样的维护自己利益的策略以抵制权威压迫？在督导制度处于初始发展阶段的中国本土社工机构里，在传统的“师门文化”[③] 社会心理影响下，探讨这一命题是否为时尚早？

督导议题研究应更重视反思性实践。督导行动者要把督导实践过程对象化，反思自己的成长历程，以及特定的督导场域的结构性关系对行动者行动惯习的塑造作用，从而帮助自己跳出结构性限制。

在行动中反思是一种实践方式、一种社会工作实务督导的方法，也是社会工作机构督导的能力内涵之一（详见第二章）。

三、管理社会学理论

心理学家从社会学习理论的角度指出，徒弟可通过师徒关系在职业生涯和社会心理上获得帮助。

（一）心理动力学理论

美国学者弗劳利·奥戴与萨奈特（2011）给出了精神分析督导模式的三个谱系（分类），即以病人为中心（经典模式）、以治疗师为中心模式、督导关系体为中心模式[④]，

---

①② 郭伟和、徐明心：`从抗逆力到抵抗：重建西方社会工作实务中的优势视角》，《思想战线》2013 年第 5 期。

③ 赵万林：《社会工作督导的知识类型与实践基础》，山东大学硕士毕业论文，2018，第 1 页。

④ 弗劳利·奥戴、萨奈特：《督导关系：一种当代心理动力学方法》，李芃、傅文青译，中国轻工业出版社，2011。

并关注督导关系中的移情与反移情、权力共享与权力不对等或依赖关系之间的冲突。

（二）需要与动机理论

从弗洛伊德对需要问题的研究开始，心理学对需要理论的研究颇丰，比较著名的还有马斯洛的需要层次理论、阿尔德弗的 ERG 需要理论（以下简称 ERG）、麦克莱兰的“成就需要论”等。

马斯洛需求层次理论对于人本主义管理实践具有较大的启发意义。美国耶鲁大学心理学家阿尔德弗 ERG 动机理论则被广泛用于分析员工动机及行为等实践。所谓的成长需要，是指社会工作者希望自己能够在事业上不断得到成功，这种需要相当于马斯洛的自尊的需要和自我实现的需要。

依据 ERG 理论，扮演管理者角色的社会工作机构督导应该了解被督导员工的真实需要，以期员工获得良好的绩效表现。

美国心理学家戴维·麦克莱兰的需要理论主要关注三种需要：权力的需要、归属的需要和成就的需要。在社会工作机构中，机构成员首先关注的需要应当是权力需要，其次才会关心归属的需要和成就的需要。所谓“权力的需要”，是指在社会交往中，机构成员具有影响和控制其他人愿望的某种需要。而“归属的需要”是机构成员之间相互交往、相互尊重的需要。“成就的需要”，是指机构成员具有接受工作中的各种挑战的能力，他们能够根据不同任务来明确自己的工作目标、敢于并不断冒险，最终促进自身需要的实现。在激励需要理论的研究基础上，麦克莱兰进一步指出，对管理人员来说，掌握员工的这三种需要，对于培养和选拔各类优秀人才具有重要的现实意义。

（三）豪斯的目标导向需要理论

1971 年，加拿大多伦多大学教授 R. J. 豪斯提出了目标导向需要理论。该理论的实质，是要求社会工作机构的领导者为实现一定的目标，用体贴精神关心下属，满足下属的需要，引导员工通向预定的目标。

（四）赫茨伯格的双因子理谕

在 20 世纪 50 年代后期，赫茨伯格（1959）创立双因子理论：影响团队工作动力的因素可被分为两大类，即保健因子与激励因子。保健因子（保健因子通常与工作环境相联系，如机构政策与管理制度、工作时间与条件、报酬与晋升）的缺乏或不足一定会导致员工的不满意。然而，即使保健因子是够的，它也不能激发员工的动力或使员工产生满意感。如果激励因子是足够的，则会激励员工以及确保对其工作的满意。激励因子与工作本身的性质相关，如督导的认同、自我发展的机会、自由与自立等。

（五）动机理论

动机理论（motivation theory）指出人们某种行为方式的产生会受到相关动机刺激的影响，基于此，戴与艾伦（2004）、伯恩（2008）等也检验了职业动机（career motivation）在感知的导师指导行为与职业成功关系中的中介作用。职业动机是个体实现职业目标的内部动力，其由以下三部分组成：职业弹性（career resilience）、职业洞察力（career insight）和职业认同（career identity）。当督导提供建设性的指导、有效的反馈时，可以鼓励被督导者设置清晰的职业目标，并培养完成上述职业目标所需的相关技能，即提高了被督导者的职业动机，从而激励其积极的工作表现。

（六）社会学习理论

心理学家从社会学习理论的角度指出，徒弟可通过师徒关系在职业生涯和社会心理上获得帮助。在班杜拉（1977）社会学习理论的框架下，兰考与斯坎杜拉（2002），潘（2011）等用“个人学习（personal learning）”解释了企业导师指导行为有效性的过程。同样地，社会工作机构被督导者的个人学习主要指个体为了发展而涉及的知识获取、技能和胜任力的培养，一是社工在服务情景中的学习；二是社工个人专业技能发展，督导通过指导、展露、设置挑战目标、树立榜样等，提高被督导社工自身的学习能力，进而减少角色模糊、提高工作满意度等。

（七）社会认知理论

基于社会认知理论（social cognitive theory）的视角，国外相关研究验证了徒弟职业自我效能（career self - efficacy）在导师指导行为与徒弟职业成功之间的中介作用。职业自我效能是一种特定情景下的自我效能，主要指个体对成功掌控自己职业发展的信念和能力（科塞克、罗伯茨、费希尔和德马尔，1998）。机构督导为被督导社工提供的职业支持、社会心理支持及角色榜样的功能，可以提高被督导者对职业成功的自信心和自我效能，进而促进其主观和客观的职业成功。

第二章 社会工作机构督导能力内涵与养成

第一节 社会工作机构督导能力[①]

"能力"是人群服务实务的价值观念，美国社会工作者协会（National Association of Social Workers 以下简称 NASW）伦理守则（1999）概括的当代社会工作价值的架构里，能力是六个核心价值之一，与能力价值观相应的伦理原则是"社会工作者应在自己专业能力范围内执业，并提升自己的专业技能"[②]。"社工的核心能力和社工的督导能力是包含、被包含的关系"[③]，督导员身份的社会工作者与被督导员的社会工作者在能力内涵的程度上应该存在可鉴别的高低阶差别。培育什么样的督导人才标准、督导培训课程如何设置，首先必须弄清督导能力内涵定义问题。

具备工作领域能力和咨询能力这两种能力，是德国督导员的专业要求[④]。阿兰·布朗和伊恩·伯恩概括了社工学术界对督导三种能力的指标或类型，比如基本技术和知识、直接处遇技术和人际关系技巧[⑤]。斯基德莫尔（1990）的概括趋向于督导素质的具体内涵，即高效督导者的博学多闻、实践技巧、开放政策、投身督导、心态坦诚、表达赞赏并给予嘉奖六项特质[⑥]。卡杜山则最为详尽地勾勒了优秀督导员的合成图，总计 25 项的能力体系[⑦]。

近年国内学术界、实务工作者已经开始探索社会工作者能力的内涵意义，如柳拯提出过社会工作服务机构管理者的五种能力，它们是战略谋划能力、项目运作能力、资源

---

① 本节作者：张莉萍（广东财经大学）。

② Frederic G. Reamer:《社会工作价值与伦理（第三版）》，包承恩、王永慈译，洪叶文化事业有限公司，2009。

③ 童小军:《深圳社工经验正在辐射全国》，微信公众号"社工观察"，2014 年。

④ 张威:《社会工作督导的理论与实践分析——国际发展与国内现状》，《社会工作》2015 年第 3 期。

⑤ Allan Brown，Iain Bourne:《社工督导》，江盈谊等译，学富文化事业有限公司，2000，第 199 页。

⑥ 陈锦棠:《社会工作督导经验学习导向》，巨流图书公司，2012。

⑦ 阿尔弗雷多·卡杜山、丹尼尔·哈克尼斯:《社会工作督导（第四版）》郭名倞译，中国人民大学出版社 2008。

整合能力、管理配置能力、识人用人能力[①]。雷杰、黄婉怡提出共有价值伦理、理论知识和实务技巧三个层面、合计 24 项能力指标被纳入本地社会工作者的能力体系[②]。蔡屹、何雪松（2012）建构了一个社会工作人才的三维能力模型，将社会工作人才能力界定为事务性能力、直接服务能力、社会服务管理能力和核心价值观[③]。中国社会工作协会所构建的社工督导能力体系由六部分构成，即督导伦理价值观、基本实务技巧、特定服务对象和工作领域的督导经验、督导技巧、人事管理团队建设、机构规划及发展。

但国内学术界对社会工作机构督导“专业能力”的明确界定几乎是空白。英国学者简·旺纳科特认为能力模型是一个实务发展工具，并运用心理学周哈里之窗将督导的能力分解成四个象限能力，即意识到的能力、意识的能力欠缺、未意识到的能力、未意识到的能力欠缺[④]。职业能力在美国的的含义是“合理时间和经费调配下事务目标和计划的确定能力、信息获取与处理能力、团队协作和沟通能力以及技术选择和技能实施能力，其中社会化思维的技术知识能力是高技能型人才职业能力的表征”[⑤]（见图 2－1）。

意识到的能力	**意识到的能力欠缺**
我知道我能做到什么 清晰的可迁移的技能 可向他人解释	坦率承认差距和弱势
安全区	挑战区
发展区	危险区
未意识到的能力	**未意识到的能力欠缺**
在没有意识到“我是如何知道”的情况下知道我能做什么 难以向他人解释，或迷失在压力中	我不知道未察觉的事物 其他人看到了差距而我没有 绩效问题的根源

图 2－1　四象限督导能力模型图

（Morrison，2005）载自 Jane Wonnacott 著：社会工作督导

标准化系统工程理论的六维方法论模型是由霍尔构建的。霍尔三维结构空间是由互相垂直的三维坐标组成的一个方法论空间，分别代表时间维、逻辑维和条件维（原为知识维）。标准的三维属性空间概念是波兰学者沃吉次基首次提出的，它是用标准的三要素

---

① 柳拯：《社会工作服务机构管理与督导需要破解的几个问题》，《中国社会报》2012 年 1 月 17 日第 3 版。

② 雷杰、黄婉怡：《实用专业主义：广州市家庭综合服务中心社会工作者“专业能力”的界定及其逻辑》，《社会》2017 年第 1 期。

③ 蔡屹、何雪松：《社会工作人才的三维能力模型———基于社工机构的质性研究》，《华东理工大学学报（社会科学版）》2012 年第 4 期。

④ Jane Wonnacott：《社会工作督导》，赵环、魏雯倩等译，华东理工大学出版社，2015。

⑤ Rupert Maclean，Victor Ordonez，“Work，skills development for employability and education for sustainable Development”，*Educational Research for Policy and Praltice* 6，no. 2（2007）：123－140.

（对象、内容和级别）分别作为坐标轴所构成的三维方法论空间。标准化系统工程理论被应用于很多领域，比如有学者运用标准化系统工程理论构建大众化高等教育人才培养标准体系研究，认为具有一定的适宜性和科学性。本研究将该理论应用于社会工作本土督导能力框架与内涵分析的理论依据。

在综合上述对督导能力认识的基础上，本研究借用标准化系统工程理论的六维方法论模型，提出涵盖社会工作督导各种层次人才的六维能力体系，见图 2－2。

（1）内容维：表达督导教育功能的能力坐标，以及督导人才更高级能力，如专业示范能力、资源协调能力、社会倡导与研究能力。

（2）知识维：督导是社会工作专业实践系统知识的载体，知识维表达督导行政功能的能力坐标，标记督导人才的五种行政或管理能力。

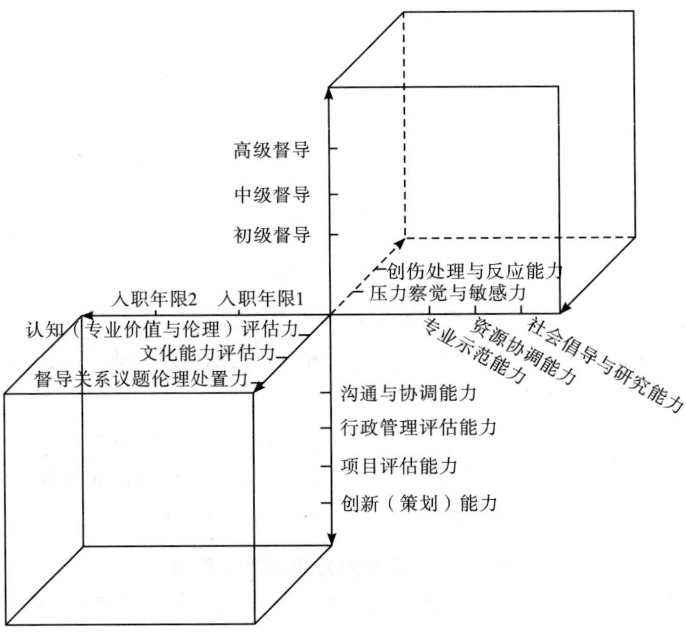

图 2－2　社会工作机构督导能力六维模型图

（3）对象维：表达督导支持功能的能力坐标，如被督导者的压力察觉能力、敏感度；对被督导者经历的与工作相关的创伤进行处理的能力，以及督导员的调停反应或复原反应能力。

（4）认知（价值与伦理）标准判别维：表达督导员对受督导者人际社会交往法则的价值与伦理判断能力，包括一般督导关系的 10 种议题①处置基本能力、特殊化服务的督导关系议题处置能力。

---

① 10 种督导关系议题如：旧团队中的新晋督导者、个人或专业间的界限、性别和种族议题、意识形态的冲突、情感转移、平行过程、个人资讯、性别取向、“没问题”的督导过程、不当的行为。参见 Allan Brown，Iain Bourne：《社工督导》，江盈谊译，学富文化事业有限公司，2000，第 93 页。

(5) 时间维：表达社会工作者专业实务经验积累程度，显示督导人才的时间属性，督导人才准入条件。

(6) 级别维：表示督导人才渐进式、梯级式发展，比如深圳模式将人才划分为初、中、高三级社工督导。级别维度显示督导人才的声望属性，与任用制度相关。

前四种维度概括本土督导员技术层面的能动性，后两种则概括本土督导员时间与声望属性。六个维度结合在一起，立体表达社会工作机构督导员的六大基本能力。

一、教育能力

（一）员工知识需求的辨识能力

1. 被督导员工类别与需要序列

梁伟康将机构被督导的员工划分为三类：新聘请的专业社工、1~3 年工作经验的社工、3 年以上工作经验的社工。据两项分别对新疆乌鲁木齐、福建晋江社会工作机构职员的调查显示，从事社工行业 1~2 年的员工比例为 48%①，从事 3 年以内占 49.8%；从事社工 3~5 年的占 27.6%；从事社工五年以上的仅为 22.7%②。助理社工师资格持证者约占总人数的 54.55%，中级社工师资格持证者比例为 10.22%③；有过 3 年或以上实务经验者，或者是拥有中级社会工作师从业资格证者，就已经具备任职机构主管的条件了。

员工被督导的需要（主要指知识和技能）按低阶—高阶序列概括为：了解机构功能和运作、服务对象问题/需要评估技能、建立关系的技能、方案策划和评估技能、人际沟通技能、一般辅导技能、团队建立技能、问题解决技能、决策技能、策略性策划技能、危机应变技能、知识管理技能④。

2. 员工专业基础知识需求辨识

占有系统化和文本化知识的督导者在督导在实践中应能够突出表现其“理论自觉”⑤，能够指导一线社工把理论应用于实务。以个案工作介入模式知识和技能为例，它是合格的社会工作者必须掌握的专业基本理论与应用知识基础，但个案社会工作服务在实践运用中也是最难的，以广州社工机构运营政府采购家综项目为例，“项目运作时难以有效完成，有时差距非常明显，这种差距同时体现在数量和质量上，数量上是接受服务的对象没有达到预期目标数量，质量上体现在一些个案辅导没有深入开展……”⑥。

(1) 关于任务中心治疗模式的基本理解。为了解大陆社会工作机构专职社工的专业

---

① 朱丽得孜·托列吾汗：《乌鲁木齐市社会工作服务机构人力资源管理研究》，硕士学位论文，新疆大学，2018，第 23 页。

② 詹小宁：《培训对社会工作者组织承诺的影响研究》，硕士学位论文，华侨大学，2018，第 30 页。

③ 常弱聪：《社会工作机构人力资源管理满意度调查——以广州 D 社会工作机构为例》，硕士学位论文，南京大学，2014，第 17 页。

④ 梁伟康著：《成效管理：非营利社会服务组织全面实践策略》，非营利组织卓越管理有限公司，2012，第 577 页。

⑤ 赵万林：《社会工作督导的知识类型与实践基础》，硕士毕业论文，山东大学，2018，第 1 页。

⑥ 韩梦冉：《广州市 H 街道政府购买社工项目评估研究》，硕士学位论文，辽宁大学，2013，第 9 页。

基本理论与应用知识基础水平，我们特别采用二手资料分析研究方法之元分析法（Meta－analysis）①，搜集2011至2019年期间、以个案工作方法为题材的MSW硕士毕业论文共197篇为研究文本样本，这些文本的作者都是社工硕士毕业生，他们代表着社工专业高等教育出品最高质量等级，其中曾经在社会工作机构或社会组织供职的有61人（即近30%的作者曾经任职于机构一线社工岗位）。所有样本论文所借助的分析框架，基本覆盖了适合运用个案工作手法的各种理论，如任务中心模式、心理—社会治疗、认知行为疗法、理性情绪治疗、家庭治疗（结构家庭治疗/萨提亚家庭治疗）、人本主义疗法、危机介入、叙事疗法、寻解治疗模式、动机晤谈、绘画治疗、缅怀疗法、依恋理论、生命历程理论、生态系统理论、抗逆力/增能理论、社会支持理论。我们的问题是：作者们在经过4年系统的社工专业本科教育以及相应服务实践之后，在样本文本内所呈现的相关介入模式或理论掌握或应用水平程度是什么样的。

以运用任务中心干预模式为例，因其注重案主的自决能力和自决权，这种干预模式最能充分体现“助人自助”的专业特点，也能够反映社工掌握其基本知识的完整度和准确度。依据该模式理论，在个案服务中充分应用该模式的要点在于：界定案主、界定问题/协助案主对问题排序、界定任务、任务操作化、任务评估基本方法（任务达成量表法），其中“界定任务”“任务操作化”两项，是指界定案主自己执行的任务，应与社工任务区别开来。

从上述197篇中筛查出运用任务中心干预模式的论文共5篇（其中4位作者都曾入职机构或实习），按公开发表的时间顺序，它们分别在青少年成长或犯罪青少年帮教、家庭暴力介入、单亲隔代教育青少年厌学问题、退伍军人社会角色适应等领域，总结撰写个案服务经验。我们将应用该模式的要点列为评估指标，对样本达标状况分析见表2－1。

表2－1　一线社工应用任务中心模式进行个案服务过程评估表

<table>
<tr><th colspan="2" rowspan="2">任务中心模式应用要点</th><th rowspan="2">界定案主</th><th rowspan="2">界定问题/协助案主对问题排序</th><th colspan="2">▲协助案主制订“任务”目标</th><th rowspan="2">任务达成测量法（量化技巧）</th><th rowspan="2">其他评估方法</th></tr>
<tr><th>制订案主自己执行的任务清单</th><th>案主任务操作化</th></tr>
<tr><td rowspan="3">文本样本</td><td>A篇个案</td><td>√</td><td>不明确</td><td>不明确</td><td>×</td><td>×</td><td>服务对象自我反馈法</td></tr>
<tr><td>B篇个案</td><td>√</td><td>√</td><td>不明确</td><td>×</td><td>×</td><td>过程评估、结果评估</td></tr>
<tr><td>C篇个案</td><td>√</td><td>√</td><td>社工自己的任务比较明确</td><td>案主自己完成的任务清单不明确</td><td>×</td><td>过程评估、结果评估</td></tr>
</table>

① Bonnie L. Yegidis，Robert W. Weinbach，《社会工作研究方法》，黄晨熹、唐咏译，华东理工大学出版社，2004。

续上表

任务中心模式应用要点		界定案主	界定问题/协助案主对问题排序	▲协助案主制订“任务”目标		任务达成测量法（量化技巧）	其他评估方法
				制订案主自己执行的任务清单	案主任务操作化		
文本样本	D 篇个案	√	√	√	√	对案主必须完成的每一项任务进行了定性评估，未对案主任务整体做量化评估	使用两个量表（自我效能感量表、中学生厌学量表）对案主进行前、后测量评估
	E 篇	√	√	社工自己的任务比较明确	案主自己完成的任务清单不明确	×	对社工自己的任务目标进行前、后测量评估

注：“√”表示有此项指标，“×”表示无此项指标。

表 2－1 评估结果显示，在五份文本样本中只有 1 位作者能够准确而又完整地理解了任务中心干预模式“任务”的涵义，并在该模式各项应用指标方面基本达标。其余 4 位，对任务中心模式基本概念“任务”内涵与外延的理解与运用仍欠准确，突现专业基础知识漏洞。具体表现是：

①混淆了社工与案主各自任务；任务中心模式之“任务”主要是指经由社工协助案主制定出后者自己计划执行的任务，或自行解决的问题。社工的任务主要是咨询、反复与案主沟通、确认任务。

②在“案主任务操作化”的运用上，未开列案主的任务清单。如果社工不明确案主自己要执行的任务，不仅表明社工对该个案的工作目标不清晰，也将导致个案结案评估无从下手。

③运用任务中心模式结案评估的技巧主要是“任务达成测量法”，它是一种量化的方法，可测量案主自行完成任务清单的成效，用百分率表示。上述 5 位个案文本作者无一使用该技巧，显示这一技巧知识的掌握与应用最薄弱。

这些接受过社工专业教育的专职社工尚且如此，那些非社工专业毕业生兼未获得社工资格证的“顶岗员”，可能连“招募服务对象参与和志愿者”这样的基本技术也需要教授。

（2）关于个案管理基本定义的理解。在本地社会工作服务实践中，我们观察到，一线社工常把个案管理等同于个案工作服务手法，或等同于个案工作记录文档的管理。实际上，如果社工督导能够准确理解个案管理的定义，就应该明白，个案案主多元化的需求或多元化的问题的属性，正是因涉及到案主资源系统多面性，才会产生管理的需要，这是确定开展个案管理的关键性要素，个案管理工作者不一定必备个案工作专业治疗水平；而个案案情的严重性，如伤害自己或他人，仅是区别个案是否需要即时进行危机干预或正常介入的标准，涉及专业社会工作者对治疗模式的判断与选择，而进行个案案情分级管理。显而易见，后者并非个案管理定义的内涵与外延范围。

（二）专业示范能力：言传身教与文案批复

1. 师者范也：向被督导者言传身教

学徒制模式是社会工作实践教学的最初模式，至今仍具影响力，其核心思想是边学边干，通过做社会工作达到学社会工作的目的①。督导者不仅被视为管理者，还被誉为“行业优秀人才的翘楚”“行动中的反思实践者”，更是扮演着“专业引擎”的角色②。社会工作督导中，被督导者通常要在行动中观察其他专业人士（包括督导者在内）是否有对其所观察到的进行仔细思考。督导者还需要具备教育学的相关知识③。因此，在督导情境下督导员的亲身示范就显得相当重要。

社工新手往往急需现场示范督导，初入职的社会工作者可能会遇到“如何运用所学的知识去开展专业工作”难题④，比如对接触社区居民缺乏信心，跟着社区居委员会干部工作时，又往往摸不准社会工作角色的定位及作用等。

“作为他们的专业督导，我与他们分享了自己 20 年的社会工作从业心路，并对婚姻辅导、亲子关系评估、需求调研等专业技巧作了一对一的示范性实训。我告诉他们要用长远的眼光看专业的前景。社会工作的专业性必须体现在一线的服务上。只有当你们开 30 次社区活动，完成了 30 个小组，处理完结了 30 个个案，才能对社会及社会问题有一定了解，掌握一些处理社会问题的能力及方法。如此，才算入了行。”⑤

又比如社会工作服务微技巧示范。陈锦棠指出过督导员必须具备的微技巧，如描述、同理、分享个人感受（示弱、表达愤怒、）下达工作指令、指出困难所在技巧、分享资讯技巧、重组结构技巧等⑥。

“我对这位社会工作者具有同理心、提供了情绪支持、运用了仔细聆听和以开放性问题搜集资料的技巧，都给予充分肯定，建议其谨记不要用评判的字句沟通，只有拉近与服务对象的关系，才能真正进入辅导环节；另外，在引导服务对象全面分析要面对的问题后，要让案主自决。经督导后，这位社会工作者将（与服务对象——笔者注）回应调整为：‘碰到这种事没人与你分担，你一定很害怕、很烦恼，你愿意多让我知道一些情况吗？’”⑦

---

① 何雪松、赵环、程慧菁：《英国的社会工作实践学习》，载自徐荣主编《社会工作实习教育研究》，华东理工大学出版社，2018。

② 《专业领航，中级督导打造社会工作“硬核”力量》，微信公众号“深圳市社会工作者协会”2019 年。

③ 赵万林：《社会工作督导的知识类型与实践基础》，硕士毕业论文，山东大学，2018，第 38 页。

④⑤⑦ 梁秋莎：《【督导专栏】从一张旧宣传折页的画面说开来》，微信公众号“中国社会工作”2019 年。

⑥ 陈锦棠：《社会工作督导经验学习导向》，巨流图书公司，2012。

在香港的日常工作中，大部分督导会扮演顾问者而非示范者的角色[①]。这就会在社工服从命令和尊敬督导方面产生问题，因为社工可能会对督导是否具有解决他们所面临的问题的能力而心存疑虑。

在机构督导给予被督导者的言传身教中——双方之间的会话被称为督导的互动仪式——与被督导的“互动言语流是协调性或集体团结程度的测量尺度”[②]，即督导的声音——“谈话的风格”是可以把控的。

①共享节奏：双方通过音调与音高进入相同的音符节奏，或会话交替的节奏，约每0.5秒一个节拍；互动双方和谐、正常的团结；这也是督导关系IR（Interaction Ritual）团结的基线。

②个体节奏不稳定：如果督导A保持原先节奏，而被督导B的节奏瞬间被扰乱，双方节奏不同步。

③相互节奏不稳定：双方出现放慢或加快的节奏；这是互动仪式暂时失败、缺乏团结的表现；督导与被督导的会话失败。

④相互节奏干扰：A的行为模式是每秒一个节奏性的间隔，同样的时期内B的行为模式是每0.75秒一个节奏性的间隔。这种节奏状态表明督导与被督导之间冲突正在进行。

⑤相互的节奏对立：双方瞬间节奏破裂，在24毫秒内4～5次偏离双方先前建立的周期性间隔。在次序交替上，太快或太晚都会对潜在节奏产生“牵引”效应，双方相互之间缺乏合作，被督导B可能并未参与督导A的节奏。

2. 批注或批复被督导者的工作文案

除了言传，机构督导进行专业示范的武器，很重要的一条途径是利用笔对被督导者的工作文案进行批注、批复，指导制定并落实各种工作计划。

机构外聘督导在这一块工作的投入时间比重相对更高。如推进本土社工人才队伍建设初期，由于当地社工缺乏实务经验，中山市扬帆社会工作服务中心聘请的香港注册社工梁督导的主要工作之一便是“通过邮件往来及时跟进小组策划书内容”“在每一节小组活动都给予了批注”，对服务计划文书提出建设性意见以及进行适当调整[③]。

如果社工个人或新入职社工的文案书写能力较弱，机构督导修改社工文案的工作，在督导时间投入的比重一般达20%。如果正在执行项目，在项目筹备期或初期、中期总结、年度总结或评估等特殊阶段，文书量要比平时翻倍，督导所用的时间会更多，高达40%。目前中国社工机构督导工作的强度和规模，以深圳社工机构的中级督导为例，个

---

① 陈锦棠：《社会工作督导经验学习导向》，巨流图书公司，2012。

② 兰德尔·柯林斯：《互动仪式链》林聚任译，商务印书馆，2009，第195页。

③ 赵晴：《勉行勤索：中山市社会工作督导服务项目经验》，中央广播电视大学出版社，2015，第42页。

别实务督导超过了 1 000 + 小时/年，辖下被督导的社工达到了 189 人[①]，机构督导是否有精力投入文书工作量？

至于督导文书批注的内容，除了审查被督导者文书格式是否符合机构要求或标准，重难点环节有如下四点。

（1）工作计划目标的制订。以个案工作计划书为例，社工新手往往在目标制订、目标内涵意义建构的环节上遇到困难。通常在工作计划初期制订目标时，一般都按三层结构划分法制订，宜建议受督导社工运用部分化技巧，将工作计划的二级层次目标（通常称为总目标与子目标）细化为三级目标：短期目标、中期目标、长期目标，达到与服务后期评估服务成效时建立程序逻辑关联的目的（即三级目标与短期成效、中期成效、长期成效对应）。

在指导建构目标内涵意义时，以短期目标为例，它通常具有学习属性，比如认知、知识、态度、技巧、意见、渴求、意欲等，在目标内涵的表述技巧上通常使用动词，比如让案主“掌握自我管理情绪”，摒弃非理性信念，树立新的理性信念，比如“生活除了爱情还有诗和远方”。

（2）介入理论或治疗模式基本观点的理解与应用。被督导社工个案工作计划写作常见问题是在考虑理论依据时滥用理论，或计划写作具体环节过程与理论脱节。督导具体点评思路，请详阅本书第六章第二节“被督导者在服务计划/活动方案目标制订中常见具体问题”。

（3）服务成效评估设计与实施。被督导社工个案工作计划写作中常见的另一个问题是缺乏与既定目标逻辑相关的服务评估设计。督导具体点评思路，请详阅本书第六章第二节“被督导者在服务计划/活动方案目标制订中常见具体问题”。

（4）关注被督导社工计划文案中是否存在联结意识。社会工作的对象是社会关系[②]，本研究认为“联结”技巧是社会工作专业/职业特色，它源自于社会生态系统理论的人与环境（关系）观。在社工绘制生态图技巧的协助下，案主参与辨识当前情景、生动地表达出来的非常有意义的过程，能够“发展出一种对自身情景的更好的理解并最终发现解决困境的策略”[③]，即协助案主连接于明确的、目前的关系网络和社会交往。如果受督导社工计划文案中呈现“对目前不存在但很需要的关系应该做好发展联系的准备”[④]，说明作者已经具备联结意识，这种意识也是社工独特的专业素养。如果没有呈现甚至未被发现，意味着不仅受督导社工，就连机构督导本人，也须提升专业素养了。

除了书面批复，在与被督导员工面谈时，机构督导还可以考虑向新手社工或机构实习生提出以下关键性的“基于计划性改变过程而设计的督导问题”[⑤]，见表 2－2。

---

① 《专业领航，中级督导打造社会工作“硬核”力量》，微信公众号“深圳市社会工作者协会”2019 年。

② 张煜：《社会工作：从本质上实现人的改变》，《社会科学辑刊》2019 年第 6 期。

③④ 杜景珍：《个案社会工作：理论·实务》，知识产权出版社，2007，第 84－86 页。

⑤ Cynthia L. Garthwait：《社会工作实习》，吕静淑译，沈黎审校，华东理工大学出版社，2015，第 61 页。

表 2－2 社会工作机构督导常见性书面/口头发问清单

改变过程	发问问题
接案阶段	你运用什么技巧来与服务对象建立关系？ 服务对象的改变动机有多大？
预估阶段	你设定的服务目的与服务目标是什么？ 你认为服务对象的问题是什么？ 服务对象有什么优势？
实施阶段	服务对象的角色和责任是什么？ 你的角色和责任是什么？ 有哪些实务理论和模式可以指引干预计划？
评估阶段	你是如何监测服务目的与服务目标的达成的？ 在什么程度上服务计划的目的与目标算是达成了？ 在进行成效评估时，你采用了什么评估方法和测量工具？

3．监督服务标准的能力

标准化的制度和服务项目是社会服务机构官僚主义特征之一[①]。社会工作服务标准化是一个过程，包括制订、发布、实施和监督标准等一系列管理活动[②]，尽管学术界对社会工作服务能否标准化存在争议，即使服务对象接受的服务具有一致性与社会服务高变异性[③]存在张力；但无论如何，从标准的层次角度来看，机构督导应具备中观能力，助力本机构的标准化建设，在服务流程和方法规范（编制具有可操作性的工作指引）、绩效评估（制作评估量表、服务套表）、实务指南等方面发挥作用；而在微观互动能力上，监督员工个人服务向机构标准、地方以及全国行业标准规范靠拢。

2012 年，国家标准化管理委员会等联合发布《社会管理和公共服务标准化工作“十二五”行动纲要》，将社会工作标准体系建设列入“十二五”期间基本社会服务标准化建设名单之中。目前民政部已经出台社会工作行业标准系列 9 个。

（三）被督导者个人价值观的辨识与教育

社会工作价值与伦理基本知识是高校社会工作专业训练的的基本课目，是属于所有社会工作者“应然”的素质。而本研究将被督导者个人价值观辨识能力列入社会工作机构督导能力模型，乃因应中国大陆现阶段社会工作机构人力资源现状的需要：一方面机构专职社工不断流失，另一方面机构也陆续招聘到非专业训练出身的社会工作者入职；后者在社会工作价值与伦理知识的内化严重不足，尽管其可以通过考试取得社会工作者

---

① Cynthia L. Garthwait：《社会工作实习》，吕静淑译，沈黎审校，华东理工大学出版社，2015，第 103 页。

② 赵怀娟、刘瑶：《我国社会工作标准化：现状、争议与思考》，《江汉大学学报（社会科学版）》，2019 第第 5 期。

③ 曾华源、胡慧嫈、李仰慈、郭世丰：《社会工作专业价值与伦理概论（第二版）》，洪叶文化，2011，第 6 页。

资格证。

价值的层级性（value hierarchy）是价值的属性之一，不论价值本身或价值对象，均可依重要的顺序或等级来排列。在个人做喜好的顺序选择时，层级性就会显示出来。个人价值观是指个人对于“价值的选择与追求”所秉持的看法与态度。个人在价值选择的考量上，以及追求的前后秩序上，都会产生优先顺序。

玛雅达斯和埃利奥特（1989）发现有四个层次的价值系统影响着社会工作实务的操作：社会价值、意识型态价值、专业价值和个人价值，它们有可能同时出现于专业服务中，构成社会工作实务上的价值难题①。高登（1965）认为既然肯定社会工作专业价值的存在，接受过专业教育的社工员理应完全服从专业价值观；但霍纳和怀贝克（1991）研究发现，个人的价值观与专业价值之间仍然是有差异性存在②，使得被督导社工面临冲突和抉择难题。故此，本研究认为：这种差异性的存在，为社会工作机构督导提供了价值观辨识与教育的空间，即协助被督导者觉察个人价值倾向，以避免服务中个人价值介入的发生。

简·旺纳科特在讲述行动学习法的贡献时提到它能令督导者“作为督导者重拾共同价值观和能力”。目前，中国大陆社会工作人才队伍建设推进速度较快，通过考试获得社会工作职业资格制客观上产生了一大批考证过关的专业人才，他们当中极有可能缺乏专业价值观系统教育或培训，在助人过程中存在着专业价值观与个人价值观辨识、区分、提升对二者认识的需求。以下是广东“双百计划”督导案例，展现出被督导社工实质上存在着专业价值观的教育问题。

某站点所在社区的旧街有积水的公共问题，资深社工强调这个问题无论村民、村居委还是政府都知道，政府、村委或许已达成处理这一问题的统一口径及做法，只是未公布出来而已。我（社工督导——本书注）问：“这是你的猜想还是谁说的？”社工答是猜的，并继续说我们社工刚刚来到这个社区，这样做（指深入调研）不利于社工与政府、村委关系的建立。言下之意是社工不应触碰这种敏感公共问题免得影响立足。我继续问社工：“一年水浸的时间有多长？”几位社工异口同声地说：“常年啊。”我又问：“常年即是多少天？水浸的区域是哪些街巷屋？水浸有多深？对村民的居住和出行有什么影响？为什么会浸？有没有人处理过？为什么问题一直存在？有哪些可行的彻底解决或缓解措施？需要些什么资源才能够解决这问题？…… 我建议社工先试了才知道行不行，而不只是猜测！”

我理解这位资深社工的担忧，欣赏其考虑得周全，但同时也为此感到担忧和惋惜，见到众多村民常年受水浸之困（生活在水深火热之中），而碍于问题敏感、怕惹恼政府、村委（况且只是社工的猜想而已），而置若罔闻，不敢去调查了解，更谈不上用行动尝试促进改变，这说得严重些不是“见死不救”吗？社工来到一个社区，到底为的是什么？什么叫社会公正和弱势优先的社工价值伦理？具备较强专业能力、如此资深的社工，到底是不知道，还是在逃避承担社会工作的专业价值和使命呢？资深社工的所谓专业能力不用于提升人民的福祉和促进社会正义，那么到底用来做什么呢？

---

①② 曾华源、胡慧嫈、李仰慈、郭世丰：《社会工作专业价值与伦理概论（第二版）》，洪叶文化，2011，第115－119页。

故此，本研究认为，督导员身份的社会工作者在价值与伦理判别能力上须高于受督导者身份的社会工作者，是有别于后者的“实然”能力。

《个人价值观测试》可供机构督导作为指导工具，了解被督导员工的个人价值观。

（四）行动反思能力

在行动中反思不仅是一种实践方式，它也可以是一种社会工作中实地督导的方法[①]。督导把行动反思能力传授给被督导者有两种方式[②]：一是“跟我学”，鼓励被督导者进入导师的世界并观察导师如何建构情境；二是创造一个“镜子大厅”，即督导与被督导者互为镜子——他们映照出彼此，后者从这种相互反映中学习。

这种能力要求督导“必须进入行动者的脉络里”[③]，与被督导者一起开展工作，“通过行动、提问式的教与学、对话和反思，知觉相互的主体性，在行动与反思的循环往复”中实现督导—被督导者的双重能力建设。

二、行政与管理能力

（一）沟通与协调能力

1. 督导的沟通能力

督导情境的人际沟通类型与组织内常见沟通问题[④]。

（1）组织内的沟通类型。依据信息流向分为两类，即纵向（垂直）沟通与横向（水平）沟通。纵向（垂直）沟通是双向的。向下沟通是说信息从组织中的较高职位流向较低职位，即从督导者流向被督导者[⑤]。卡茨和卡恩（1983）发现，组织中的向下沟通通常含括以下五类信息：工作指示、任务原理、有关工作程序的信息、与个人工作状况有关的回馈、对下属灌输思想观念，使其接受并坚信团队或小组的目标[⑥]。梁伟康对沟通内涵的理解更具体，即在绩效策划阶段里最重要的是沟通，只有督导与受督导员工进行了充分的交流和沟通，彼此之间才能对绩效目标或指标、达标行动计划达成共识[⑦]。

督导的沟通能力在垂直沟通过程中发挥着行政功能作用，必须重视并防止行政沟通中的职级失调、资讯过滤（遗漏与扭曲）、因表达和接收而产生的沟通问题等。

向上沟通则与之相反，信息从组织中的低职位流向高职位。向上的垂直沟通过程正反映着被督导者的需求信息，如较低职业者在从事的工作中所遇到的问题、需要做什么和该怎么去做。督导应能够从向上沟通中辨识被督导者的需求。

横向（水平）沟通：包括组织部门内的满通和部门之间的沟通。

维持组织内部和谐，也是督导沟通能力的重要指标之一。社会工作机构督导可借助沟通风格测试工具 DISC，来提升上述纵横维度沟通能力，详见本书第四章督导识心术：

---

①② Schon D. A.，Educating the Reflective Practitioner：Toward a New Design for Teaching and Learning in the Professions，*The Jossey-Bass Higher Education Series*（1987）.

③ 廖其能、张和清：《社会工作督导范式转向研究——以“双百计划”协同行动为例》，《社会工作》2019 年第 1 期。

④⑤⑥ 陈锦棠：《社会工作督导经验学习导向》，巨流图书公司，2012。

⑦ 梁伟康：《成效管理：非营利社会服务组织全面实践策略》，非营利组织卓越管理有限公司，2012，第 446 页。

了解被督导者。

(2) 与受督导者一对一的沟通。可能存在所谓“沟通迷思”,即一对一沟通过程中可能存在于督导员头脑中的“非理性信念”,例如:

①如果你确实告诉他了,那么对方一定了解;

②你不能确定你说了什么,直到对方响应为止;

③如果你指导别人一种新的方法或概念,你必须比指导他做例行的工作更加仔细;

④当一个人清楚地了解某件事,他就能清楚地将它传达出来;

⑤你在指导某人做一些事,他不问任何问题,只说他都了解了,这表示他明白你所说的每件事;

⑥一句话的意义往往看听的人怎么解释而定;

⑦单向传达看起来容易并有效;

⑧如果你脑中有个画面,想将这画面传到听者脑中是很容易的只要描述就行了;

⑨沟通是件容易的事。

2. 策划性管理能力

本书以目标设定能力为例,详述讲解了体现社会工作机构督导创新、策划能力须具备的制订目标相关知识,详见本书第六章社会工作机构的策划管理。

(二) 评估能力

评估是督导行政、教育、支持三大功能的构成要素,对于社会工作机构、督导与被督导者都有重大意义。简·旺纳科特用“实务领导力”① 指称社会工作督导的绩效管理能力,并分析了督导在这种角色中的责任,比如致力于支持受督导者产生最佳绩效的情况等。评估对于当事人、社会工作机构和督导员、受督导者都有价值②。督导员对受督导者工作的评估,是社会工作机构“满足社区问责制要求的链条中的一环”③,委以评估职责的“最佳人选是是直接督导工作者的督导员”。评估者拥有最终的权威④。陈锦棠、成元君(2008)更是一针见血地指出:对评估的认识已经成为政府官员和高级管理人员知识结构的一个必需(应为“须”)部分⑤。

在上述认识的基础上,本研究进一步认为:社会工作机构督导评估能力是指其能够运用程序逻辑模式对员工个人绩效、项目乃至机构绩效表现共三个维度进行组织内控管理的领导力。

程序逻辑模式(Program Logic Model,简称 PLM)⑥ 是协助活动推行者以因果关系(if - then relationship)逻辑分析活动资源投放及成效要求是否平衡的理论,其概念操作

---

① Jane Wonnacott:《社会工作督导》,赵环、魏雯倩译,华东理工大学出版社,2015,第 115 页。

②③ 阿尔弗雷多·卡杜山、丹尼尔·哈克尼斯:《社会工作督导(第四版)》郭名倞译,隋玉杰审校,中国人民大学出版社,2008。

④ 美国全国社会工作协会:《社会工作行业人事工作标准》(1990 年修订版),载阿尔弗雷多·卡杜山、丹尼尔·哈克尼斯:《社会工作督导(第四版)》,郭名倞等译,隋玉杰审校,中国人民大学出版社,2008,第 274 页。

⑤⑥ 陈锦棠、成元君:《香港社会服务与服务评估的历史演进》,载陈锦棠:《香港社会服务评估与审核》,北京大学出版社,2008,第 4 页。

具体化时运用简单图像方式（a picture of the program）来表达服务或计划中的不同环节（即资源投放—活动和服务—成效）之间的关系，“以始为终”①。此模式适用于目标导向（注重结果）以及系统导向（注重过程）的评估，应用范围宽达活动（program）、服务（services）、单位（unit）、机构（agency）或城市规划②。

PLM 的基本概念有：资源投放（inputs）、活动和服务（outputs）、服务成效（outcomes-impact）、假设/理论基础（assumptions）、处境分析（situations）、外在环境因素（external factors）、逻辑联系（logic links）。陈锦棠（2008）解释了这些概念的涵义③，囿于篇幅，此不赘述。

依据 PLM 理念，机构督导的评估能力具体内涵为：

1. 督促：对受督导员工个体绩效表现的过程评估能力

过程评估（Process Evaluation）的客体原指项目 Programme，是指衡量服务项目是否按照原先计划和期望而执行，也是高级社会工作者必须掌握的基本的项目评估能力。本研究将这种“中观”技巧应用到受督导个体层面，不妨将其理解为：指机构督导必须掌握的、衡量受督导社工是否能够按照服务计划如期执行的能力。甘特图表可运用于督促受督导员工执行其绩效目标计划的过程，是机构督导的微观督促技能。

与绩效评估的目的相比，督导更应关注受督导员工个体绩效过程，以求其实现专业自主、专业成长。受督导社工服务技能需求评估怎样操作呢？下面以社会工作专业三大基本服务方法为例，来了解机构督导如何衡量受督导社工的专业技能水平。

（1）个案工作技能的评估步骤与重点。重点关注受督导社工对案主需求评估的判断是否准确，在设定个案计划的层次目标（通常只有两个层级，即总目标与子目标）、以及将总目标细化为三级目标（即 PLM 短期成效、中期成效、长期成效）环节的能力，以及与案主沟通的能力表现。其次关注个案计划的总目标是否如期达成。

（2）小组工作技能。重点关注受督导社工执行小组服务计划时的控场能力表现，特别是首次带领小组专职社工或实习生的信心将会由于组员“不受控”表现而受重挫。

（3）社区工作技能。重点关注受督导社工对社区工作目标的理解是否到位、对社区活动与社区工作的关系理解是否准确、以及处理社区社会关系的能力表现。例如对于一起发生于中山市古镇镇海洲社工站的社区活动危机，督导认为：

“社会工作关乎社会关系，社会关系处理不好，我们提供什么服务都没可能。针对这次活动的社会关系，我会告诉她们（受督导社工）要注意几个方面：一是几个关键人物，即挑起事件的关键人物（本书注：指社区居民）；二是村委的工作人员；三是村委书记；四是可能的支持者，即能够支持并帮助她们说话的居民。要厘清这四方人物的关系。”④

---

① 卢永靖：《程序逻辑模式与社会工作专业性》，《中国社会工作》2017 年第 13 期。

② 陈锦棠：《项目评估：程序逻辑模式》，北京大学出版社，2008，第 77 页。

③ 陈锦棠：《项目评估：程序逻辑模式》，载陈锦棠：《香港社会服务评估与审核》，北京大学出版社，2008，第 79 页。

④ 赵晴：《勉行勤索——中山市社会工作督导服务项目经验》，中央广播电视大学出版社，2015，第 60 页。

2．服务成效测评：受督导员工绩效评估能力

绩效评估能力是机构督导区别于非机构督导的主要特征。督导员必须具备以下知与能：

（1）绩效评估的基本知识，即明晰绩效评估的目标（行政管理目标如续聘、加薪、晋升、停职、调动、终止聘用；工作者的专业成长和发展等表现评定；改善机构的服务效果）、了解工作者接受评估的心理情绪、了解或参与制定机构绩效评估流程以及机构绩效评估指标体系、奖惩体系。接受双向评估，即督导员“也有必要表明愿意让受督导者评估自己的工作表现”①。

（2）撰写绩效评估报告。

（3）绩效面谈。绩效面谈是指在绩效评估的反馈与改善阶段，根据绩效评估结果，出于关注员工能力提升以及改善员工表现不足的目的，由督导给予被督导者（或被绩效评估员工）适当的面谈辅导。绩效面谈“要达致3C目的：了解受核员工的贡献度（Contribution）、洞悉受核员工的能力（Capacity）、受核员工未来持续的发展（Continuing Deve-lopment）”②。

3．项目评估能力

（1）项目内审评估能力。督导员必须掌握在机构内部对项目实施效果的评估能力。机构内审也被称为服务监管。过程评估也可以被称为动态评估或者状态评估，过程评估的目的是了解社会工作服务项目方案实施的情况，主要宗旨是“证明服务项目是什么和是否按照预期被送达给既定的服务接受者”。过程评估既可以是第三方外检的方式评估，也可以是机构内审的评估。当机构进行内审评估时，评估的执行者只能由机构督导承担。

（2）方案评估能力。方案评估能力是上述项目策划衍生出来的能力，梁伟康把方案评估列为非营利组织进行服务策划过程九大步骤之一。详见本书第六章《社会工作机构的策划管理》。

（三）资源整合：协调与动员资源能力

众所周知，非营利组织在参与社会服务的供给中，应能够有效地整合政府、公民、私人部门、公共部门的资源，实现各部门之间的合作与互动。社会资源是社会服务过程中可动员的一切力量，以完成助人策略目标的任务，根据其形态分为：有形的物质资源例如人力（领袖、专家、志愿者）、物力（土地、设备、房舍、器材）、财力（金钱）；无形的资源例如社会价值、意识力量、信念、专业技术、知识概念、社会关系等③；根据资源性质还可分为政治的、经济的和社会的资源等④。社会资源管理的协调性指将资源在组织之间进行二次分配，包括政府官方与社会组织之间、企业与社会组织之间、社会组

① 美国全国社会工作协会：《社会工作行业人事工作标准》（1990年修订版），载阿尔弗雷多·卡杜山、丹尼尔·哈克尼斯：《社会工作督导（第四版）》郭名倞等译，隋玉杰审校，中国人民大学出版社，2008，第269页。

② 梁伟康：《成效管理：非营利社会服务组织全面实践策略》，非营利组织卓越管理有限公司，2012，第448页。

③ 黄维宪、曾华源、王慧君：《社会个案工作》，五南图书出版公司，1985，第265页。

④ Malcolm Payne，“*Social Care in the Community*”，(*Macmillan Education* 1986).

织之间、社会工作服务机构内部不同部门之间的协调性。

具备资源链接能力是前线社工运用个案手法帮助服务对象的基本功力，但在项目层面，资源整合与协调、资源动员能力，社会工作机构须落实在特别岗位职责上，除了高级行政管理员，督导员也是合适的人选。在这方面，督导员与其他一线员工的区别，是"直接服务要求最大限度地发挥表达性行为方面的潜能，诸如关爱、关心、感同身受和同情；但晋升为督导员要求的是最大限度地发挥工具性行为方面的潜能，包括整合、组织、协调以及操控等"①。"中国本土督导的功能与西方不同，需要在教育、行政和支持三种基本功能基础之上，增添项目规划和资源链接两种新的任务"②。

综上所述，本研究将社会工作督导的资源整合能力定义为：它是指能够将组织内部的资源因素与外部环境因素进行合理匹配，从而为组织的发展制定良好的策略，为组织资源整合功能的发挥起到良好的促进作用，又称为动员资源的能力（杜景珍，2007）。

资源整合概念起源于经济学领域③。Sirmon 和 Hitt（2003）首先基于资源基础理论提出了资源管理观点，认为资源管理的内容涵盖了资源积累、资源整合及资源利用等过程④。杜景珍（2007）归纳了国内外学者关于资源的分类，赵龑（2020）梳理了有关资源整合的研究现状。基于这些认识基础，我们认为，机构督导资源整合的能力是指：督导高效利用和管理资源、创造资源新的社会价值的能力。主要是对于社会工作机构内部而言，管理机构内部（人员、财务、信息等）的能力；对机构外部而言，是督导建设、发展、维持与其他利益相关者等有关业务关系的能力。

下文以我们对广州市社协首届督导班学员、GZYMCA 副总干事/高级督导 LWN 的访谈结果为素材，她是 GZYMCA 特殊儿童运动会、"孤寡长者行花街""醉美西关"等大、中型活动执行负责人，也是机构内外资源整合的重要推手。结合该机构历年大型活动自媒体报道案例，以了解社会工作机构督导在资源管理能力上的所发挥的重要作用。

1. 机构督导与被督导社工在资源整合能力上的差别

（1）资源需求链接范围、调度程度超出了被督导社工岗位职责权限，须要机构各服务部门协调、联动、配合，具有行政管理权能的机构高级督导方可胜任，机构督导往往担任资源统筹、调配者、管理者角色。高级机构督导个人资源如知识资源如知识、教育、地位、经验等，是致胜法宝。

（2）具有与不同主体互动的丰富经验。社会服务须要整合的资源系统结构复杂，资源种类多、范围广。社会工作机构在社会服务项目实施的过程中，都需要一定的财力（指金钱，又称正式资源）、物力资源（场地、设备、房舍、器材）、人力资源（领袖、专家或专职员工、志愿者、合作伙伴等）和无形资源（政府关系、社会价值、意识力

① 阿尔弗雷多·卡杜山、丹尼尔·哈克尼斯：《社会工作督导（第四版）》郭名倞等译，隋玉杰审校，中国人民大学出版社，2008，第 222 页。

② 童敏、史天琪：《专业化背景下社工机构督导的本土定位和分工：基于厦门 A 社工机构的个案分析》，《华东理工大学学报（社会科学版）》2017 年第 2 期。

③ 赵龑：《资源整合视角下的社区分类治理研究——以上海市 KJ 街道为例》，上海师范大学硕士学位论文，2020，第 4 页。

④ Dalid G. Simon, Michael A. Hitt, "Managing resources: Linking unique resources, management and wealth creation in family firms.," *Entrepreneurship Theory and Practice* 27, no. 4 (2003): 339 - 358.

量、信念、专业技术、知识概念、社会关系）。一般来说，个体的社会网络规模越大，网络密度越强，资源来源的主体越多元，要求资源整合者的系统性整合能力越高，非经验丰富者较难胜任。

（3）立足于机构层面、从项目视角进行资源整合。为了回应服务对象的需要，一名合格的社会工作必须具备服务对象所需资源的基本的整合能力，如发现和利用个案案主可用的、潜在的资源。合格的机构督导则必须能够识别、教育、促进被督导社工发现和利用资源的能力。而作为机构能力建设的责任承载者之一，机构资深的高级督导必须突破和超越基本能力要求，在资金等资源整合上为机构生存和发展发挥重要作用。例如广州 QC 资深的高级督导在机构发展过程中，在资金资源募集等方面发挥个人支持网络作用，令机构整体的专业服务水平处于行业内领先地位①。

2. 机构督导资源整合的能力

又称督导的联结权力（详见本书第三章、第二节“督导的权威”）。该能力产生于资源依赖理论、资源均衡理念、社会生态系统观。根据资源依赖理论，社会工作机构生存的关键是获取和维持资源的能力，由于获取资源的需求而不得不依赖环境，与环境中的其他组织进行资源交换。社会生态系统观视角的需求评估技巧，假设服务对象环境中的资源（或能量）系统处于均衡状态。如果服务对象与各资源系统的联结关系出现失衡，如冲突、疏离、无联结状态，则前二者须社工提供进行干预，而无联结状态则要求社工提供资源联结。同样的，如果在大型服务活动计划里发现特定资源缺稀，机构督导应承担起“找资源”的责任，为活动针对的服务对象群体进行资源联结。具体表现为对资源的识别、获取和利用。

（1）资源积累与辨识技巧。建立资源库，识别资源种类，辨识短缺资源。机构督导“要有资源整合的意识和敏锐性，及时洞察周边资源，不断增加社区资源的存储量，资源库才能像滚雪球一样越来越大”②。通过与其社会网络关系之间的信任、对社工专业的认可度、尊重、规范等获得更多的资源消息，进行分类：现实/潜在资源、可用/缺乏资源、正式/非正式资源、人力/物力资源、专业/非专业资源、政治/社会/学术资源、关系/个体资源。将现有资源与服务对象资源需求匹配后，梳理短缺资源清单。以广州 YMCA 特殊儿童运动会为例，迄今为止总共举办了 14 届，积累了捐资企业或组织 14 个，团体义工组织 36 个，历届场地资源提供者 5 个，历届组织参赛方 27 个。

“依托政府部门搭建的资源链接平台，如志愿服务广交会、公益创投活动、福彩公益慈善项目大赛等，YMCA 有机会向关爱特殊儿童的社会各界，积极推介意义非凡的‘特运’，扩大了‘特运’的影响力，从而编织更广阔的关爱网络。”③

“除了人力资源之外，‘特运’的经费及物资同样需要通过众人拾柴火焰高的‘众筹’。经过多年的口碑积累，现在每年一进入 9 月，合作伙伴们都会不约而同地关注“特运”的筹备启动情况，主动提出有钱出钱，有力出力，奉献创意点子，丰富特运的内涵。”

---

① 梁国勇：《社工机构能力的呈现和提升——以广州市 6 家社工机构为例》华南农业大学硕士学位论文，2017，第 6 页。

② 周荣秀：《社工如何撬动社区资源》，《中国社会工作》2019 年第 9 期。

③ YMCA：《这件事，我们从 2004 年坚持至今……》，微信公众号“广州基督教青年会”，2018 年。

以“醉美西关”活动为例：活动方案针对的服务对象是智障青少年，他们周围存在着可以用于其利益的外在资源，辨识资源是一种全面、富有想象力的对各种可能性资源的检视：

他们的个人能力资源表现如何？将在活动中如何呈现？服务对象群体非正式资源系统。非正式资源系统中的要素如家人、亲戚、邻里、朋友，能为活动提供什么类型的支持？服务对象群体正式资源系统。这类资源通常是指通过福利渠道、走流程获得的资金。服务对象群体社会资源系统。督导自己所在的机构，能提供的现有专业人力资源、志愿者人力资源是否足够以及将如何运用？

（2）辨识资源提供者（利益相关者）多元化的需求。如正式资源提供者的宣传需求，志愿服务提供者内（奉献社会）外（志愿时认定）兼顾需求。广州基督教青年会（以下简称“广州 YMCA”）专项活动“特殊儿童运动会”已经举办了 15 届，每年都成功动员志愿者近千人，为几百名特殊儿童打造以运动为纽带的欢乐大聚会。社工督导在辨识志愿者人力资源多元化需求的过程中功不可没。

2. 资源联结（链接）与获取：使项目资源变得可用的协商技巧

学界从宏观层面探讨社区资源整合的可行性方式，邱柏生（2006）提出的三种类型：借助传统型、交换协调型、行政主导型①。很明显，社会工作机构适合第二种，通过平等交换而非“获取”“给予”的方式来进行社区资源的整合。作为社会工作机构的资源执行管理者和机构精英，其依据资源交换原则的协商技巧有：

（1）社会工作机构/项目/活动拥有什么资源？社会工作的专业价值信念、社会工作机构的使命价值观等，都是独特的无形资源，社会工作者创造的社会交往情境或场域具有独特的社会价值。服务提供者“被资源化”②（被其利益相关方纳入整合资源清单的利益考量），本身是一种优势资源。

“第一届特殊儿童运动会在 2004 年 11 月 19 日举办。前五届的规模并不算大型，直到 2010 年的第六届，亚组委志愿者部和广州市青年联合会加入作为主办方，而广州 YMCA 在主管部门广州市民族宗教事务局的指导与支持下，将‘特运’推上了一个新的台阶。”③

（2）若资源短缺，需要协商什么资源？这基于上述资源辨识的结果。以“醉美西关”项目为例，适合活动方案的场地，室内还是室外？室外拍照必需的换装、化妆、洗手间、“模特”走秀“T”道、拍照景点是否足够？针对短缺的资源，可通过微信公众号、微信群、社区网站、微博等自媒体进行宣传募集，一对一对电话爱心人士、爱心企业等进行沟通、协商对接。代表社工机构出面的督导个人能力在这一步往往能够发挥关键作用。

（3）合意的目标、至少要达到的目标是什么？协商的各方可能是谁？各方的目标又

① 邱柏生：《论社区资源类型及其整合方式》，《探索与争鸣》2006 年第 6 期。

② 徐华，隋亮：《“被资源化”：我国专业社会工作发展的困境与出路》，《社会工作与管理》2019 年第 1 期。

③ YMCA：《这件事，我们从 2004 年坚持至今……》，微信公众号“广州基督教青年会”2018 年。

是什么？可能涉及其他哪些机构或社会组织、企业、高校？仅一场大型的“年廿八，行花街”活动[①]，涉及慈善基金会、公共汽车公司、药业公司、国际集团、银行、酒店、摄影家协会等各方，须辨识它们的需求，常见的需求如企业通常将自身资源与社会责任进行交换，学生与家长志愿者将个人才华、时间、精力、人力资源与志愿时权威认定进行交换。

（4）时间长度多少？多方参加协商，需要开协调会，以求达成多方共识。

3. 资源的利用：混合资源技巧

在活动中应用资源时，应将各类资源提供主体进行角色分工，在活动过程、活动结束时都保持与资源提供主体沟通。杜景珍参考马尔科姆·佩恩（1986）看法，将“混合资源”列为动员资源三个不同的活动之一，混合资源的技巧即通过列时间表、辨识和检视关系、辨识和运用触发事件[②]，以创造一种帮助服务的各资源提供者一起工作沟通和接触的清晰界限。

“广州 YMCA 只是一个小小的社会团体，创立‘特运’初期，专职骨干人员不超过10人。为办好运动会，往往需要提前2~3个月，动员资深义工组建筹委会，负责落实相应岗位的工作任务。部分筹委，已经陪伴特运走过了这十数年。”[③]

三、支持能力

（一）压力察觉能力

情绪耗竭现象。在压力较大的情况下，个体一般会表现出认知症状、行为症状、生理症状。认知症状发生频率最高的分别是记忆力减弱、难以集中注意力、思维混乱；行为症状发生频率最高的分别是时间工作不长、操作时紧张；生理症状发生频率最高的分别是失眠、焦虑、情绪低落。从表现出来的症状来看，压力会降低员工的工作效率，其中压力的认知症状会直接影响员工的行为。

罗德尔和贾吉以认知交互理论和情感事件理论（Affective Events Theory）诠释了不同类别的工作压力源与员工行为之间的关系及相互作用机理[④]。情感事件理论认为，工作中的事件会影响员工的情绪，员工的工作行为会因其情绪的变化而改变。工作场所中无论是挑战性的工作压力源还是阻碍性的工作压力源，均能引发员工的情绪反应。个体在外界环境的要求超过其自身能力时，就会产生压力感，并引发连续的情绪反应，员工的情绪反应会影响其工作行为，并最终对工作绩效产生作用（积极的作用或消极的作用）。

---

① YMCA：《每年年廿八，我都和 Ta 们去行花街、迎新春……》，微信公众号“广州基督教青年会”2019 年。

② 杜景珍：《个案社会工作——理论·实务》，知识产权出版社、中国水利水电出版社，2007，第 274 页。

③ YMCA：《这件事，我们从 2004 年坚持至今……》，微信公众号“广州基督教青年会”，2018 年。

④ Rodell Jessica B. Judge Timothy A.，“Can ‘good’ stressors spark ‘bad’ behaviors? The mediating role of emotions in links of challenge and hindrance stressors with citizenship and counterproductive behaviors,” *Journal of Applied Psychology* 94，no. 6（2009）：1438 – 1451.

1. 压力的类型

积极组织行为学的研究者认为工作压力对工作绩效的作用会因压力源种类而异，将压力源分为挑战型压力源与阻碍型压力源，希望对理解工作变量之间的关系产生帮助[①]。

（1）挑战性压力源。挑战性压力源能激发个体产生挑战性和自我实现的信心，和挑战性的工作要求（如工作负荷、时间压力、工作范围和工作职责等）相联系。员工懂得从事此类工作任务会提升自己的技能，提升自身的职业生涯发展机会，因而会在产生紧张情绪的同时引发强烈的积极情绪（如成就感、归属感等），提升个体的工作动机，从而能使个体更专注、积极地投入工作。

“我一直觉得能够接受专业督导对我的专业知识是一个很有利、很好的提升。我还清楚地记得来中心后第一次接受的督导，是星爷（指该机构外聘新加坡籍黄光星督导）给我们外来务工与就业小组开展的个案专业辅导，我记得当时星爷说了一句话，说：‘你们要放开胆子，要敢于开展个案。’这句话对我震撼很大，我当时来了一个多月，已经开始了小组，但是一直没有开展个案服务，也不敢主动挖掘个案，就是害怕自己做不好，会出现不好的影响，对案主造成二次伤害。星爷的那句话，我觉得真是说到我的心怀，就马上释然了。我初期不选择过于严重的个案，从简单到复杂慢慢做就好了，我调整心态，开始了第一个个案”[②]

（2）阻碍性压力源。阻碍性压力源会阻碍员工个人发展，阻碍员工做出更大的成就，包括角色模糊不清、角色相互冲突、工作负荷过重、组织政治繁杂、资源匮乏；会激发员工产生紧张的情绪反应和产生负性情绪（如缺乏成就感、情绪衰竭），从而不能全身心地投入工作，此时与工作倦怠呈正相关关系，对工作的投入与工作绩效有负面影响。

撰写文案、执行实施计划、社区探访、完成指标等工作占据一线社会工作者大部分工作时间，指标达成情况可能直接影响着他们的晋升甚至是生计。一线社工存在着不同程度的情绪耗竭，生活和工作压力不断加大，压力转换为不良情绪。当身心过度劳累时，会出现对工作缺乏冲劲，对自身的工作能力、社会价值态度消极，烦躁和焦虑等情绪表现。受周围朋友、家庭影响，有时候会表现出身心疲急、心力交瘁状态，这也是情绪衰竭的一种典型表现。

本研究认为，职业迷思因素也构成了社会工作者的阻碍性压力源。赫灵（1990）将“职业迷思”定义为对职业发展过程所抱持的不合理态度或非理性信念，如“找工作必须靠人情”“拥有技术专长就能出人头地”等，这种迷思会限制个人的职业发展。吴云卿（2018）分辨出内地社会工作督导的5个迷思[③]，本研究整理、归纳社会工作机构督导与被督导的非理性信念，见表2-3。

---

① Cavanaugh Marcie A，Boswell Wendy R，Roehling Mark V，et al. “An empirical examination of self-reported work stress among U. S. managers，” *Journal of Applied Psychology* 85，no. 1（2000）：65-74.

② 该案例选取自：常弱聪：《社会工作机构人力资源管理满意度调查——以广州社会工作机构为例》，南京大学硕士学位论文，2014，第21页。

③ 吴云卿：《关于督导的5个迷思》，《中国社会工作》2018年第6期。

表2－3　社会工作机构督导与被督导的常见非理性信念

督导员	被督导社工
害怕督导过程冷场	接受服务的案主未发生改变就是失败
必须解决被督导者的问题	年轻社工总是无法应付比自己年龄大的服务对象
督导一定要比被督导者厉害	男社工比女社工适合承担政府接待、参访交流等事务
督导只能接受被督导者的正面评价	男社工家访被拒概率总是很高
督导认为社工一听就会	男社工必须压制自己的不良情绪

2. 受督导者的压力管理

根据互动仪式链理论，在权力情境中，一个人的情感能量的获得与另一个人情感能量（EE）的丧失是相互联系的。“一个成功命令发布仪式会强制性地产生强烈的相互关注，形成情境主导的情感状态”①，机构督导（命令发布者）会感觉到自己的支配情感，受督导者（命令接受者）本身则产生出两种混杂情感：消极情感（软弱/消沉、恐惧）、支配性情感（强烈的情感能量、统治力量、愤怒）。双方分享着支配/愤怒/恐惧/服从的混合情感，受督导者一般会失去个体情感能量（EE）。

从情绪管理的过程分析，身为机构项目计划的策划者之一，督导员被要求应该比社工员更敏锐地感知他们的阻碍性压力源。第一，情绪或压力察觉能力是指督导有意识通过心理和生理的状况来理解自己和身边他人情绪的能力，在这部分能力比较突出的人不仅能够理解自己的情绪，对于他人的情绪变化也比较敏感。第二，督导应能够运用语言或非语言等媒介来表达自己或被督导者真实情感的能力，并需要将对方情绪适时适地表达出来。第三，调整被督导者情绪的能力，协助被督导者寻找合适其自身的调适情绪的方法。

为了更准确而客观地评估被督导者的压力或不良情绪状况，督导员应能设计一份员工情绪管理调查问卷或压力测量表。

对EE的测量，可以通过自我报告（自我评估高端位的热情、信心与主动，还是低端位的被动、消沉）、他人的客观观察如身体姿势与动作（高EE一般表现为直立的姿势、坚定平稳，与他人交往中主动性强，低EE表现为畏缩、被动、犹豫或不连贯，中等程度的EE表现为摇摆）、目光（是否具有主动性可以从目光接触中看出来）、声音（具有高EE的个体设定带动节奏，具有低EE的个体节奏被他人决定）、面部表情（自信与热情，还是冷漠和消沉），甚至荷尔蒙水平，来进行测量。

（二）心理创伤处理能力（复原能力）

社会工作职业目睹严重创伤、死亡、自杀等不确定事件概率很大。暴露于创伤事件以及一线社工的无效应对很容易造成心理障碍，罹患创伤后应激障碍（简称PTSD）的风险者，除了直接或接触创伤事件的幸存者（受害者），社会工作者也极易成为目击者或救援者。这种职业风险一旦发生，督导—被督导关系应立即转入临床治疗—被治疗关系。

1. 一线社会工作者主要的心理创伤症状

PTSD始见于美国1980年版精神疾病诊断手册（The Diagnostic and Statistical Manual

---

① 兰德尔·柯林斯：《互动仪式链》林聚任译，商务印书馆，2009，第167页。

of Mental Disorders, DSM－Ⅲ)，用以描述创伤事件后产生长期症状的慢性现象，指暴露于超过正常人所能承受的创伤事件或情景的延迟和延长的应激反应。

一线社会工作者遭受的创伤、创伤事件都会对人的生理、心理、情感、社会和精神产生严重而持久的影响，但人有能力去应对这些创伤带来的伤害，并提出相应的应对策略指导。这些应对策略决定了一线社工是"受伤者（walking wounded)"还是"受伤的治愈者（wounded healers)"。如是前者，则可能会经历闯入、回避以及反应过度，由此导致的结果主要为世界观改变、辞职、睡眠紊乱、社会网络功能失调等；若是后者则能通过自我调节和精神成长来治愈创伤，在遭受创伤后会经历创伤自我修复、转化和超越创伤体验等一系列治愈过程。

（1）心理症状。职场 PTSD 常见的心理症状是心态及情绪上消极、抑郁、焦躁、易失眠等表现，导致其生活质量明显下降；或经常会做噩梦、反复再现事发情境、睡眠困难、抑郁，并且对工作失去兴趣、对将来不抱希望、健忘、容易发脾气等。

（2）行为症状。在行为上可表现为工作热情降低、工作满意度降低，甚至产生离职的想法

2. 心理支持的具体方法。

危机事件压力转化（CISD）主要是通过将人的躯体和生理反应正常化，进而使其恢复健康正确的认知过程，以促进个体自我恢复及成长，主要包括 7 个步骤，即介绍组会目的和步骤、创伤事件陈述、想法表达阶段、情绪反应阶段、症状陈述阶段、应对阶段以及总结阶段。在危机事件发生后应尽早使用 CISD，最好在 24～72 小时内，时间间隔越长，CISD 的效果越差。

创伤后压力症状（post－traumatic stress）是指：处理创伤意外（如枪击、火灾、坠机或强奸案）的社会工作或其他助人工作者，也会经验到其案主所经验到的创伤，这些症状与压力、专业枯竭症状相似，但创伤后压力症状的发生更突然和出乎意料，因此督导者需要做非常不同的回应①。一般要求督导掌握 PTSD 评估量表两大类即筛查量以及诊断量表的使用方法。

（1）心理疏泄（Psychological de－briefing，简称 PD)。广泛用于严重创伤事件后的即时心理干预，主要是鼓励伤者充分叙述事件的经过、所思所感，解释创伤反应，提供可寻支持的途径。

（2）正念减压（mindfulness－based stress reduction，简称 MBSR)。作为常用的心理干预手段，近年来开始应用于创伤后应激障碍人群，主要通过提供正念冥想训练来缓解主体的压力和管理主体情绪。冥想训练能够引发较强的前扣带回皮层的激活。前扣带回皮层在集中注意、动机的激发和维持中发挥着重要的作用，一定程度上能够改变大脑情绪相关脑区的活动，从而增强个体对积极情感的体验。MBSR 应用手段主要包括正念冥想、瑜伽、经验探讨、压力讨论和应对、家庭作业和练习等。

（3）戏剧治疗的方法。马丁·史密斯是英国白金汉郡一家精神健康组织的高级社会工作者，他在一项研究中描述过社会工作者可能遭遇的不幸经历。几位参与者告知最让

---

① Peter Hawkins，Robin Shohet，《助人专业督导——个人、团体和组织取向》王文秀等译，学富文化，2003，第 31 页。

他们烦扰的不是真正发生了什么，而是他们在想象中“看到”的东西。一位社会工作者在与其服务对象面谈时，她注视服务对象随身携带的包，看到了包里露出的仪式剑的把手，仿佛“看到”的自己正在被这把剑砍成两半。另外一位社会工作者在工作地方看到了危险而失控的狗，她会联想“看到”这些狗转向屋子里的孩子们，它们的下巴滴着鲜血。

如果督导员掌握如戏剧治疗的方法，也许能够回应显现创伤后压力症状的被督导者。社会工作者的督导者很想帮助被督导者去成长，去发展他们的能力从而拓展全部才能并让他们相信自己能够有所成就。因此，督导者需要去寻找并尝试一种提供真诚和有效鼓励的方式，而不是那些不能令人信服而且不能持久的安慰。①

（4）沙盘游戏减压法。如果机构有条件购置沙盘，可以用于服务对象的临床治疗，也可以用于有需要的被督导者的减压。

四、社会倡导与研究能力

（一）倡导能力

赫普沃斯等（2002）将倡导界定为“一个影响和发起变迁的过程”②，他们对倡导内涵的理解，正在激励着中国社会工作机构督导们拿起笔去“促进能提供案主必需的资源或服务的立法或政策的制定”③，倡导目标与当下中国地方社会政策制定或改革紧密关联。以深圳社会工作机构督导为例，第一批中级督导们通过“两代一委”（指党代表、人大代表、政协委员）、专家委员等身份，在区党代会、区人大会议、区政协会议上呈递提案，为社会服务、行业发展等提出了相关建议。以下是一个身份为项目总监的机构督导为维护社区戒毒服务对象基本权利保障的倡导案例④：

2017 年 6 月的一天，同事在工作群上分享了一则消息——H 市公安 110 微信公众号可以查询某个身份证是不是涉毒人员——就像一颗重磅炸弹落地，群里立刻炸开了锅，同事们就此事议论纷纷。凭着自己在社工行业所接受的价值熏陶以及职业敏感度的锻炼，我立马收集和梳理了相关信息、资料，给禁毒主管单位呈递了一份《建议》。很意外的，《建议》很快得到正视和处置，5 个工作日不到，查询功能就被撤下了。2018 年 9 月，机构社工再次收到服务对象的反馈，查询连接仍然有效，只是撤走了公众号的入口。机构社工立即进行了调查核实，并将此情况再次以书面形式反映给主管部门，提出处置的建议。很快，建议得到了采纳，查询连接已经失效。

（二）研究能力——社会学的想象力

比较国外、境外学者对督导素质与能力主体的看法，他们一般都将研究能力列为社会工作者的素质，而并非特指机构督导。但在中国，社会工作人才队伍的推进必须建立

① Peter Hawkins，Robin Shohet，《助人专业督导——个人、团体和组织取向》王文秀等译，学富文化，2003，第 31 页。

②③ Dean H Hepworth，Ronald H Roonep，Jo Ann Larsen，*Direct Social Work Practice：theory and skills*. 6th ed.（Brooks/Cole - Thomson learning，2002），pp. 449 - 450.

④ 该案例由惠州市益心社会工作服务中心项目总监邓俊超提供。

在总结社会工作发展实践规律的基础之上，社会工作机构作为社会服务的重要承载体，督导这一系统中的高级专业要素必须承担此重任。上海浦东社协对社工督导明确提出了研究能力与服务评估能力的要求。

狭义的督导研究能力指的是对受督导者服务文本批注、修改更正能力。有关受督导者的工作表现，督导员最常见的依据是书面的个案记录资料、受督导者的口头报告、直接观察和借助面询音像资料的间接观察。

广义的督导研究能力指的是对社会工作服务经验总结、概括、提练，并进行批判性思考或探索的行动研究能力。东莞社工机构的一位督导将督导的研究能力称为“最具竞争力的心智素质——社会学想象力”，并且认为许多一线社工存在社会学想象力缺乏的问题[①]。他说：

“很多社工感觉我们的专业在实践中毫无优势而言，而事实上基于社会视角、社会学想象力建构的问题解决方案，是无论政府，还是商业，都没有深耕的蓝海。”

本研究认为，如果将社会学的想象力定位，对于被督导的一线社工而言未免过于苛求。民政部 2019 年 8 月发布《高级社会工作师考试大纲》，将社会工作研究的方法论、定量研究与定性研究以及具体研究方法、资料的搜集与分析、研究报告的撰写等列入高级社工师考察能力范围。这激起了本土社工机构督导参与相关研究的热潮，例如深圳市社协 2019 年共 7 位本土督导参与了 6 项课题研究以及研究写作；在社工微信公众号里，由广州市本土督导创作的原创微信帖逐渐增多。

五、创新能力

田鹏颖对“社会技术创新”的界定为：改造社会世界、调整社会关系、协调社会运行的新方法、新途径、新组织的创造。社会技术理念创新是根本，社会技术形态创新是载体，社会技术设计创新是保障[②]。在学界认识基础上，如按照唐丽“社会技术”(Sociotechnics) 一词的分为类[③]，社会工作学视角下的社会技术属于协调社会群体间利益关系的社会治理和控制技术，其相关定义、涵义、特点、分级/类等是潜在的研究增长点。

本研究仅聚焦于中观的社会技术即组织管理技术。与平衡、积极与沟通一样，创新是使命导向的管理者所拥有的主要管理技术[④]。持续地创新是维持组织生存、保持成功的关键，作为机构内部顶级专家，督导必须能够：一是在于敏锐察觉服务对象新的未被满足的需求，并通过服务项目开发与研究设计，在服务方法、筹措资金、带领团队实施项目中给予及时回应；二是突破督导自我舒适圈，包括挑战督导自我既往能力、自己创造出来的传统方法，尤其是当服务项目评估结果多年为“优秀”结论时，维续或超越、突

---

① 吴显连：《一切不创造价值的服务，都是要流氓，谈社工服务的“结果正义”》，微信公众号“社工观察”，2020 年。

② 田鹏颖：《现代性悖论的消解与社会技术的创新——关于现代性问题的技术哲学思考》，《求是学刊》2007 年第 1 期。

③ 唐丽：《社会技术的类型学研究》，《沈阳师范大学学报（社会科学版）》2010 年第 4 期。

④ 彼得·C. 布林克霍夫：《非营利标杆管理》陆琲琲译，北京大学出版社，2007，第 25 页。

破与创新的考量选择极其迫切。督导创新能力的具体体现如下：

（一）敏锐察觉新的社会问题能力：市场细分

“市场”是经济学术语，社会工作学视角的市场理解是指因受社会问题困扰而进入服务视域的目标人群。

“我们需要创新的方案，而方案的创新要从创新地理解问题开始”①。敏锐聚焦社会问题受害者，对新发社会问题进行充分调研，明确机构自身定位，对社会问题受害目标群体进行分析，从而有针对性地进行机构营销策划，这是营销成功的重要因素之一。

进行市场细分有利于非营利组织利用有限的资源②，例如关注服务对象群体的分层群体构成的情况，进行分层需求调研与分析③。集中力量开发满足目标群体的新项目，使组织资源的效益最大化，这是机构对内部顶级专家能力的要求。

（二）采用信息技术创新社会工作机构服务

社会的数字化兴起对社会工作的发展提出了新的课题，互联网、云计算、大数据、人工智能和区块链都给社会工作带来新的可能性④。未来在国家信息化建设战略与新冠疫情双重作用影响下，运用互联网+思路进行社会工作服务技术创新的空间巨大。2018年9月，民政部印发《“互联网+社会组织（社会工作、志愿服务）”行动方案（2018—2020年）》。在机构情境下，运用“互联网+”的有利平台，创新介入形式（线上干预）。在更宏观的社会情境下，大数据的开发与应用将是社会服务创新的增长点。

1. 创新美好数字新生活服务

以数字生活适老为例，互联网在“物物连接”领域的创新结果“物联网”的发展下，“传感器”的产生可以实现居家老年人的精准定位，对服务对象的远程监控和远程医疗服务，使得物联网技术在居家养老服务领域的运用成为了现实。但是，不论应用哪种信息系统技术模式（适用于失能老人的“DMP模式”、时效性较强的“D to P”模式、“P to D”）⑤，最后都离不开线下、现实、由人工提供的养老服务圈。因此，在参与地方政府的顶层制度政策设计、推动机构成为智慧养老等有需要的人群服务体系方面，机构督导员应带领团队参与创新实践。

2. 创新虚拟服务空间

在信息技术平台支撑下建立虚拟服务空间，创新服务对象认知等目标系统要素的改变手段，并参与建设社会工作服务大数据平台。以数字化的服务手段回应数字化需求，实现“数智”服务型治理，中国社会工作机构督导已经带领一线社工在因应疫情突发而被封控的社区里开展服务实践（详见第五章、第九节）。

---

① 吴显连：《一切不创造价值的服务，都是耍流氓，谈社工服务的“结果正义”》，微信公众号“社工观察”，2020年。

② 冯长林：《中国非营利组织的发展现状及绩效管理策略研究》，大连海事大学硕士学位论文，2011，第33页。

③ 朱静君：《对社工服务层次性评估的思考》，《中国社会工作》2014年第6期。

④ 何雪松：《积极而非激进：宏观社会工作的中国图景》，《学海》2020年第1期。

⑤ 丁宥臣：《“互联网+”居家养老服务研究》，中央学校硕士学位论文，2019年，第32－34页。

（三）创新组织管理技术

介绍以下两种组织的创新内容：

1. *以人为中心的组织创新*

通过改变组织人员的态度以及人际间工作关系的性质来达到改进组织绩效目的，具体采用组织发展（OD）的方法（敏感性训练、调查反馈、过程咨询、团队建设等），其实质是通过内部成员的组织训练，建立学习型组织。

2. *以结构为中心的组织创新*

创新的结果是创建过程组织，如以任务为导向、发挥个人能动性和多方面才能的过程小组。在非营利组织发展的未来，仅留下一个核心团队、创建一个外部资源供给中心即构建“内部市场组织”的可能性也是存在的。组织结构上的自由将会释放出巨大的创造力，这是非营利组织创新的必要前提[①]。

六、团队导航能力

团队导航能力是管理研究新议题。包括机构督导员在内的团队或组织应该具备一种“导航”能力，指的就是一种集体行动的能力，是团队或组织通过不确定和变化状态中的实践进行学习的有效方式。一方面，指出图景中可能发生的事需要想象；另一方面，在受到各种限制的情况下进行工作需要创造力和严格的试验。导航就是在这幅共同图景中灵活但明智地旅行，思考如何实施下一步骤，如何朝着想要的方向前进。理想的航程不是由某个领导者来设计，而是由整个集体来检验前进的方向。

导航从经验中产生，是主观、直观和人造的，这就需要综合，即能够看到并且制造各种相互联系、情境及更大的整体。培养团队导航能力的方法有创造性解决问题、尝试性学习和行动学习[②]。

第二节　中国社会工作机构督导的培养

关于督导的养成，既有相关研究不多。在香港，社会工作督导的研究比较有限，“至今香港的社会工作督导培训计划也同样鲜见”（陈锦棠，2012）；见阿兰·布朗和伊恩·伯恩原著、江盈谊等合译《社工督导》一书探讨过“督导者的养成”专题，至于由谁来培养此种人才，即督导培养的主体问题并未涉及。2015 年，广东省民政厅发文，明文规定督导培养与使用由机构担任主责。这就引发了我们对机构督导人才培养主体的研究问题。

---

① 陈俊龙：《非营利组织的绩效管理》，复旦大学博士学位论文，2002，第 133 页。

② Palus C. J., Horth D. M., “Exploration for development.” Cynthia D. McCanley, Ellen Van Velsor, et al. *The Center for reative leadership Handbook of Leadership Development*, *2nd ed.* (*San Francisco*: *Jossey-Bass*, 2004), *pp.* 438 – 464.

一、现阶段中国社会工作机构督导的培养主体

社会工作机构督导受聘于社会工作服务机构，因此社工机构是社会工作督导培养最直接也是最重要的主体。但社会组织存在资源匮乏的生存挑战①，完全依靠社工机构的资源无法有效满足机构督导的成长需求。因此，机构督导的培养不仅依赖于机构内部资源，也需要行业多方资源的协调支持，以更好地推动社会工作专业人才建设。可以说，社会工作机构督导的培养存在多元主体。

（一）政府

社会工作是一种制度安排，社会工作督导培养离不开政府部门的支持。《社会工作专业人才队伍建设中长期规划（2011—2020年）》亦提到，“培养造就一批熟练掌握专业督导方法与技术、具备丰富实务经验、善于解决复杂专业问题，能够带动社会工作服务人才成长、推动专业实务发展的社会工作督导人才”。政府主体在此应承担投资者角色，如南京市督导的选拔和培养得益于民政局的推动②。南京市的督导由民政局负责安排对接全市创投项目、街镇级社区综合服务中心以及各区、各直属事业单位督导工作室。政府设置督导岗位培养当地督导，见表2－4。

表2－4　政府推动社会工作督导培养案例

时间	部门	内容
2017年9月	中山市民政局	4年投275万元举办社工督导人才培训班
2017年8月	长沙市民政局	联合广东省社工协会，于2015年启动督导团队建设项目，从全市选拔具备一定基础的社工，对他们进行了集中培训
2016年7月	江门市社会工作委员会、江门市民政局和蓬江区人民政府联合主办	开展江门市社会工作本土见习督导培育课程，培育江门第一批社工本土见习督导
2016年3月	常州市民政局	委托上海浦东社工协会进行，启动首期社工督导培训班，从大学、社区、社会组织中选拔了10名优秀学员参加为期两年的“一对一”督导培养

（资料来源：社工中国）

（二）行业协会：重要的协同主体

基于社会工作发展处于初期阶段，社会工作机构督导人才不仅是机构的重要人力资源，也是行业发展的重要人才队伍。行业协会是推动本土社会工作发展的重要组织。在当地社会工作主管部门的委托下，行业协会在社会工作督导的选拔、培养中发挥了重要

① 陆士桢，郑玲：《浅论我国民办社工服务机构的发展》，《社会工作》2013年第3期。

② 何丽娟：《南京市社会工作督导选拔及培养机制研究》，南京大学硕士学位论文，2017。

作用，如深圳市社会工作者协会开展的初级督导选拔工作及对新入职社工督导的系统训练。下文将以广州市社会工作协会培养督导人才的案例，重点总结行业协会为机构培养督导人才的经验。我们认为，现阶段社会工作行业组织主体理应承担为机构培养督导人才的重任，见表2－5。

表2－5　珠江三角洲地方政府培养社工督导人才投入与产出

	各市2016年地区生产总值（GDP）数值（亿元）	2008—2016年督导人才培养投入累计（万元）	产出（本土督导人数）	硕士学位以上者所占比例
深圳	19 492.60	8 860.631 3	773人（其中：中级督导24人、初级督导224人、督导助理525人）	7%
广州	19 610.94	910①	289人（不分级别）	8%
东莞	6 827.67	2 997.62（截至2015年12月30日数据）	180人（督导助理125人、见习督导43人、督导12人）	8.3%
佛山②	8 630.00	273（其中市级40万、顺德区90万、禅城区30万、南海区65万、桂城45万，截至到2017年8月）	233人（市级40人、顺德区80人、禅城区17人、南海区45人、桂城65人）	—
江门	2 418.78	40	26人	—
珠海	2 226.37	10	44人	—
—	—	—	合计1 565人	—

注：本表督导人才统计数据截至2017年4月。

其他数据资料来源：

深圳市统计局 http://www.sztj.gov.cn/

广州统计信息网 http://www.gzstats.gov.cn/

东莞市统计调查信息网 http://tjj.dg.gov.cn/

佛山市统计信息网 http://www.fstjj.gov.cn/

江门市统计信息网 http://tjj.jiangmen.gov.cn/

珠海统计信息网 http://www.stats-zh.gov.cn/

① 广州市只统计了专项经费，未包含将政府采购家庭综合服务项目经费中的10%作为所在项目的督导培训经费。

② 含顺德区、禅城、南海区。

2021 年 3 ~4 月，包括以督导工作量为基本资格条件在内的全国首届高级社工人才评审结束，高级社工职称获得者共 119 人，其中广东省 24 人、北京市 13 人、江苏省 11 人、上海市 10 人、浙江省 8 人、山东省 6 人、重庆市/福建省/湖北省各 5 人、湖南省/河南省/四川省/黑龙江省各 4 人、安徽省 2 人、河北省/江西省/贵州省/陕西省/云南省/青海省/辽宁省/吉林省/天津市/宁夏回族自治区/内蒙古自治区/广西壮族自治区/新疆维吾尔族自治区各 1 人。

（三）社工机构

社工机构是提供社会服务的组织，也是机构督导发挥作用的平台。基于发展需要及自身规模，机构在选拔、聘用、培养督导方面具有主动权。由于现阶段社工机构作为培养主体的能力受限，其角色作用主要体现在选拔与使用方面，完全独立地培养机构督导人才的条件尚未成熟。社工机构根据组织架构设置不同职级的督导人员，并对内部督导人员能力现状进行督导培养。

二、国家—社会视角下机构督导人才的协同培养机制分析

建立由政府主导推动、行业协会与专业机构协同的机制是社工督导人才培育的前提基础。

协同理论由德国物理学家哈肯构建，它的影响超越了自然科学，许多社会科学学科领域的研究者也运用了这一理论。基于协同理论可知，运用协同理论进行研究的对象必须要具备复杂、开放、多个子系统组成、子系统之间相互作用、具有自组织性等要素。社会工作督导人才培养系统完全具备这些要素。协同理论主要用于进行人才培养机制分析。社工督导人才培养机制应该包括协同机制、动力机制以及组织保障机制等。其中协同机制包括多元主体共育人才机制、社会协同发展机制等，动力机制包括外部支持机制和内部激励机制等，组织保障机制包括外部监督机制和内部管理机制等。

（一）社工督导人才培养系统的自组织状态

协同学对于自组织的理解是：在一定的环境条件下由系统内部自身组织起来的，并通过各种形式的信息反馈来控制和强化着这种组织的结果，该组织就称为自组织结构。本研究在追踪国外、境外督导人才培养问题时发现，社工督导人才训练属于机构或行业系统内部事务，即自组织态势显著。以台湾地区为例，目前在对社工督导人才培养的主要以民间专业团体（行业协会）研拟规划为主，官方体系中只是大致对于督导的学历、社会工作资历和督导对象数量有一定的限定。督导的培养方式通常分为组织内与组织外两种模式。组织内部通常有“顺水推舟”“刻意培养”与“强制晋升”等几种方式；组织外分为专业协会与外部督导两大类型，通常由高校教师与资深实务者担任（郑杰榆、张莉萍，2014）。

（二）社工督导人才培养系统是一个开放系统，受内外部动力因素影响

在国内启动社工人才队伍建设以后，督导人才培养系统处于开放的社会建设大环境之中。社会政策执行或传送需求、获得公共资源支持的社会服务绩效评估“3E”标准（经济、效率和效益）等外部动力因素和职业生涯发展阶段性提升的内在驱动等内在动力因素，都影响着督导人才培养系统。各子系统也必然要与外界发生能量交换，督导人

才向外的输出即是例证。深圳市有30%的社工到全国各地开展督导项目，传播深圳的社工经验。督导到当地后，主要开展三方面工作：技术指导、情绪支持、做好管理工作保证项目有效运作。

（三）社会工作督导人才培养系统主要由政府相关部门、社会工作行业协会、社会工作机构为主的NGO、高校等子系统组成，这些子系统在从无序向有序状态转化的过程中，必然会相互作用及影响

督导人才培养系统各子系统应形成协同效应，主要体现在随着政府、行业、服务机构、高校多方合作培养人才意识的形成，各子系统之间主动寻求合作。政府将社工督导人才作为重要人才，纳入人才发展总体规划；人力资源和社会保障部门明确社工督导人才相关政策；民政部门制定社工督导人才建设的机制；财政部门提供资金保障，负责将社工督导人才队伍建设所需的资金列入省财政预算；社会工作行业协会承担起社工督导人才的选拔、培养、管理等系列服务职责。通过跨部门协同治理，共同构建社工督导人才建设制度。

三、国家—社会视角下机构督导人才的协同培养案例——以广州市社会工作协会为例①

这是从国家—社会视角下培育社会工作机构督导人才的模式案例，政府管理部门承担稳定、持续的资助角色，社会组织扮演协同角色，即由行业协会具体承接政府转移的人才培养职能。

（一）广州市行业协会培养督导人才现状

为了更好地促进社会工作人才队伍建设，2009—2022年期间，广州市社会工作协会在广州市民政局的支持下开展内地社会工作督导人才的培养，以项目运作方式，每年从本地社会工作机构中招收项目学员，至今历经11届，共培养中高级社会工作专业督导人才560名。下面以2015—2016年第六届、2016—2017年第七届、2017—2018年第八届为例，介绍广州市行业协会培养督导人才概状。

1. 督导班学员基本信息及其人口学统计特征

表2-6　年龄均值＊届交叉表

	第六届	第七届	第八届
平均年龄	27.9岁	28.5岁	28.3岁

① 本案例由朱静君（广州市社会工作协会总督导/副教授）、谢金喜（广州市社会工作协会培训部部长/广州市社会工作督导班项目班主任）提供撰稿。周扬欣（华东师范大学心理与认知科学学院23级硕士生）负责数据分析。

表 2－7　性别＊届交叉表

/人

		第六届	第七届	第八届	总计
性别	男	14	20	23	57
	女	42	35	31	108
总计	—	56	55	54	165

表 2－8　学历＊届交叉表

/人

		第六届	第七届	第八届	总计
学历	本科	45	41	43	129
	大学专科	3	4	6	13
	硕士研究生	7	9	7	23
总计	—	55	54	56	165

表 2－9　资格证书等级＊届交叉表

/人

	第六届	第七届	第八届	总计
资格证书	1	0	0	1
社会工作师	31	36	42	109
中级社工师通过	1	0	0	1
助理社会工作师	22	18	14	54
总计	55	54	56	165

表 2－10　2014—2015 年度学员在职的岗位类型

类型	频率	百分比
服务管理	45	84. 9
行政/后勤	2	3. 8
前线服务	5	9. 4
其他（项目管理兼监管前线服务）	1	1. 9
总计	53	100

表 2-11　2015—2016 年度第六届学员在职的岗位类型

类型	频率	百分比
服务管理	42	77.8
研究、培训岗位	2	3.7
一线服务	6	11.1
其他（服务管理、服务督导）	1	1.9
其他（服务加管理）	1	1.9
其他（个案工作、小组工作等深度服务）	1	1.9
其他（前线服务、督导管理）	1	1.9
总计	54	100

表 2-12　第六、七、八共三届督导班学员职务频率统计表

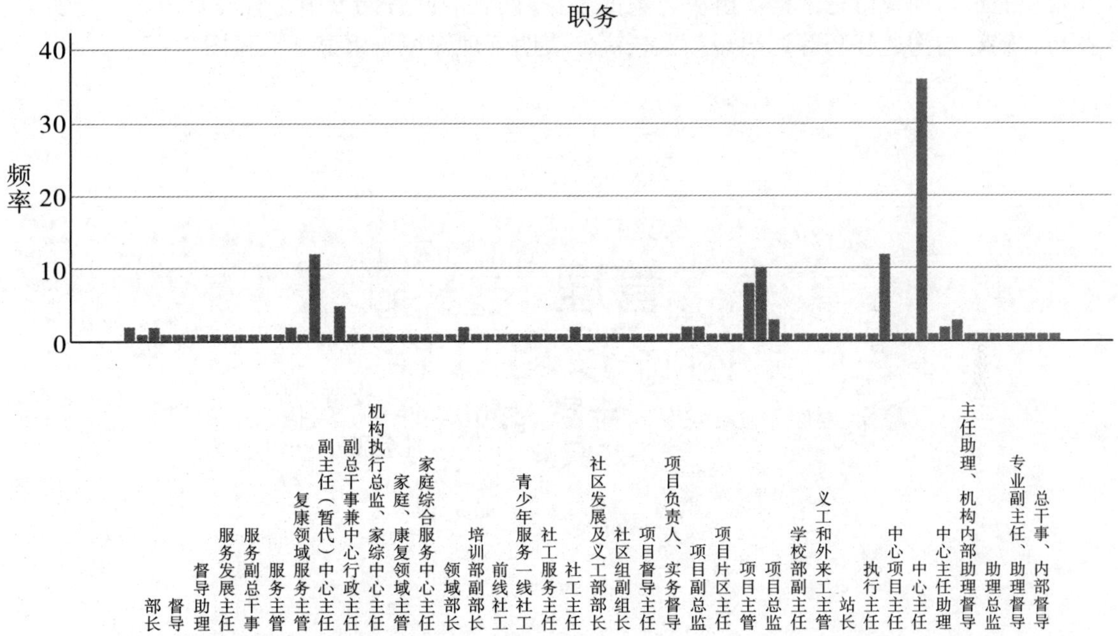

从上述几个统计表可见，督导班学员特征有“三多”：以本科专业毕业生（78%）、中级社工师（66%）、女性（65%）居多，学员所在社工机构担任职务频次前三位（从高到低）的是：中心主任、中心副主任、项目主任。

2. 督导班学员培训需求特征。

广州市社工协会督导人才培养项目很重要的一个经验，是坚持每年进行学员需求问卷调查，以期精准定位满足学员的督导知识需求。表 2-13 基本代表了历届学员的需求共性。

表 2-13　2015—2016 年第六届学员培训需求统计表

知识类型	频率	百分比
督导理论知识培训	29	17.90%
督导实务技巧培训	49	30.20%
督导辅导技巧	32	19.80%
项目及团队管理	30	18.50%
督导风格及个人特质训练	16	9.90%
人际沟通技巧	3	1.90%
情绪压力管理	3	1.90%
总计	162	100.00%

其中，第六届督导班学员对“在督导方面，有哪些经常遇到的或使您感到困惑的、并希望通过培训或讨论来提出解决方案的事?”问题的回答词云中，管理知识、督导实务技巧、辅导与沟通技巧等词出现频次较高，表明管理知识需求显著，见图 2-3。

图 2-3　广州市督导班学员管理知识需求词云图

（二）行业协会培养督导人才的优势

广州市社会工作协会在广州市民政局的指导和支持下开展督导人才培育工作，与社会各界建立了专业合作关系，拥有强大的社会工作理论和实务的专家库，在行业引领方面发挥着重要作用。广州市社会工作协会走过了十年路程，在社会工作服务文件起草与论证、社会工作服务相关课题研究、社会工作服务项目评估标准起草论证、组织社会工作服务的项目评估等方面都有贡献。社会工作督导人才培育已成为广州市社会工作协会的品牌服务项目，连续多年在评估中获得优秀等级。行业协会育人优势明显，优势如下。

1. 培养经费有保障

广州市民政局一直重视与支持社工督导人才培养，督导项目有财政经费保障支持，采取项目购买的方式。

2. 借助行业协会平台不断优化督导人才培养方案

广州市社会工作协会设计的社会工作督导人才培育方案经历了从1.0版发展到3.0版的飞跃式进展。

（1）1.0版本（2009—2014年）出现于广州市推进社会工作服务的起步阶段，广州市家综服务的"3+X"模式的形成，需要本土机构督导人才发挥作用以确保家综服务质量。境外专家和高校社会工作专业教师担任项目授课讲师。

（2）2.0版本（2015—2018年）经历广州市推进社会工作服务的发展阶段，伴随着督导班一届又一届学员结业，开始走向督导实务实践，广州市家综服务的"3+X"模式的评估中发现的问题和需要都成为督导班课程设计改善的基础，督导班的培养方案有了更多的本土色彩，督导班的课程和实训模式的改善顺应了服务发展的需求。在家综服务推进"社区专案+3+X"模式中，督导班结业学员的理论和实务技巧为社会工作服务关注社区发展社区公共问题介入奠定了基础。

（3）3.0版本（2019年）出现于广州市推进社会工作服务的深化阶段。2019年广州市社会工作发展"综合+专项"已经成熟，家综第三周期（社工站）服务要从"社区专案+3+X"走向"113X"模式，有许多新问题和新需求需要探索，戒毒项目、青年地带项目、社区矫正项目、医务社工项目、长者服务综合化等等的发展，对机构社会工作督导提出了更高的要求和挑战。

3. 境内外资深专家加盟为督导人才培养提供了优质师资保障

境内外社会工作专家加盟到广州市社会工作督导人才培育，是政府、行业协会协力以及地缘优势的结果。

在广州市民政局的指导下，督导班导师团队构成为香港社会服务研究中心集中派遣共16名香港资深督导，设计和安排广州市督导班的课程和实习实训，或按"本土督导+香港督导"的组合，为学员提供更具实践性与可操作性的督导实务实习指导，促进学员的理论与实务的督导能力成长。

4. 规范操作提升了广州市督导人才培养的社会公信力

广州市社会工作督导人才培育作为协会的品牌项目，协会非常重视通过规范操作如公开报名、笔试考核、小组面试、公示拟录取名单等，提升机构督导人才培育的社会公信力。

由于录取规则和过程公开透明，条件公开，定位在广州市从事专业服务的社工机构全职社工，对专业背景、相关专业、非专业都有服务时间的限制，杜绝了各种不规范的操作，使广州市督导人才培育有良好的社会口碑和公信力。

（三）行业协会培养机构督导人才的成效

项目人才培养目标明确，就是服务于广州市社会工作发展。督导班八届培育已经有391位学员结业，能够积极回应社会工作行业发展和实务服务对本土督导的需求。

1. 广州市督导班学员的情况统计（见表2－14）

表2－14　广州市督导班2015—2018年三届学员培养与从业的统计表

序号	届次	时间/年	报名人数/人	计划培养/人	实际培养/人	结业人数/人	结业后从事督导/人
1	6	2015—2016	253	50	54	52	74.06
2	7	2016—2017	279	50	56	53	70
3	8	2017—2018	271	50	56	51	70.59

注：本表数据截至2018年11月。

从表2－14可见，超过70%的督导班学员结业后在机构的要求与支持下，在项目或者行业内担任督导的角色，积极努力地为机构项目的服务质量提升提供专业支持。也有很多学员走上了机构高级管理层，广州市承接服务项目项目的社工机构专业管理高层，督导班结业学员占据多数。承接服务多的5A级社会组织有专业背景的管理层大部分都是督导班毕业。广州市社工督导人才培养的社会贡献，成为广州市社会工作服务亮丽的风景。

2. 广州市督导班结业学员在行业服务中的贡献

2016年广州市评选出十佳家综、十佳专项、十佳案例、十佳社工系列进行表彰，80%获奖者是广州市督导班结业学员；2018年广州市表彰机构管理层“行业贡献奖”，30名项目主管“行业优秀奖”，40名“行业服务奖”，80名个人奖，75%获得者是广州市督导班结业学员。广州市督导班汇集了行业优秀者、专业坚守者，为广州市社会工作服务做出了重要贡献。

3. 广州市督导班的行业影响力

（1）督导人才培养“广州模式”经验/效益外溢，不断被外地社工行业协会复制。

（2）开发了一套督导培训课程。经过13年多的实践探索，协会开发了一套集理论、实训、实习和工作坊相结合的一套督导培训课程体系。

（3）构建了一个督导导师团队。历经13年实践，协会建立了一个专业素质过硬的督导班培训导师团队，导师团队人数20多名，师资汇聚北京、香港、台湾、广州等社会工作行业的知名专家。

（4）培训课程能贴近广州社会工作发展实际，使学员从中收获，培训课程整体设计符合项目设定目标。

从历届督导班结业学员反馈意见来看，教学课程设计和实施、实习实训设计和实施，学员整体满意度较高。在教学与实践运用间，能充分考虑学员日常的工作安排，尽可能保证学员的上课质量，学员出勤率高。

广州市社会工作督导人才培训项目先后入选广州市社工委“第二批社会创新观察项目”“2013年广东省优秀专业社会工作服务项目”等嘉奖，以政府购买培训项目、集中培养本土督导人才的模式成为了广州社会工作人才建设发展的一大特色，项目化运作获得了业内的好评，在社会工作实务服务中发挥了其应有的作用。

第三节 社会工作机构内生督导人才的训练和发展[①]

机构内生督导人才的培养主要通过外部培养和内部委托培养两种模式。外部培养主要是各地党政部门或行业组织统一规划和组织并给予经费支持，由机构选派人员参与的集体培养方式，如前文所述。内部培养主要是机构依据组织战略规划、运用自身能整合运用的资源，对具备督导潜质的社工进行培训、训练，使其能行使督导职责、胜任督导工作，需要机构具备资金以及丰富的专家人力资源等条件支撑。本节以广州市心明爱社会工作服务中心机构内生督导人才培养为例。

一、社会工作机构内部督导人才培养项目实施基础

首先须进行基础制度建设，如《内部督导整体管理办法》《内部督导培养选拔办法》及《内部督导使用考核办法》。设立分级培养目标，如机构内部助理督导（Ⅰ级）及机构内部助理督导（Ⅱ级），培养内容则与各级内生督导未来具体岗位职责相挂钩。

二、社会工作机构内部督导人才培养项目概况

1. 内生督导员人才选拔

该项目于 2017 年 7～12 月执行，参与本期项目选拔的人员有 12 名（选拔入围 11 名），全程参与课程学习的有 9 名（其中 2 名因故中途退出）。学员工作经验相对较足，其中 3～4 年工作经验学员占 64%；1～2 年和 5 年以上的工作经验分别只有 2 名。大专学历 9 名（占 82%），本科学历 2 名（占 18%）。

本期督导班采取“外部督导＋内部督导”联合培养的形式，邀请资深的香港督导担任督导顾问，由内部资深督导担任行政统筹，共同为学员提供针对性培训及督导工作；采取多元化的教学方式，主要有授课式（导师讲，学员听）、体验式（导师做，学员参与）、观察式（导师做，学员观察）、实践式（做中学，learning by doing）等多种教学的方式及方式。

2. 课程设置

课程目标设定：围绕督导实践中需要储备的各类基础知识及技巧，重点提升三种能力（个别督导能力、小组督导能力及开展培训/工作坊的能力）。

课程设置：四大模块。

（1）模块一：督导理论知识。基础理论知识：督导认知、督导技巧、督导要点。课程主题内容包括：一个好督导的准备、督导的认知及实施、情景式督导法、个案分析会议、文书写作及审批。

（2）模块二：督导专题知识。如人际沟通分析理论主题包括：人际沟通分析理论

① 本节作者：刘百秀（广州应用科技学院/广州应用科技学院城乡文化发展研究中心）。

(PAC 基础知识)、如何提升教授他人的能力（PAC 在督导中的实践运用)、人际交流分析学的个案辅导（PAC 在个案督导的实践运用)、如何带领人际交流分析小组（PAC 在小组督导中的实践运用)。

（3）模块三：见习督导实践。由学员进行自主的督导实践，课程全程配备专门的督导进行跟踪及指导。每位导师指导 1 ~4 名学员。

（4）模块四：命题工作坊。学员自行组队，并抽签选题，在规定的时间内完成工作坊目标任务，如时间管理、人际沟通、督导持续成长以及见习培训总结。

三、社会工作机构内部督导人才培养项目实施

1. 整体实施进度

从总体上来看，模块一、三、四的参与率达到 80% 以上。模块二是高强度的见习督导实践环节，视乎学员工作情况、自身状态以及时间管理能力差别，部分学员因故中途退出，见习督导面谈时数总体指标偏低，最低面谈时数者 36 个小时，最高面谈时数者 100.5 个小时，接近 50% 学员的面谈时数不超过 50 个小时。主要原因有：一是学习期间临时性增加的工作任务，让学员应接不暇，无法兼顾内部助理督导班的学习以及工作任务，部分学员选择中途退出。根据后期反馈，发现几乎所有学员都曾经想过要退出，有大约 1/3 学员和导师正式谈过这个问题或讨论过平衡工作任务及学习任务的议题。二是学员缺乏经验，对高强度的学习缺乏足够预计及应对经验。三是部分学员进入见习督导角色比较慢，过程中亦需要较多调整，如被督导同工的不配合等。

2. 督导及培训资源投入

本次内部助理督导培训班合计使用督导及培训资源 29.5 天，人均投入 3.3 天左右（按照 9 名学员进行计算)，其中需额外追加的资源为 17.5 天。

培训资源投入：本次督导培训班合计投入 19 节（见表 2－15)，合计 8.5 天培训资源，其中外聘香港督导有 6.5 天，外聘本土督导 1 天。合计 7.5 天。

表 2－15　培训投入资源一览表

序号	培训主题	培训时间
1	一个好督导的准备	上午（1 节)
2		下午（1 节)
3	督导的认知及实施	上午（1 节)
4	情景式督导法	下午（1 节)
5	个案分析会议	上午（1 节)
6	文书写作及审批	下午（1 节)
7	人际沟通分析理论	下午（1 节)
8	如何提升教授他人的能力	上午（1 节)
9		下午（1 节)

续上表

序号	培训主题	培训时间
10	人际交流分析学的个案辅导	上午（1节）
11		下午（1节）
12	时间管理	上午（1节）
13	人际沟通	下午（1节）
14	督导持续成长	上午（1节）
15	见习培训总结	下午（1节）
16	如何带领人际交流分析小组	上午（1节）
17		下午（1节）
18	督导班毕业答辩	上午（1节）
19	督导班项目总结	下午（1节）
合计		19节

见习导师资源投入：本次内部助理督导培训班合计动员了5名督导参与，其中4名为机构资深督导，1名为外聘香港督导。香港外聘督导每月开展2天的指导工作，合计10天；内部督导22.5节，合计11天左右。共计投入21天。

3. 学员时间投入层面

从学员时间投入的时间来看，本次内部助理督导培训班合计为学员提供带薪培训、督导及时间天数为207天，人均23天。

培训时间投入：本次督导培训班合计投入19节（见表2-15），合计8.5天培训。其中3天不占用服务时间，机构提供带薪培训的天数是人均5.5天。合计提供带薪培训天数是49.5天。

接受督导时间：每月至少1节，人均5节，共2.5天。合计提供22.5天。

见习督导时间投入：人均面谈时间为60小时，共面谈时间为540小时，合计为90天；人均文书时间为5天，共45天；总计为135天。

四、社会工作机构内部督导人才培养效果评估

（一）社会工作机构内部督导人才培养效果

1. 有3名学员可以从内部助理督导班顺利毕业，在有督导支持情况下可承担督导工作，见表2-16。

表2-16　机构督导班学员毕业考核成绩分析表

分值区间	学员人数	考核等级	建议
90分以上（含90分）	0	优秀	建议在有督导支持的情况下承担督导工作
80~90分（含80分）	0	良好	
70~80分（含70分）	3	合格	

续上表

分值区间	学员人数	考核等级	建议
60～70分（含60分）	5	基本合格	建议重新学习
60分以下	1	不合格	

参加毕业答辩的学员有9名，其中有8名最后得分在60分以上，占学员人数的89%左右。考虑助理督导未来会在实践工作中担任督导工作，故建议70分以上为合格线，能够从内部督导班顺利毕业学员为3名，占到全部学员人数的33%。

2. 透过见习培训工作坊，开发3个内部员工课程体系，其中2个较为成熟，可以持续为机构一线同工提供培训。

表2－17 机构督导见习培训工作分析表

见习培训主题	后续建议
时间管理	培训课件较为成熟，可直接面向前线社工、基层管理人员进行培训。培训经验亦可支持
人际沟通	课程需要进一步完善及优化，调整培训思路
督导持续成长	培训课件较为成熟，可针对机构实习生、前线社工、基层管理人员进行调整。培训经验亦可支持

（二）社会工作机构内部督导人才培养存在问题

1. 课程核心培养技术外部依赖性强

透过表2－15培训投入资源一览表分析可知，本次内部助理督导培训班合计开展8.5天培训，其中7.5天培训课程采用外聘的方式完成，占到全体课程比例的88%。本次内部助理督导班的培养在培训师资上严重依赖外部力量，对内部督导力量的动员及使用不足，这也造成了这次内部督导培训班的预算超支。

2. 内部助理督导班学程时间过短，加上受工作任务的临时性及不可控制性影响，参与学员压力巨大

内部助理督导班从7月份开始，12月结束，合计6个月时间。在这6个月时间内，每个学员人均投入23天，也就意味着每月差不多拿出4天时间开展学习及训练，加上他们日常工作的临时性以及不控制性，他们需要在18天的时间内完成原本需要22天完成的工作，这让他们承受了巨大的心理压力。学员学习吸收能力及基础差异也造成培养效果打折扣。

（三）社会工作机构内部督导人才培养优化建议

1. 学制调整

如延长内部督导班学程，由半年制学程调整为一年制或仿效学校建制双学期制度。课程体系优化方面：增加见习督导实践的心理准备课程、督导师兄/师姐支援会，发挥同辈督导的力量；增加“线上督导学习小组”的运作，充分讨论交流，强化知识的理解及内化。

2. 培训配套制度建设

一是建设并完善内生督导的配套制度，包括：完善内部助理督导的支持体系，建立“1+1+N”的支持方式，其中“1+1”是指1位内部助理督导由1位资深督导进行定期督导，N是指外部培训次数，要求内部助理督导每年专注1个领域进行强化训练及学习；二是完善内部培训师配套制度。

第三章 督导与领导[①]

领导理论的研究集中在管理学领域。社会工作机构督导算得上领导吗？托尔（Towle）描述督导是机构领导的下属的同时又是“其下属的领导”[②]。卡杜山先是指出督导员是日常与直接服务工作者直接打交道的唯一的管理人员[③]，但在其后分析督导权威与权力来源时，参照了领导的影响力理论，更深刻地指出“表率权和专家权使得督导关系具有领导性质”[④]；梁伟康也曾经探讨过“中层管理人员如何成为有效的领导者”议题[⑤]。可见，督导是机构提供直接服务工作者的领导，督导的职责包涵领导的成分，是不容否认的事实。此外，被督导者又是怎样看待督导员的呢？

第一节　督导与领导、管理的区别

本节想探讨一个问题：督导可以成功带领被督导者实现特定目标吗？

一、督导、领导、管理的区别

（一）督导、领导、管理的区别

意大利政治学家马基雅维里在《君主论》一书中对领导做过定义，他指出：“领袖是权利的行使者，是那些能够利用技巧和手段达到自己目标的人。”马基雅维里把领导看作是行驶权力的手段，领导者与被领导者是一种等级关系。而美国领导学研究者詹姆斯·麦格雷·戈伯恩斯则把领导看作一种激励活动，他认为：“领导人劝导追随者为某些目标而奋斗，而这些目标体现了领袖及其追随者共同的价值观和动机、愿望和需求、抱负和理想。”而美国学者斯蒂芬·罗杰斯的定义“领导就是影响他人实现目标的能力和过程”在学术界引用较为广泛。关于领导的定义，虽然很多学者给出不同的说法，对其定

① 本章作者：张莉萍（广东财经大学）。

②③ 卡杜山：《社会工作督导（第四版）》郭名倞译，中国人民大学出版社，2008，第 17－18 页。

④ 卡杜山：《社会工作督导（第四版）》郭名倞译，中国人民大学出版社，2008，第 72 页。

⑤ 梁伟康：《成效管理：非营利社会服务组织全面实践策略》，非营利组织卓越管理有限公司，2012，第 610 页。

义的角度也不同，但有一些要素却是定义领导所不能少的：领导是一个过程；领导包含影响；领导出现在一个群体的环境中；领导包含实现目标。其中，影响力是领导行为的必备条件，没有了影响力，也就不存在领导。韦氏词典里对领导的定义是："借着走在前面或一旁为人引路、指挥、引导其行程"。

孔茨认为，领导是领导者促使其下属充满信心、满怀热情地完成任务的艺术。领导包括以下四个方面的内容：一是领导是领导者对下属施加影响的过程；二是领导作为一种组织行为，指向组织目标和任务；三是领导作为组织导向行为，具备引导组织发展方向的作用，包括制定目标、制定规范和用人方面；四是领导是领导者对下属进行激励和鼓舞的一种行为。

管理学研究出现了将领导与管理看作独立体系分别加以研究的学术倾向，一般认为领导的功能是推进变革，而管理的功能是维持秩序。但对现代组织来说，管理与领导都是不可或缺的，需要两者的有效合作。主张新领导理论的研究者认为，新领导理论之前的领导理论研究的是管理和监控，而不是领导。管理和监控是基于雇员和老板间的合同关系，即雇员同意执行任务、履行责任，作为回报，其通过老板从组织中获得报酬，如工资和工作的稳定性。这种基于工具理性的交易关系是管理的基础。而领导是超越理性交易关系，建立在领导者和追随者的情感、价值观和信念基础之上的①。方光华具体提出了管理者的六维领导力：沟通能力、组织能力、责任心、尊重他人、激励并鼓舞他人、人际处理能力②。

卡杜山概括的督导定义内涵具有高度"综合性"③，它从督导的功能、督导的目标、督导的等级地位、作为间接服务的督导和作为互动过程的督导五个方面定义，认为：社会工作督导员是指机构中的行政管理人员，其有权对受督导者进行指导、协调、提高和评估；在双方建立积极关系的基础上，通过彼此互动来实现督导的三大功能（行政性、教育性、支持性）；督导员通过对直接服务的工作者施加影响，来间接调节服务水平；督导员的终极目标是为机构的当事人尽力提供有质有量的好服务。

米德鲁门与罗兹认为督导应具有九种功能④：教化（humanizing）、焦虑管理（managing tension）、催化（catalyzing）、教导（teaching）、生涯社会化（career socializing）、评估（evaluating）、行政（administering）、改变（changing）和倡导（advocating）。

梁伟康认为"管理者"与"领导人"二者差别在于人才来源不一样，前者"甄选"和"培育"较容易，后者则"万中无一"。依照吉姆·柯林斯领导进化理论⑤，狭义的领导是指处于进化级别最高、处于塔尖的层级，而督导则处于中间层级，如第三、第四级（见图 3－1）。综上所述，本研究认为广义的领导应包含了督导内涵。

① 文茂伟：《当代英美组织领导力发展研究》，华东师范大学博士学位论文，2008，第 32 页。

② 方光华：《领导力提升的六维模型》，《北大商业评论》2014 年第 8 期。

③ 卡杜山：《社会工作督导（第四版）》，郭名倞译，中国人民大学出版社，2008，第 19 页。

④ 黄源协：《社会工作管理》，扬智文化事业股份有限公司，2001，第 391 页。

⑤ 梁伟康：《成效管理：非营利社会服务组织全面实践策略》，非营利组织卓越管理有限公司，2012，第 611 页。

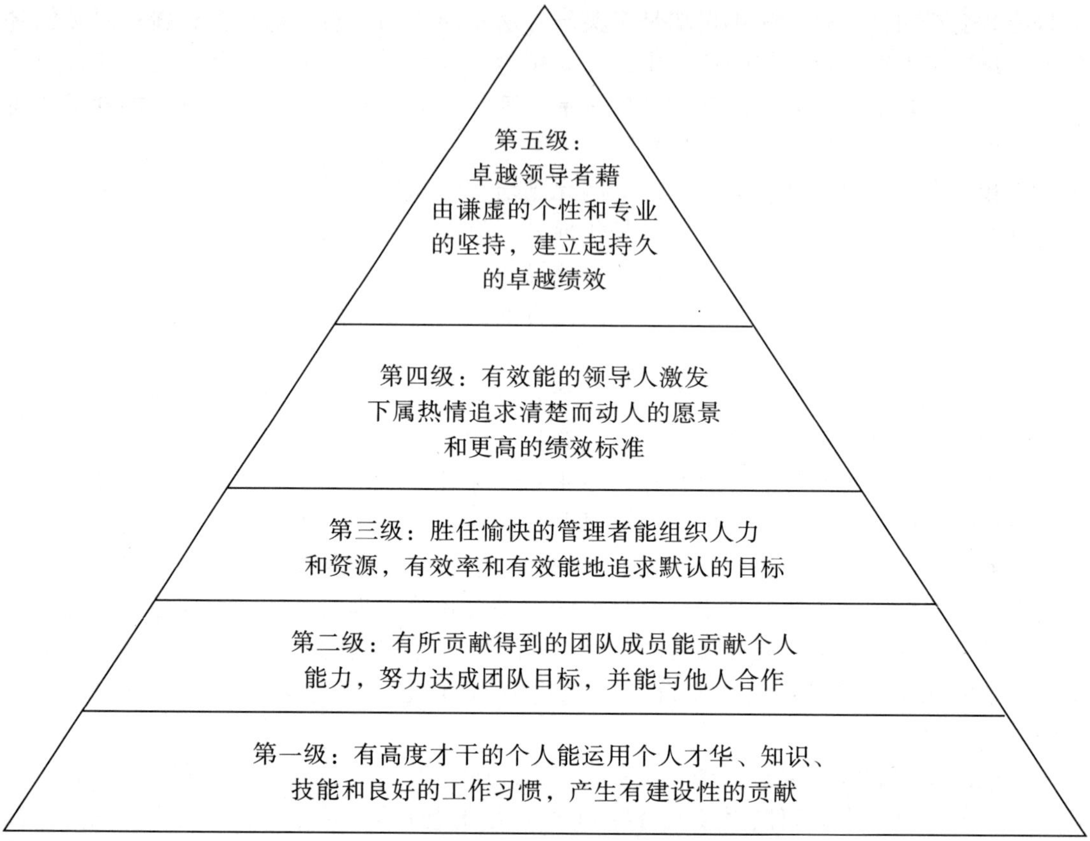

图3－1　领导的五个层级（Collins，2001）

（二）社会工作机构督导的独特性

1. 督导“四位一体”动态角色的可转换性

张洪英（2006）提出“处境化的多元动态的督导模式”时指出，督导员主要扮演着能力建设者、发展中的角色、教育者、管理者、协调者、推动者、参与者、支持者，在建构主义视角下，督导员的角色是多元的而且是处境化的。[①] 列维斯等（2007）认为督导一职需履行四个重要角色：组织领导者（organizational leader）、管理者（manager）、斡旋者（mediator）、辅导者/顾问（mentor）。梁伟康（2012）据此指出：“人群服务机构的督导应呈现一个动态的角色转换模式[②]，即督导者的领导角色最重要，它显示着督导关注被督导者的士气、生产力、工作满足感；另外三种角色则担当配角，起到协助督导有效履行领导主角的作用，确保服务对象能获得具成效和效率的服务。”

2. 督导的支持功能

如果我们把领导、管理与卡杜山对社会工作督导的分类一一对应，即行政性督导—

① 张洪英：《本土非专业处境下社会工作实习督导模式的行动研究》，载王思斌主编《社会工作专业化及本土化实践：中国社会工作教育协会2003－2004论文集》，社会科学文献出版社．2006。

② 梁伟康：《成效管理：非营利社会服务组织全面实践策略》，非营利组织卓越管理有限公司，2012，第566页。

领导、教育性督导—在职培训、支持性督导—心理调适辅导员，社会工作机构督导与领导、管理不同的特质将立即呈现。

社会工作机构督导涉及工作中的压力管理职责，是卡杜山论述督导支持功能的突出特点。他说："社会服务是一项劳动力密集型工作。在很大程度上，其工作成果取决于工作者的积极性和责任心的大小。……如果行政性督导行使的是职权、奖励权和惩罚权，教育性督导行使的是专业权，那么支持性督导行使的则是表率权。……支持性督导树立的是富有同情心和善解人意的社会工作者典范。"

关于员工的压力与挫折管理，营利组织有诸如员工援助计划 EAP 并依赖心理学或相关专业人员（比如企业社会工作者）去应对解决。但在非营利组织比如社会工作机构内部，由于社会工作者自身技能要求中已经包含临床辅导技术，对于新手工作上的压力管理问题就理所当然地由"老司机"承担了。

综上所述，在现阶段中国大陆社会工作机构里，督导是有一定领导力的项目管理者，他/她必须清楚知道机构或项目的目标；但社会工作机构督导在被督导者旁扮演情绪管理者的角色，这是它与"领导""管理"最突出的特征差别。

表 3－1　督导、领导与管理的区别

类型	产生方式	所处理的问题	主要行为	影响下属的方式	思维特点	目标
领导	正式任命，或从群众中自发产生	变化、变革问题	配合党建工作，开发远景、说服、激励和鼓舞、制定目标和规范、员工雇用	正式权威或非正式权威	直觉、移情、冒险、独处、创造	变革、建构结构、程序或目标，制定战略
管理	正式任命	复杂、日常问题	计划、监督、员工雇用、评价、物资分配、制度实施	正式权威	理性、规范、合作、安全、程序	稳定组织秩序，维持组织高效运转
社会工作机构督导	正式任命	项目管理、项目执行中的具体问题	计划、QC 监督、员工雇用、评价、物资分配、制度实施、传授或培训业务知识、分享经验、忠告、处理下属工作压力	正式权威或非正式权威	理性与感性结合、规范、合作、安全、程序	稳定组织秩序，维持组织高效运转

二、督导、指导、教练的区别

郭名倞指出，社会工作机构中的督导与企业指导相似，前者的督导与被督导者的关系，与后者的指导者与被指导者关系，二者之间的状态极其相似。那么，督导与指导的区别何在？简·旺纳科特形容“社会工作机构委托管理培训经常要求一种令人困惑的督导、指导和教练的混合方法”，并指出这是三种不同的活动，混淆来自在三者的核心技巧存在相似性和共同的目标（提高个人绩效）。

（一）督导与指导

本研究发现，二者之间相似程度较高，并且在某种程度上，企业导师借鉴了社会工作督导的型制与部分功能。

1. 相似性

（1）相互借鉴的型制。对指导关系的典型定义是一种有承诺的长期关系，在这种师徒型关系中，资历较深的导师帮助、支持资历较浅的门徒的个人和职业发展。在大多数正式指导项目中，都是将一名低级经理指定给一名直接汇报序列之外的高级经理，他们之间形成一对一指导关系。这种类型的正式关系通常针对低级经理中的某一特定群体，如为具有较大发展潜力的员工和新经理等提供重要的职业及个人发展支持。有时担任导师的是企业聘请的外来咨询师。指导方式有一对一指导、群体指导（涉及到成员组成定期学习小组，并由一名高级经理来指导）、同级指导（一名员工与组织内同一级别的同事结成对子）。指导安排形式多样，比如每周会面、“影子练习”（门徒对导师进行像影子一样的跟踪学习）。

（2）相仿的支持功能。根据英美学者对指导的研究，对于学徒而言，导师具有两种不同类型的功能：一是精神社会心理上的支持功能，如鼓励、咨询、树立行为榜样和提供个人支持，导师在门徒面前经常扮演学习伙伴、咨询师、鼓励者和强化者角色；二是职业促进功能，如引导、保护、赞助和提供挑战性任务，导师帮助门徒提高工作绩效，促进门徒在认知和情感维度上的发展，帮助门徒提高工作绩效，指导直接促进组织中人力资本的增进，以及促进企业内部的社会资本在认知维度上的提高。

2. 差异性

（1）形成制度的时间不同，督导制较早、指导制较晚。社会工作督导制渊源可以上溯到1878年，作为一种人类服务组织持续的个别化管理责任承担的监控机制，它已经存在于非营利组织140年了，成为社会服务组织常规制度，“只要社工实务仍然根植于现在的组织环境之中，社会工作督导在不久的将来将继续存在）”①。

指导Mentoring又被译为“企业导师制”，尽管指导“是一种很古老的发展人的方法”②，但有研究指出，直到1983年，美国学者Kram才正式提出企业导师制概念，近年国内学者，如文茂伟（2008）、陈诚（2015）等关注企业指导相关研究。目前，美国已有超过三分之一的大企业（如Xerox、IBM、AT&T、Microsoft）正式实施了该制度，而且这一比例还在不断增长。2011年居中国民营企业500强首位的华为技术有限公司实行了“全员导师制”③。指导已成为组织背景下运用最广泛的领导力发展方法之一。

（2）二者之间的关系内涵差异。指导是关于较有经验和较缺经验同事间的一种关系，这种关系注重帮助受指导者提高业务知识水平和技巧；督导则需要对受督导者的实务承

① 徐明心：《社会工作督导的渊源：历史检示》邹学银，《中国社会工作》1998年第5期。

② 文茂伟：《当代英美组织领导力发展研究》，华东师范大学博士学位论文，2008，第215页。

③ 陈诚：《企业导师制研究》，华中师范大学出版社，2015，第2页。

担连带责任，即督导关系内涵更丰富，是包含指导关系、法律关系或风险在内的。从法律上讲，受督导者是督导员的延伸，两者被视为是一体的。①

(3) 评估要素是督导与指导的根本差别。评估是一道行政管理程序，也是行政性督导、教育性督导和支持性督导的一个构成元素②。评估已经成为人类服务专业督导伦理的义务。企业指导也能给门徒提供一定程度的挑战，比如，给门徒呈现各种不同的视角和观点要求他们进行处理，要求门徒对自己设定的发展目标负责，要求门徒完成额外的工作任务，在门徒面前树立角色榜样，要求他们效仿等，但指导中几乎没有包含评估③。

（二）督导与教练

教练体现的是督导功能的教育能力。督导者可能运用教练的技巧作为督导工作的一部分，督导者会运用教练的技巧和技术来处理某个特定的绩效问题，但督导工作不是教练，两者不能互相代替④。

教练不必具备受训者的专业知识或实务技巧，此点就与督导者和指导者不同了，他们都必须在某个领域比自己的受督导者、受指导者更专业⑤。这一点能够恰当地解释，在目前发展阶段里，国内特别是珠江三角洲地区的社会工作机构为何存在机构督导、香港督导、高校督导三种不同督导类别。香港督导或高校督导在社会工作机构中通常扮演了教练的角色。

督导关系超越了教练关系的发展性功能，进一步发挥督导的支持功能，关注受督导者的情绪状态。假如受督导者“注定失败”综合症行为展现的是焦虑心理，那么督导者必须懂得运用诸如依恋理论模型对受督导者的心理功能进行调适。因此，督导关系的心理调适目标在教练那里是不需要考虑的。

第二节　督导者理论

社会工作督导者理论研究必须建立在管理学领导者研究基础之上。领导者理论经历了100多年的发展，许多领导理论都试图从不同的角度研究、理解、阐述领导和领导过程。领导理论的发展是伴随着西方主流管理管理思想的演进与完善而发展起來的，与当代管理学的发展有着直接而密切的关系。研究者们对于领导理论的研究也历经数十年的演变，从特质理论到风格理论、行为理论、权变理论再到被称为新型领导理论的交易型和变革型领导理论，每种理论都在探寻一种高效的领导风格和领导行为，意在使组织管理和领导达到最优化。

---

① 卡杜山：《社会工作督导（第四版）》郭名倞译，中国人民大学出版社，第80页。

② 卡杜山：《社会工作督导（第四版）》郭名倞译，中国人民大学出版社，第329页。

③ 文茂伟：《当代英美组织领导力发展研究》，华东师范大学博士学位论文，2008，第217页。

④⑤ Jane Wonnacott：《社会工作督导》，赵环、魏雯倩译。华东理工大学出版社，2015，第145页。

一、督导者的影响力

督导者的影响力概念源自领导者的影响力。领导是一种技能和艺术，是权力和影响力的统一，而影响力则是在与他人交往过程中改变他人心理和行为的能力，使其信心百倍地投入组织目标的一种活动，是一种自然的情感领导方式。督导的影响力是指影响下属接受目标或命令，自愿服从或强制服从的力量，分为职位性影响力（即与督导者的正式职位所赋予的权力相联系）和非职位性影响力（即与个人的品德、才智、经验、领导能力和过去的业绩相联系）。

要有效地影响下属的行为，领导者必须拥有更多的“权力”①。心理学家约翰·佛伦奇和柏崔姆·瑞文将影响力分为五种：法定权、强制权、奖赏权、专家权和参照权②。俞克和法尔比在此基础上增加了信息权。表 3 -2 列出了这六种影响力的内容和影响方式。

表 3 -2　领导者六种影响力

影响力	含义	影响力类型	内容和影响方式
法定权	督导凭借组织赋予的权责支配下属	职位性影响力	任命、罢免等权力，具有明确的垂直隶属关系
强制权	督导对下属采用惩罚手段，迫使其屈服	职位性影响力	对被督导者进行惩罚，如批评、训斥、降薪、降级、解雇等，是一种负性强化的方式
奖赏权	督导凭借工作绩效奖励方法影响下属行为	职位性影响力	给被督导者分配有价值的资源，如鼓励、表扬、发奖金、晋级等，是一种正性强化的方式
专家权	督导知识和经验使下属尊重他，服从其判断	非职位性影响力	专业知识在决策、运营等方面的影响，影响方向可能是平行或自下而上的
表率权	督导依据个人能力获得下属尊敬、崇拜、承认，受督导者希望自己能够向督导看齐	非职位性影响力	人格魅力和社交技能使人欣赏、喜欢、服从，示范和模仿是影响的主要方式
信息权	督导掌握和控制对下属而言非常有价值的信息，下属依赖于督导分享的信息而行事	职位性影响力	以是否分享信息作为奖惩的手段，督导掌握分享信息的主动权

① 梁伟康：《成效管理：非营利社会服务组织全面实践策略》，非营利组织卓越管理有限公司，2012，第 630 页。

② 卡杜山：《社会工作督导（第四版）》，郭名倞译. 中国人民大学出版社，2008，第 68 页。

在当代，组织领导力发展形成了一个涉及整个组织各个层级的立体结构，领导力发展对象已经从中高级管理人员扩大到整个组织成员[①]，越来越多的组织意识到其他组织成员也应该参加领导力发展项目，以使他们能够进行负责任的自我领导和有效地进行分担式领导，增强组织成员对组织愿景和目标的个人承诺。领导力发展的培训内容也经历了从如何获得工作效能与关心人之间的平衡，到注重认知练习，再到强调行为及技能训练的变化过程。

因此，可以借鉴领导影响力培训经验，将督导影响力的培训内容集中在以下领域：改善督导者的态度、技能及知识，督导效能训练和督导风格的培训与教育，督导情绪智力（管理自我以及觉察他人），为组织成员提供建立网络的机会和信息，激励下属、发展下属成为领导者的能力，以及面向未来的需求。

（一）督导者的权威

权威是督导影响力的要素之一，是关于社会工作督导研究的重要议题。权威是为了确保工作的完成，组织中处于某一职位的人被授予权威，以指导处于其他职位的人开展角色活动[②]。组织的复杂性和任务的具体化，使机构产生了对行政性权威的需求。日本学者佐藤庆幸（2009）认为，专业的权威与官僚制的权威，在其权威的本源上具有本质性的差异。官僚的权威是依据法律或规定的权威，而专业的权威是由专业技术性知识本身来确定的[③]。

督导者的权力来源于行政管理（上司管辖下属）的权力、在机构与员工之间处理问题的权力、聘用解雇员工的权力、草拟员工人事档案的权力、对机构运作熟悉获得的权力、支配调换员工岗位能力以及较了解员工内心世界（列维，1983）[④]。

梁伟康、戴国梁等概括过督导者的权力[⑤]。督导权力包括以下几种：

1．职位权力

指督导员依据在机构里正规及合法的职位或非正式关系网络所处地位而所能控制或给予下属资源和奖惩的影响力。

（1）奖惩的权力。指督导者依据绩效考核结果给予提薪、晋升、调岗等奖励、控制或惩罚受督导员工的能力。若使用不当，则督导者可能有剥夺下属特权、不合理工作指派、以机构奖惩制度威胁下属，迫使员工就范的情况。

（2）合法或职位的权力。指督导员凭借在机构里担任的高阶职位所赋予的权力支配和指挥下属。

2．个人权力

来自督导员的专业知识和督导双方关系质量。

---

① 文茂伟：《当代英美组织领导力发展研究》，华东师范大学博士论文，2008，第100页。

② 阿尔弗雷多·卡杜山、丹尼尔·哈克尼斯：《社会工作督导（第四版）》，郭名倞译．中国人民大学出版社，2008，第83页。

③ 佐藤庆幸：《官僚制社会学》朴玉译、金洪云译校，生活·读书·新知三联书店，2009，第284页。

④ 徐明心、何会成：《社会工作督导：理论、实践与反思》，香港基督教服务处出版，2003，第85页。

⑤ 梁伟康：《成效管理：非营利社会服务组织全面实践策略》，非营利组织卓越管理有限公司，2012，第563页。

（1）专家的权力。指督导员发挥其社会服务专业学识、服务实践经验与技巧、专业判断力而赢得受督导员工的信服与尊敬。

（2）参考的权力。指建立在督导双方关系的基础上，受督导者接受督导员的程度。督导员不仅要获得机构高层管理的支持，也需要下属的支持。

（3）信息的权力。指督导员获得和控制策略性信息的能力。督导员必须从正规或非正规途径获得重要信息。

（4）联结的权力。指督导员因与机构外界的资源提供方有密切联系而成功为机构带来各种资源的影响力。

有效的督导者同时拥有职位权力和个人权力。有些受督导者只对职位权力作出积极反应，而有些仅信服督导员的个人权力。

（二）发展督导者影响力的方法

发展个人和组织领导力的具体方法主要包括两类：一类是传统的正式教育培训，这一类详阅本书第二章相关内容；另一类是在持续的组织工作情境中发展个人和组织领导力所使用的方法，具体方法如下。

1. 360°反馈

生态系统理论的影响以及管理心理学应用性的发展，促成了这种方法的兴起。在社会工作机构里，这种督导影响力通常实施于人事管理中。在多方参与评价考核体系里，督导是其中一个打分主体。比如，总干事（机构督导系统中最高级层次）只管督导的绩效，其下属的中心主任、督导、聘用岗位社工的直接用人单位主管、同事（互评）等都参与并综合打分。

360°反馈报告所显示的个体的不足之处，除了个人付出更多努力去改善，社会工作机构组织内部更应提供诸如功能性督导作为后续支持。

2. 个人成长项目

个人成长项目主要是给个人或团队提供一个进行反思的时间和空间，如静修。这是社会工作行业协会培养准督导人才适合采用的方法，因为成员为不在一起工作的个人，但有时它也可以用于一个完整的管理团队。项目过程宜将心理试验与户外挑战项目结合起来，促进成员对生活和工作目的理解，并鼓励分享理解。

个人成长项目应该确保能促使参加者反思个人价值观，并挖掘出隐藏在各种衔头之后的个人动机。反思过去的生活和工作经历是个人成长项目最主要的内容。

挫折是一种另类的发展型经历，它能让人产生体验到失去感（失去可信度、控制、自我效能或身份认同）。有6种类型的挫折事件：错误与失败、职业挫折、个人创伤、问题员工、裁员和与种族相关的情境。个人能从中学到的具体经验教训归纳为4类：自我觉察、敏感与同情、控制的限度和灵活性。通过参加个人成长项目，领导者拥有了更加明确的自我身份认同和更大的弹性，这将有利于增强领导者适应他人的能力。

需要提醒的是，运用个人成长项目这种方法，必须调整组织文化的观念，把错误和其他挫折理解为学习的机会，而不是失败或致命缺陷。

3. 教练

作为一种领导力发展方法，教练（coaching）是指采用有计划的方法及在指导下，将被督导员工的工作转成学习情况，从而改善其在工作上的绩效。

教练可以采用一对一的形式，也可以是多个教练对一个受教者、多个受教者对一个教练。担任教练的可以是内部人员，如成功的前首席执行官，也可以是外部顾问，如具有丰富经验的行为科学家。

梁伟康（2012）比较过教练与指导的差别：教练涉及聘用社会工作机构以外的顾问以协助组织的管理层改善其效能，指导（mentoring）涉及组织高层管理担任中层管理人员之指导，聚焦于他们的专业前程发展、支持、角色模仿和咨询等。中层和前线管理人员较抗拒接受“督导”时，采用“教练”和“指导”较容易被接受。督导者应有效履行“教练”角色的职责，积极聆听受教练者的意见，并与他们共同分享彼此的知识和见解，在组织中达到“人人学习、个个教练”的良性循环，有效提升组织整体能力。

本研究认为，教练这种领导力发展方法是督导教育能力的第一个内涵（详见第二章）。

4. 监察（略）

即企业界逐渐兴起的指导（mentoring）。详见本书第七章相关论述。

5. 工作任务指派

为使工作任务指派发挥较大的发展作用，督导应该把工作任务指派给适合的社会工作者。工作任务与承担者的匹配又牵涉以下几个问题：

（1）工作任务对于承担者而言，什么样的挑战程度是合适的？确定一个人刚好能处理多大程度的挑战是复杂的，它与个人的技巧、能力和背景等诸多因素相关。

（2）需要平衡工作任务指派时的发展性（学习型）目标取向和确保任务成功的目标取向。目前在中国大陆社会工作机构里，较常出现的是督导把发展性目标取向任务派给社会工作专业实习生，特别是小组工作任务。

卡杜山归纳了行政性督导的11项具体任务，当中“分派任务”是督导影响力的重要体现。对部门的总体工作进行计划安排后，督导员要根据部门的总体工作计划为被督导者分派任务。比如，根据被督导者的强弱点进行个案和小组工作的分派，根据被督导者所承担的工作压力来分派，确保每一位被督导者被分派到的工作种类宜丰富不宜单，所分派到个人头上的工作任务难度就高不就低，在年龄、性别、种族或民族方面将被督导者与服务对象进行搭配。

创新性的分派个案的方法，是在小组会上，由各单元组员来分派个案工作。先将有待分派的个案列出清单，由督导员与受督导者一起决定个案的分派。

6. 建立关系网络

人际网络能够为受督导者提供更多的信息、专业知识、资源和合作——这些功能不仅使网络更具工具价值，还被看作是受督导者获得支持和发展的来源。因此，建立关系网络成为督导影响力发展的重要方法。现阶段，如微信工作群这种网络社交工具促进了督导影响力的发展。

7. 行动学习

行动学习更像是一种强调“在做中学”的理念。由雷文斯、佩德勒、摩根、拉米雷斯等学者构建的概念，行动学习指一群同事围绕尚无答案的真实问题，进行持续学习与反思的过程，它带有的双重目标为解决实际问题和发展个人及集体能力。行动学习有三个主要因素——参与者、问题以及分享小组或团队，他们通过相互支持与相互挑战、质疑取得进步。

行动学习得以发挥作用的必要条件，包括督导（促进者或顾问）提供必要的资源和引导。行动学习氛围是民主的、集体性的、主动的，并努力将个人变革与社会性变革联系起来，把不同种类和不同层次的理解整合起来，行动学习应致力于创造不断演进的条件等。

行动学习中包含着丰富的挑战和支持，但学习中的正式评估相对较少。

正式的教育培训方法主要包括讲座、布置阅读任务、观看影片、小组讨论、角色扮演、案例教学、业务模拟等，有一些正式培训项目还包括户外体能挑战活动。详见本书第六章。

二、督导者特质理论

督导者特质一词从领导特质理论而来。

（一）西方领导特质理论的研究

早期的领导特质理论研究了成功的领导者与他们所具备的特质之间的关系。斯多基尔（R. M. Stogdill）找到的有关领导素质的特质分为以下七大类：

表 3 - 3　领导特质

特质	表现
心理或情感	智力高、有远见、坚毅、灵活、想象力强、有道德、敢于冒险、风度好、精力充沛和知识渊博
社会背景	接受过高等教育和拥有良好的社会地位
智慧和才能	过人的智慧、专业知识和技能
性格	自信、支配、进取、独立、自制和创造
工作特点	渴望获得成就、责任感强、有事业心和以工作为荣
社会技能	善于交际、有行政能力和能够与人合作
身体特征	体格强壮、充满活力、仪表出众、打扮整洁

在斯多基尔研究之后，身体特质被认为与成功的领导无关，心理或情感方面的特质，包括智力高、有远见、坚毅、灵活、想象力强、有道德、敢于冒险、风度好、精力充沛和知识渊博等，被认为与领导存在关联。

蒂奇与德万纳指出变革型领导者具有把自己当成变革代表、勇敢、有理想、受价值观驱使、信任他人、是终身学习者、能处理复杂局面的特征①。

阿里莫·梅特卡夫和阿尔班·梅特卡夫在英国研发测量工具“变革型领导问卷”并

---

① Tichy N. M., DeVanna M. A. *The Transformational Leader* (New York: John Wiley, 1990).

进行了实证研究，该问卷包含13项指标[1]：真诚关心他人、政治敏感性和技能、果断、坚定和自信、正直、值得信赖、诚实和坦率、授权并发展有潜力的人、鼓舞人心地建立网络和提升、平易近人、阐明边界并让他人参与决策、鼓励批判性、战略性思维。

仆人式领导理论（见后文）则把诚信、以身作则、体贴、说到做到、善于倾听、有责任感、尊重别人、不吝鼓励、乐观与热忱、感恩归纳为领导的10个特质[2]。

（二）督导员的道德

1. 包含道德维度的领导理论

（1）变革型领导理论。美国社会学家、政治学家和历史学家詹姆斯·麦格雷戈·伯恩斯明确宣称领导有道德上的维度，巴斯等人也指出，真正的变革型领导建立在领导者道德高尚、关心他人、采取符合伦理价值的行为的基础之上。而伪变革型领导者鼓励一种“我们与他们”之间的竞争，追求他们自己的私利而不是公共善，他们可能拥有机能障碍型魅力，他们擅长利用权威和等级差异的象征意义，但他们的价值观是有问题的，很可能把追随者引向灾难[3]。

连尼克提出“道德智力”概念，并将其定义为“根据普适原则的界定区分正确和错误的能力”，其关键构成要素包括正直、负责任、同情和宽容。诺斯豪斯总结了领导伦理的五大原则，即尊重、服务、公正、诚实和团队建设，它们可以被看作道德领导的基本内容。

（2）真实领导理论（authentic leader）。自知、坦诚、透明和一致性是真实领导的核心，受积极的终极价值和对他人的关心而不是自我的利益驱动是真实领导的基础，也是持有积极态度如希望、乐观和韧性员工的榜样。真实领导者有能力判断模糊的道德问题，能够从多个视角看待这些问题，并能使自己的决策与自己的道德价值观一致。

（3）仆从型领导理论。

詹姆士·杭特在《仆人：修道院的领导启示录》中提到的“Agape（阿加比，原词意指上帝的爱/无条件的爱）”，可以理解为领导道德品质的内涵：忍耐、恩慈、谦卑、尊重、无私、宽恕、诚实、守信。因此，一个好的督导员也应当是一个具有高尚道德、追求公共善的人，“是把他人利益放在自我利益之前的，把原则放在政治与利润之前的人”[4]。诚实和正直都应该是督导员的基本道德品质。

2. 督导者的道德实践

社会工作专业的重要特征就是拥有一套伦理准则，它们是督导员与被督导者共同遵守的行为准绳；在社会工作的专业控制机制里，督导的道德实践议题还有被重提的必要吗？吉姆·艾夫（2012）给出过真知灼见：“关于伦理的职业准则，最重要的不是这些伦理准则本身，而在于其背后的道德。社会工作和社会工作者的行为所应具备的道德是仍在讨论中的问题，伦理准则仅仅只是用以测量和评估道德的尺度。……伦理时代的终

① Alimo-Mctcalfe, Alban-Mctcalfe, “The development of a new Transformational Leadership Questionnaire,” *Journal of Occupational and Organizational Psychology* 74, no. 1 (2001): 1-1.

② 詹姆士·杭特，《仆人：修道院的领导启示录》张沛文译，商周出版，2001，第131页。

③ 文茂伟：《当代英美组织领导力发展研究》，华东师范大学博士学位论文，2008，第24页。

④ 文茂伟：《当代英美组织领导力发展研究》，华东师范大学博士学位论文，2008，第59页。

结并不意味着道德的终结。”① 督导员道德实践的本质，是处理个人内在与外在价值冲突时做出的道德抉择。

在中国传统文化情境下，社会工作机构督导的道德建设需要防止走向另一个极端“道德通货膨胀”现象。泛道德化是中国传统社会一大特征，“道德政治化、政治道德化的进路”反映的就是一种试图通过诉诸道德实现领导的思路，政治体制运作机制是“阳儒（只说不做）阴法（只做不说）”的治理模式，因此要特别强调督导员的道德垂范和言行一致。

三、督导行为理论

营利组织的领导行为理论的提出为非营利组织领导者、督导人才的培训提供了依据和思路，通过对具体行为的培训，可获得有效或批量的督导员。我们把这些理论分为传统的领导行为理论和新领导行为理论两大类。

（一）传统的领导行为理论

传统的领导行为理论主要有结构—关怀领导行为理论、员工导向—生产导向领导理论、管理方格理论、领导权变理论等。依据传统领导理论，社工机构督导可以考虑采用表 3 -4 中的策略性行为。

表 3 -4　传统领导行为理论与机构督导行为

领导行为理论名称	二元对立类型	非二元对立类型	社工机构督导行为
结构—关怀领导行为理论	按结构—关怀维度可划分四种领导类型：高结构—高关怀、高结构—低关怀、低结构—高关怀、低结构—低关怀	—	结构型督导向社工分派具体工作，要求社工保持一定的绩效标准，并强调工作的截止期限。 关怀督导者帮助下属解决个人问题，友善而平易近人，公平地对待下属，并对下属的生活、健康、地位和工作满意度等问题十分关心
员工导向—生产导向领导理论	员工导向领导—生产导向领导	—	—

① Jim Ife：《人类权利与社会工作》郑广怀、何小雷译，华东理工大学出版社，2015，第 143 页。

续上表

<table>
<tr><th colspan="2">领导行为理论名称</th><th>二元对立类型</th><th>非二元对立类型</th><th>社工机构督导行为</th></tr>
<tr><td colspan="2">管理方格理论</td><td>—</td><td>在关心生产的领导方式和关心人的领导方式之间，有使两者在不同程度上互相结合的多种领导方式。在管理方格图位置上，第一格表示关心程度最小，第九格表示关心程度最大</td><td>肩负绩效重任的社会工作机构领导者宜客观地分析组织内外的各种情况，如积极参与、相互信任、开放地沟通目标和目的、冲突的解决办法、个人责任、评论、工作活动等，把自己的领导方式改造成为管理方格图上最高理想类型（坐标 9.9），以达到最高的效率</td></tr>
<tr><td rowspan="4">领导权变理论</td><td>非德勒权变理论</td><td>—</td><td>权变因素：领导者与下属的关系、工作结构、领导者的职权</td><td>可以用“最不受欢迎的同事”问卷 Least Preferred Co-worker（LPC）测量工具加以鉴别</td></tr>
<tr><td>领导行为连续体理论</td><td>—</td><td>领导风格与领导者运用权威的程度和下属在做决策时享有的自由度有关</td><td>督导使用的权威和下属拥有的自由度之间是一方扩大另一方缩小的关系</td></tr>
<tr><td>领导生命周期理论</td><td>—</td><td>领导类型应适应组织成员的心理成熟度</td><td>当下属很不成熟时，采用高工作、低关心的命令专制型督导方式最有效；当下属不成熟时，采用高工作、高关心的说服教育型督导方式最合适；当下属比较成熟时，采用高关心、低工作的参与型督导方式最有效；当下属的成熟度高时，采用低工作、低关心的授权型督导方式最合适</td></tr>
<tr><td>情境式领导理论</td><td>—</td><td>情境是指领导者—成员关系、任务结构和职位权力这种内部管理层面上的情境因素</td><td>有效的管理者需要视乎不同的情境（如不同的部属以及他们在工作上的不同表现），运用不同的方式去对待他们，甚至对同一位下属也采用不同的督导风格</td></tr>
</table>

续上表

领导行为理论名称		二元对立类型	非二元对立类型	社工机构督导行为
领导权变理论	道路—目标领导理论	—	领导是个激励下属的过程。领导者的责任就是明确指出如何实现工作目标的途径	外控型下属（指依赖性比较强的人）—对指导型督导比较满意。 内控型下属（指相信自己能掌握命运的人）—对参与型督导比较满意。 对经验比较丰富或能力比较强的下属—授权型督导比较适合。 对经验不足或能力比较差的下属—指导型督导比较适合。 在工作性质和任务不明确，下属也不知如何做，压力较大时—指导型督导比较适合。 在工作性质和任务比较明确，下属也知道如何做时—支持型督导比较适合。 当群体成员内部存在激烈的冲突时—指导型督导比较有效。 组织中的正式权力关系越明确、越官僚化—督导者越应表现出支持型行为，降低指导型行为

传统领导理论的研究局限于现有组织文化背景，不同领导风格对追随者个体、小群体和具体任务完成效果的影响，是倾向于维持组织现状的。

（二）新领导理论

20 世纪 80 年代兴起的新领导理论解释和预测领导者对追随者的情感激发和对组织变革的有力影响。

1. 变革型领导

由著名领导学研究者詹姆斯·麦格雷戈·伯恩斯提出。变革型领导影响力来源于领导者自身的领导技术和与下属关系的强度，以及领导者自身的人格魅力，适宜有挑战性的动态情境，领导的作用是鼓舞性激励、智能性启发，并对下属个性化关怀，使下属受到鼓舞激励、干劲十足、勇于接受挑战，为组织革新创造。

2. 愿景型领导

愿景（vision）是指组织“期望未来达致的成就”，或是“组织对长远的希求和渴望，通常涉及明显的价值基础”①，愿景是领导的核心要素。

贝尼斯、纳努斯、萨什金构建了愿景型领导理论，强调领导者本身如何在了解员工的前提下建立组织共同奋斗的愿景。该理论阐释了愿景型领导者的有效行为和重要特质，

① 梁伟康：《成效管理：非营利社会服务组织全面实践策略》，非营利组织卓越管理有限公司出版，2012，第 88 页。

用大量篇幅描述他们所担当的“组织设计师”角色，指出领导者行为不仅旨在激发追随者动机，还出于构建组织文化目的。

与愿景型领导理论稍有别，美国管理学大师彼得·德鲁克（Drucker P. F）重视使命（mission）。其使命型领导理论认为领导者能力或素质命题假设“是一种误导，一切以自我为中心的领导者会误入歧途。重要的不是领导的魅力，而是领导的使命。领导的第一要务应该是思考并定义组织机构的使命”①。

3. 真诚领导

真诚型领导指领导者使用自己的正面心理能力与组织的正面伦理道德氛围提高自己的自知程度、整体道德标准、均衡的信息处理能力、自己与组织成员坦诚交往程度，促进组织成员的正面自我发展的一种行为方式。

真诚领导者基于自己的价值观和信念来影响下属，强调领导者知道该如何思考和行动，他们自身拥有乐观、自信的高尚情操。他们从正面理解信息，能够自我认知、自我调节，忠于自己信奉的诚信价值观。真诚领导懂得如何在正面情绪上为下属树立榜样，以一种积极、坦率和真诚的态度激励下属努力工作，减少退避行为，从而提高组织绩效。

4. 仆人式领导

20 世纪初，罗伯特·格林利夫（Robert K. Greenleaf）第一次提出了“仆人式领导”（servant leadership，又译“服务型领导”）的概念，将“领导”和“仆人”两个对立的词揉和在一起，由此产生了一种特殊的效应。在仆人式领导理论②里，领导者的首要任务是关心组织中的人。“仆人”的角色主要表现在两方面，一方面是为下属服务，另一方面是为组织的目标、使命服务。仆人式领导者能够从服务中体验到内心的丰足，收获更大的成就。

真诚领导、变革型领导和仆人式领导的领导风格被有些研究者称为正面的领导风格，他们都强调领导者高贵的道德品质和正面的心理能力，如诚信、奉献、负责、利他等特质，他们积极乐观、乐于助人，时时以正面的形象感染着身边的每一个下属和员工。

是否具有主动服务的意愿是区别仆人式领导和其他领导类型的重要标志。领导者能否成为仆人式的领导者，其动机来源于领导者的原则、信念、价值观或者是领导者的谦逊品质及远见卓识，以真诚的自我为下属服务，平等对待每一位下属，并决心满足其心理的基本需求如爱、自尊及自我实现，与他们建立信任、接纳的关系，用无形的服务获得威信及影响力，以此激励下属发挥个人最大的潜能，为达成共同目标而努力。在权力的运行模式上，它不再是传统的“命令—服从”式，而是一种“感召—服务”式。

仆人式领导模式更适合出现在社会工作机构的环境中。在这里，人们强烈关注程序公正（而非秩序），更关注服务的素质（而非绩效形式），更注重权力和权威的运用是否得当（而非结果公正）。

5. 女性领导

英国“Nurture 纪录片频道”推出过两部纪录片，“Boys Alone”和“Girls Alone”。片中分别找来 10 个 11 ~ 12 岁的英国男孩和女孩，按性别分开安置在别墅共同生活 5 天。

① 彼得·德鲁克：《非营利组织的管理》吴振阳译，机械工业出版社，2009，第 1 页。

② 田秀云：《仆人式领导理论研究》，南京师范大学硕士学位论文，2012。

在没有大人的干预和照顾的情况下，女孩朋辈群体呈现出创造、分工合作、情绪化、敏感脆弱、更看重“关系”，更善于去了解他人的情绪，建立并维系好亲密关系，也更容易隐藏和压抑自己的情绪。

众所周知，社会工作专业符号也类似女性气质。以广州市社工协会培养总共九期督导学员为例，女学员人数比例占60%～70%。在领导力研究中，领导特质主要从男性的视角及男性特征进行描述。随着时代的变化和发展，女性的一些特质，如善于沟通、关怀他人、协调和成就组织目标，可能转化为职场的优势①。女性社工机构督导员需要兼顾家庭与社会服务、身体承受力与机构工作强度、个人兴趣与责任，还有公众评价与社会习俗之间的平衡与协调，她们的自我调适非常重要。此外，她们也特别需要注重自我领导力的培养和提升，要构建良好的内在定力、确信（在不确定中寻求确定性）的力量②，训练思辨的能力，在属下面前成为一位卓越的领导者。

第三节　督导风格

督导议题的性质关乎人际互动，有效督导议题则离不开督导关系双方的相互适应问题，因此社会工作机构督导风格屡屡受到关注。

不同的督导有着不同的风格和工作方式，它们并没有好坏之分或孰优孰劣③。有效的督导风格与社会工作机构的工作内容和性质有关，也与被督导者的学习程度及过去经验有关。督导风格问题将会深刻影响被督导者，后者需要对此进行了解并适应，而督导员在上岗之前更应该自我觉察，明了个人督导的维度与取向。辛西娅从过程论与结果论两种价值取向，概括了针对实习生的9种督导维度与实践取向④（见表3－5）。

表3－5　不同督导的维度与取向

过程取向	督导关注焦点	任务/结果取向
快速完成工作任务	工作节奏	有条不紊地完成工作任务
保持权威和权力	权威与权力	分享权力并赋权他人
独立决策	决策方式	共同决策
书面契约	实习契约的形式	口头与书面契约
关注细节，以期达成目标	对细节的关注程度	关注整体性，把细节留给他人
细致监督，防止实习生出错	监督与指导	强调自主性，假定实习生会成功
将个人生活和专业活动进行切分	工作关系	相信个人生活运载专业活动有影响

①② 陈春花：《如何提升女性领导力》，《中国领导科学》2020年第3期。

③④ Cynthia L. Garthwait：《社会工作实习》吕静淑等译，沈黎审校，华东理工大学出版社，2015。

续上表

过程取向	督导关注焦点	任务/结果取向
只有在必要的时候进行授权	工作授权	很乐意向实习生授权
将实习生的专业发展视为自己的工作责任	专业发展	为实习生提供安全和激励性的专业发展机会

下面是一个针对机构内正式职员的本土督导案例①，案例中的督导风格过程取向鲜明。

案例发生于深圳较典型的社区，人口结构严重倒挂，外来人口众多，占社区总人口绝大部分。社区党群服务中心的社会工作服务是在社区党委领导下、社区工作站支持下，协同社区居委会及其他企业、社会组织为居民提供扶贫助困、关系调处、心理疏导、资源链接、社区教育等综合性服务。社工多为来深建设者，且相对较年轻；行政辅助人员（以下简称“行辅”）则多来自于本社区。

一、案例背景

（一）事件发生

A社工是深圳市某社区党群服务中心社会工作服务的项目主管，1个月前通过机构内部竞聘由一线社工晋升为项目主管，从其他项目“空降”到现在的中心。近期在处理居民关系调解时，与中心B社工产生了不同意见，最后按A的方法操作后却没有成功。于是B社工回到中心后向大家愤愤地“吐槽”主管，刚好被主管听到。主管觉得没面子，又很委屈，现场也只能平息事件、草草收场。与此同时，机构催促大家提交案例的通知又让他倍感压力。此前主管已向大家动员了好几次，至今也没有一人提交。A社工发现大家对机构的归属感很弱，平时参加机构事务不积极，自己感到很无力，于是向督导求助。

（二）督导关系双方人物简况

（1）当事人：A社工，男，社会工作专业本科毕业，助理社会工作师，工作两年，无团队管理经验。

（2）团队成员：B社工：女，社区经验丰富，非社会工作专业，考取助理社会工作师证后进入社会工作行业；C社工：女，社会工作专业出身，中级社会工作师，工作三年，想积累更多实务经验；D社工：男，刚毕业的社会工作专业学生，实践经验少，对行业和机构情况了解较少；E行辅：女，非社会工作专业，年龄较大，就近上班，对社区情况非常熟悉。

（3）督导：女，社会工作专业本科毕业，中级社会工作师，近十年社会工作实务经验。已督导该团队约半年，另需督导4个同类的服务团队。机构对于督导的角色定位类似于片区负责人，即所督导的5个团队的相关事务都由该督导负责。

（三）受督导社工需求评估

督导向A社工了解详细情况后，发现角色的转变给他带来了莫大的苦恼，感觉压力很大。其主要困扰来自于两大方面：

① 该案例由深圳市新现代社工服务中心总干事/中级督导韦晓冬编撰提供。

1. 个人与团队的关系：个人角色权威受到团队的挑战

（1）A社工觉得主管的工作千头万绪，工作量一下子比以前增加了很多，自己的计划经常被打乱。

（2）B社工会在背后跟其他人吐槽主管，觉得A社工太年轻，处理事情不够周全，体现不了专业水平。

（3）A社工在与C社工讨论专业服务时，发现C社工很少采纳A社工的意见。

（4）D社工实务工作的进展太慢，但有学习积极性，A社工希望多给予指导。

（5）团队除了开会之外，几乎没有聚在一起过。

2. 团队的成员与机构的关系：较为疏离，归属感差

（1）团队成员包括如A社工被派往社区党群服务中心上班，与社区党委、居委会工作人员一起办公、打交道的时间更多，与社区的联系比机构更加密切，对机构归属感弱，较少参与机构组织的活动。

（2）机构近期要求大家提交案例，A社工动员了好几轮，大家还是不愿意撰写，觉得增加了工作量。

二、督导核心问题确认

（一）个人与团队

（1）角色认知模糊导致适应困难、力不从心。

（2）实务经验少导致角色权威难以树立。

（3）忽略了团队建设，团队内部凝聚力差。

（二）个人与机构

（1）缺乏对机构规定的辩证理解。

（2）提升团队成员对机构的归属感。

三、督导总体思路（方案）设计

（一）督导目标

（1）A社工能明确主管角色职责并适应岗位要求。

（2）团队成员能服从A社工的带领。

（3）团队成员均能执行机构要求的任务。

（4）增强团队成员对机构的归属感。

（二）总体思路

以生态系统理论和优势视角为指导，从增能和改善关系两方面入手。个人方面：由内至外增能；个人与团队、机构方面：互联互通增信（见图3－2）。主要从以下四个方面入手：

（1）指导A先认清主管角色，同时通过实务提升、“因材施教”树立角色权威。

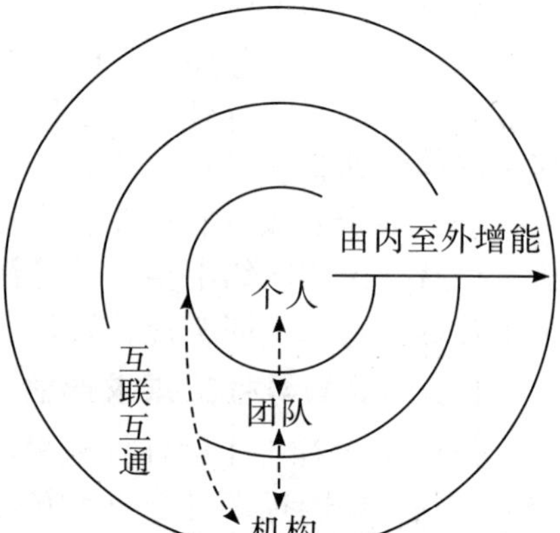

图3－2　督导总体思路图

(2) 指导 A 从多方面开展团队建设，同时争取团队成员对 A 的理解。

(3) 带领大家辩证分析机构的要求、机构发展与个人发展的关系，进行任务分解，跟进落实情况。

(4) 督导进一步做好“桥梁纽带”，让一线社工了解机构高层决策的缘起、过程以及付出的努力，创造机会让一线多和总部形成“链接”。

四、督导过程描述（策略与方法技巧）

(一) 督导预备——收集资料，系统分析

1. 收集资料

当收到社工发来的督导议题后，首先要做的是了解事情的全貌。此案例中因涉及较多方面的关系和因素，还要电话、当面澄清一些细节。资料越全面，对督导判断越有帮助。针对此事件，督导主要收集社工的当下感受和困境（直接面向该社工）、其他成员的反馈（通过其他人员的个人督导、在中心督导时的日常观察等收集）。

2. 系统分析

可借助一些分析工具。此案例中采用 SWOT 分析，从 A 社工个人的优势劣势，以及外部的机遇和挑战入手，为后续处理提供支持。分析见表 3 – 6。

表 3 – 6　A 社工的 SWOT 分析表

Strengths 优势 • 受过社会工作专业系统训练 • 年轻，有向上发展的动力 • 愿意承担 • 能主动寻求帮助，会接受督导的意见	Weaknesses 劣势 • 社区工作年限少 • 缺少项目管理经验 • 对社区了解不深入 • 与社区各单位的链接较少
Opportunities 机会 团队成员有各自的优势： • B 社工应对社区事务的能力强 • C 社工有一定专业积累，扎根一线，愿意分享 • D 社工有提升意愿，学习积极性强 • E 行辅熟悉社区情况，有助于团队与社区的链接	Threats 威胁 • 社区事务庞杂 • 机构不定时会有新任务下达 • 团队成员不理解机构的做法，对机构归属不强

(二) 介入初期——情绪支持，剖析情境，确认目标

1. 情绪支持

A 社工面对角色转变时，一方面，工作维度的增加一下子提高了工作的强度和难度，使他倍感焦虑；另一方面，团队成员发起的“挑战”，也让他感到孤立无援，加上机构下达的任务，让他感到压力巨大。情绪会影响行动，因此督导首先从情绪入手，以倾听、共情为主，先让 A 社工通过倾诉释放一些负面能量。如，“从你的叙述中，可以听得出你现在面临的处境不容易”“你面对前所未有的压力，觉得很焦虑”“对其他同工的行为感到气愤，觉得他们不尊重你”。对于他正面表现之处（如希望指导 D 社工、完善团队分工、尝试找社工交流）给予认可和鼓励，如，“我看到你在积极寻找解决的方法，而

且也去做了尝试”“你对D社工的期待，说明你看到了他的优势，继续以这样的视角去分析你的团队，会对你更有帮助”。

2. 情境分析

带领社工从理性思考的角度分析所处的情境，画系统图、进行SWOT分析［见三（二）和四（一）部分］。采用人在情境中的视角，分析个人、团队、机构所处的位置及彼此之间的关系和影响。带社工“跳出来”以局外人的角度分析自己的情境。

3. 确认目标

确定要处理的问题、期望达成的情况，订立目标［见三（一）部分］。此次在实际操作时，并未采用书面形式，而是在督导过程中总结归纳，获得社工的认同。

（三）介入中期——个人增能，协调关系

从个人出发，提升专业能力，增强专业自信；关注组织，优势互补，加强分工合作；重塑团体文化，从关怀和细节入手；促进理解和参与，拉近个人、团队与机构的距离。

1. 角色认知

向A社工说明机构对主管的定位，逐项说明工作职责，包含了中心的内勤管理、服务管理、公共关系、团队建设等大方面。总结后发现，他在内勤管理方面做得比较到位，中心内部日常运作是比较有秩序的；公共关系方面，已走访了各个利益相关方，初步建立了联系；服务管理头绪不多，比较焦虑的是自己的专业实践经验不多，难以给其他同工意见；团队建设还未来得及做。因此，重点要加强的是专业板块和团队建设板块。

其中还穿插讨论社工行业管理的特点、与其他行业的差异，如强调社工的价值理念，多人性、少强制，多欣赏、少要求等。这也对他的管理形成“隐形”的压力。他也困惑，到底这些特点是好是坏？督导反过来问他，是否也有可以利用之处？能否顺势而为？

同时引入情境领导理论探讨适合他的领导类型。按照情境领导理论模型，领导类型从任务行为和关系行为两个维度，分为指挥型、教练型、支持型、授权型。经过分析，目前A社工是指挥型偏多。此时引导他换位思考，从团队成员的角度出发，是希望哪种类型的领导更多一些？他觉得可能需要多种类型融合：对于经验多的、他们能处理的事项，可以多点授权；对于新员工则是需要多点支持，或给予训练；对于新任务、新问题，就可以多提意见。此时，他初步找到新的解决思路。

2. 专业能力提升

专业提升是当务之急，但又是一个长期的过程。因此，需要先做好规划，再有序推进。首先，指导A社工制定专业提升计划，采用目标管理的方式，明确目标、行动、时间等。其次，找到A社工的薄弱点，如个案介入、大型活动的统筹等，列为后期督导的重点。个别社工通过督导先行示范，观摩学习；也可通过社工主导、督导反馈等进行提升。此外，跟他共同就其他人的文书、服务开展等交流意见，让他理清服务逻辑，能从更多角度去分析问题。随后让A社工尝试批阅其他社工的文书（如计划书、报告等），增加更多的专业元素。

3. 开展团队建设

（1）让A社工明确团队建设需要从日常互动做起，目的既是促进团队的凝聚力，也是促进更好的协作，实现1+1>2的效应。引导他使用增能视角重新审视团队的内在资

源，从互补角度考虑进行 O－W 的配对，如运用 B 社工的优势，弥补自己社区工作经验少的不足；运用 C 社工的专业知识开展组内学习，同时带动其他人轮流分享；运用 E 行辅对社区的熟悉来帮助自己更快融入社区、了解社区，等等。

（2）探讨中国文化对人际关系处理的影响。比如团队中 B 社工是个“老江湖”，那在相处时是否需要“照顾”下她的“江湖地位”？不妨多听听她的见解，进行综合考虑。人情、面子等会在相处的细节中发酵、产生作用。请 A 社工回忆，每个人曾经向他反映过或他自己观察到的难处。是否可以考虑为大家提供多一点的支持来克服困难？

（3）策划开展定期的团体活动，如运动减压、聚餐谈心，这些是紧张工作中的调剂品。

（4）退修营。退修营的含义是从日常工作中抽离出来“修行”，总结过往工作中的经验和不足，运用集体智慧寻找新的方向和思路。A 社工觉得可以运用退修营组织大家重新回顾、检视中心年度计划的完成情况，对于推进不理想的服务分析原因，重新进行任务分解，明确分工和进度。

4．辩证看待机构要求

召开小组督导，向大家说明机构收集案例的原因：从个人专业工作出发，案例的撰写是一个总结专业实务工作、反思实务方法的过程，也是促进自己不断提升的方法；从专业发展来看，案例可以给他人提供经验借鉴，提供更多思路和方法，少走弯路。大家反映怕自己文笔不行、写不好，督导提供了以往一些完整的案例向大家解读，给大家进行参考。另外，也请大家先不用担心质量问题，而是先下笔。督导可以协助大家一步一步完善文稿的内容。

请大家思考如何管理一家机构。制定制度、发布任务的目的是什么？机构的发展和一线员工的发展其实是一致的。遵守机构的规章制度也是专业守则的一部分。同时，通过学习《深圳市社会工作者守则》，让大家明确对社会、用人单位、机构、专业、服务对象和同工的职责，作为日常工作的指引。

当机构发布一些新制度、新任务时，作为督导，在传达任务的同时，也要向大家说明背后的原因，避免大家产生误解。

5．增强归属感

这方面主要是发挥督导的纽带作用。一方面听取大家对机构的看法和建议，另一方面及时反馈给总部，并尝试推动机构改进，让一线看到变化。比如，大家反映外出工作较多，有时会遇到一些紧急情况。因此，建议机构制作一批“应急包”（里面有一些止血贴、棉签、纱布等）配给社工可以随时携带或给服务点批购“药品箱”等。从一些细节体现机构对员工的关心。

另外，有计划地安排一线回总部送资料、进行督导，其实目的是增加他们跟总部人员的接触。

（四）介入后期——巩固改变，后续跟进

通过每月的个人督导了解进展，对于好的变化，在小组督导时公开赞许。评估目标完成情况：A 社工的压力缓解，在团队中也基本能得到配合，机构要求的案例也按时提交了。至于提升 A 社工专业能力、增强大家对机构的归属感，还需要持续跟进。

五、督导成效分析

（一）评估方法

（1）访谈法。个人督导时向A社工收集反馈意见。

（2）观察法。日常工作中，对比问题处理前后的变化，围绕各点目标进行观察。

（二）评估工具

（1）访谈要点：对主管工作职责的解读和执行情况、与团队成员关系的改善情况、团队完成机构任务的情况、团队对机构的评价等。

（2）观察要点：A社工表现出来的情绪和压力、主管职责履行情况、团队成员对待A社工的态度以及配合程度、团队完成机构任务的情况、团队对机构的评价等。

（三）结果分析

经过约3个月的时间，A社工遇到的问题基本得到解决，个人与团队、机构的关系有所改善。

（1）A社工认清角色职责，工作能分清轻重缓急，压力得到缓解。

（2）A社工能够给予团队成员适当帮助，价值感增强。C社工从经验分享、参加培训学习中增强了获得感和满足感。D社工遇到的疑难问题都能及时给予回应，D社工觉得帮助很大。E行辅掌握了网站平台的使用，在逐步熟练中。

（3）团队对A的阻抗减少，向心力增强。

（4）团队完成机构任务，在规定的时间内提交了案例。

（5）参与机构活动的积极性提升，对机构多了理解，少了抱怨。

六、督导反思（包括优缺点及使用说明等）

（一）督导优缺点分析

1．优点

（1）督导视角。本案例中督导采用优势、增能的视角看待问题、分析问题、解决问题，如带领A社工寻找到各个成员可以帮助到团队的优势，朝着问题解决的方向带给社工力量，避免因过度谈论问题而使社工深陷困境的“旋涡”等。

（2）督导策略。由内至外，促进互动。督导以生态系统为指导，从情境中分析个人、团队、机构等现状，由个人自身能力提升、自我察觉入手，注重团队的关系调处，从个人到与机构层面的链接，多层面同时推进解决问题。

（3）督导风格。本案例属“支持型”“教练型”风格。督导关注社工感受，以自身行动带动社工行动。从以往的督导经历中发现，对于新到岗的员工，他们需要督导给予明确的指导和充分的支持。对于一些实践性强的事项，还要采用示范的方式为他们提供指导，这样能更有效地帮助他们掌握工作方法和技巧，更快适应工作岗位。

2．缺点

（1）行政权力使用较少。本案例中，督导只是在小组督导时要求大家要服从主管的领导，并未采用更多行政措施进行约束。其实还可以结合绩效考核对大家提出明确规范，对于无正当理由不配合团队和机构工作的情况进行记录，给予反馈后要求改正；若改正，可考虑不予处理；若未改正，则视性质和程度计入绩效结果。绩效使用只是一种方法、手段，目的应立足于个人成长。

（2）未考虑人员配置。因确保人员稳定性、避免服务出现空档，督导首先考虑的是在保留现有团队的前提下寻找最优方案。这也与目前社会对社工供求明显不均衡（供远小于求）、人力资源素质不尽理想有密切关系。当机构储备人才资源能提供足够支持时，在发现有社工不适宜的情况下，可考虑调岗或辞退处理。

（二）督导对社工的“隐形”影响

1. 督导所持有的理念对社工的影响

督导作为一位专业导师和机构管理者，他/她是如何看待社会工作专业、行业发展、所处的机构文化，是否相信“人是可以改变的”，是否认为每个人都是值得尊重的，是否持有正面的解决问题的观念，等等，都会被社工观察到。督导在对社工进行指导时，也会自觉或不自觉地流露出这些价值理念。这些对社工看待问题、解决问题都会有所影响。

2. 督导与社工的互动对社工的影响

不是只有督导说的话才会被社工记住。督导的一言一行如同现实的“教案”，是社工每时每刻直接接触到和观察到的。社工除了从平时督导中学到知识和方法，也会从与督导的互动中习得，并用于服务当中。督导告诉他们要“同理”服务对象，却不能同理社工的话，社工会产生矛盾，甚至会将同类做法复制到服务中。当然，督导有时也会有不足之处。关键是要时刻保持自省，并经常提醒自己。督导还可将一些处理方法与社工探讨，引发社工的反思。

（三）对社会工作机构提升员工归属感的思考

员工对组织产生认同主要表现为：认同组织的目标或使命；信任领导者，相信自己的工作是对组织有价值的贡献；为成为组织的一员而自豪；关心组织的荣誉。（刘春湘，2016）以此来看，要让社工对机构有归属感，培养他们对组织目标或使命的理解、认同、内化，领导者与社工的关系就显得尤为重要了。当然，福利待遇也是不可缺少的重要因素。

1. 组织目标和使命

向社工传达机构的愿景、宗旨、使命，应该始于招聘环节，从社工开始接触机构时就能感受到这个组织的独特文化。除了薪酬待遇之外，还有一股“软性力量”在吸引他/她加入到组织中。在机构的整体规划部署以及每年推行的服务重点中，社工都能看到、感受到机构践行使命的“痕迹”。在机构给予他们的日常支持中，也能时刻感受到与之匹配的力度。

2. 机构的领导者

对于一线社工来说，领导者包含了机构的核心负责人（通常是总干事之类）、连接机构与外派社工的直接管理者（如督导、项目主管等）。这些人与社工的接触、给社工留下的印象会影响他们对这个机构的看法。机构在要求社工执行制度、完成任务时，要反过来检视管理队伍是否符合要求，能否起到带头作用。

3. 社工的回报

避开薪酬福利谈归属感，显然是不实际的。从“理性人”的角度出发，员工当然是希望自己的劳动所得转换成的薪酬越高越好。但大家也明白，社会工作行业的购买标准是有一定范围的。大部分的社工更加注重的是在行业内部的比较。机构需要时刻保持对行业标准的敏感度，开展定期调研，依据调研结果不断完善组织的薪酬体系。另一方面，一些体现组织关怀的细节也会对社工产生影响，如对老员工的嘉奖、重要节日/纪念日的问候、对社工继续教育的支持、对突发困难社工的帮助、解决一线困难的及时性，等等。

（四）使用说明

（1）本案例适合运用于有改变动机的社工。此案例中的社工本身虽遇到诸多困难，但仍愿意付诸行动去解决，因此督导的重点是理清思路、寻找方法、促进行动。

（2）若社工缺乏改变动机，则督导应先处理动机问题。通常可以先从社工关注的事务开始，尝试寻求关注事务与要改变事务之间的关联、矛盾、落差，可参考动机式晤谈法、焦点解决短期治疗的技巧，以激发社工的动机。有了动机之后，再使用以上方法。动机辨识可从社工是否意识到问题（意识）、是否愿意改变现状（态度）、是否开始行动（行动）等方面甄别，依次从弱到强。值得提醒的是，动机提升可快可慢，其影响因素通常来自多方面。督导干预有时会立竿见影，有时则需要多些时间等待“改变”萌芽、发酵。不要因一时未见变化而泄气。一种方法多次尝试后不适用时，要考虑尝试新的策略、方法。

（3）避免过度使用权威。适当使用权威有利于任务执行，但若过度使用，则容易引起团队成员的抵触心理。

第四章
了解被督导者——督导识心术

在督导关系里，在判断被督导者的需求基础之上，督导如何与被督导者进行顺利、恰当的沟通，一直都是督导的核心议题。心理咨询学界认为被督导者在至少三个关系中处于中心轴位置——治疗师（即被督导者）对患者的关系、被督导者对督导者的关系、患者反过来对治疗师的关系①。社会工作学界则认为：本土社会工作督导关系中的情感联结主要由初级性的情感成分和次级性的情感成分交织构成，并产生期望、焦虑、抗拒、尴尬等情感"横截面"，督导关系经历了质疑与信任、冲突与协商、主动与畏惧和亲密与孤独等四个阶段②。怎样了解被督导者、督导关系双方如何沟通是本章关注的焦点。

第一节　了解被督导者的需求③

一、被督导者需求分析框架

梁伟康（2012）从受督导者能力视角，概括了被督导者的工作能力，如智慧的能力（受督导者能全面地了解应该去做什么、什么时候做、为谁做）、表现的能力（受督导者了解在特定的工作情境下应如何执行职务）、个人的能力（受督导者对个人自我系统有清晰的了解以及专业发展的潜能）、审定服务成效的能力（指受督导者确定服务对象获得帮助的程度和社会系统对服务介入受影响的程度）。

陈锦棠（2012）以发展视角探讨"员工的督导需求"，总结了评估培训需求的方法以及从知识、技巧、态度三个维度搭建的培训需求的架构（简称 KSA）。这个架构里的具体内容包括：相关的专业技巧、专业伦理、中央与地方相关法令的研讨、诊断工具、介入的技巧、评估方法、紧急援助与自杀预防、在机构中对案主的监督管理、保密与沟

---

① Mary Gail Frawley - O'Dea，Joan E. Sarnat，《督导关系：一种当代心理动力学方法》，李芃等译，中国轻工业出版社，2011，第 1 页。

② 高艺多：《社会工作督导关系的情感联结：一项扎根理论研究》，华东理工大学硕士学位论文，2017，摘要页。

③ 本节作者：张莉萍（广东财经大学）。

通的特权、知情同意、不适当的处遇及服务输送、人格的毁谤、与案主关系的界限、向专家的咨询与转介案主、诈欺与诱骗，以及结案。

（一）知识

职业能力指从事职业活动所必须具备的本领，是成功地进行职业活动所必须具备的知识、技能、态度和个性心理特征的整合。大陆社工机构里的社工获得社会工作者的理论知识途径，一是毕业前在高校进行系统的专业教育，二是进入机构后零散的培训，三是通过职业资格证的考试。尽管如此，机构社工是否已经掌握基本的专业知识定义内涵，仍有待督导关注。

1. 对所在领域服务对象的身心特点与服务需求需要有清晰而具体的了解

（1）辨识服务对象系统。个别社工的专业基础知识不扎实，以下案例反映了当事人无法判断其所服务的个案里存在如何将潜在服务对象转变为显性服务对象的问题：

“我曾经给一个小学生做过咨询，他说他需要心理辅导。通过了解，我知道了他的压力主要是父母的严格要求造成的。理论上，我必须得找到他的家长，才能解决案主的困境。可是在现实中，父母如何管教子女，只要不触犯道德和法律的界限，别人无权过问，尤其是我这种黄毛丫头。可每次看到案主愁眉不展，都会为自己没能帮到他感到愧疚。”①

（2）辨识服务对象的需求。初入职社工一般对特定服务领域的工作挫败感较强，但以下这位社工G的工作成就感来源于找到服务对象的需求，即社区戒毒服务对象需要乘专车去政府指定的戒毒医院服用美沙酮。

“深圳的戒毒资源比较少，主要为美沙酮，根据这边的实际情况，我跟另一位同事（已辞职）写了份方案，争取获得福彩公益基金的支持，拿到了50万元投入了这个项目。我们首先是做了调查，看他们愿不愿意坐车，跟每个人访谈。当时效果还不错，有20多个人想坐车。之后我们就去每个社区征求书记的意见，看看愿不愿支持我们，大部分还是比较支持的。对于怎么掏钱，就看上一级领导怎么说。本来不计划为基金会争取资金支持的，后来有一个机会，刚好禁毒办的主任来我们这视察工作，我们就把这个想法说给他听，他觉得这个事情值得大力支持。后来，又对基金会做了一次调查，细化了一下工作。刚好过了一段时间，福彩公益基金会有很多项目，只要你的创意好，通过专家答辩，他就会给你这个钱。还有请戒毒办开了很多证明。街道啊，美沙酮门诊啊，医院，还有区禁毒办、街道办、社区、督导……开了很多证明。说明我们这个项目很有意义，起到了很大作用。一看都是政府部门写的推荐信，就很靠谱了，所以答辩就通过了。其实我还是比较得意的，为什么呢？现在不用上门去找服务对象了，他们要坐车啊，他们要天天去服用美沙酮，而且是免费的。从此以后，开讲座啊，我们搞一些活动啊，找服务对象就比较好找一些，因为他们天天坐我们的车，总得配合一下嘛！”②

---

① 冯雅：《社会工作者的职业风险及应对策略——以深圳市A机构社工为例》，郑州大学硕士学位论文，2013，第12页。

② 丁梦丽：《戒毒社会工作者职业适应问题研究——以深圳8名戒毒社工为例》，中国青年政治学院硕士学位论文，2013，第22页。

(3) 理解个案“效果”的含义。社工被服务对象变化不明显所打击。实际上，改变不仅指服务对象的行为与态度，还包括其他，比如服务对象因所提供的服务获得了对特定事物或人的新知识、服务对象增加了工作技能、服务对象的态度、环境条件或地位的变化，重新获得更好的人生定位。

2. 个人价值观与社会工作价值伦理原则冲突的困惑

比如关于接纳：

“刚开始培训的时候就觉得……我自己也觉得接受不了这些吸毒的人，不知道他们是什么样的人，对他们不了解，不了解就有些恐惧。而且当时什么不懂，人家问一些问题，你就很谨慎，不知道怎么回答。戒毒知识没有接触过多少，上岗培训就是读了几段话，谈不上经验的，可以说是没有经验。”

比如，面对吸毒者这个特殊群体，“案主自决”“知后同意”“保密原则”等原则在国内禁毒社会工作实践中都受到了挑战①，初入职社工需要获知解困的具体途径或方法。

3. 专业基本知识或服务领域基本知识

比如，什么情境要素才构成“危机干预”？在社区宣传活动中孩子被家长打骂致放声大哭②，这种事件并不归于危机干预范畴。年轻社工对此需要重新理解相关专业基本知识。

“我们机构是社工行业里禁毒方面比较出名的，刚到机构的时候连毒品的分类都分不清楚，比较好奇。后来在走访一位吸毒者，他的毒瘾犯了，蓬头垢面，流着鼻涕，身体开始抽搐，嚷嚷着要某种毒品。虽然他没有伤害人的意思，可我也被吓得不轻。那次之后，再去走访开始变得小心翼翼的了。”③

“来的时候刚毕业，在学校学理论性的东西比较多，没有接触实务。而且对于毒品这方面的知识，更是一点都不了解。无论是理论还是实务，大学对于戒毒领域的社会工作真是零接触。虽然我们有岗前培训，但基本是关于机构制度的。所以会比较迷茫，不知道怎么去做。”④

(二) 技巧

1. 与案主建立信任关系

以下对一位深圳社工访谈的案例，非常明显地展现出该社工需要学习如何与案主建立信任关系。

“我做过的一个个案，案主下岗后变得自暴自弃，他的家人带他找到我，让帮他恢复自信重新去找工作。因为案主不是自愿来的，从一开始就很排斥我，什么都不配合，好不容易才有了好转。考虑到案主的各方面条件及可利用的资源，我跟小区物业公司联系

① 张翼、王静怡：《戒毒社会工作者的角色承担及面临的困境》，《社会工作理论探索》2009年第10期。

② 冯雅：《社会工作者的职业风险及应对策略——以深圳市A机构社工为例》，郑州大学硕士学位论文，2013，第20页。

③ 裴建寿：《社会工作者职业保护研究》，西北大学硕士学位论文，2015，第17页。

④ 丁梦丽：《戒毒社会工作者职业适应问题研究——以深圳8名戒毒社工为例》，中国青年政治学院硕士学位论文，2013，第32页。

好可以让案主去那上班。谁想到告诉他之后他就发怒了，说什么那都是外地人干的活，他来找我不是为了去当工人的，还在小区到处宣扬社工没用，什么忙都帮不上。真的很有压力，我是社工又不是上帝。”①

吸毒群体对初入职的戒毒社会工作者来说是一个陌生的群体，如何与案主建立信任关系，如何有效开展工作，这些都是挑战。

2. 个案工作方法的技巧

（1）接案。一项对成都社工进行的问卷调查显示，调查对象认为自己具备个案工作实务能力的社会工作者比例远远低于认为自己具备社区工作和小组工作能力的社会工作者，仅42.3%的社会工作者认为自己具备个案工作实务能力②。

“首先是你不到找个案，他不愿意见你，觉得你帮不了什么忙。开始的时候，我们都是自己上门找的，挨家挨户地敲门。有名单但要自己去找，只是知道住在哪里。你去找他，他不轻易接受你，他不懂戒毒社工是干嘛的。大家都说是我们不是‘接案’，而是‘找案’。”③

“很多社工开展个案总是对个案望而却步，心里没底，各种担忧，怕自己能力不足，怕技术不够，怕服务对象不信任自己，怕自己解决不了案主的问题等。诚然，个案工作的开展需有一定的理论知识和技能作支撑，但技术并不是最重要的，因为我们可以通过培训、训练、实践来掌握技能，最关键的是社工对自我的认知与态度以及对案主的真诚与责任心。做个案并不像开活动小组那么直接地体现出成果，对案主的陪伴和支持是一个漫长的过程，需要有足够的耐心。但是，如果你踏出第一步并认真努力去做了，你会发现做个案是让社工最有满足感和成就感的一件事情。”

“犹记得伍督导第一次来给我们讲授个案技巧，整个过程学员们可谓痛并快乐着。课上学习课下实战，逼着自己向前走。学员们的感悟和提升也是有目共睹的。正是因为看到了大家的成长，我们才希望有更多想做又不敢做个案、想做又做不好个案的社工同事一起加入进来。”（刘珊珊）

（2）与案主沟通技巧。“有时候我觉得我不适合做社工，做社工是要跟人讲话的。我性格比较内向，不愿意说话，不愿意跟陌生人说话。不过你也知道，做社工这行，就是要多讲话，还得讲得有技巧。书本里学的倒是不少，可是真到自己做的时候了，就不是那么回事了，完全要当场发挥的。可是我学了四年的社工专业，我只能硬着头皮去做。”④

---

① 冯雅：《社会工作者的职业风险及应对策略——以深圳市A机构社工为例》，郑州大学专业硕士学位论文，2013，第10页。

② 付蕾：《社会工作者职业能力现状及影响因素研究》，西华大学硕士学位论文。2017，第26页。

③ 丁梦丽：《戒毒社会工作者职业适应问题研究——以深圳8名戒毒社工为例》，中国青年政治学院硕士毕业论文，2013，第22页。

④ 丁梦丽：《戒毒社会工作者职业适应问题研究——以深圳8名戒毒社工为例》，中国青年政治学院硕士毕业论文，2013，第33页。

3. 资源链结技巧

“接了一个白血病的个案，我要帮他筹到至少50万元，我就一直想办法，我去跟轻松筹协商。轻松筹说：‘你这个50万元太多了，你能不能压一压。’我会觉得你这病整个疗程治下来，在最乐观的情况下，需要50万元。你给30万元，人家孩子治一半不治了？这个应该怎么解决？只能跟基金会那边一遍一遍讨价还价。……我在这段时间最大的压力可能还是因为钱，我想尽我最大的努力帮他筹到更多的钱，但是现实状况是资源支持并不是你想象的那么完美，看起来我们的基金会有很多资源，但是基金会里面的条条框框规则也很多，你真正拿到手里的可用资源确实很少，治疗的开支又很大，这对我来说是个特别大的压力。”①

（三）态度

“督导助理对我们的督导很少，更像是一个打杂的角色，收材料、发通知、跟机构联系一下。做的多是机构的行政任务，几乎没有专业任务。还有一个我们自己感觉督导助理没有发挥作用的原因是社工有问题不愿意主动问。很多社工都各干各的，很难处理。他们做个案遇到问题的时候，也不跟督导助理说，就把个案搁置在那里。”②

“青少年事务社工的工作年限太长，工作时间太久，应对的青少年服务对象数量、类型太多，对服务对象和他们的问题、困难已经产生了疲惫感，无法再将自身全然投入到与服务对象的交往中，逐渐对服务对象凸显出冷淡、疏远的态度，也不再与服务对象进行深度的沟通交往”③。

“从在学校接触到专业，我就觉得这是份高尚的职业，比心理咨询师还厉害。刚参加工作时也是满腔的热情，每天都要全身心地投入到工作中，倾听各种服务对象的各种遭遇，帮助他们。开始觉得每天都很充实，很有成就感，可时间一长，就变得麻木了。为什么会有那么多人需要帮助？难道社会只剩黑暗面了？社工能做的才有多少？想着想着就觉得工作没了意义，整个人也变消极了。”④

（四）工作成就感

工作成就感低是许多被督导者的内心状态。一项针对国内青少年社会工作者职业倦怠问题的调查显示，83%的被调查对象表示个人成就感低落⑤，表现为调查对象无法从工作中获得胜任感与成就感，感觉自己的工作能力倒退，对自己的负面评价多过正面评价，贬低自己的工作能力。

（五）个人价值观与案主价值观的冲突

“说实话，虽然我做了快两年的戒毒社工了，但我一直没有在内心真正接纳那些吸毒

---

① 赵南：《青少年事务社会工作者职业倦怠影响因素及对策研究》，中国青年政治学院硕士学位论文，2017，第31页。

② 丁梦丽：《戒毒社会工作者职业适应问题研究——以深圳8名戒毒社工为例》，中国青年政治学院硕士毕业论文，2013，第29页。

③⑤ 赵南：《青少年事务社会工作者职业倦怠影响因素及对策研究》，中国青年政治学院硕士学位论文，2017，第37页。

④ 冯雅：《社会工作者的职业风险及应对策略——以深圳市A机构社工为例》，郑州大学硕士学位论文，2013，第11页。

人员。可能是从小看到电视，还有听大人们说的，认为吸毒的人都是坏人。现在我依然觉得他们是社会上不好的人，我也试图努力去改变这个想法，但一直改变不了。但这不怎么影响我工作，我接触他们的时候，就以一个社会工作者的身份，心里告诉自己，对他们持不批判、接纳的态度。"①

还有一种分类，是按职业动机或价值观念分为主动入职和被动入职两种。热爱专业，以专业为事业，以社工为职业。

"我毕业后刚开始没有想做社工的，因为觉得社工是一个新的职业，工作机会也挺少，发展道路也很窄。所以我首先去了中山一个已经找到工作的朋友那里，希望能够和她一样能够找一个外贸的工作，其实当时对这方面工作没有任何的概念，完全是瞎碰，因此，找了一个月也没有找到。后来经熟人介绍来到深圳，在一家工厂做管理。在工厂的那段时间，工作很辛苦，每天都加班到很晚，工资也很低，而且与周围的同事因为文化层次不一样，感觉交流起来很困难，工作又无法适应。因此，就想着既然来了深圳，要不就尝试做社工，本来也知道深圳社工做得比较专业，所以就去应聘做社工了。随后就来到了这家社工机构，由于当时机构没有剩余的岗位，所以我只能在机构待岗（等待机构拿到标后再安排上岗），每天接受机构的培训。我当时的培训内容主要是机构的制度之类的，主打的是学校社工领域的培训，我们一起培训的十个人都想着要做学校社工。后来有机会做禁毒社工了，十个人大家都不愿意做。待岗期间每个月只有300元，我身上是没钱了、很穷，也不好意思跟家里人要，就想着赶紧上岗吧。其实我对禁毒领域一点也不了解，还有点害怕，当时还不知道他们有没有传染病什么的。在我的印象里，他们（指吸毒者）就是很瘦的那种，很吓人，然后还犯罪。第一次见案主是老社工带我去的，她带我见的都是状况比较好的，觉得没有那么可怕，可以做做。这样，我就成为一名禁毒社会工作者了，说实话，糊里糊涂的，好像是被迫无奈的一样。"②

（六）情绪管理

机构社工常见的情绪有以下四种。

1. 抑郁

一项使用贝克抑郁量表（BDI）测量南京青年（20～30岁）社工精神健康状况的调查发现，抑郁的社工人数占调查总人数的67.6%（其中中度、重度以上占19.9%）③。

2. 委屈

"社区经常会有学生放学后来写作业，周末来参加活动。后来我注意到一个小朋友好几天没来，问过其他人才知道是他的爸爸不让来。有一次他偷偷跑来玩，还是作业写完之后才来的，结果他爸爸找来，指着我骂，说我们只会带小孩做游戏，教坏小朋友，要他孩子再也不准来。我们组织活动本身是为学生好，让他们在课余时间放松的同时寓教于乐，结果家长不理解，有委屈也有害怕，心里说不出的滋味。头一次被人指着骂，感

①② 丁梦丽：《戒毒社会工作者职业适应问题研究——以深圳8名戒毒社工为例》，中国青年政治学院硕士学位论文，2013，第28－32页。

③ 吴皓：《社会工作机构中青年社会工作者焦虑、抑郁的测量与研究——以南京市社会工作机构为例》，南京大学硕士学位论文，2015。

觉人格被侮辱了一样，但你又不能‘回敬’他。”[①]

3. 受服务对象传染的不良情绪

“尤其是像接触疾病这种，本身就是患者，然后患者又有负面情绪，导致社工身上有双重的心理压力。我见过一个（社工——编者注），她自己心理有点崩溃，就是因为她遇到一个（青少年）癌症患者，这个癌症病人负面情绪能量非常强。按照她自己的观点就是，我已经给他（指服务对象——编者注）疏导好多次了，他还是完全没有办法接受自己的这个情况，反而给我倒了很多他的一些情绪垃圾，然后我就完全不能接受了。最后，自己整个心理状态都不太好。”[②]

4. 非理性信念带来的不良情绪

非理性情绪治疗模式一般是社工提供个案服务时所用的治疗工具，如果服务者在专业初学阶段未能准确理解“非理性信念”的含义以及内省检视，他们自己头脑中的非理性信念也将带入服务阶段，并给服务者本身产生不良情绪的影响。比如：

“很多领导都会询问我们机构社工的平均年龄，也有人直接感叹社工没结婚，更没有孩子，人生经验不足，质疑我们的工作能力。说实话，有时候连我自己都怀疑，凭自己的能力，服务青少年的工作还行，面对比自己年龄大的服务对象，总会应付不来。”[③]

这个案例中服务者的非理性信念，是“年轻社工总是无法应付年龄比自己大的服务对象”，从而产生不良心态情绪。

“我觉得政府接待、参访交流等事宜还是男性社会工作者比较方便，不知道为什么，这类事宜男性作为主要讲解者会显得正式一些，而女性社会工作者在与服务对象接触的时候就比我们更占优势，女性社会工作者去家访就比我们去家访被拒访的概率低。”[④]

此案例服务者的非理性信念，是“男社工比女社工适合承担政府接待、参访交流等事务”“男社工家访被拒概率高”。

“我们不是没有压力，只是不会像女生一样一定要发泄或者表达出来，我们从小就被教育，男孩子一定要有担当，所以即使压力很大，我们也会自己忍着。”

此案例服务者的非理性信念，是“男社工必须压制自己的不良情绪”。

二、机构情境中社会工作者的个人问题与督导

里默在其《社会工作价值与伦理》一书中探讨过“社会工作者的个人问题”（Personal Problems），即影响社会工作者个人问题的原因。社会工作机构员工的个人问题一般表现为以下五种[⑤]：

---

① 冯雅：《社会工作者的职业风险及应对策略——以深圳市A机构社工为例》，郑州大学硕士学位论文，2013，第10页。

② 赵南：《青少年事务社会工作者职业倦怠影响因素及对策研究》，中国青年政治学院硕士学位论文，2017，第29页。

③ 冯雅：《社会工作者的职业风险及应对策略——以深圳市A机构社工为例》，郑州大学专业硕士学位论文，2013，第1页。

④ 付蕾：《社会工作者职业能力现状及影响因素研究》，西华大学硕士学位论文，2017，第31页。

⑤ 梁伟康：《成效管理：非营利社会服务组织全面实践策略》，非营利组织卓越管理有限公司，2012，第643页。

（1）沮丧：重度沮丧的行为表现，如情绪极度低落、悲伤、忧郁、意志消沉、苦闷甚至自杀倾向。

（2）狂躁病：一般行为表现如焦虑、易发脾气、不能控制自己情绪。

（3）情感混乱：如自己或亲密他人患病、痛失亲人。

（4）个人的关系问题：如分居、离婚、丧偶、儿童管教问题、遭受虐待。

（5）对药物的长期依赖。

机构督导须辨别被督导者的情绪问题因何而起，如果是由服务情境引起“情感工伤”，即压力来自于工作上服务对象的创伤，从而引起被督导者的强烈感受，如受到服务对象人身攻击，遭受性别主义、种族主义、残障歧视、同性恋恐惧症等压迫性对待，个案服务对象的生活反映出自己的生活，以及来自团队工作伙伴关系的冲突与被贬抑、机构内部晋升竞争等，督导宜发挥支持功能；但如果社会工作者的个人问题影响到其绩效表现，则应进入管理流程的处理环节，行使行政职能。

第二节　社会工作机构督导关系沟通风格实证研究[①]

在对工作员因特殊事件而产生心理与压力状况的督导策略研究中，阿兰·布朗和伊恩·伯恩（2000）充分而又详尽地讲解了工作员的压力源、压力累积的过程、适当的预防与补救的督导策略、督导者对于经历与工作相关创伤或职业倦怠的受督导者的技术处理，如调停反应与复原反应[②]。

本研究关注的是，在机构日常工作情境中，非压力情境下机构督导如何用个体沟通风格创造和谐的督导关系。针对沟通风格（communication styles）的研究频繁出现在工商管理销售研究情境[③]，谢思（1976）对此进行了三种分类：任务导向型、互动导向型、自我导向型。沟通风格内涵包括了沟通质量、沟通频率、沟通正式性、双向沟通、适应性沟通能力、沟通效力以及内部沟通。在组织心理学领域，个人—环境匹配理论涵盖了个人兴趣爱好与其所从事的职业特征的匹配，个人的价值观与企业文化的匹配，个人偏好与组织管理系统的匹配，个人的知识、技术和能力（KSAs）与工作要求的匹配，个人的需求与工作提供的资源的匹配，以及员工个人与员工领导或同事的目标和性格的匹配等。

囿于研究精力，本节聚焦于机构督导与机构社工的目标和性格的匹配。

---

① 本节作者：张莉萍（广东财经大学应用社会学系副教授）、郑杰榆（台湾地区非营利组织领导力发展协会荣誉会长及顾问）。

② Allan Brown，Iain Bourne，《社工督导》，江盈谊译，学富文化事业有限公司，2000，第 118 - 145 页。

③ 樊骅：《沟通风格的一致性对大客户经理销售绩效的影响研究》，上海交通大学博士学位论文，2018，第 2 页。

一、人格特质及其测量工具的相关研究理论

人格特质及其测量的相关研究理论非常丰富。这些理论具有共同之处，比如特性—因素论认为，如果个体的特点适应某种职业，那么个体就会感到满足，并能产生良好的工作绩效。奥尔波特的人格特质理论、卡特尔的人格特质理论及其16PF问卷测量、“大五”人格理论及其测量（关注个性测量与工作绩效）、艾森克的人格三因素模型及其测量、MBTI人格特质理论及其测量（可描述人格的四维八极特征共十六种个性类型）、九型人格学说与九型人格测试、PDP特质系统及其测量、霍兰德的人格工作适应性理论等，都是陆续出现的涉及职业发展的行为风格理论。本节重点介绍DISC行为风格测试。

（一）DISC个性测试

1. DISC是什么？

DISC的核心理念可以追溯至古希腊人[①]。《希波克拉底誓言》的作者希波克拉底是最早以四种不同的元素来途释人类行为的人，他以希腊四元素火、空气、水以及土为基础理念。最早的DISC行为模型是哈佛大学生理心理学家威廉·莫尔顿·马斯顿博士（William Moulton Marston）在《正常人情绪》（*Emotions of Normal People*）一书中提出的。在马斯顿之前，心理学理论几乎都是针对精神病患者或精神失常人群的研究，他希望自己的研究结果适用于心理健康的普通人群。

马斯顿的研究理论发现，行为是情绪反应与展示性格的一种表达方式。从人认知的自我与环境的关系来看，由内在情绪展现出的行为表现可以分为四个主要类型。这四种类型被马斯顿标记为掌控Dominance（D），引导Inducement（I），顺从Submission（S），和服从Compliance（C）四项因子。也就是说马斯顿设计了一种可测量四项重要性向因子的性格测验方法，形成了DISC行为风格理论的最初基础。这四项因子以复杂的方式组合在一起，构成了每个人独特的行事风格。行事风格类似的人会展现出类似的行为，这些复杂的行事风格都是可辨认、可观察的正常的人类行为，而这些行为也会表现为一个人处理事情的方式。也就是说，每个人的人格中都具备这四个因子，区别只是不同的人在四个因子上的表现程度不同罢了。马斯顿在他的著作《正常人的情绪》中公布了他的发现，并在书中对其所发展的系统作了简短的叙述。使用行为轴（Behavioral Axis）来说明个体行为，横轴表示开放（Openness）—掌控（Control），纵轴表独断（Assertiveness）—被动（Receptiveness）。在坐标轴上把平面分为四个象限，这就是DISC双轴模型。

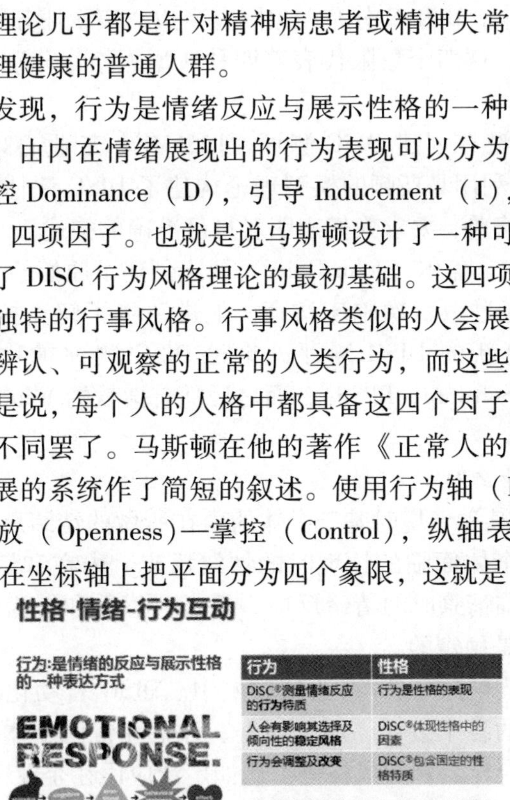

图4-1　马斯顿性格—情绪—行为互动理论（图片来源：http://www.aplus-disc.com/DiSC?_l=zh_tw)

---

① 高俪珊：《商业银行管理人员特质研究》，武汉理工大学博士学位论文，2012，第22页。

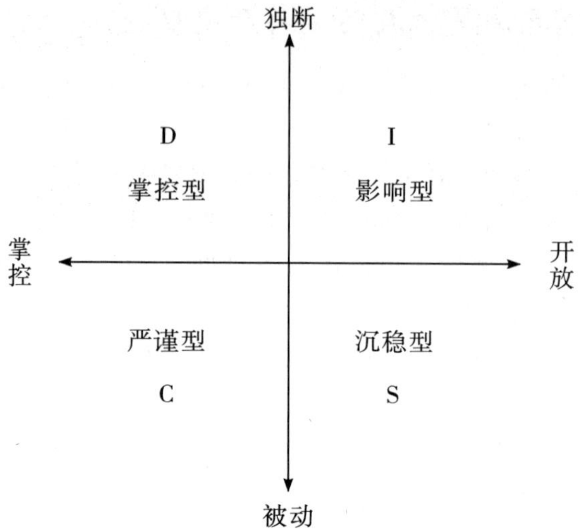

图 4－2　DISC 双轴模型图

象限上方分别是 D 和 I，代表性格的外向性方面；象限下方分别是 C 和 S，代表性格的内向性方面。由此看来，D 和 C 分布在象限左半边，表示任务取向，I 和 S 分布在象限右半边，表示关系取向。这四个象限代表着四种典型人格，分别是掌控型、影响型、沉稳型和严谨型。

然而马斯顿本人并没有创建 DISC 测评。1956 年，工业心理学家瓦尔特·克拉克（Walter Vernon Clarke）利用马斯顿的模型理论构建了 DISC 评估。他通过发布活动向量分析，即一个形容词的清单，要求人们表明对自己准确的描述。

20 世纪 70 年代约翰·盖尔（John Geier）博士创建了原始的个人简介系统（Personal Profile System，PPS）。通过数百次临床访谈，他进一步了解克拉克发现的 15 种基本模式。Inscape 继续发布更新的 DISC 测评，此时 DISC 测评被称为个人简介系统软件（Personal Profile System Software，PPSS），而之后随着微软的 Windows 的流行，DISC 测评 Windows 版本也发布了。

2. DISC 到底测评什么？

DISC 分析的是面对某种情境时基于个体的内在所做的情绪反应。因此，性格只占了一部分，还有一部分是个体面临的情境时的情绪反应。内在和情境之间发生交互作用，体现出来就是一个人面临情景时的情绪反应、思考、感受和行为模式，这种“性格—情绪—行为”互动的模式是稳定的。

DISC 可以广泛应用于与“人”有关的领域中。DISC 自动化测评系统已经被普遍运用在企业人力资源开拓的各个方面，用于测查、评估和帮助个体改善其行为方式、人际关系、工作绩效、团队合作、领导风格等。比如广泛应用在企业团队沟通、销售、管理、情商、客户服务、职业生涯规划等方面和企业员工招聘、文化整合、员工评估、职位调整、职业发展等领域。对于个人，不仅可以测试个体性格，还可应用于个体的社会关系，如亲子、夫妻关系等领域。

比较有意思的是，这个软件“对任何两个人都可以进行两两关系匹配，清晰地呈现彼此怎么看待对方。在互动中给出提示，可以做到有则改之，无则加免”①。

总之，DISC测验在当今各国应用十分广泛，也得到了众多专家学者和企业管理人员的认同。国内有关DISC行为风格理论的应用研究不多见，一是孙军涛（2009）用于军事人才激励应用研究，二是高俪珊（2012）用于商业银行管理人员行为风格与工作匹配、工作投入研究。在社会工作实务研究领域，张玲、胡艳（2018）也将DISC沟通风格基本理论应用于个案督导②（但该案例未曾交代DISC测试来源——见本书注）。本研究是国内首例将国际上享有声誉的两百年学术集团Wiley研发注册③、全球超过4500万份大数据持续更新的Everything DiSC®系统性测试，应用于社会工作机构督导关系沟通风格的尝试。

3. DISC的研究视角

Everything DiSC®测评与其他DISC测评最大差异在于把“人在情境中”做了完美的整合，它可以测出人在不同工作情境、管理情境、团队情境、冲突情境的行为风格差异。它提供了个人—个人匹配、个人—工作匹配、个人—组织匹配的研究视角，能够揭示社会工作机构组织内部心理协同机制，如相似型匹配机制与互补型匹配机制，在组织的情境下促进个体与组织绩效的提升。这种研究视角为组织内部个体之间的互动和匹配研究提供了新的思路。

二、DISC视角下对机构督导关系双方沟通风格的解读

（一）掌握自己与洞悉被督导者

1. DISC人格特质理论基础

（1）内在行为模式（本我）。天生的、固有的行为模式，代表最自然真实的内在动机和欲求。这种行为之所以常在处于压力时显现，是因为此时个人没有空间或时间去思考如何调整的行为，这种行为模式的主体通常不自知。

（2）外在行为模式（超我）。基于自身对环境的判断与认知，认为自己在特定环境下理应呈现的理想行为模式。这个模式通常代表个人试图在工作中采用的行为类型，是一张环境“面具”，这种行为模式通常不被他人所知。

（3）认知行为模式（自我）。在真实世界里，每个人对自己都有一种特定的认知，继而产生一种特定的行为模式，这种行为模式是个体来自过去的习得性反应（经验）与环境期待的一种结合，这种行为模式相对稳定，因此也通常被他人和自己所熟知。

2. DISC个性特征行为表现与个性特征解析

本研究根据马斯顿DISC双轴模型中对立冲突、近似、吻合的逻辑，推断组织成员中每两两DISC测试个性类型匹配时沟通质量状况的种类：沟通阻滞、沟通半阻滞—半顺畅、沟通顺畅三种。

---

① 李海峰：《我为什么看不懂你》，中国文联出版社，2010，第216页。

② 黄红、李晓凤：《社会工作督导实务案例分析》，中国社会出版社，2019，第212页。

③ Wiley是科研和教育领域的全球领导者。提供科学、技术、医学和人文社科期刊与在线学习、评估与认证相结合的解决方案，帮助高校、研究机构、学术团体、企业、政府以及个人提高学术和专业影响力。Wiley自1807年创建至今，已拥有超过200年历史。

表 4－1　D 型个性特征与沟通

D 型：掌控型、力量型，外向行动者乐观			
特点	喜欢做主，行动力强，行动速度，思考力稍弱，喜欢做目标，不达目的不罢休，充满自信，意志坚定，有活力，做事主动、不易气馁，是推动别人行动的人，粗线条，不容易适应环境（由于行动力很强所以往往做事会有很大成就）	盲点	不易看到别人的需求，只看到自己的需求。做错事后很容易原谅自己。固执、易争吵、好斗，说话直接，容易被误解为不近人情，很容易支配别人，无耐性。专横，人际关系差。（这类人总觉得自己是对的，不太需要朋友，并且这类人天生行动力强，但是即使是正确的事情也因为性格问题说话伤害到别人，而得不到别人的支持和认同）
D 型人格沟通注意事项			
（1）减轻对别人的压力，学会放松，要缓和			
（2）尝试接受别人的号召和意见，尝试耐心和低调			
（3）停止争吵，让别人也感觉到放松			
（4）学习包容、学会道歉、学会坦然接受自己的错误、放开胸怀（当一个力量型的人学会承认错误，那么他便成功了）			

掌控度高者有自己的想法，且非常想成功，同时极善于让别人依他们的方法做事。掌控能量高的人会做全盘考虑，并看情况是否有利，为满足自己的需要，他们会透过直接且压迫性的行为掌控环境，但当现况不利时，他们通常能压住反对的声音。

工作时，掌控度高者的工作环境忙碌、正式、有效率、有组织且功能性高。果断、反应快的人善言词，同时尖锐而不圆融，因为他们以事为主，并要求结果。高自我意识，使这类人经常成为组织的火车头，因为他们好胜、喜欢改变且讨厌安于现状。身为爱探险的行动派，这类人要的是直接答案，且喜欢马上看到结果。他们没什么耐心，这可以从叩桌子、摇椅子和坐立不安等行为看出。若你有机会和这类人说话，可以考虑调整一下表达方式，谈谈他们想听的“产能”“功能”“期限”和“成本”等。

如何与 D 型下属沟通：

（1）战略、目标、解决办法、行动计划之类的宏观话题对他们有吸引力。

（2）语速同频。

（3）试着划分职权范围和独立王国。

（4）说结果，提供三个以上方案供其选择。

（5）沟通时注重效率与业绩成果，指出你的建议将如何帮助他达成目标。

如何与 D 型上司沟通：

（1）不要辩护、争吵、直接反驳、使用结论性语言。

（2）交谈前要整理一下个人仪表，表情严肃。

（3）交谈时头部微微下倾，满足对方领导欲。

（4）说话声音洪亮，掷地有声。

（5）点头配合对方。

（6）不要争论。

（7）不要轻易打断对方。

（8）重点谈目标、谈结果。

（9）直奔主题，简明扼要，不要兜圈子和诉苦，表现战胜困难的信心。

激励 D 型的方法：

（1）时刻支持他们的目标，赞扬他们的效率，多口头鼓励及赞扬。

（2）让他们在工作中自己弥补不足，而不要指责他们。让他们自己先找出完成工作及解决问题的方法。在合适的情况下，给他们更多的自主权。也可以在合适的情况下，让他辅助管理。鼓励他与大家分享经验，赞美他们的自信与果敢。

表 4－2　I 型个性特征与沟通

<table>
<tr><td>特点</td><td>一群人里面说话最多的、天生希望成为注意力的中心，表现出很强的好奇心，热情热心，表达能力强，精力充沛，具有干劲（但是却缺乏毅力所以常常这干干、那干干），好表现、粗线条、轻许诺（因为热心，所以常常答应别人，但是由于记忆差，答应后就忘记了），以自己的快乐为主</td><td>盲点</td><td>以自我为中心，独霸主题，爱打断别人的谈话，不注意记忆，变化无常，这类人易交朋友，但不多，喜好多，却不精，专注力较为分散</td></tr>
<tr><td>切入点</td><td colspan="3">如果跟这类型的人交往一定要多夸奖、多鼓励他，多给他说话的机会</td></tr>
<tr><td colspan="4">自我规划</td></tr>
<tr><td colspan="4">（1）管住自己的嘴</td></tr>
<tr><td colspan="4">（2）控制自己的表现欲望</td></tr>
<tr><td colspan="4">（3）对自己的评价不要过高，关心自己的同时也要关心别人</td></tr>
<tr><td colspan="4">（4）培养记忆力</td></tr>
<tr><td colspan="4">（5）不要太善变，要脚踏实地，要做就要把一件事做完整</td></tr>
</table>

I 型者的沟通能力强，并对自己的社交能力很有自信。为了满足需要，高影响能量者会先结合他人，说服其进行合作，以团队方式完成预期目标。I 型生性较乐观，会将大多数状况视为有利条件。由于他们急于认识他人并获其欣赏，因此这类人的行为，有时是不善社交者很难理解的。他们通常有能力说服他人共同合作。他们的自我意识很强，与 D 型一样口才极佳，但 I 型者较圆滑，对他人的感觉较敏感。他们非常外向，且以人为主，同时珍惜关系。工作时影响度高者的步调快速又即兴，一般而言，他们更加容易忽略细节。

如何与 I 型沟通：

（1）表达尽量口语化，营造灵活、幽默、轻松的氛围。

（2）少说多听，给他们时间说话，并对其给予关注和兴趣，回应时要充满活力和热情，对他们的积极表现要多使用个性化赞扬。

（3）注意自己要明确目的，讲话直率。

（4）重要的事情，以书面形式与其确认，因为他们有可能说到但做不到。

（5）他们讲话常跑题，在打断对话前，应对他们的好的说法加以肯定，如“您说的这一点确实十分关键”，正好引入下一个话题。

（6）尽可能较少打断（插话）和反对。

激励I型的方法：

（1）对他们的生活表示关心，让其感到受重视和尊重。与他们谈话时要注意沟通技巧，使他们觉得受尊重。

（2）应给他们提供一定程度的安全感。

（3）给他们提供和他人充分地分享感受的机会。

（4）避免让他们感到被拒绝，否则他们会因此不安。赞美他们的影响力。

（5）安排工作时，强调工作完成将影响到他人对他的观感，为了建立好形象他可以做得更好。

表4－3　S型个性特征与沟通

<table>
<tr><td>特点</td><td>性格低调，易相处，很轻松平和，无异议，耐心，适应力强，无攻击性，很好的聆听者，具有外交手段（说话绕弯不直接），人际关系好（和事老），所以朋友很多，不爱生气</td><td>盲点</td><td>对改变容易紧张，喜欢稳定的节奏及固定的流程，目标感不强，回避压力，沉默（不愿意沟通，即使内心波涛汹涌，所以这类型的爱人常常都不会说我爱你），马虎无主见（需要力量型的人给予指导，但不要施加压力），不善于做决定</td></tr>
<tr><td>切入点</td><td colspan="3">和这类型的人交往，一定要鼓励他、促进他</td></tr>
<tr><td>注意点</td><td colspan="3">这类型过分时会毫无主见，做事漫不经心</td></tr>
<tr><td colspan="4">自我规划</td></tr>
<tr><td colspan="4">（1）让自己快乐起来给自己尝试新鲜的事物和思想</td></tr>
<tr><td colspan="4">（2）明确生活的责任不要得过且过</td></tr>
<tr><td colspan="4">（3）有意识接受督促（找个力量型或完美型）</td></tr>
<tr><td colspan="4">（4）多表达沟通</td></tr>
</table>

S型员工的稳健度处于曲线顶端，对大多数组织而言，他们是“金子”，因为他们不仅是忠诚的员工，也是可信赖的团队成员。他们是按部就班的逻辑思考者，善于为一个领袖或目标而奋斗。沉稳型偏爱稳定且可预测的环境，当需要改变时，他们会希望事先被告知。他们热爱长期的工作关系，以服务为导向，同时有耐心且和善，是一个能设身处地且富同情心的聆听者，他们真正关心他人的感觉和问题，在专案中尤其能扮演幕僚的角色。沉稳度高者很谦虚，且在大部分情况下，刚开始时都不会直接对话。一旦他们认为自己全盘了解状况，并已下定决心，固执的个性就会出现；如果你不同意他们的想法，并想加以说服，最好带着如山铁证。在他们改变之前，先给他们重新思考的时间和空间。沉稳型的人工作时偏好休闲协调的着装。他们的工作环境个人化、轻松、友好且非正式。他们喜欢一致且单纯的方法，同时具备长期的专注力，使他们能稳健地执行工

作。若某个沉稳者的第二高分是掌控度，他们可能会完全以目标为导向，而且不害怕直话直说。

如何与S型下属沟通：

（1）力求创造友好的环境氛围，减少他们的戒心，讲话时放慢语速，面带微笑，亲切友好，避免过于正式的对话方式。

（2）亲情、友情方面等有关人的话题对他们有吸引力，所以讨论问题时要涉及到人的因素。

（3）提供个人帮助，建立信任关系。

（4）鼓励他们多发表看法，避免批评、挑战或催促，避免跟着此人的思路走。

如何与S型上司沟通：

（1）保持低调，尽量少张扬，语调平缓，情绪稳定。

（2）保持主动，直接说明要求，以谦逊的态度获得对方好感，倾听时要表情自然、亲切。

激励S型的方法：

（1）支持他们的工作，对于他们的认真态度和敬业精神给予肯定和鼓励，并适当奖励他们的勤勉。

（2）多给他们出主意、想办法。

（3）避免随意换岗，必要时多给一些支持他人的工作，表扬他们的稳重，肯定他们是值得信赖。

表4-4　C型个性特征与沟通

<table>
<tr><td>特点</td><td>以思考为主，深思熟虑；严肃有目标、并且目标感很强，追求完美、有艺术天分、沉闷、关注细节、完美主义，高标准、想得多但做得少；做事前一定要先想个计划，有条理、有组织、交友慎重（但一旦交往就会很忠诚地对待朋友），关心别人、为别人牺牲是自己的意愿（所以这类型的人一生一定有几个特别好的朋友，一辈子的朋友那种），情感丰富，容易感动，也容易受伤；高标准，对自己要求高对别人要求也高，希望一切都做得很好、很对。理想主义，朝着自己的目标前进</td><td>盲点</td><td>行动力弱、优柔寡断，容易抑郁（常常是因为要求过高，当达不到的时候，就会很失望），容易自惭自愧，悲观、容易因为思虑多，需要很多信息分析而错过最佳时机</td></tr>
<tr><td>切入点</td><td colspan="3">如果想和这类型的人交往，一定要先打动他，但是不要进攻，尽量一点一点地建立信任和感情，这类型的人一旦认同你后，会很忠诚忠心</td></tr>
<tr><td>注意点</td><td colspan="3">这类型的人太容易思考，过度时会情绪低落</td></tr>
<tr><td colspan="4">自我规划</td></tr>
<tr><td colspan="4">（1）重视人际交往的价值</td></tr>
<tr><td colspan="4">（2）不把时间都用来规划而不去行动</td></tr>
<tr><td colspan="4">（3）不以高标准来要求别人</td></tr>
</table>

C 型员工尽忠职守、谨慎，遵守他人之规定。高严谨型的人与掌控型及影响型有很大的差异。他们天生精准且井然有序。由于他们思路清晰，只要知道正确的方向为何，就能够受到激励，因此他们喜欢规矩和秩序。他们对自己和下属的要求都非常高。这类人遵守纪律，凡事讲求细节且维持高标准，不管做什么都希望完美。

如何与 C 型下属沟通：

（1）因为内向，所以一开始接触时不要过于友好和随便。

（2）他们喜欢按程序办事，所以沟通前最好有书面通知或者提前预约，并将议题罗列出来。

（3）他们愿意听事实，所以沟通前需准备充分，备好书面资料，并配以数据、图表等。

（4）准时到达，穿着整齐正式。

（5）语速不要太快，给他们提问和考虑的时间，讲明事情的“理由”，并保证信息的正确性。

（6）他们喜欢书面沟通，并配以事实、数据、图表、符号、附件说明等。

（7）沟通前最好给他们准备的时间，他们不喜欢仓促行事。

如何与 C 型上司沟通：

交谈前整理自己形象，尤其是深入交谈时不做不雅动作，符合礼仪规范。不要碰其办公桌上的任何物品，保持适当距离，交谈过程中尽量不直视对方，保持谨慎、遵从。不要讲笑话和低俗的东西，不嘻嘻哈哈。面对对方挑剔，应说：“马上改，一定按照您说的标准去做。”

（二）机构督导与被督导之间有效的沟通模式

多数人在了解 DISC 风格之后，可能存有幻想，以为同样风格会更好沟通，或是温和的风格会更好沟通，事实上，有效的沟通除了风格的匹配，真正重要的是人格成熟度。

所谓的人格成熟度，指的就是在社工的专业训练当中，我们经常强调的“人在情境中”。每个人都是四种风格的混合体，而在不同情境中，如果具有人格成熟度，可以判断双方此刻最需要的是什么，并调动自己风格中的这一部分，只有如此，跟任何人进行互动才有效。举例来说，当下需要应急措施时，即便是步调较稳健、不喜欢变动的 S 型督导，也能够调动自己的 D 型风格特征并更多给予展现，比如展现出果断与快速的响应状态，这就是一种成熟度的展现。

换言之，若是一个人紧抓自己的风格不放，并且以自己的风格充当他人应该理解自己、配合自己的借口理由，正好说明了这个人以自我中心的不成熟状态，那么无论他是哪一种风格，沟通起来都会较为费力。因此读者不可武断地贴标签，无论是自己或是对方，只要具备愿意自我调整的成熟度，通过刻意学习跟练习，跟任何人都能够掌握到有效的沟通与合作方法。

表4-5 督导关系沟通模式：D型督导与D型被督导对比表

沟通半阻滞一半顺畅组合。很可能会吵架，不是很好的拍档，但也可能会是个大格局的组合	
应该做的事	清楚地划分好权责
	授权是关键，因为D需要的是做决定的权力
切忌做的事	当众责骂或指出其缺点让其面子挂不住
	如果D部属是将，千万别不给对方子弹与粮草
	别让D员工为一些制式的规定而阻碍了行动力

表4-6 督导关系沟通模式：D型督导与I型被督导对比表

D型重理，I型重情，这是不同的性格，但是他们的行动都很快，可以快速达成目标	
应该做的事	告诉I有谁会参与这个计划以及想营造的氛围
	告诉I计划中要考虑哪些人的因素
	D型主管要在公开场合关心与赞美I
	D主管要考虑I员工希望的奖励是什么
切忌做的事	告诉I员工太多细节，或记录过多琐碎的资料
	让I员工面对偌大却空无一人的办公室
	不让I员工有说话或表达的机会

表4-7 督导关系沟通模式：D型督导与S型被督导对比表

D主管与S员工是很好的上下关系、沟通顺畅的组合	
应该做的事	S员工要配合D主管的步调，D主管要让S员工对工作进程与安排清晰，并给予时间执行
	D主管要主动在S员工有困难时，提供协助
	D主管要多关心S员工的家人，适时问候S员工家里的情况
切忌做的事	不信任S员工的所作所为
	没有预告即进行改变
	过度的变动让S丧失了工作的安全感

表4-8 督导关系沟通模式：D型督导与C型被督导对比表

都很想完成任务，但是对于任务的细节需要更多讨论	
应该做的事	告诉C员工流程、注意事项、提供资料
	对C员工多用分析、评估、衡量、比较等字眼
	肯定C员工对事情追根究底的能力
	多一些跟进，以了解C员工谨慎分析的工作进度
	在C员工展示学识时多一些肯定，并请他跟同事分享
切忌做的事	让C员工不知为何而做
	制度因人而设，造成法令紊乱、标准不一

表 4－9　督导关系沟通模式：I 型督导与 D 型被督导对比表

<table>
<tr><td colspan="2">很好的辅助，因为彼此的速度一致，要留意不要让受督导者重复做工</td></tr>
<tr><td rowspan="4">应该做的事</td><td>关心 D 员工的目标，让 D 有动力去发展自身能力</td></tr>
<tr><td>I 主管应该有更多包容力，去让以成就为导向的 D 员工出风头</td></tr>
<tr><td>D 员工要学会感谢来自 I 主管的肯定与鼓励</td></tr>
<tr><td>I 主管的乐观与热情对 D 员工来说是很好的激励</td></tr>
<tr><td rowspan="2">切忌做的事</td><td>无法让 D 员工有清楚的目标</td></tr>
<tr><td>不公平，主管个人好恶过于明显</td></tr>
</table>

表 4－10　督导关系沟通模式：I 型督导与 I 型被督导对比表

<table>
<tr><td colspan="2">沟通顺畅、快乐的组合，是非常强调感觉与默契的组合</td></tr>
<tr><td rowspan="5">应该做的事</td><td>明确的时间管理，有助效率提升</td></tr>
<tr><td>公私分明，在金钱及情感上尤要小心</td></tr>
<tr><td>谨慎地用词遣字，以免造成不当的联想</td></tr>
<tr><td>责任与目标分清楚，要就事论事</td></tr>
<tr><td>让 I 员工不只有意见，更要提方法</td></tr>
<tr><td rowspan="4">切忌做的事</td><td>别在一方情绪不佳的时候谈事情</td></tr>
<tr><td>别对彼此吐苦水，而要互相打气</td></tr>
<tr><td>形成组织内的小圈圈</td></tr>
<tr><td>别让面子阻碍到问题的突破</td></tr>
</table>

表 4－11　督导关系沟通模式：I 型督导与 S 型被督导对比表

<table>
<tr><td colspan="2">沟通顺畅的组合，都很关心人，很注重和谐与快乐的感觉</td></tr>
<tr><td rowspan="4">应该做的事</td><td>I 督导要呈现出耐心以面对 S 员工不多话的性格</td></tr>
<tr><td>I 督导要告诉 S 是否有前例可循，让 S 有安全感</td></tr>
<tr><td>嘉许 S 员工的耐心与忠诚</td></tr>
<tr><td>关心 S 员工的生活、健康及家人</td></tr>
<tr><td rowspan="3">切忌做的事</td><td>交待以后就不闻不问</td></tr>
<tr><td>过度感性，只为维系人际和谐，而忽略实质进展</td></tr>
<tr><td>复杂或快速变化的指示，从而让 S 员工无所适从</td></tr>
</table>

表 4 – 12 督导关系沟通模式：I 型督导与 C 型被督导对比表

I 主管的随性与 C 员工的自制，是互补型、沟通顺畅的组合	
应该做的事	C 员工最大的长处是给予 I 主管最好的分析能力、精确度及效率
	让 C 员工能全权处理好对内的事物
	让 C 员工能妥善做好档案等资料
	回应 C 的问题，要立即明确并提供具体细节
	多问我们如何可以更好
切忌做的事	不要质疑 C 的完美主义或对原则的坚持
	不要对 C 的情绪有过多的猜测
	只有死板的规范而丧失了更新的做法
	强迫 C 员工负责协调、沟通的事务

表 4 – 13 督导关系沟通模式：S 型督导与 D 型被督导对比表

是一个需要有理有据、温和而坚持互动的组合	
应该做的事	以 D 的冒险性让他尝试突破格局
	授权，让 D 员工分担你的工作
	D 员工要学习表达友善，勿咄咄逼人
	D 员工要真诚支持 S 主管
	D 员工要给 S 主管多一些时间来适应你
切忌做的事	只听 D 员工的片面之词
	丧失了 S 主管作为领导者的威严
	担心 D 员工未来比自己还有成就

表 4 – 14 督导关系沟通模式：S 型督导与 I 型被督导对比表

有人情味的组合，但要一起学习以目标为导向合作	
应该做的事	向 I 员工解释具体的行动与进展能为他们的正面形象加分
	不必对 I 员工谈到太多细节的问题
	好好发挥 I 员工的沟通能力
	S 主管喜欢按部就班，要包容 I 员工的新点子
切忌做的事	因私谊影响到工作品质
	过度考虑 I 员工的立场，而让自己陷入两难
	S 主管因不敢要求，而揽下很多工作在自己身上

表 4－15　督导关系沟通模式：S 型督导与 S 型被督导对比表

这是一个彼此都需要主动精神、沟通畅顺的组合	
应该做的事	更理性地看未来，不要过于保守、畏惧改变
	告诉 S 员工如果需要帮助可以有哪些人来支持他
	告诉 S 员工哪些不会变，尤其是与保障相关部分
	赞赏 S 员工在团队中的凝聚力，他们不会论人是非，他们的稳定性是公司最重要的资产
切忌做的事	太含蓄，不把话说清楚
	过度地自责影响到前进的动力
	都不愿意做决定而耽误了时效
	企图心不够，缺乏具有前瞻性的规划

表 4－16　督导关系沟通模式：S 型督导与 C 型被督导对比表

这是一个稳步发展、让彼此感到安心的组合	
应该做的事	多让 C 员工谈谈他们所了解的知识
	准备一些资料，再告诉 C 员工主管的想法，不要让 C 员工觉得 S 不进入状态
	勇敢地问话，刺激 C 员工思维分析的天赋
	C 员工不太容易主动去寻找支持，S 主管要很谨慎地去关心他
切忌做的事	S 主管语带保留的话，会让 C 员工无所适从
	对 C 的问题、S 没办法给出有力清晰的回应
	没有很清楚的原因而与 C 员工沟通
	没有明确的方向，不知为何而战

表 4－17　督导关系沟通模式：C 型督导与 D 型被督导对比表

都是就事论事的人，最大差异是对速度的感觉。不太容易包容对方，容易视对方为竞争对手，沟通不畅	
应该做的事	C 主管应授权让 D 员工用行动力与自信去开创新格局，但要让 D 员工及时反馈，以掌握突发的状况
	D 员工具有开创性，应安排 D 员工在一个有挑战性的部门或交办一些有挑战性的工作，如业务部、专案
切忌做的事	彼此不信任或担心 D 员工会超越自己
	过多的规定或详细的检查会让 D 员工觉得束手束脚

表 4－18　督导关系沟通模式：C 型督导与 I 型被督导对比表

互补型的组合，一个快、一个慢，一个重视人、一个强调事	
应该做的事	C 主管要重视 I 员工的点子、计划与梦想，笑容多些
	原谅 I 员工有时会分心，因为他们属于多任务作业的类型
	与 I 员工讨论细节，不要只把细节书面化后交给 I 员工，I 员工需要多说话
切忌做的事	过度严肃，让 I 员工立即感受到压力
	不要只在道理上站住脚，更要注意 I 员工的感觉
	让人觉得很难亲近，因而丧失了激励部属的机会

表 4－19　督导关系沟通模式：C 型督导与 S 型被督导对比表

S 员工是绝佳参谋，两者都习惯于专注在一个目标上，是沟通顺畅的组合	
应该做的事	S 员工不喜欢承担所有的责任，试着让他有机会分工
	善用大家对 S 员工的好感，在人际沟通上发挥成效
	S 员工希望有共识之后才有行动，这有赖 C 主管完成
切忌做的事	用自己的标准去要求部属，忽略了在团体中的公平性
	自己不愿做的事，让 S 员工去做
	局限于策略规划，无强力执行的能力

表 4－20　督导关系沟通模式：C 型督导与 C 型被督导对比表

非常重视资料，有颗冷静的心，有时过度分析导致错过时机点	
应该做的事	建立固定会议机制
	有一个担任沟通协调的人
	定出具体完成时间，以避免太多的细节，再精简一些
	让他多参与学习活动作为激励
切忌做的事	均太重视细节和原则，而忽略了人
	忘了感谢团队成员的贡献
	过度主观，不接受别人的意见

从互动心理学、组织心理学的视角而言，在 DISC 四种类型的沟通风格，D、C 可归类于任务导向型，I、S 则归类于互动导向型。

三、DISC 视角下社会工作机构督导与被督导沟通风格实证研究

从逻辑上推理，DISC 每一种基本类型与其他类型的两两搭配，总共有 10 种两两沟通风格，仅提供了个体沟通风格类型模糊“快照”。对于组织内部的工作团队来说，马斯顿四种沟通风格的基本类型不足以满足了解团队成员混合复杂的沟通倾向需求。

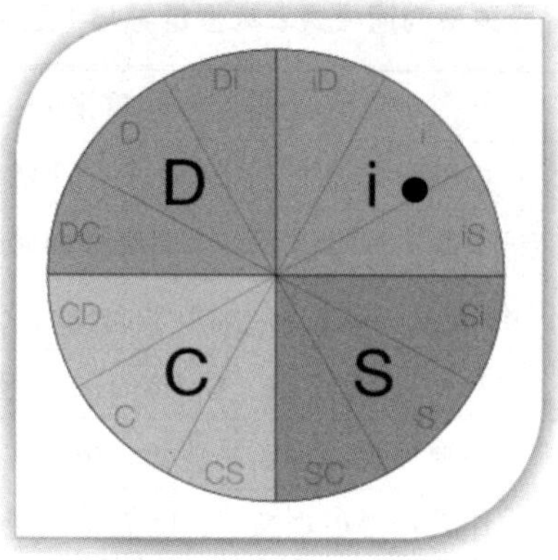

图 4－3　Everything DiSC®细分图

从 2004 年开始，DISC 测评随着互联网技术的飞速发展全面进入了 Everything DiSC® 的时代[①]，测评方式也有了重大的发展，特别是在 2012 年，出版社 Wiley 全面接手了 DiSC 测评的研发与发展，利用互联网技术将 DiSC 测评发展成了一种无固定题目数量的无纸化高级测评。测评类型在每种基本类型及其相邻类型的关联程度继续进行光谱性质细分，形成 12 种混合沟通倾向风格，不仅为个体沟通风格类型描述提供了“像素更高的快照”，也为团队中两两工作关系的沟通风格配对提供了 78 种可能性。

表 4－21　Everything DiSC®个体沟通风格基本类型表

DISC 基本类型	Everything DiSC® 基本类型	Everything DiSC® 十二种基本类型的描述
D	DC	DC 类型的人对人或事往往持有质疑的态度。他们不是很有耐性，对于无能或者不合理的人会毫不畏惧地进行挑战和批评
	D	D 类型的人是直接的和意志坚强的。他们会直言不讳地提出意见以及有力地推动事情达成结果。他们倾向于挑战他人，不拐弯抹角、浪费时间
	Di	Di 类型的人充满冒险精神，对他们来说，快速的行动及达成他们想要的结果是很重要的，他们的自信与果断也让他们充满魅力
I	i	i 类型的人外向、热情。他们的生命状态是一种能量的外在展示，他们往往很健谈，喜欢参加聚会，喜欢结识新朋友，不介意表现出自己的情绪
	iD	iD 类型的人充满魅力，他们描述自己是冒险者和行动的中心。他们不怕开始改变，具有创业精神
	iS	iS 类型的人非常开朗。他们往往非常信任别人，会很快对他人表示同情

① Everything DiSC®注册商标特别使用小写字母“i”。

续上表

DISC 基本类型	Everything DiSC® 基本类型	Everything DiSC® 十二种基本类型的描述
S	Si	Si 类型的人非常热心，他们常常被描述为对人接纳的和随和的
	S	S 类型的人温柔、乐于助人。对别人的错误很耐心，非常体谅周围人的感受。他们往往是温文尔雅的，把别人的需要高于自己
	SC	SC 类型的人喜欢反思。他们安静、温和。因为他们喜欢稳定环境，追求平和稳健
C	CS	CS 类型的人轻声细语。他们会花更多的时间听别人说话。他们通常采取谨慎、循序渐进的方法，稳定对他们来说很重要
	C	C 类型的人是善于分析的和内向的。他们用逻辑及系统化的方法工作，对自己的精准性引以为傲。他们避免向外界展示过多的情感，而且不介意单独工作
	CD	CD 类型的人往往持怀疑态度。他们对自己强烈的批判性思维引以为傲，要求自己及他人保持高标准

从图 4－2 DISC 双轴模型、图 4－3 Everything DiSC®细分图，不难发现，处于行为轴两个极端的行为风格截然相反。例如，处于对角线的 C－I、D－S，每一种与对角线的两两（如 DC－SI、CS－ID）属于是职场沟通中挑战性较高的配对。

本实证研究运用 Everything DiSC®系统问卷，作为测量督导与被督导工作匹配程度的框架。

（一）机构督导与被督导沟通风格实证研究设计

1．研究假设与思路

（1）直接演绎的研究假设：如果理论 Everything DiSC®是正确的，那么假设社会工作机构组织内部的个体测试结果、相关成员的沟通风格匹配或冲突结论也是正确的。

（2）研究思路：选定 1～2 组机构督导团队（指社工机构的督导与其属下被督导社工）样本、该团队所在机构行政沟通链条上的成员进行测量，评定所有测试者的混合沟通风格类型；借用个人—环境匹配理论视角，评估样本成员混合风格类型两两之间的和谐匹配程度，为被试者提升未来沟通效果提供调整策略。

2．研究目的

在被试社会工作机构日常工作情境中，帮助机构督导在非压力情境下寻找和谐匹配的督导关系。在了解督导员、被督导员工个人行为风格/沟通类型基础上，改进督导与被督导者的沟通方式，以提高沟通效能。

3．测试内容

一是了解被试者个人基本信息；二是所有被试者个体沟通风格类型。通过沟通风格类型解读，便于被试者两两之间 DISC 的沟通风格现状了解与改进。

4. 具体研究方法

（1）前测法。

①在正式使用 Everything DiSC®工具测试前，由研究者与被调查对象进行线上一对一个案访谈法，了解督导关系的当事人在测试之前双方对沟通风格的印象。

②由研究者提供 Everything DiSC®版本链接地址，每位被试者独立完成线上测试。通过 Everything DiSC®专家解读，为机构督导设定因沟通风格不同所需调整的策略。

（2）后测法。前测完成三个月以上、半年以内，研究者继续采用线上个案访谈法，对全部参与测试者就沟通效能调整结果进行采访。

（3）比较法。比照“实验组”“对照组”测试结果。

5. 被试对象

广州市 HF 社会工作机构某项目执行团队成员，其中机构总干事 1 人，项目主任 1 人，机构督导 2 人及其属下被督导员工（以一线专职社工为主）7 人（实际拥有督导资格者 3 人，担任社工机构督导时长分别是 8、7、5 年，均从行业协会培训获得督导结业证），共 13 位机构员工组成“实验组”。该督导与其余不参与测试的被督导者组成“对照组”。

6. 测试工具

使用 Everything DiSC®进行付费测试。

（二）机构督导与被督导沟通风格实证研究结论

1. 测试样本总体描述

运用问卷星收集所有被测人员基本信息，如性别、年龄、专业及学历背景、社工资格证级别、服务领域等。情况如下：平均年龄 29 岁，从事社会服务相关工作年限最长者为 12 年，最短者为 2 个月，见表 4－22 至 4－26。

表 4－22　被试者性别比例表

选项	小计/人	比例/%
男	3	23.08
女	10	76.92
本题有效填写人次	13	—

表 4－23　被试者学历表

选项	小计/人	比例/%
大专以下	1	7.69
大专	7	53.85
本科	5	38.46
硕士	0	0
博士	0	0
本题有效填写人次	13	—

表 4－24 被试者社工资格证情况表

选项	小计/人	比例/%
未获得社工资格证	4	30. 77
助理社工师资格证	6	46. 15
中级社工师资格证	3	23. 08
本题有效填写人次	13	—

注：获得中级证书时间最长者 9 年。

表 4－25 被试者进入现机构供职时长表

选项	小计/人	比例/%
3 个月以下	1	7. 69
3～6 个月	2	15. 38
6～12 个月	4	30. 77
12～24 个月	1	7. 69
24 个月以上	5	38. 46
本题有效填写人次	13	—

表 4－26 被试者目前供职岗位情况表

选项	小计/人	比例/%
纯管理（如总干事与副总干事）	0	0
管理＋实务（如督导与项目负责人）	6	46. 15
纯实务岗位（如一线社工）	4	30. 77
辅助性岗位	3	23. 08
本题有效填写人次	13	—

被试样本中的三位机构督导，其中高级督导 2 人，中级督导 1 人。高级督导的岗位职责主要是负责社工站核心领域（党建领域）的督导工作，包括支持、教育和行政三方面的功能，协助被督导者做需求调研及年度规划，提供专业督导、成长支持、服务监测等。中级督导的岗位职责为协助制定服务计划、跟进服务进度、促进员工专业成长。

2. 被试个体的混合沟通风格类型

（1）关于“优先性”概念。Everything DiSC®采用八组行为动机词汇（挑战、结果、行动、热情、协作、支持、稳定、精准）构成个体沟通重视或倾向度的基本框架，根据高信、效度测试题目分辨出测试者的行为风格优先性，构成其为之投入精力的主要区域，在图形中以阴影区显示。每位测试者有 3～5 种优先性，例如督导 A（代号 ZH）在工作场所的优先性是保持稳定、确保精准、提供支持；督导 B（代号 L）在工作场所的优先性是重视协作、提供支持、激发热情，见图 4－4、图 4－5 中的阴影区域。

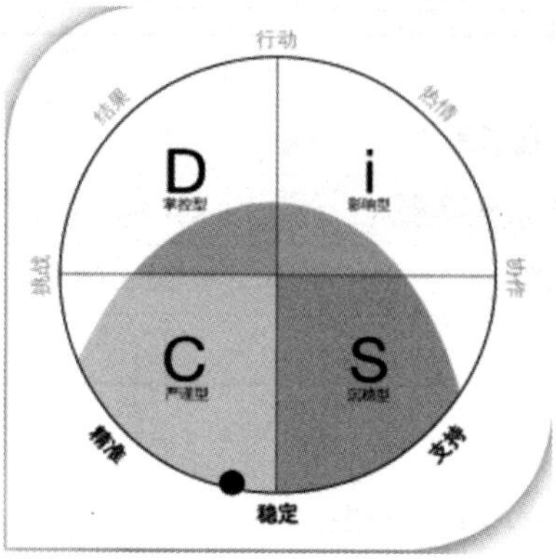

图 4－4　督导 A 的优先性

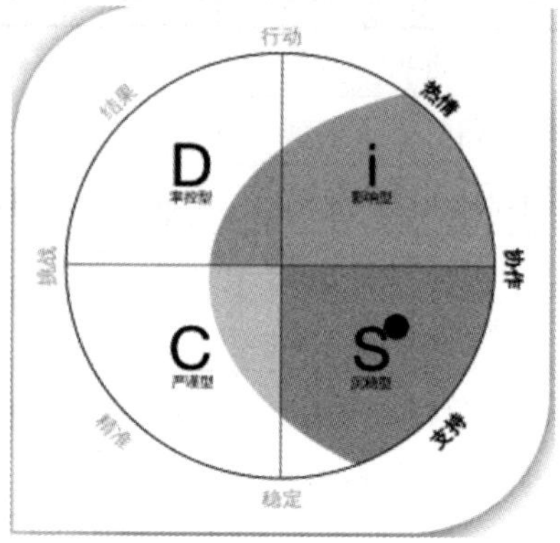

图 4－5　督导 B 的优先性

（2）被试团队成员个体混合沟通风格类型。经 Everything DiSC®系统出具的测试结果显示，被试者 13 人共 6 种混合沟通风格，其中 CS 类型 3 人、DC 类型 1 人、I 类型 2 人、IS 类型 2 人、SI 类型 1 人、SC 类型 4 人。

表 4－27　被试个体的混合沟通风格类型与匹配状况表

序号	代号	机构内部角色	前测期			测试期	
			督导—被督导关系沟通质量自评分（1～10 分）	被督导—督导关系沟通质量自评分（1～10 分）	督导对本组督导关系沟通质量总分自评（1～10 分）	个体混合沟通风格类型	解读督导—被督导关系沟通风格匹配
1	X	总干事/高级督导	7	—	—	CS	CS－I 双方在工作场所的优先性处于不相交状态，督导可能欣赏他们的热情，但也可能难以认同对方兴致昂扬、不考虑后果、促进协作的风格

续上表

序号	代号	机构内部角色	前测期			测试期	
			督导—被督导关系沟通质量自评分（1～10分）	被督导—督导关系沟通质量自评分（1～10分）	督导对本组督导关系沟通质量总分自评（1～10分）	个体混合沟通风格类型	解读督导—被督导关系沟通风格匹配
2	CH	项目主任/被督导者	—	—	—	I	I－SI 双方在工作场所的优先性共识是“协作”，上级可能会欣赏下级对团队的愿望，但前者较难理解后者放弃自己观点与立场迎合他人、开朗乐观的做法。 I－DC 双方在工作场所的优先性共识是“挑战”，上级较容易认同下级不怕质疑和提出问题这一点，但不太认同后者过于追求结果、追求精准分析的做法，同时也无法满足后者对于持续跟进的需求。 I－IS 双方沟通风格接近，在工作场所的优先性共识多，匹配度较高
3	ZBJ	中级督导	—	—	7.8	CS	—
4	LB	被督导1	9	9	—	DC	CS－DC 双方在工作场所的优先性共识即“确保精准”，前者会认同后者客观的分析方法，但较难认同其过于追求结果、忽略别人感受的做法
5	Z	被督导2	7.5	7	—	I	CS－I 双方在一起工作时，由于督导更关注逻辑性和一致性，可能会对被督导者急于协作和社交感到不舒服

续上表

序号	代号	机构内部角色	前测期			测试期	
			督导—被督导关系沟通质量自评分（1～10分）	被督导—督导关系沟通质量自评分（1～10分）	督导对本组督导关系沟通质量总分自评（1～10分）	个体混合沟通风格类型	解读督导—被督导关系沟通风格匹配
6	ZH	被督导3	8	7	—	IS	CS－IS在工作场所的优先性共识即“看重支持”，但由于后者重视协作，而督导重视独立工作，可能无法认同其乐观做法
7	LSF	高级督导	—	—	7.5	SI	属下社工多具备S型沟通风格特征，团队和谐氛围比较浓厚
8	YL	被督导1	8	9	—	SC	SI－SC在工作场所的优先性共识即“看重支持”，但后者重视稳定性，督导可能较难认同其对安全、可靠结果的关注和仔细检查工作的习惯
9	YH	被督导2	9	8	—	SC	
10	YX	被督导3	8	8	—	SC	
11	LSH	被督导4	9	8	—	IS	SI－IS在工作场所的优先性共识有二，即“重视协作”“提供支持”，督导很容易认同被督导者积极乐观的人生观
12	LM	被督导5	8	8	—	SC	SI－SC在工作场所的优先性共识即“看重支持”，但后者重视稳定性，督导可能较难认同其对安全、可靠结果的关注和仔细检查工作的习惯

续上表

序号	代号	机构内部角色	前测期			测试期	
			督导—被督导关系沟通质量自评分（1~10分）	被督导—督导关系沟通质量自评分（1~10分）	督导对本组督导关系沟通质量总分自评（1~10分）	个体混合沟通风格类型	解读督导—被督导关系沟通风格匹配
13	LHJ	被督导6	8.5	9	—	CS	SI－CS在工作场所优先性共识即“看重支持”，但被督导者重视稳定性和精准，督导很难认同被督导的谨慎态度、对仔细分析的坚持

3. 被试团队内部成员两两之间风格匹配解读

（1）督导—被督导两两之间。以I－DC匹配风格为例，I型督导沟通风格属于互动导向型，D型被督导社工的沟通风格属于任务导向型，匹配风格不一致。双方在工作场所的优先性共识是“挑战”，督导较容易认同下级不怕质疑和提出问题这一特点，但不太认同被督导社工过于追求结果、追求精准分析的做法；同时，由于I型内在行为动机“本我”较致命的弱点是“缺乏后续跟进”，具体表现在项目控制上，I督导与属下社工的沟通频率低，不够重视，比如缺乏对于项目监测所必须的持续跟踪、项目进度控制，难以及时发现问题并解决、提出优化意见或建议等；因此这一类型的督导既无法满足项目社工对于获得持续跟进督导的需求，也会因此而特别被DC类型的社工面质挑战。对这两个类型被测者的一对一访谈，也印证了这一推论。

依据测试及职场报告解读，笔者向I型督导建议：改变其沟通风格，提高与属下社工的沟通频率，对于DC类型的社工“对事不对人”特点的质疑，给予积极的反馈；提升自我的专业水平，保持良好的学习状态，将有助于团队绩效的提升。

（2）被督导—被督导两两之间。以测试者LB为例。尽管D类型与C类型都属于任务导向型沟通风格，但作为D类型与C类型混合特征的综合体，以及其DC类型的圆点位置[①]，测试者是一位关心工作是否如期完成、倾向于挑战自我与他人、注重完美与细节追求，拥有成功的决心，其克服困难的毅力会给他人留下深刻印象。督导据此可评断这位被督导社工初步具备带领者角色的特征，应给予更多鼓励、学习带领同事的机会、专业知识拓展提升的机会。特别是后者，如果现任上司无法满足她的知识需求，她将会表达诸多不满。

① 测试者进行测试后，Everything DiSC®将其类型结果给予定位，圆点位置展示了DISC类型，圆点到圆圈边缘的距离显示个体DISC类型特征的自然倾向程度，朝向圆圈边缘的圆点表示类型特征趋向明显，中间则倾向中等，接近中心的圆点表明倾向轻微。

机构督导在机构日常工作中发现了被督导社工相互之间工作风格不一致的组合，以DC－IS为例，这一两两组合刚相识不久，这两种类型的沟通风格搭配“任务导向型—互动导向型”不一致，在Everything DiSC®类型分布图中也处于单轴两极，双方在工作场所的优先性处于不相交状态，侧重点相反。以ZH为例，其在工作中产生的压力因素众多，“催促他人按时完成任务”“与好胜或挑剔者共事”“言辞强有力或不向他人妥协”等都会令测试者烦恼，而这些恰恰是DC类型的特征。换言之，这对组合的处事、工作风格“不在同一个频道”，双方在职场工作中“优先性”的选择不尽相同，风格相反（也许相互看不惯），唯一的相交“优先性”是双方都重视“协作”。

（3）机构纵向行政链条两两之间。非营利组织项目团队成员之间的工作风格不同、信息的沟通不畅容易产生不必要的误会，项目管理组织者须确保项目信息纵向的上传下达、横向沟通顺畅。

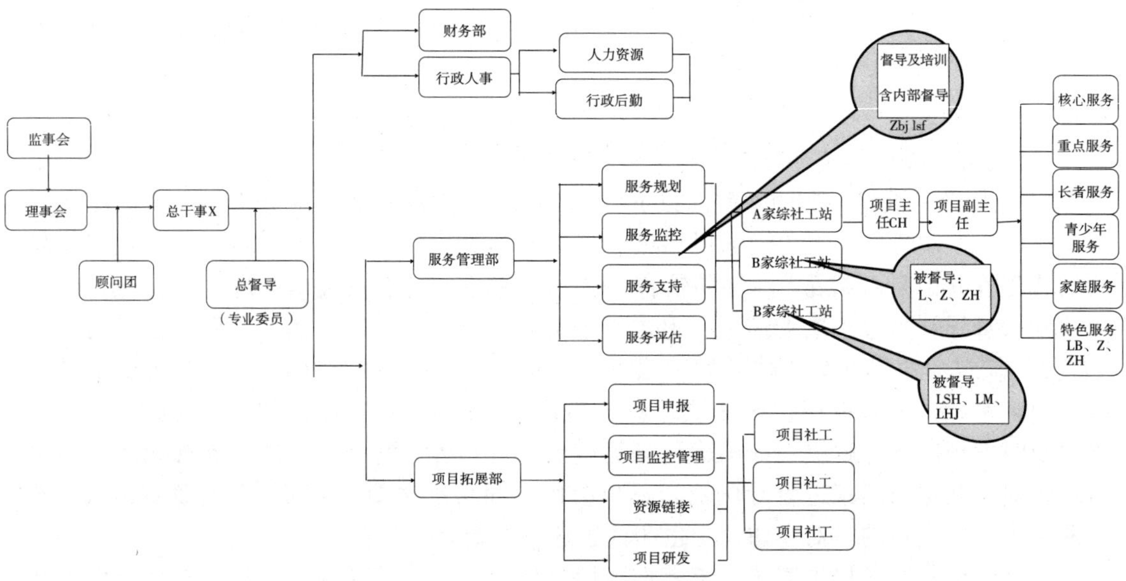

图4－6　广州某社会工作机构督导行政链图

以表4－27为例，成员CH沟通风格属于互动导向型，其处于机构组织行政链条承上启下的位置，上级或下级沟通风格类型都属于任务导向型，像极了夹心饼中间的夹心层。若链条中的个体明了自己的上级或下级沟通风格类型，借助Everything DiSC®测试职场报告提供的三类策略建议，如“提高与某类型的人一起工作时的效率策略”“在需要解决问题时的策略”“在关系变得紧张时的策略”，调整自己与对方的工作思路，或相互尊重对方的风格优先性，改变自己的沟通风格，扫除源于自我内在的“看不见的沟通障碍”，以保证沟通顺畅。

（三）研究结论与局限

1．Everything DiSC®测评被验证是社会工作机构督导辨识被督导者行为动机的有效工具

与对照组相比，所有测试组成员均认为测试能够加深对自我与他人沟通风格的了解，测试具重要价值和意义。

机构督导可以在了解被督导社工测试风格类型的基础上，根据每一类型的职场报告，分析工作团队成员两两之间的沟通风格匹配度，这不仅能够协助社工机构督导辨识被督导社工的行为动机，还有利于处在机构行政沟通链条中间环节的机构督导把握上下级的沟通风格、评估团队成员之间的沟通质量，如有需要，它还将成为行政功能性督导进行调整岗位的依据。

2. Everything DiSC®测试结果可作为项目团队组队依据

经测试评估判定的团队个体成员沟通风格，可作为项目团队组队依据，以保证团队内部成员之间沟通顺畅。对测试结果进行 Everything DiSC®专业解读，有利于社工机构进行实质性的团队建设。形式主义的"团建"只能达到破冰目的，对进行 Everything DiSC®测试结果专业解读的过程，则可进一步令团队成员深入了解彼此的行为动机，为团队协作确定必要的沟通方向提供坚实的依据。

3. 研究局限

由于结题时间限制，本研究原计划后测法未如期完成，暂时无法进行实验组成员沟通风格调整结果的研究报告。

（四）研究建议

本章研究的最初目的是"机构督导的识心术"，经过实证研究，我们认为 Everything DiSC®既有助于机构督导"识人"（被督导者），更有助于机构督导"识己"。

有志于提高机构内部项目运作管理效率的机构督导，通过研习、反思自我与他人沟通风格类型的特点、工作优先性差异所在、激励因素和压力因素的不同，才能在项目执行（项目管理过程中最关键的环节）过程中实现项目社工的人员管理、信息沟通管理、项目时间管理。

机构内部成员全体参与 Everything DiSC®测试，并且所有被测试者均获得了解沟通风格类型内涵（通过专业解读）的机会，如果有时间，可进一步通过专家引导进行不同风格上的调整，以练习更加完整的有效沟通方式，形成具体的应用方案，充分发挥测试的价值。

第五章 社会工作机构服务领域督导

社会工作机构督导行动逻辑起始于被督导者需求或能力。在能力视角下，有合格的一线社工应该具备9项能力主张一说；本章则主要以被督导者需求评估的分析框架——知识、技巧、态度（下文简称KSA），具体分析、概括总结本土社会工作机构主要服务领域里的督导基本知识和经验。

第一节　禁毒社会工作督导[①]

禁毒社会工作督导是指资深禁毒社会工作者通过定期持续的工作程序，向禁毒社会工作者传授专业服务知识与技能，促进其成长并确保服务质量的职业活动，具有行政、教育、疏导以及支持的功能。

目前，珠江三角洲地区的禁毒社会工作者主要以岗位购买模式与项目购买模式引入，在禁毒办、戒毒所、美沙酮治疗中心、戒毒/戒药中心等用人单位或项目点工作。据广州市相关管理部门统计，截至2019年承接禁毒社工服务采购专项的社工机构21个，禁毒社工超过500名。另据广东省相关管理部门2017年统计数据显示，在承接广州市禁毒专项的15个社工机构里，实际到岗的社工人数206名，其中持证社工人数82人，即禁毒社工服务岗位持证社工人数不足1/4。按广州市社协"督导与社工比例1∶6"原则要求，全市社工机构禁毒社工督导人数为34人。

由于政府各部门与社会工作者在处理问题的方法和模式上不尽相同，机构禁毒社会工作者须承担专业内外众多的角色和职责，加之社会工作经验时长不一样、专业背景多元化等，决定了禁毒社会工作督导需求的多样性和挑战性。笔者从事戒毒和禁毒的工作约有15年，曾经受聘于东莞市禁毒办和民政局，于2010年9月开始在东莞督导7个禁毒社会工作试点的镇街。当时禁毒及戒毒社会工作刚刚起步，面对着10多位刚毕业或刚取得社工证的社工，手把手地带着这他们开展不同的禁毒教育和社区戒毒服务（以下简

① 本节作者：卓冰峰（香港明爱/高级督导主任）、陈锦蔡（广州市番禺区致远社会工作服务中心/督导管理）。

称“禁毒社会工作”），以作者曾经在广州、东莞两地分别开展禁毒社会工作督导的经验为例，分享戒毒服务领域督导实务经验，阐述禁毒社会工作在督导方面的需求、特点、工作重点及难点。

一、禁毒社会工作者（以下简称“禁毒社工”）的督导需求

督导需求评估方式，主要以动态式督导过程评估为主，包括定期与机构及项目负责人面谈、定期与督导的项目社工面谈及小组座谈、跟进评估中反馈的问题与需要和建立社工成长档案等形式。

（一）对禁毒社会工作专业知识、相关法律知识以及专业价值伦理的了解

1. 对毒品药性的认知

社工新手的共性是对毒品药性的认知有限，不了解各种毒品的特性对人体身心的影响、断瘾症状；不了解吸毒人群的特性，对服务对象戒除毒瘾耗时较长感到不解；缺乏戒瘾循环系统基本知识。因此禁毒社工需要学习毒品知识，了解吸毒者的特性、戒毒的原则及方法等。

2. 须掌握必要的法律法规知识

无论是禁毒社工还是社工督导，除必须了解一般性的法律法规（如低保、医疗、就业、残疾人救助等）外，还须了解禁毒法、社区戒毒（康复）条理、治安管理条例、驾照取消及考取规定、各镇/街及村（居）对吸/戒毒人员的规定等。

（二）对介入技巧的掌握

大多数社工都理解建立关系的专业基本技巧，但实践中往往会因为急于解决问题或者埋头收集、登记服务信息，而忽略了关系的建立，未能真正以同理心或专心倾听并接纳案主。案主不信任社工，会导致服务初期阶段难以建立关系。社工缺乏开展个案工作的信心和技巧，尤其是刚毕业的社工，对戒毒康复人员仍存在一定的畏惧心理或者害怕被拒绝。戒毒康复人员的问题一般都比较复杂且难以短期解决，尤其是长期复吸的戒毒群体，他们的状态和心理容易反复不定，增加社工受挫感。同时，社工需要掌握一定面谈及辅导的技巧才可以逐步打开话题，不然容易被案主带离主题。

在小组及活动方面，由于吸毒者是一个很特别的群体，容易互相影响，因此在以小组工作形式进行介入的时候，对于那些还未稳定的戒毒者来说，需要留意立清楚界线，避免他们交换信息，互相负面影响。我们在举办小组和活动时，需要特别留心该群体的特性，以免好心做坏事。

（三）处理专业服务与政府行政管理的关系

由于社区戒毒康复工作属于政府的工作，社工在当中作为服务的提供者，一边要对服务对象负责，一边要对政府负责，政府部分的管理方式及行政执法等可能不是社工的工作范围，但社工又变相参与其中，如果当中与专业服务的信念有矛盾时，社工不知如何协调处理。因此，了解社工在禁毒单位中的角色和职能、法律、法规、行政及文书要求，如何与禁毒办各部门单位合作等是社工投入禁毒及戒毒社会工作必须要清晰知道的。

（四）对情感支持的需要

被督导的社工中经常对工作迷茫，对做个案、带小组没有信心，需要督导提供很多情感上的支持、工作技巧方面的教导。特别是他们被案主拒绝、在服务单位做不出一些成绩、社工角色未得到肯定、不知道如何定位的时候，作为督导，我们要为他们加油，重新注入新的力量，帮助他们重新找到定位，让他们相信自己是有能力的、充满潜力的，使他们能有力地向前走，不断地在社工专业上成长。

以社区戒毒（康复）社工项目为例，主要由项目主任、主管（站长）、一线社工、社工助理组成工作人员队伍，由于其角色、职责、工作年限、专业背景及站点工作环境的差异，导致其督导需求、目标和方式具有差异性和多样性，见表5-1。

表5-1 社区戒毒（康复）督导工作细目表

督导对象（分层分类）	督导对象需要分析	督导目标	主要采用的督导方式
项目管理层（主任、主管/站长）	外联及资源整合的需求	提升其对外沟通协调、资源整合等能力	小组督导、个别督导
	项目管理能力提升的需求	提升其在项目策划、运作、监测及评估等能力；协助机构建立社工工作程序及指引；监督社工服务质量	培训、小组督导、个别督导
	团队管理能力提升的需求	维系团队的正常运转、营造良好的组织气氛及监督社工的职业操守等，包括项目功能和运作的熟悉、界定员工的角色和职责、团队建立和维系的技巧、知识管理技巧等	小组督导、个别督导
	督导知识和方法学习的需求	协助督导对一线社工、社工助理等进行督导工作	培训、小组督导、个别督导
一线社工	社区工作能力提升的需求	提升其社区活动开展的技能及促使其对社区工作模式的了解及掌握	培训、团体督导、小组督导、个别督导
	个案辅导能力提升的需求	提升其个案辅导的专业性及成效，包括动机晤谈法、家庭治疗、寻解导向、认知行为治疗、心理社会治理等模式在禁毒领域个案中的应用	培训、团体督导、小组督导、个别督导
	小组工作能力的提升的需求	提升其对小组工作模式、理论及技巧的熟悉及掌握；提升其小组工作的专业性及成效	培训、团体督导、小组督导、个别督导
	工作压力减轻、情绪处理的需求	时间管理、协助有效应对特殊个案、压力管理、朋辈支持/督导	小组督导、个别督导

续上表

督导对象（分层分类）	督导对象需要分析	督导目标	主要采用的督导方式
社工助理	禁毒领域工作的熟悉、服务对象心理特征及需求认识的需求	促进其对禁毒工作及服务对象的认识，包括毒品知识认识、戒毒/吸毒人员心理特征和需求认识、改变之轮的认识和运用等	培训、小组督导
	专业伦理及价值、理念认同的需求	提升其对专业价值、伦理及理念的认同，促进其在服务过程中的运用	培训、个督
	专业手法学习与掌握的需求：个案工作、小组工作及社区活动的基本流程与方法	提升其对基本专业手法的运用与掌握，包括工作基本过程与方法、问题与需求评估、目标与计划制定、理论/理念运用、服务内容设计等	培训、小组督导、个别督导
	专业文书撰写能力提升的需求	提升其专业（个案、专业小组、社区活动）文书的撰写的质量	团体督导、小组督导、个别督导
	基本工作技能提升的需求	促使其掌握基本的工作技能，包括建立关系、人际沟通、问题解决、危机应对等技能提升	培训、团体督导、小组督导、个别督导

注：督导方式中的培训、团体督导，可以面向项目所有的社工，但会根据社工不同的经验和需要有所侧重。

二、禁毒社工督导工作的特点

禁毒社工督导与其他领域或项目的社工督导在督导方式、内容、功能等方面有其相同之处，但也有其明显的特点，主要体现在以下四个方面。

（一）案主的独特性

戒毒人员有三重身份，他们既是违法者，同时也是受害者和康复者。目前社会大众只把吸毒者作为违法者看待，对其标签化，歧视并避而远之。而戒毒人员在求职过程中亦遭到不同待遇，有案主因为有吸毒史而无故被解雇，在村里进行出租车司机招聘等有关就业机会中，戒毒者往往是被忽略的对象。督导需要帮助被督导的社工把握服务的方向和目标，看到他们的康复者角色，他们需要帮助和治疗，让他们康复，重建人生。

（二）戒毒的独特性

戒毒问题是一个生理、心理及社会的复杂问题（Bio - psycho - social problem）。生理是指毒品对吸毒人员有直接的影响，破坏其生理机能；当吸毒人员不断吸食毒品时会产生耐药性，逐渐成瘾；当戒毒人员期望戒毒的时候，会有断瘾症状出现；当戒毒人员受不了断瘾症状带来的失落和痛苦，他就会期望继续吸食更多的毒品来满足他对毒品的渴求。

在心理方面，戒毒人员面对着许多矛盾，他们一方面既知道吸毒的问题和不良后果，想戒除毒瘾，过正常人的生活，但另一方面又面对严重的心理渴求，同时还面对着许多个人、家庭和社会的压力，令他们产生孤单、空虚、内疚等感觉，这些心理状态容易让他们跌进复吸的循环。

在社会层面，戒毒人员如果能够成功戒毒，除了需要克服自身生理对毒品的依赖、各种矛盾的心理状态，还需要家庭和社会人士对他们的爱和接纳。社会的歧视、高危的生活环境和负面生活圈子的影响使戒毒人员在戒毒的过程中不断浮浮沉沉。

（三）社区禁毒管控系统条块分割、错综复杂

这是指社区戒毒人员生态资源环境碎片化。对社工而言，社区戒毒服务的开展涉及到不同专业及执法部门的配合，包括司法、戒毒所、医院、社区、企业、学校、就业中心、劳动保障和社会保险等多个部门，有研究显示禁毒社会工作实践中所涉及的部门多达18个[①]，对禁毒社会工作资源网络构想的设计更高达22个[②]。督导要和社工分析如何与这些部门合作，并运用和整合这些资源。

（四）受政府部门的直接干预性较强

根据《禁毒法》第四十八条规定，对于被解除强制隔离戒毒的人员，需要接受为期不超过三年的社区戒毒康复，相对其他群体而言，戒毒人员属于社会特殊的一群，他们在某程度上是被责令的，他们必须受规定和监管。社区戒毒带有一定的强制性质，因此政府的行政指令和政策直接影响服务的走向和资源的投入。督导时要结合政府领导、政策导向及当地实际情况来开展工作。

三、禁毒社工督导工作的重点

督导是以“生命影响生命”为目标，将自己所知、所学以“师徒制”的方式帮助被督导的社工成长，从而更有效地帮助禁毒社会工作的服务对象。

（一）树立禁毒社工价值观和信念

在服务过程中，禁毒社工作为与社区戒毒（康复）人员接触最为亲密、频繁的人员，常常会遭遇一些吸/戒毒人员恐吓、借钱等行为，也容易见识偷盗抢劫、复吸等违法犯罪的行为，加上社工自身价值观的叠加影响，社工很容易产生价值伦理观陷阱。因此，及时协助避免社工价值伦理观陷阱，降低或消除社工的心理压力就显得相当重要了。

禁毒社工需要有以下的价值观和信念：

（1）禁毒社工以平等、尊重、接纳的理念对待戒毒人员，让他们逐步找回做人的尊严。

---

① 吴明葵：《结构性嵌入：社会治理视域下强制隔离戒毒“民警＋社工”工作模式研究》，《法制与社会》2016年第30期。

② 赵环、孙国权：《刍议个案管理模式在禁毒社会工作中的运用》，《社会工作》2008年第16期。

（2）禁毒社工要相信每一个人都是独特的，因此我们需要仔细地了解戒毒人员的情况，并做出适切的介入。

（3）禁毒社工要相信每一个人都有发展的潜质和优势，帮助戒毒人员发挥潜能、实现自我。

（4）禁毒社工需要相信每一个人都有改变的可能性，现在看不见戒毒的效果，不代表没有改变的可能。

（5）禁毒社工要以助人自助的理念帮助戒毒人员，逐步在心理、家庭和社会环境、社会的适应等方面进行综合辅导，让他们最终能重建自己、重建家庭，投入社会。

（6）禁毒社工要努力整合及善用社会各方资源，尽最大可能让社会各方关注及帮助戒毒人员戒毒并投入社会，努力使他们成为自食其力的平常人，从而有效提高戒断的成功率。

（7）无论是禁毒社工还是其他领域的社工，我们有责任不断更新、提升及运用本身的专业知识和技能去推动个人和社会的进步，务求每一个人都尽量发挥自己的所能，以生命影响生命！

虽然社工在工作初期经验尚浅，但是知识可以学习、技巧可以透过经验不断提升；如果信念不坚、态度不正、动机不好，无论他的技巧有多好，都是枉然。因此，笔者坚持传递社工信念，帮助社工建立正确的社工信念，在督导过程中，尝试通过生命影响生命，让他们重燃对社工的使命感。

（二）协助禁毒社会工作者厘清服务角色

由于禁毒社工多数属于政府购买服务，在政府服务单位当值，公安局部门与社工的处理问题模式不同，督导需要帮助社工更好地认清自己的角色和定位。

（1）协调者。“协调”指的是以系统的方式把相关因素组织起来。戒毒社工的主要服务对象是社区戒毒的吸毒人员，但是社区戒毒作为新的康复政策，并没有完善的协作网络。而禁毒社工便可协调相关部门，共同合作，更好地做好社区戒毒。尤其是对公安局的禁毒中队、禁毒委员会办公室、各社区警长（治保主任）、美沙酮治疗中心、强戒所等相关部门做好相关的协调，使之形成良好的合作网络，社工也能够系统地为吸毒者提供服务。

（2）介绍人。“介绍人”就是把那些需要接受服务而不知道到哪里去寻找资源的案主与其所需的资源联系起来。社工起到的是桥梁的作用。社工并不是万能的，在服务对象遇到问题的时候需要借助其他方面的资源，更好地帮助案主。

社工对吸毒人员则更需要扮演好“介绍人”的角色，吸毒人员要想完全戒断毒瘾是需要多方面的努力的。首先，在戒毒过程中，社工可以提供戒毒机构给案主，比如自愿戒毒所、戒毒康复苑等，为案主及家庭提供相关资源。在求职方面，社工可与劳动就业或者社区工作人员建立联系，给案主及其家庭提供就业机会。在案主遇到法律纠纷的时候，亦可提供适合的法律事务所。另外，社工还可以为案主提供如社保、医保等方面的资源。在面对服务对象时，可根据其不同的需求，提供相关部门的联系方式或资源等，使案主能够利用到合适的资源。

（3）教育者。“教育者”的活动包括向案主传授有关的信息和技能。禁毒社工也要担负起宣传毒品危害的角色，在社区、学校等公开场所，通过讲座、活动等形式，向居民进行毒品预防活动。社工在这些活动中扮演着教育者的角色，要提供毒品的常识、危害以及如何拒绝毒品等知识，使居民能够远离毒品。当然，作为有效的“教育者”，社工首先必须掌握广博的知识，其次，还要掌握教育的基本技能与方法，使案主乐于并易于接受所传授的内容。

（4）赋权者。社会工作的主要目的之一是“赋权”，通过改变案主的情况，帮助个人、家庭、群体和社区增强其经济、社会和政治力量与影响。赋权者致力于提高案主的以下能力：①理解自己生活的环境；②作出恰当的选择；③承受所作选择可能带来的结果；④通过呼吁和有组织的活动改善自己的生活环境。“赋权者”还致力于在不同群体之间公平地分配资源和权利，使案主意识到自己的公平权益，并努力得到公平待遇。

（5）研究者。从某种意义上说，每一个社工都是研究人员。社会工作实务研究包括研究相关的文献材料，评估实务工作的成效，诊断某具体项目的优点与不足，研究社区的需求等。在服务上不断改善和创新，以提升服务质素，让更多服务对象受益。

禁毒社工在日常工作中主要扮演以上五种角色，当然也有其他众多角色。在为个人、群体、家庭和社区服务的过程中，社工也应运用丰富的技能扮演多种角色、实现多种功能，提升服务质素。

（三）提供行政指引，专业教导与情感支持

督导有三个重要的功能，行政指引，专业教导与情感支持（徐明心，2003）。笔者在督导时，要求每位社工提交个人成长方案及督导契约，按照社工的个别情况进行督导。每个工作点需提交全年工作计划，以帮助社工和服务单位明确社工的角色、工作范围和未来一年的工作方向。以个别或小组督导的方式批核和指导社工有关个案、小组和活动的计划书和报告，回答他们所遇见的问题，并提供行政指引、专业理论与技巧的教导以及情感的支持。

（1）制定督导方案。制定督导方案主要可以分为三步，第一步是依据督导需求督导目标，第二步是设定衡量督导目标的具体指标，第三步是制定督导内容/计划。

①设定督导目标，一方面需依据被督导者的需要，另一方面也需结合项目发展的需要，即可考虑从“人、财（资源）、公关（沟通与协调）、能力”等维度上的需求，并可总结从社工的个人成长、服务能力、管理能力、资源平台四个方面的需求去设置督导目标，即以督导促成长、以督导促服务、以督导促管理、以督导建平台。

②设定督导指标，则需结合上述的督导需求，并考虑督导资源的投放量、督导社工的数量、督导进展阶段等因素，设计合理有效的督导指标。

③制订督导内容/计划，可分为两步：第一步先协助社工依据项目进展的需要，结合其个人的成长/发展需要制定其个人成长/发展计划/档案；第二步是依据每位社工的成长计划，结合督导的目标及指标设定具体的督导内容及计划。

（2）实施督导方案。督导方案执行过程中，一方面需与机构、项目购买方保持定期或不定期的沟通，另一方面也需与项目负责人、主管/站长、社工保持定期沟通，及时了解购买方、机构对项目的要求是否有变动、项目的进展、社工的工作情况、个人成长与发展情况等，以便了解及评估督导的内容与计划是否需要调整。

而督导内容及计划的实施则主要以督导联席会议、走访、培训、团体督导、小组督导、个别督导及现场督导等方式为主。

另外，督导内容及计划的实施、督导模式及督导方法的使用也需结合项目、团队及个人发展的阶段，并参考社工个人的风格特质进行。

（四）提升社工实务技能

1. 禁毒社会工作基本业务知识

“工欲善其事，必先利其器”，被督导的社工不是不会，而是他们对自己没有信心，所以在笔者在督导初期为被督导的禁毒社工提供了多次培训，包括：

（1）禁毒社会工作概论。

（2）个案工作技巧。

（3）滥药者辅导历程及预防复吸。

（4）小组工作培训。

（5）各种治疗法，如动机晤谈法、家庭治疗、现实治疗法、寻解导向治疗法等。

上述知识能够帮助他们尽快掌握如何开展个案及小组工作。同时也善用每月一次的全体禁毒社工会议和培训，来集合禁毒社工的力量，彼此合作，专业交流，发挥团队精神，最终帮助他们提升服务质素。

2. 注重协助社工做好跨部门跨专业的联动，努力实现戒毒（康复）工作的“无缝接轨”

社区戒毒（康复）工作涉及到禁毒办、戒毒所/康复苑/自愿戒毒医院、公安、综治、民政、就业、村（居）、学校等各单位/部门。同时，禁毒社工在对社区戒毒（康复）人员及其家庭进行帮扶、开展禁毒宣传教育等服务中，需要视乎不同的问题与需要与不同的单位/部门、不同的专业服务领域进行沟通协调，但是一线社工又因为自身的角色和地位，很难推动这些部门的联动，进行跨专业/领域的合作，难以整合不同的资源及做到“无缝接轨”，造成了服务效率和成效的低下。因此，社工督导就需要协助社工机构及项目主任等做好与各部门、各专业的沟通协调，促使其搭建沟通合作平台、建立相应的工作机制，以促进跨部门跨专业的联动，实现戒毒（康复）工作资源的有效整合及“无缝接轨”，从而提升社工帮扶工作的效率及成效。

3. 注重推动禁毒社工对服务对象进行分层分类、做好风险管控，拓展帮扶服务的广度和深度

在社区戒毒（康复）工作中，社工帮扶的服务对象除了有社区戒毒（康复）人员及其家庭，还有社会面的戒毒/吸毒人员及其家庭，而帮扶除了针对服务对象的戒毒问题外，还会涉及其个人的认知、行为、社交、就业、家庭关系及社会支持等问题及需要，且社工因应禁毒办的要求又必须对所有的社区戒毒（康复）人员与社会面戒/吸毒人员开立档案及开展帮扶服务。因此，社工如果不对服务对象进行分层分类，就把握不好服务对象的风险及需要，导致跟进的次数、频率、方式不当，也影响了帮扶的广度和深度。禁毒社工督导需要协助社工从服务对象的社会危害性、戒毒动机、影响复吸因素、参与服务意愿等方面制定分层分类的标准/原则，并依据分层分类的情况制定好服务指引，以提升服务的覆盖率及精准度，保证帮扶服务的广度和深度。

（五）协助建立社会工作者的工作系统

如果社工机构尚未建立起一套统一的社工文书标准格式，督导需要推动机构进行文书记录系统的基本建设。笔者就是在督导初期与禁毒社工们一起重新建立档案系统，重新统一供禁毒领域使用的社会工作表格，也编写了《禁毒社工手册》以落实禁毒社工的角色、工作范围、工作原则、开案和结案原则、小组及社区禁毒宣传，及其他工作指引等，让各被督导的社工有一致的工作系统和指引，同时也让新到任的禁毒社工很快就能够了解并投入禁毒社会工作服务。

（六）协助建立社区资源库

禁毒社工需要了解社区的情况和懂得善用社会上的各种资源，从而更有效地帮助服务对象。督导一般要求社工在他们所属的服务领域和镇街分析社区的情况、整合社区资源，并将这些资料整理成资源数据库。

（七）为社工增权

面对案主的拒绝、复吸、工作不见成效等情况，禁毒社工常感到迷茫和沮丧。作为督导，需要对社工提供很多情感上的支持，为他们增权、激励他们，帮助他们注入新的力量，帮助他们重新找到定位，让他们相信自己是有能力的、充满潜力的，使他们能有力地向前走，不断地在社工专业上成长。

（八）禁毒社会服务质与量并重

督导要协助社工达成服务指标和服务质量。一线的服务评估、投标、完成指标等压力，对新上岗的社工来说是一个巨大的挑战，多做才能获得更多经验。督导应不断鼓励被督导社工，和他们一起构思如何可以做得更好、更多，服务是为了回应服务对象的需要，而不是仅仅为了达到服务指标。

（九）发挥团队力量

在东莞督导期间，为了提高禁毒服务的专业性、积极推动小组学习和资源分享，笔者将被督导的社工们分成三个专题工作小组，包括学校禁毒教育小组、戒毒辅导模式探索小组及研究小组，以发挥团队精神，提升禁毒社会工作的专业性。

（十）推行实践为本的介入模式，促进合作交流

作为督导，需要推动社工善用社会资源、动员社会资源，并与不同企业、单位、团体建立关系，加强合作。通过与高校合作，推动社工参与研究，撰写文章；与其他相关机构合作交流，以帮助社工了解更多其他社会资源。笔者曾举办深圳、东莞两地禁毒社工实务经验交流会，促进彼此联系，建立网络。与各镇街所属的中小学、工厂、企业等展开合作关系，推行“不让毒品进校园计划”“禁毒进工厂”等计划，协助及推动禁毒社工与不同镇街的美沙酮中心展开合作关系，跟进及服务美沙酮治疗使用者。

四、禁毒社工督导工作的难点

（一）戒毒人员的动机低且难以寻找

许多社区戒毒者面对多次的复吸，对戒毒失去信心，降低戒毒动机，以致一而再、

再而三地复吸。社工在社区寻找戒毒人员困难大，被拒多。督导可以尝试与社工一起联系相关强制戒毒所或康复苑，建立合作关系，谋求"无缝接轨"。当戒毒人员在强戒所中就得到社工的探望，他们会容易打开心扉，与社工建立关系，到戒毒人员离开强制戒毒所、进入社区生活时，社工就较容易接触他们，服务他们进行社区戒毒。同时，督导需要帮助社工学习动机晤谈法，掌握提升戒毒人员戒毒动机的技巧。

（二）禁毒社工服务界线不清晰

1. 内地的禁毒法律与法规及政策制度尚在完善中，督导需要帮助社工了解禁毒法及相关政府政策的最新发展

督导需要协助机构及禁毒社工进一步与购买方、相关政府部门及工作人员（禁毒办、公安系统、禁毒专职工作人员/专干等）明确清晰自身的角色和职责。禁毒项目的社工多数以驻点（在综治办、禁毒办等）、少数以项目中心运作的方式开展工作，禁毒办、禁毒专干对社工服务不熟悉、不认同，工作重点和方式不一样等，导致禁毒社工时常需要承担禁毒社工项目以外的角色和职责（如综治工作与禁毒工作评比、尿检、毛发检测、吸/戒毒人员脱失管控等）。这不仅造成社工服务计划的混乱，也在一定程度上影响了社工与服务对象建立关系，使社工产生抗拒和压力，相应给督导工作造成了一定的困难和挑战。

督导应及时向相关部门反映，提出改善的建议。政府或者购买方领导对禁毒工作的理解或管理方式也会直接影响社工服务的开展，同时要避免社工被行政化——成为行政协助人员。

2. 禁毒工作的"无缝接轨"难以实现，现行配套资源不能满足需求

目前，禁毒工作涉及不同的政府系统和部门，各系统和部门间由于管理从属、工作职责和重点不一样等问题，难以建立有效的沟通协作机制；另外，吸毒人员在戒毒（康复）方面的资源不足，比如自愿戒毒资源、就业资源等十分有限，从而抑制了服务对象的求助、戒毒及改变动机，而社工经过系列努力仍未见到成效后也容易产生无力感和无奈感。因此，督导需要大力地协助机构与项目管理人员做好与政府各系统部门的沟通协调，促使联动平台和机制的逐渐建立，同时，也要促使社工协调不同专业领域及其资源，以推动禁毒社工服务的开展和深入。

3. 禁毒社工效能感和成就感低，容易产生职业倦怠

影响社工效能感和成就感的因素有很多，禁毒社工反馈的影响因素有以下几点：一是很难与服务对象及其家庭建立起关系；二是很难提升服务对象的改变动机（如戒毒、就业等动机）；三是服务很难出成效，案主的问题常常反复出现（如复吸），导致社工产生挫败感等。因此，在督导过程中，督导除了需提升社工的相关能力外，还经常需要花费大量的时间和精力协助社工缓解负面的心理压力，同时给予足够的情感支持，并协助社工总结正面的经验/意义，以提升其效能感和自信心等。

4. 禁毒社工的待遇与流失

目前社工人员薪酬有待提升，且社区戒毒工作有一定的难度，不少社工期望从事更轻松的领域或转行。社工频繁流动或者经验和能力欠缺，留不住人才就难以建立专业的影响力。社工离职率高使督导工作难以按督导内容及计划实施，陷入反复协助新同事解决浅层问题的过程中，从而也影响了督导的目标及成效。

5. 配套设施和服务不足

现在主要提供的戒毒服务只有强制戒毒，如果戒毒人员要在社区戒毒，以东莞为例，全东莞只有三间美沙酮维持治疗中心，其他的自愿戒毒服务比较欠缺。另外，现在主要是为有本地户籍的戒毒人员提供社区戒毒服务，没有户籍的吸毒人员人数远比本地户籍的多，透过交叉感染会继续影响到那些正在戒毒和康复的人员。作为督导，需与社工共同探索更多的资源及发展多元化的戒毒服务，并向政府反映有关需要，将戒毒服务不单提供给本地户籍的戒毒人员，也能够提供给非本地户籍的吸毒和戒毒人员。

五、禁毒社会工作督导注意事项

（一）尽快协助社工步入服务正轨

一般来说，在项目和团队的开始阶段，督导一方面需尽快促进社工熟悉团队、营造安全且值得信任的团队氛围，协助做好团队分工合作，另一方面也需及时促使社工熟悉工作环境，掌握基本的工作知识和方法，如协助社工与禁毒办、综治办、公安系统、美沙酮中心、戒毒所等建立关系，促进社工熟悉相关的资源、掌握禁毒法、社区戒毒（康复）条例等法律知识，引导社工学习相关的毒品知识、与戒/吸毒人员面谈技巧，以及促使其掌握个案、小组、社区活动的基本流程及方法等，以促进社工能尽快熟悉和上手各项工作，也有助于社工和团队的稳定。

（二）借助有经验的外援督导力量

在选择使用香港等境外督导、本土机构外督导、机构督导中，一般来说，涉及到专业服务技巧培训、项目管理培训等时，可优先考虑选择香港等境外督导进行督导，原因在于香港等地区社工工作服务开始较早，发展相对完善，其在专业操作、项目管理等方面已经形成一套较完整的体系，能够为内地社工服务提供专业服务及项目管理的操作指引。

（三）增强督导行政功能

在督导过程中，需协助项目主任、主管、社工等及时总结和反思经验，促使其建立相关的服务流程和指引，如禁毒个案服务指引、戒/吸毒人员就业指引、戒毒人员出所服务指引等，以便促使项目做好知识管理，避免因社工流失而造成项目运作及各项工作的困难。

（四）关注被督导者群体中的“弱者”

对于新入职的社工及其不是科班出身的社工或社工助理，督导除了引导其尽快熟悉工作及融入团队外，还需注重培育其社工价值及伦理观，增强其对专业价值及理念的认同。

在督导方法中，多结合朋辈督导、外部资源督导的方法进行使用，以促使社工团队间建立相互学习和相互支持的氛围，以及引导社工多在参观外部禁毒项目中学习他人的经验，开拓其服务视野等。

第二节　青少年社会工作督导[①]

上海、广州、深圳等城市是中国青少年社会工作服务的先发地。2002 年，肇始于预防青少年违法犯罪工作体系建设，上海市青少年社会工作正式起步[②]；2005 年，广州市开启探索学校社会工作；2007 年，随着本地社会工作的发展，深圳市也开展了青少年社会工作服务。上海市阳光社区青少年事务中心、位于粤港澳大湾区的代表机构广州市启创社会工作服务中心、深圳市龙岗区彩虹社会工作服务中心等，都是上述地域具有代表性的、以青少年群体为主要服务对象的社会工作服务机构。20 年过去，中国的青少年社会工作实践融合了政策创新、社会创新和知识创新，正在形成一个发展型社会服务共同体建构[③]的社会工作发展模式。

在青少年需求从事务性向权益性转向[④]的趋势下，可以预见青少年社会工作督导将会发挥着举足轻重的作用。下文将以启创社会工作服务团队学校社工督导为例，总结分享中国本土社会工作机构青少年服务领域督导经验。

一、青少年社会工作督导服务概况

启创社会工作服务团队服务区域遍及粤港澳大湾区，有近 1/3 的员工从事青少年社工服务，其中青少年社会工作机构督导超过 30 名，指导着近 120 名提供社区青少年服务和和驻校社工服务的一线社工（主要在 48 个社区、121 所中小学和职业学校），较全面地回应本地青少年成长发展中的事务性/权益性需求，包括思想引导、青年发展、青年犯罪、青年权益、儿童保护等议题，重点关注流动（留守）青少年、重点青少年及困境青少年等。青少年服务的年度投入经费超过 1 300 万，累计服务超过 25 万人次。

二、青少年社工：被督导者的需求特点

启创社会工作服务团队的员工超 400 人，其中入职 1 年以下的新手职员占 1/3，入职 2 ~ 3 年的占 1/3，入职 3 ~ 5 年的占 1/4；大专及以上学历的员工高达 98.53%，社会工作及相关专业人员占总体的 56.27%。我们以学校社工为例，发现不同入职年限和专业背景的学校社工有着不同的被督导需求特点。

---

① 本节作者：鲁颖宇（佛山市顺德区启创青少年社工服务中心）、陈敏仪（广州市启创社会工作服务中心）、张莉萍（广东财经大学）。

② 张恽：《生动实践催生理论体系建构——基于对上海市青少年社会工作发展历史脉络的梳理》，《中国社会工作》2021 年第 25 期。

③ 何雪松：《发展型社会服务共同体建构：上海青少年社会工作的模式创新》，《中国社会工作》2021 年第 24 期。

④ 彭善民：《从事务性社工到权益性社工：新时代青少年社工的角色与功能》，《中国社会工作》2021 年第 25 期。

（一）新入职的青少年社工：青少年社会工作实务理论与技巧的知识需求

机构督导应以分层分类原则，为不同需求特点的被督导者提供支援。

1. 夯实青少年社会工作必备基础理论与技巧

对大学毕业刚踏入职场的学校社工来说，督导应协助他们了解职场或机构文化，如机构战略目标 QC 素养①、“正向青少年发展理论”“埃里克森人格发展八阶段理论”“抗逆力理论”“生态系统理论”“优势视觉理论”“认知行为理论”“社会学习理论”等，“儿童及青少年小组工作带领 4F 分享技巧”、“个案工作基本流程及介入手法（特别是在情绪类疾病的辨析和跟进）”“大型活动策划元素”“如何做青年志愿者培训”等实务技巧。

2. 青少年社会工作实务知识

0 ~ 1 年新入职学校社工须特别掌握：“认识儿童及青少年成长需求”“青少年社会工作常用理论”“驻校服务的三大手法”“结合服务对象群体需求设计多元主题驻校服务（青春期教育、适应性教育、预防学生欺凌、心理健康及情绪管理、志愿者服务等）”“学校社工基本素质”“如何当一名合格的学校社工（包括进驻学校前的两手准备、快速融入学校的技巧、如何与学校建立紧密联系、向学校汇报的方法与技巧等基本内容）”等。

（二）初步具备服务经验的青少年社工：对个人规划发展与业务提升需求

具有 2 ~ 3 年的学校社工通常会对行业前景产生质疑，产生选择“社会工作的抱负”还是“成长发展规划”的迷惘，陷入“服务成效的彰显”与“购买社会服务方的期待”平衡的苦恼和个人是继续深造还是投身其他行业的为难。

督导需要协助这些同事发展个人发展及规划能力，提升学校社工的“知名度”以增强影响力，加强专项服务（如心理健康教育、特殊需求学生个案的介入及跟进等）的实务能力等。

（三）具有一定服务经验的青少年社工：对发展行政管理能力需求

具有 3 年以上服务经验的学校社工更多承担项目统筹及公关工作、团队管理、服务研发及创新的角色，督导宜强化其项目管理能力，如要求将服务设计、人力和社区资源等建成利于储存、分类、分析和应用信息的数据系统，以提升工作效率。还要加强其危机事件介入、教育体系政策解读等能力。

三、青少年社会工作督导重点与难点

鉴于青少年服务需求从事务性向权益性转向的趋势，本文尝试探索比较这两类青少年社会工作督导的重点、难点，基于学校社会工作服务多属于事务性质，扼要阐述其督导重点、难点，见表 5 - 2。

---

① QC 素养：QC 为启创简称，QC 素养为机构 VMV（愿景 Vision、使命 Mission、核心价值 Value）。

表5-2 青少年社会工作督导重点与难点表

类型		事务性青少年社会工作督导	权益性青少年社会工作督导
重点/难点	青少年社会工作服务特点	侧重于政府主导型社会工作服务机构开展个体生存型和社会稳定型服务	更倾向于青少年的社会参与、自我实现和发展性需求满足。围绕未成年保护的核心，切入未成年人痛点问题，打造社会力量参与未成年人保护工作，倾向于青少年的权益保障，解决社会问题
	督导重点	（1）准确的角色定位，理解服务对象群体特点，促使被督导者掌握未成年人成长各阶段的基本需求。 （2）强调被督导者在系统理论指导之下提供多元学校社工服务形式，设计多样化、趣味化的服务形式回应多方利益相关者要求	（1）强调被督导社工在服务中注重与社会公正议题相关的服务设计。 （2）强调被督导社工运用增能理论以及增能实践。 （3）强调服务对象个体或群体有责任/潜能保护和发展自身合法权益
	督导难点	（1）如何撬动资源，建立生态网络探索可持续服务运营。 （2）在重复的服务中，找到自己的专业价值	（1）相关权益性青少年社会工作服务有待开拓，积累的实践经验较少。 （2）对《未成年人保护法》的理解，对于青少年尤其是未成年的参与权、发展权、受保护权、参与权等的权益保障服务的开展

（一）事务性青少年社会工作督导重点

引导被督导者准确理解何为“驻校社工”，即从系统视角理解服务环境中各种要素。

1. 首先要理解学校服务场域特点

对学校来说，驻校社工的价值在于有效协同推进整体校务落实，不增加教师的工作负担压力。例如，简化学生个案转介手续及流程、制定有效率的合作及沟通模式、主动向教师提供处理“问题学生”的资讯和主题培训、及时与校方做好工作交代和定期工作汇报等。

2. 清晰界定学校社会工作的服务对象

以及学生群体需求特点，但并不局限此基本要素；其次是必须接触学生家庭要素；最后，要引入并统筹适切的社区要素的资源。如此，被督导的社工才能明白学校社工的服务对象不仅只有在校学生，也包括了其家庭、教师及其他与学校有关的人士。

（二）事务性青少年社会工作督导难点

1. 如何撬动资源，建立生态网络探索可持续服务运营

一般而言，在“一校一社”模式之下，驻校社工要独立兼顾一所学校的驻校服务。随着服务进程，学校社工难免感到吃力，此刻督导员要引导被督导者明白：

（1）正确处理好与资方、合作方的关系建立，为项目良性运作搭建网络圈。适当组织同行交流，鼓励一线社会工作者主动吸收同行经验，为项目优化多做思考。传授撬动资源技巧，如关注基金会资源等。

（2）“社工不是万能的”，要通过跨学科、跨专业的协同机制，新技术的运用，掌握社会资源网络，留意关于儿童及青少年的相关法律法规及可供转介的资源，建立“社会工作+”解决未成年人问题的服务模式。

2. 服务目标领航管理

由于不断重复与学生会谈、开小组、开班会、搞活动，一线社工容易偏离服务计划的目标或方向。此刻督导需要引导被督导社工回归服务目标或主线，时刻牢记协助青少年人的健康成长的初心和使命。被督导社工对工作者角色能够清晰定位，在开展驻校服务时就会事半功倍。

四、青少年领域社会工作督导过程

如何协助青少年领域一线社会工作者顺利开展本职工作，对个人成长发展方向有更合理的认知，体验一个有价值的“学校社工”职业生涯呢？

（一）望：观察被督导社工服务的个人风格及能力

望，是中医诊断疾病的方法，要观察病人的发育情况、面色、舌苔、表情等。在督导青少年领域一线社会工作者时，督导也要懂“望”，重点在于望其工作状态，观其服务表现，鼓励一线社会工作者主动观望（观察+张望）服务对象。

1. 青少年社会工作服务非常重视建立关系

“有关系有得做，无关系无得做。”处于青春期的青少年追求独立，抵触权威，更渴望被聆听、被尊重、被欣赏、被信任，要求一线社工避免呈现权威的姿态，而应以开放、平等的态度，多肯定青少年，强化其自信心。当获得青少年的认可时，他愿意“跟随”一线社会工作者，产生协同的伙伴关系，才得以促进专业关系的建立。然而青少年领域的一线新手社工，以应届毕业生居多，他们仅感觉自己与青少年年龄相仿，比较容易打开话题，却未能预见当下青少年服务开展的复杂性与挑战性，加之缺乏前线实战经验及系统的服务逻辑，因此督导需要留意观望新手社工的日常工作状态、工作个人风格及能力。

社工小A是刚毕业驻校的社工新手，缺乏实务经验，加上自身性格相对慢热，在学校社工站苦于不知如何接触服务对象。督导得知此情况后，从服务对象的人群来源（校德育主任、心理老师、级长、班主任、各班级同学及其家长等）、年龄特征、语言系统（如接待学校领导的话语、00后、10后青少年喜欢的网络潮语）等方面给以建议，引导这位新手驻校社工在开放学校社工站时该如何灵活地运用合宜的语气、言语、神态、动作，与服务对象交流和提供服务。督导也陪同该同工一起前往开放站点，陪伴其逐步适应“学校社工”的身份角色和在校园环境中开展实务工作。在过程中督导重点留意该同工在当值前台、接待服务对象及讲解服务、开展偶到服务游戏的实操过程。督导与该同工一同回顾其工作过程，肯定小A恰当表现的环节，提供细节的改善建议。经督导，小A感觉获得了自信。

2. 督导还要提醒一线社会工作者，“社工”也是被青少年“观望”模仿的主要对象

青少年可塑性强、喜欢模仿，经常观察陪伴他们成长的社工榜样。因此，青少年社会工作者务必注意自己的日常工作态度、待人处事的态度方式、说辞用语等可能产生的影响，建立一个有“信服力”和“良好影响力”的榜样形象。

（二）闻：敏锐察觉被督导者的需求

“闻”指督导要多聆听一线社会工作者对服务设置的初衷、自我要求、收获期望、行动规划及其个人发展方向的意愿，及时回应肯定其好点子，鼓励其更多地表达及落实行动，以过来人和陪同者的身份分享经验。

此外，应包容一线社会工作者不触及专业伦理底限的日常表现出错。比如被督导者提交的活动方案出现很多看似“不该”的错误，活动流程的铺排、时间分布、人员分工合理性等细节考虑不周。督导应愿闻其详，了解其服务设计初心构想，尊重其设计动机意愿；“Learning by doing”，允许业务试错成本合理性存在，协助被督导者理解可能产生的责任风险，督促其进行服务反思总结，并给以情绪和技术上的支援。

（三）问：主动与被督导社工沟通

“问”是督导者运用引导性问句，询问一线社会工作者对专业的理解、服务设计及执行的反思，是青少年社会工作督导行使行政权力的具体表现。督导应鼓励被督导者主动就实务开展思考提问，表达疑惑，提出对“问题”的应对策略方案。在问与答的过程中，达到督导的示范目的。

比如，督导鼓励新手“初出茅庐也要有想法”，即要有自己的想法和信念，能够结合机构和项目的发展，这样一线社会工作者才会更有激情和动力以及创造力，把“工作”变成“事业”。再如，督导者应多留意询问并明确批评指正新手员工职场纪律，减少准点上班意识观念淡薄、交差、融入团队工作主动性弱等情况。

值得一提的是，“问”是督导者与被督导者的“权力游戏”。督导有责任和义务“问”，但一直处于被“问”的状态或过度则可能会使对方产生敌对抵触的情绪。如果直接跳过情感支持而“问”更达不到理想的效果，甚至逐渐出现“无问题、无需求”式的督导。当督导建议与被督导者个人想法不一致时，督导应持接纳、开放、尊重的态度，积极探寻其他共同选项的可能性，防止其产生“习得性无助感”，否则“问”可能演变成权力压迫。

（四）切：督导建议也要贴切青少年服务特征

中医的“切”是指“摸脉象、用手触按病人身体，借此了解病情”。青少年服务督导的“切”同样蕴含一语多关的意义。

首先，“服务源于需求”，对于青少年人群年轻、有活力、想法多、爱创新特点，并非所有一线社工都能够敏感捕捉并及时回应。督导须引导一线社工设计贴切青少年成长需要及兴趣的服务。

其次，自2019年新冠疫情爆发后，儿童及青少年普遍经历了宅家抗疫、线上学习。不少服务对象因未适应线上学习、长期居家亲子相处变多而激发家庭矛盾、疫情结束返校又不适应线下教学而产生抑郁、焦虑等不良情绪，甚至涌现心理危机个案。由于缺乏面对面的交流及开展线下服务的平台/复学后大批量的心理危机排查跟不上，部分学校社

工未必能马上调整状态思考解决方案，一度迷茫。督导要有预见力，提醒学校社工针对这类型的社会危机事件要做足准备，闻风而动以及时响应，展现专业担当。例如，启动线上服务，组织青少年线上联合行动，设置自我规划、防疫知识、榜样力量和社会倡导四大主题，以打卡任务、线上互动交流、作品征集等丰富形式，让青少年齐聚线上平台，互相支持，共度时艰，传播战“疫”的正能量；复学回归校园后，学校社工重点协助校德育计划，陪伴学生顺利适应复学后的学习生活，分层分类开展各类情绪及心理支援服务，包括联同校心理教师开展心理危机排查工作、开展心理健康及情绪调适主题班会、面向教师开展“学生心理调适及危机干预”培训等。当中尤为重要的是结合校德育工作面对学生进行心理筛选，掌握存在自残行为或有自杀倾向、中度或重度抑郁情绪等高危学生的情况并及时介入和资源链接①。

总之，督导陪同从事社会工作的一线社会工作者体验有价值的职业生涯这一工作不能操之过急，需要细心耐性、包容鞭策、软硬兼施。借用一位社会工作者前辈曾说的一句话：“年轻社工像攀藤植物，督导要成为他们的木栏栅，让他们有信心依着指引爬生和繁衍。”督导者与一线社会工作者应“相辅相成，互相辉映”，督导者应陪同一线社会工作者，为其输出解困希望或给予成长方向指引，让一线社会工作者感觉到督导是成长路上的同行者，这样可提高一线社会工作者的行动力与自信心，使其尽心提供优质的社会服务及对个人成长发展方向有更合理的认知。

第三节　医务社会工作督导②

医务社工在医院中消失了一段时间。直到2000年前后，医务社工才再次出现。2000年5月，上海东方医院（同济大学附属东方医院）社工部成立，是国内医疗机构中成立的第一家社工部。2003年，浦东新区政府颁布规定，在医疗、教育、民政机构等设立社会工作机构或岗位。2006年，天津市安定医院（天津市精神卫生中心）引进专业社工，在儿童青少年心理健康、成瘾戒断、心境障碍、社区预防、志愿服务领域开展工作。2007年，深圳市也开始开展医务社工服务。2008年，山东省立医院在山东省卫生系统内成立了第一个社会工作部门——医务社会工作办公室。与此同时，相应的行业组织也开始出现。2010年10月，中国医院协会医院社会工作暨志愿服务工作委员会成立；2011年，上海市医学会医务社会工作学分会成立；2015年，广东省社工师联合会医务专委会、广东省医务社会工作研究会成立先后成立；2016年2月17日，天津市医院协会成立医务社会工作与志愿服务专业委员会；2016年11月19日，中国社会工作联合会医务社会工作专业委员会正式宣布成立。

---

① 资料参考：欧倩红：《守护心灵，专业引领，推动社会心理服务体系建设》，微信公众号“启创丨青柠部落”，2021年。

② 本节作者：梁健玲（五邑大学社会工作系讲师/江门市蓬江区恒爱社会工作综合服务中心总干事）。

尽管有了这些先行者，但在这些年里，医务社工并没有得到太大的发展。广东医务社工专委会调研的数据显示，截至2015年7月，在广州开展的医务社工项目只有17个，医务社工73人，深圳则为114人，而全广东的医务社工总计300多人。

与其他服务领域不同，医务社工服务的领域大多是在医院，服务的对象因为“疾病”而产生一系列生理、心理、社会的问题。作为一个刚发展起来的专业，又是第三专业进入专业封闭的医疗系统，医务社工在实务的过程遇到怎样的困难、需要怎样的督导呢？

一、辨识医务社工的督导需要

医务社工的专业性得不到认可，是目前若干地区医务社会工作发展的现状。医生护士的工作任务繁重，每天都有看不完的患者、写不完的医嘱，缺乏空间去了解社工的知识体系，所以医务社工作为第三方进入医院，产生隔离感是必然的。在督导医务社工的过程中，可以发现目前大部分医务社工的个案工作停留在“资源链接”的角色，如协助服务对象链接救助资源、律师资源、义工资源等，缺乏医务社工的“专业评估框架”；在小组的设计上，更多是康乐活动，如各类的手工小组、知识宣讲小组，或者将理论硬套到相关小组上，缺乏对患者的深入了解、对小组动力的分析。这个角色的设计会缺乏专业性，容易被取代。医务人员或医院里面的行政人员很容易认为社工的工作就是“链接资源”和“开展活动”，一些有一定工作经验的人士也可以完成，所以医务社工得不到专业的认可。

（一）医务社工对自己的工作定位困惑

现在大部分医务社工的工作都指标化，如细化到完成个案多少个、小组多少个、社区活动多少场，指标的设计与其他政府购买服务项目非常类似，体现不了医务社工的特色，大部分社工对自己医务社工的身份感到困惑，究竟是自己服务的场所在医院所以称呼为“医务社工”，还是医务社工这个角色本身就是应该有不同的工作内容？在分析国内文献的过程中，笔者发现目前对医务社工角色的研究主要集中在以下几个方面：通过癌症患者的服务将医务社工的角色总结为以下五个方面①：（1）心理关怀（疾病心理适应、应激性心理创伤、临终关怀和哀伤辅导）；（2）社会支持（经济援助、协助家庭制定照顾计划、活动正常生活援助）；（3）灵性关怀（爱与宽恕、死亡教育、信念与信仰）；（4）患者增能（患者互助会、患者义工发展和患者组织发展），协调医患关系；（5）研究倡导（刘枭、贺彩霞，2015）。假如仅仅从文字上去思考，现有研究对医务社工角色的分析，很难体现出医务社工的特色，在其他领域，这些角色也是社工的工作，如心理关怀、服务对象增能、社会支持等角色的提炼。这个角色的定位很容易让医务社工缺乏该领域的特长及专业性。有社工就有疑问：“我在社区的工作与我在医院的工作很类似，只是服务的人群不一样了，但是工作的手法好像没有什么改变，我是在做医务社工吗？”

（二）医务社工的无力感较严重

在督导实务过程中，大部分社工都充满“无力感”。以脑瘫儿童为例，儿童家长难

① 刘枭，贺彩霞：《医务社工在癌症患者服务中的角色和功能》，《社会福利（理论版）》2014年第11期。

以接受自己的孩子将终生残疾的事实，社工除了帮助个案家庭链接资源，解决其经济的危机，不知道自己如何帮助个案家长接受孩子残疾的事实，又或者社工用了很多方法，但是个案的家人依然难以接受，充满无力感。在乳腺癌骨转移的个案中，面对案主的刺骨之痛、临终前的恐惧，社工不知所措，不知道除了安慰还可以做什么工作。在开展中风病人家属的支持小组中，家属们难以承受照顾的压力，情绪一度不受控制，社工不知如何处理才可以达致小组的目标。有医务社工曾说："面对这么严重的疾病，我自己也很害怕，假如疾病发生在我身上，我也不知道怎么办，我觉得我所做的一切都是徒劳的。"

（三）医务社工难以处理行政机构、社工机构、医院、科室及服务对象的关系，感到无助

在督导的过程中，我们发现医务社工的压力很大，他们不单单对于在医院里需要处理与病患的关系感觉苦恼。其实在"政府购买医务社工岗位派驻到医院"的服务设计上，不难理解医务社工的苦，医务社工在科室里面工作，需要配合医疗机构相关科室的要求，如服从科主任或护长要求医务社工配合开展的活动、创文明医院评比、三甲医院评比、优秀科室评选。这些活动大多是医院对科室的要求，大部分为行政的任务，与医务社工的工作目标、工作要求不同。同时，医院引入医务社工，大部分会将医务社工分到某一行政部门分管，如"团委、医务科或者党政办"等，这些科室对医务社工的定位与医院相关医疗科室并不一致，如他们大多希望医务社工能提升医院的整体"人文关怀"，医务社工需要开展多点活动，多点媒体热点报道，提升医院的社会影响力。而作为服务购买方，他们为医务社工设定指标，会邀请第三方对医务社工进行评估，这个评估对医务社工来说，会决定其服务的成效，为医务社工带来很大的压力。社工为社工机构派驻，机构对医务社工有要求，期待他们能处理好与科室的关系、医院的关系，评估成绩得到优秀。面对层层的压力，医务社工确实难以适从，稍有不慎，就会得到不好的评价。

（四）难以疏解因疾病带来的情绪困扰

有部分社工在督导的过程中表示对疾病感到恐惧，害怕疾病会降临到自己的身上，对疾病特别敏感。如在急诊服务的社工会经常接触到"中风"偏瘫或因交通意外导致肢体瘫痪的患者，医务社工在服务的过程中会了解到患者的得病经历，感受到患者及其照顾者的痛苦情绪，当这些负面的情绪慢慢累积，缺乏正确的疏导方法，医务社工很容易陷入情绪困扰，而且大部分的情况是医务社工没有察觉到服务过程对自己情绪的影响。

二、医务社工督导的重点及难点

分析医务社工的督导需要，可以看到当前医务社工在实务工作、行政工作及自我的成长上都需要指导，在医务社工的教育不完善的情况下，医务社工的督导需要发挥重要的作用。笔者认为，医务社工督导的重点和难点主要如下：

（一）医务社工督导重点

1. 确定医务社工的服务目标：帮助服务对象面对疾病导致的社会功能的影响

引入医务社工是服务患者、服务医护团队、还是服务医院？在评估的过程中，发现很多医院引入医务社工是想提升"医院的品牌影响力"，提升医院的形象，所以医院希

望社工开展多点“大型活动”，让社会更多的人认识到医院对患者的“关爱”。也有医院引入社工是想提升“医护人员”对医院的满意度，减少怨言，所以社工的工作重点在为医护人员开展各类康乐性、减压性的活动和小组。笔者认为，服务购买方、引入方对“医务社工”的错误理解是造成医务社工“不专业”、服务无效的关键问题。病人到医院就医，想解决疾病对其生活的影响。医护人员解决的是疾病对其“生理”的影响，医务社工解决的是疾病对其“社会功能”的影响。明白医务社工的目标及专业定位，才可以确定医务社工的角色及定位，让社工们明白自己工作的意义及为这个意义奋斗，减轻迷茫感。

2. 让医务团队认可医务社工的服务目标

当确定了医务社工的目标后，需要用有效的沟通方法，让服务购买方、医院、医护团队认可此目标。实际上，患者希望有人关心和明白“疾病”对其社会功能的影响，医护人员也想知道疾病对该患者社会功能的影响。在医护人员与患者之间需要有一个角色，这个角色便是医务社工。她聆听服务对象因疾病而导致的生活上的困难、情绪上的困难，理解医疗团队的治疗方案、理解医护人员的限制。这些理解能推动医生与患者之间的理解。这个“理解”在我国当前的医疗体制下，是非常必要的！当医疗团队明白社工的专业位置及服务意义的时候，医疗团队和医院便会支持和帮助医务社工的工作，医务社工便有了团队和动力。

3. 要创造合适的服务框架

在大多数医院，医务社工的人数很少，一般是3名社工，最多不超过5名，她们需要负责很多个科室的服务。如在广东的南海地区，卫计局不遗余力地推动医务社工的服务，在不同的医院做试点，卫计局和医院共同出资购买社工机构的服务，社工机构往医院派驻社工。在服务刚刚开始的时候，医务社工要同时负责几个科室的服务，如妇科、产科、肾病科、临终关怀病区等，设计的服务类型有教育性、康乐性、治疗性、预防性等，服务指标有个案、小组、活动、服务平台构建、服务指引梳理等。笔者认为，这样的服务设计是不合理的，不同病种的患者所遇到的问题是不一样的，社工在服务不同病种的时候，需要对不同的疾病有所理解。在理解的基础上设计“服务框架”，如患者进入医院的过程“门诊—疑似—确诊—治疗—出院—社区（家庭）”，这个诊疗过程患者的需要是什么？医务社工所介入的点是什么？以服务需要为基础的设计，服务才可能有效。过早的设计服务指标，医务社工们就成了“赶指标”、应对第三方评估的写手。

（二）医务社工督导难点

1. 明确实现医务社工“服务目标”所需要的能力

当明确了医务社工的目标以后，难点就是如何达到这个目标。作为督导，我们有能力去理清目标和工作计划，但是发现被督导者依然难以做到我们的期待。笔者认为，很大可能性是我们没有理清达到医务社工所定下的目标所需要的能力，及分析现有的医务社工在能力上的差距是什么，再设计督导计划，与被督导者讨论督导计划的有效性。

2. 理顺实现医务社工“服务目标”所需要的服务框架

理顺服务框架是督导最重要的工作之一，也是难度最大的工作，对督导的要求非常高。难度在于督导需要了解医务社工所处的“环境”，了解医务社工的专业定位，了解患者的需求，了解医务社工的能力，在不同的需求中创造出能满足各方的服务框架。实际上明确服务框架才有可能为督导计划指明方向，督导需明确每次督导的意义、督导的内容与服务框架的关系。

3. 让医务社工在困难的环境看到希望

很多医务社工在刚进入医院服务的时候，都怀着很高的期望，希望将所学（个案、小组、社区）服务到医院、患者。但是进入医疗系统后，发现自己的专业难以进入医疗系统，专业难以被认可，做的事情很多时候只与“评估”有关系，有时候还被服务购买方质疑，很有挫败感。另一方面，社工每天面对很多的“疾病”，看到患者被疾病折磨的痛苦，每天都需要面对很多的“负能量”，缺乏宣泄的途径，恐惧和焦虑很容易成为社工的一部分，难以消解。社工目睹医务人员每天繁重的工作，压力非常大，抱怨很多，很多时候难以温柔、理性地对待和尊重每一位患者，社工心里也会不舒服，想逃离这样的环境。有这么多的不如意，医务社工的流失率是非常高的，因为他们看不到希望，看不到工作的意义。医务社工的督导也面对着这样的环境，如何通过督导让社工看到希望是难点。

三、给医务社工督导的建议

目前，我国医务社工督导非常年轻，大部分缺少医务社工的前线服务经验。有服务经验的大多是香港的社工督导，对内地的医疗政策、医院、医生的需要了解不多，很难给予一些本土的意见。以下为笔者在实务过程中，总结出来对医务社工督导的一些建议。

（一）理解医院、医护人员、医务社工所处的环境及分析该环境对不同利益相关方的影响

我国社工的发展深受香港地区的影响，医务社工是社会工作不同领域当中的一个较专业的领域，我们很多时候会参考台湾地区和香港地区的教材和服务模式。但是当我们在内地开展医务社工的时候，一定不能忽略的就是“内地的医疗体制”。不同国家、地区的医疗制度是不一样的，患者所遇到的挑战也不一样，假如我们只看到外国发展了很多年的服务很好，没有思考“精细”的服务是否适合内地此刻的发展阶段，这样的服务是不可持久的。督导需要熟悉我国的医疗制度，可以分析出医院所遇到的问题与相关制度的关系。医院、医生、医务社工都受此环境的影响。督导需要看到医务社工是在什么环境产生出来的，找到这个背景以后，我们才能看到相关利益方的需要，才有可能推动各方达成共识。督导有责任去推动这个共识的达成，在督导的过程，让医务社工有一个新的视角去理解医院、医生和该阶段医务社工的重大使命。

（二）理解“疾病”对“人”的影响

熟悉因“疾病”对社会功能产生影响的评估方法及介入方法。可以看到，很多医务社工的督导在指导社工做个案、小组、社区活动时，给了一些很好的建议，但是医务社工的个案与社区的个案很大的区别是重视“疾病”对社会功能的影响，所以督导需要带领医务社工看到“疾病”对“人”的影响，可以使用一些评估的框架，如医务社工专用的“4R”分析法。督导需要有心理学、社会学的知识储备，看到患者出现负面情绪、行为的心理学和社会学的根源。学习将不同的量表应用于患者的心理测量。可以带领医务

社工学习不同的介入模式，如理性情绪治疗模式、寻解导向治疗模式、任务中心模式、家庭结构治疗法等，并探讨不同的模式在服务中的运用成效，要总结、要积累，让医务看到自己的进步和服务的成效。

（三）督导需鼓励医务社工与医疗团队的合作

与医疗团队合作，除了扎实的医务社工专业知识以外，对病理知识也需要有了解，如服务乳腺癌服务的社工，需要对乳腺癌的知识有了解，能看得懂医生的诊断报告、诊疗计划及相关的专业名词，如"靶向治疗是什么治疗？化疗放疗的副作用？患者的依从性如何？"社工需要把医务人员的专业术语进行翻译。只有了解医疗团队的运作，才有可能和医疗团队合作。除了认识医疗知识，督导需提醒医务社工学习与医疗团队沟通的方法，了解如何组织个案会议讨论、前期需要筹备什么资料，得到医疗团队的专业认同也是医务社工督导要推进的工作之一。

（四）督导需不断鼓励医务社工，提升其学习的动力

在困难的环境中，医务社工需要督导的支持及鼓励。督导需要培养医务社工自己解决问题的能力，而不是"有问必答"，督导要更有智慧地引领医务社工进行思考和学习，为其指明方向，在寻找方向的过程中给与情绪的支援。这需要督导有"评估社工能力"的框架，有"医务社工服务模式"的框架，为其指明方向的同时，注重其能力的培养，让社工看到前景并增强自我效能感。

（五）陪伴被督导的医务社工

督导需要陪伴医务社工积极积累和总结经验，提炼出实务手册。大部分医务社工都缺乏"研究"的视角，不重视服务经验的梳理与总结，所以没有办法提升自己的专业技能及专业的影响力。督导需要带领医务社工做实证研究，用有力的数据展现服务的成效，这需要督导有研究的视角和能力。

总的来说，我国医务社工的服务发展极度需要有经验、熟悉医务社工专业手法、对我国医疗体制、医疗保险制度、对医疗知识非常清楚，对督导方法也熟悉的督导。但是能胜任此工作的人寥寥无几，可见医务社工督导缺口非常大。我们需要采用积极的态度去培养医务社工的督导，重视及珍惜现有的医务社工人才，给予空间与时间去探索，培养他们成为一批有经验、有能力的督导！

第四节　老年社会工作督导[①]

老年社会工作领域督导是指为从事老年人服务领域的社会工作者提供技术支持，进行实务指导，以保障其服务效率及质量。老年社会工作督导应首先了解当前老年社会工作者的服务场域分布情况，如绝大多数老年社会工作者依托社区资源，为老年人提供社

① 本节作者：刘百秀（广州应用科技学院/广州应用科技学院城乡文化发展研究中心）。

区式或上门式养老服务，另一些社会工作者在养老院舍开展机构养老服务，只有极少数社会工作者进入商业性养老机构从事养老服务工作。

一、老年社会工作领域督导内容重点及特点

目前，老年社会工作者有什么样的需要？作为社会工作服务机构，该如何去开展督导工作，从而有效地支持他们？这一领域的督导工作有什么特点？要注意些什么？督导内容重点是什么？其开展督导工作的难点又是什么？这是本小节要讨论的问题。

（一）老年社会工作被督导者 KSA 需求

以广州市为例，从事老年服务的社会工作者比较年轻，外省户籍者居多，岁龄较长的老年社会工作者多是从其他行业改行的。他们在开展老年人服务工作中遇到的困难也存在很大差异，被督导者的 KSA 需求表现差异也很大。

1. 年轻的长者服务社工

他们开展服务的困难或障碍主要是：

（1）语言、文化及代际隔阂障碍。

①语言文化不通带来的服务困难。上了年纪的老年人不会讲普通话，只会说普通话的社会工作者除了有沟通障碍，还有心理障碍。

②代际差异带来的隔阂。由于代际的差异以及生活阅历的不同，一些年轻的社会工作者往往比较难理解及同理老年人，给服务带来很大的困扰。

（2）实务能力不足。很多年轻的科班出身社工接受过学校专业训练，但基于目前国内的社会工作教育侧重理论教育、弱于实务教育的现实，专职长者服务社工的实务能力是不足的，这也严重影响其专业自信。

（3）职业适应及成熟的需求。如何从毕业初哥状态转变成一个合格的职场社工，是年轻社工需要关注的地方。

2. 改行入职的社工

他们在开展老年人服务的时候，往往具备一定生活阅历和职业成熟度，能够开展一些简单的社会工作服务，但他们的长者服务理论基础弱，在处理文书类工作方面存在小困难，往往会导致专业不自信或不认同社工专业。

（二）老年社会工作督导内容及重点

1. 解决态度问题，即同理

对于年轻社工来说，如果老年社会工作者无法理解他要服务的对象，很难相信他能够提供有效的服务。帮助年轻社工积累直接的或间接的生活经验，快速理解老年人群体就是重中之重。职业操守及工作态度是被督导者的软实力，会随着被督导者自身状态有一定波动及变化的，需要尤其注意。

2. 知识内容分为老年服务基础知识和基本技能

包括老年人的群体特点、常见病症、常见需求、福利政策以及服务资源等。具体如下：

（1）老年群体特点，包括各类老年人的分类，如年龄上的划分、政策福利角度的分类、健康状态的分类、需要护理程度的分类等。

（2）老年人群体常见病症，如老年健康/老年康复/常见慢性病、症状（医学角度）

及其对老年人的影响，具体包括长者常见慢性病，比如高血压、心脏病、糖尿病、关节炎、听力障碍、白内障、老年痴呆症等。

（3）老年人群体常规需求，包括居家上门需求、就餐助餐、助浴清洁、精神慰藉等。

（4）老年人福利政策及服务资源。主要了解国家及地方政策能够给予当地老年人的服务政策以及相关的服务资源，有利于社会工作者在为老年人提供服务的时候，搭建老年人自身的社会支持网络及系统。

（5）老年人服务场域知识。一是基于社区居家养老服务场域，即老年人所在的社区。二是基于院舍养老服务场域，即养老院、安老院等。社工需要了解不同服务场域老年人的生活心理特点、服务重心，掌握一些通用性的常识以及获得这种常识的方法。熟悉老年人生活社区环境，更易理解不同处境的老年人，以及帮助老年人从社区获得社会支持。

社会工作机构督导要善于激发社会工作者透过自我学习、小组学习会、内部基础培训、同辈督导等形式，掌握上述基础知识。或者给予行政支持，鼓励与支持社会工作者积极参与与老年人服务相关的文凭教育或业务专门的课程进修。

3. 老年人需求评估知识

（1）评估老年人健康状态，涉及医学疾病评估、躯体健康评估和生理功能评估。如生理功能评估就涉及到居家跌倒风险，可能与是否要提供居家安全服务有直接关系。

（2）评估老年人的活动能力。对老年人日常生活能力、精神状态、感知觉与沟通以及社会参与等因素进行评估，是老年人领域社会工作者的基本技能。这个评估的结果将会直接决定社会工作者提供服务的形式以及开展服务的形式。

（3）评估老年人的心理健康，涉及老年人认知功能评估和精神心理状态评估，如阿尔茨海默病、老年抑郁症等症状要求社会工作者须具备专业训练与研究基础。

（4）评估老年人的社会功能。包括对老年人的人际关系及社会参与、生活质量、经济状况资源及社会支持系统等进行评估，是长者服务社会工作者的基本能力。

（5）评估老年人的需求与问题。主要是针对老年人的问题及需求进行评估，将直接决定社会工作者为老年人提供的服务内容。

在社会工作督导过程中，社会工作服务机构要密切关注被督导的社会工作者本身的能力及基础，根据他们的需求来提供不同类型的督导，如主题工作坊的督导、实务技能训练的督导等。同时，也要充分运用其自身的资源，如学习动机及学习能力，促进他们对知识的掌握。

4. 教练社会工作三大方法在老年服务领域的运用

新手社工在三大手法的实践运用能力与技巧有待提升，社会工作机构督导要强调个案、小组、社区三大手法在老年人服务中的变通以及注意事项。

5. 老年社会工作专业介入的特别方法

在老年人社会工作服务中，有一些专业介入方法特别实用，如个案管理（包括痛症管理、压力管理及悲伤管理）、临终关怀（包括老年人去世后家属的哀伤辅导）、认知症照护、老年危机干预、非药物康复干预、人生缅怀法等。

在为老年领域社会工作者提供督导的时候，社会服务机构需要因材施教，针对员工的特质，鼓励员工精深地学习及运用其中一些专业的介入方法及手法，从而能够发展自己的能力，拥有一技之长。

6. 老年社会工作项目管理技能

目前，项目管理类社会工作人才比较短缺，在社会工作服务机构中表现为中层社会工作人员的断层。鉴于此，长者服务督导内容具体包括：

（1）长者服务项目需求调研及项目设计。带领项目团队收集目标服务老年人群的需求，如何从老年人单个个体需要到群体整体性需求的操作化过程，设计合适的服务计划。督导要针对项目负责社工特别的技能需求。

（2）项目管理。包括项目执行过程中如何做好整合、控制项目范围、有效实施时间管理、成本管理、质量管理、人力资源管理、沟通管理及采购管理等等。

（3）团队带领及人事管理技巧。面对团队里不同类型的员工，尤其是问题员工，如何有效运用团队管理及人事管理技巧，是管理岗位社工需要面临的处境。

在社会工作服务机构为管理岗位的社会工作者提供督导的时候，要充分考虑这部分群体的经验基础及能力，给予更多的空间、支持及尊重，以便其发挥更大的功能。

7. 专业伦理知识教育

在社会工作服务机构，专业操守是一个非常严肃的问题，督导是重要的机构自律监督途径。社会工作服务机构要透过日常督导行为去关注社会工作者伦理表现，及时纠正偏差行为或违反专业操守的行为。

8. 员工工作意愿态度

在社会工作督导中，要密切关注社会工作者自身的状态，尤其是社会工作者的工作意愿及态度，为其提供及时有效的支援和恰当的监督，从而保证社会工作服务质量。对于那些从其他行业转行过来的、有一定社会阅历的社会工作者，在上述八大知识领域的基础上，强化其优势，帮助他进行原有工作经验的迁移使用及转化的问题，从而解决他的专业不自信或不认可的问题。

（三）老年社会工作督导工作的特点

1. 分类实施督导

（1）在督导方式上，以现场督导为主，让年轻的社会工作者可以透过现场的观摩建立感性直接的印象，通过现场督导给予针对性指导，使他们快速掌握相关的实务技巧和方法。督导频次要密集，有条件的每 2 周 1 次，甚至 1 周 1 次。此外，亦需要在服务的宏观方向上多一些把控，让年轻的社会工作者获得正确的服务方向。

对于有一定的工作经验及实务经验的社工，督导频次则相对可以少一些，比如做到 1～2 个月 1 次；对于能力比较强的社会工作者，甚至可以按需督导，根据社会工作者的实际需求进行回应即可。督导的方式可以采取答疑解惑的形式，也可以充分发挥团队内部同辈督导的方式。

2. 要注重提醒被督导者对老年人福利政策及资源的把握以及跨专业服务资源的整合

老年人的问题产生往往与其生理上的功能退化、老化及疾病紧密相关，社工服务经常要回应长者群体身体检查的需求、慢病管理的需求、临时托管及照顾的需求、就医陪诊以及上门居家清洁的需求等。督导应提醒被督导社工，对这些需求的回应须动员其他专业或部门资源才能够实现，单靠社工是无法回应这种多层次的需求的。

（四）老年社会工作督导工作的难点

1. 经验转化的时长与项目周期短的矛盾

无论是年轻的老年社会工作者，还是那些从其他行业转行过来的、有一定社会阅历的老年社会工作者，他们都存在一个经验转化的问题。既需要积累经验，也需要将以往外行从业经验迁移转化，而转化需要漫长的时间过程；但项目管理效率允许的周期通常较短，督导效果难以保证。

2. 有效的经验迁移要求保姆在侧式督导

经验的迁移转化需要督导非常熟悉被督导者，保姆在侧式督导比较适合。但是目前督导大多采取外聘式督导的方式，往往一个月才见1～2次。如何持续地协助这个经验转化过程，在实操层面也是需要克服的难题。

第五节　家庭社会工作服务督导[①]

目前，深圳全市1 050个社区党群服务中心里的综合性服务也提供不同程度的常规家庭社会工作服务，此外还有2个家庭综合服务中心。从事家庭社工服务的人数约1 058人，开展家庭服务督导330名（基本上每个中心都会配备1个督导）。

以深圳市阳光家庭综合服务中心为例，家庭服务的特点是依托社区党群服务中心，为社区有需要的家庭提供专业化服务，形成“以资源服务为基础、以发展服务为核心，以治疗服务为特色”的全方位、多层次服务体系，以“居民个体”为“点”，以“家庭”为“线”，带动“社区”这个整体“面”的联动，为社区妇女、儿童、青少年、长者、特殊群体及其家庭提供“一站式家庭综合服务”，及时回应女性成长、亲子教育、婚姻辅导、家庭纠纷、家庭暴力和妇女维权等服务需求。

笔者在深圳市阳光家庭综合服务中心担任项目总监及督导，是深圳市培养的第一批本土督导，累计督导社工已超500余人。作为家庭服务的督导者，往往从社工新进机构就开始培养其家庭服务意识和服务原则，训练其服务技巧。

一、家庭服务领域被督导者的KSA需求

进入家庭服务领域的社工，相较于其他领域的社工，有着专业知识系统化、概念性强的特点，而被督导者的家庭服务系统性知识需求也比较明显。

（一）有提升运用个案工作方法能力的需求

无论是新进社工，还是有一定经验的社工，在运用家庭个案工作方法时，都会表现出自信心不足、专业知识和专业技巧不娴熟的境况。家庭服务与其他服务领域相比，个

① 本节作者：黄夕君（深圳市阳光家庭综合服务中心项目总监及督导）。

案较多。社区党群服务中心或家庭中心日常开放中会吸引比较多的儿童、妇女及长者家庭成员参加活动，家庭社工往往不会错过与她们接触交谈的契机。然而，社工更多还是停留在浅层面的家常话题，缺乏对家庭关系、互动及家庭生命周期、家庭结构的知识以及深入挖掘服务对象需求的技巧，督导员对个别社工的教育有时甚至涉及服务流程多个环节。

【案例背景】

一名女性家庭成员求助，诉说自己孩子学习成绩不好，常常不能集中注意力写作业，自己因没有办法教好孩子而自责，丈夫又长期在外工作给不了支持，在中心表现出很无助、很不安。

【督导过程】

1. 被督导社工家庭服务知识与技巧需求

督导员发现：（1）值班社工填写个案初评表时，不能分清案主需求的先后次序；（2）欠缺进一步获得案主信息和信任的技巧。因此指导社工通过安抚案主情绪而与其建立较好的工作关系，再循序渐进了解案主孩子学习情况、亲子相处现况，进而了解其家庭成员结构。（3）欠缺家庭个案的问题诊断或需求技巧。社工在这个阶段往往只看到案主孩子显在的“学习问题”，看不到深层次的潜在问题。经过与社工深入交流与评估后，诊断案主的问题是长期单独照顾孩子得不到丈夫情感支持所致。

2. 指导社工制定辅导的介入计划。

包括：

（1）为案主孩子提供专注力测试，评估孩子专注力与学习表现的关系。

（2）评估案主家庭成员互动关系，并讨论尝试运用家庭结构治疗模式介入辅导。

（3）提醒社工在辅导过程尝试运用同理心、归纳、刻度问句等技巧。

（二）有提升运用小组工作技巧能力的需求

在家庭服务领域中，小组工作针对家庭成员的不同，多开展儿童青少年、亲子、妇女、男士、夫妻及义工等人群的小组。此外，妇女减压、家庭暴力、女性产前产后适应性、儿童青少年手机、网瘾减除类小组是近几年社工较多尝试开展的预防性、治疗性较为深入的小组。

社区党群服务中心或家庭中心刚开始通常会开展一些容易吸引家庭成员体验中心服务的小组，如儿童、青少年、妇女、义工的兴趣、技能小组是比较受欢迎的小组类型，他们能在小组中学习到知识、才艺、技巧等简单的能力，并从小组中获得快乐的满足感。当社工与不同的家庭成员建立关系和联结后，可以进一步开展妇女小组、男士小组及治疗性小组。这些小组比较难开展，原因是受家庭传统概念的影响，往往“家丑不可外扬”，使得家庭问题被掩埋在无声之中。为吸引家庭成员进入中心，在家庭服务领域小组工作设计里，社工运用家庭生命周期理论作为切入点比较常见，见表5－3。

表 5－3 家庭小组工作设计示范表

阶段	家庭描述	小组设计	专业服务介入点	督导示范要点
形成期（筑巢期）	起点：结婚 终点：子女出生	甜蜜夫妻营小组、"新妈成长记"小组、女性产前产后适应性小组	年轻家庭形成期对夫妻关系、家庭角色的关注；准妈妈和新妈妈角色的关注及产前产后不良反应的预防	小组开展前对夫妻关系的评估；评估夫妻彼此的期待；社工认识准妈妈和新妈妈角色清单
成长期（满巢期）	起点：子女出生 终点：子女独立	"家有儿女"早期教育家长小组、故事妈妈培养小组、爸爸陪伴成长小组、家长正面管教小组、亲子赞赏技巧小组、亲子儿童性教育小组、青春期家庭支援小组、家庭"一人一故事"剧场小组	家长对子女的陪伴、亲子关系、家长正面管教的技能、家庭的社区参与	家长陪伴的方法与技巧；民主型、专制型、放任型三种亲子关系类型的认识；运用正面管教 5 个标准；倡导家庭社区参与
成熟期（离巢期）	起点：子女独立 终点：夫妻退休	家庭关系沟通无障碍小组、家庭会议协商小组、夫妻户外甜蜜营、反家暴家庭剧场小组、茶语时光—夫妻茶艺与家庭关系辅导小组	夫妻稳定关系的关注、和谐夫妻关系的营造	示范社工学习爱的五种语言；家庭剧场理论的运用；茶艺辅导技巧在家庭关系中的运用
衰老期（空巢期）	起点：夫妻退休 终点：一方身故	"相濡以沫"夫妻小组、长者伊甸园园艺治疗小组、家庭缅怀小组、新老家庭美丽牵手义工计划	老年夫妻相互扶持、关注晚年生活的需求、搭建社区家庭互助的服务网络	园艺治疗在退休夫妻或家庭中的运用；恰当的缅怀技巧在家庭小组中的运用

（三）对社区工作认识不足，有提升"以家为本"社区家庭服务概念的需求

家庭社工常常开展的社区服务有家庭探访、家庭教育、家庭趣味运动会、反家暴家庭剧场、户外嘉年华及儿童节、妇女节、母亲节等节日性大型活动。

社工在实际工作中，往往只停留于单次社区活动的开展与效果，觉得整合到资源、与所在社区和合作伙伴开展活动已经足够，缺乏用社区工作、以家为本的概念去开展社区家庭服务。这里常常运用的介入理论有资产为本理论、社区发展模式理论、社区系统理论、心理社会发展理论、家庭生命周期理论等。

家庭服务在社区中推行，涉及的面比较广，需要家庭社工既要掌握社区工作方法，也要把握家庭服务的特点。

二、家庭服务领域督导工作的特点

（一）助人先助己：发挥督导的教育功能

1. 协助被督导社工知识更新和技巧提升

家庭服务常需要指导社工善用相关的家庭社会工作理论，社工往往混淆基础理论与实务理论的区别。基础理论用来对人与社会的本质、人的行为与社会运行的规则和机制进行解释，侧重于讨论“如何解释人与社会”。而实务理论是对家庭服务实践本身的性质、目的、过程、方法进行说明，侧重于讨论“如何改变人与社会”。家庭社会工作基础理论有生态系统理论、家庭生命周期理论及心理社会发展阶段理论等；家庭社会工作实务理论有结构式家庭治疗、家庭角色理论、家庭优势与复原力理论等。

2. 协助被督导社工理顺对自我与原生家庭关系的认知

督导者可与社工做原生家庭与自我认知关联探索的练习，理解原生家庭烙印对被督导社工的服务表现、人际关系、亲密关系、亲子关系及个人职业发展的关联影响，有利于其按图索骥地思考服务对象问题背后的成因。这种推己及人对家庭问题成因的理解，有助于被督导者社工找到服务介入切口，理解家庭服务计划、介入的服务重点，确定服务次序。

（二）凸显家庭系统的服务策略

用系统的服务策略去介入家庭，是家庭服务的特色。如果理解不到位，则社工在家庭服务中常常服务于活动场地而非服务对象；服务于单个家庭成员而非“家庭”；服务于某一类群体如儿童、青少年、妇女、长者等，而非“家庭服务”。督导者可以指导社工运用以下家庭服务策略。

1. 善用服务场地空间模拟“家庭”功能

运用团体督导或现场督导方式讨论场地的功能性区隔，而不是仅仅管理场地。社工在团体督导中学习用系统的家庭视角去评估服务对象的问题，“以家庭视角”营造有家庭氛围的服务空间，学习在期间开展家庭会议、亲子小组、夫妻关系活动的技巧。

2. 辨析家庭个体成员或某一类群体的家庭环境问题

运用督导会议或朋辈督导，聚焦探讨服务对象家庭成员/家庭的功能与角色，及时修补和巩固家庭功能。针对存在重大问题或处于危机中的家庭，采用个案深度辅导、治疗性小组、危机干预等专业性较强的深层次服务，进行家庭和行为治疗，修复和改善个人及家庭功能，促进个人及家庭恢复到正常的状态。

（三）伙伴督导模式利于家庭服务社工快速成长

家庭个案的某些家庭成员可能被列入其他领域的服务对象，家庭领域社工须加强和项目内其他领域社工的交流与互动，因此，伙伴督导模式是家庭领域社工比较有效的督导模式。

伙伴督导是从同辈督导模式中发展出来的一种督导模式。督导者定期召集不同服务点的社工或同在一个中心不同领域社工开展小组督导时，可以针对不同的服务项目社工共同分享彼此的服务经验与技巧；在同一个中心不同服务领域里，共同讨论如何“以家庭为本”，介入不同年龄的家庭成员。督导者在这个过程中，主要通过引导被督导者发散思维，思考如何在不同服务环境或同一个服务单位中把家庭服务融入社区发展，被督导者分享、讨论不同环境中家庭服务如何介入。有效的经验互相传递和学习，对新社工来说，是一个快速进入服务环境学习的平台；对于有经验的社工来说，是一个经验巩固和提升的机会。

三、家庭服务领域督导工作的重点

教育性督导重点教授各类家庭社会工作理论、家庭需求评估、家庭辅导技巧、家庭辅导流程、服务系统介入技巧等知识和技巧。

（一）重点提升社工关于家庭功能评估的能力

社工开展家庭服务时，往往摸不准家庭问题，常以搞节日活动充任替代性服务。受家庭内、外系统或结构的影响，家庭有着不同层面的服务需求/问题。如家庭内部亲子关系和夫妻关系的改善、家庭成员潜能发掘和家庭功能提升、家庭危机介入（家暴、虐儿、维权等）、家庭生命周期阶段更迭的适应；家庭外部系统如社区、学校、工作单位等环境的融入，邻里关系、留守儿童、候鸟家庭、弱势家庭、家庭社区参与等需求。常用生态系统理论和家庭生命周期对家庭功能进行评估。

1. 使用生态系统方法应重视家庭与环境的关系

评量内容包括：

（1）家庭及其环境的支持资源如何？

（2）家庭及其个别成员与其环境的关系。督导者可以教授和训练社工如何使用家庭生态图来甄别家庭的外部系统影响因素，包括不友善环境的因素（主要指环境缺乏或阻碍资源支持的提供，阻碍个人发展和适应能力）和滋养性环境的因素（主要指提供必要资源、安全与支持，增进社区成员认知，促进家庭延续发展）。

2. 家庭生命周期理论

家庭生命周期理论认为，家庭遵循一个可预测的阶段发展，各阶段有一定的顺序任务与障碍，若家庭无法适应或忽略某个阶段的需要，就可能导致家庭功能失调或下一阶段发展延缓、停滞，甚至家庭瓦解。评量内容包括：

（1）加入新成员，家庭系统和家庭角色的改变。

（2）夫妻角色、父母角色的平衡情况。

（3）成年子女离家，夫妻关系再适应。

（4）子女成家，家庭成员代际关系。

（5）步入老年家庭的生活适应和家庭成员丧失，发展新的生活意义。

另外，还可以运用家庭优势与复原力理论，评量出家庭的优势，包括在关系、技能、特质、生命经验和社区资源方面有哪些优势。

（二）重点关注家庭服务介入目标的制定

社工在制定家庭服务目标时，常常出现孤立地回应某个家庭成员问题的情况，而未能发现家庭关系这一本质性问题。具体表现如：只针对个别家庭成员，未见家庭层面问题的回应；不能辨别主要问题，只回应表象问题；目标内容不够具体，回应问题优先次序需考虑。

制定家庭服务目标常用方法：

（1）依据制定目标的SMART原则，在具体性、量度性、可达性、相关性、时限性五个原则上考虑目标在家庭服务中的适用程度，如具体性是具体到单个家庭还是某共性家庭，可达性是某个家庭功能的提升还是社区家庭功能的整体提升。

（2）考虑服务介入目标的优先次序、难易次序。社工可根据家庭需求评估的情况，制定有针对性、合理的目标。

（3）根据服务成效，制定相应家庭服务的短期、中期和长期目标，同时对一般家庭、特殊家庭制定分层次的目标。

一般家庭服务目标设定举例如下：

1. 总目标

（1）强家庭的能力，帮助家庭成员做好应对目前或未来的准备。

（2）促进家庭功能的改善，让家庭维持有效的功能运作。

（3）协助介入家庭危机的需求，帮助家庭走出危机及增强家庭抗逆力。

2. 具体目标

（1）针对一般家庭的服务目标。

（2）针对家庭生命周期8大阶段的发展需求，协助家庭完成面临的任务，增强家庭抗逆能力。

（3）提高家庭成员角色功能的认识，为家庭提供亲职教育、亲子共成长、家庭角色与互动、改善夫妻关系等专业服务，促进家庭成员及家庭的成长。

（4）针对特殊家庭的服务目标。

（5）针对危机家庭或高风险家庭，包括单亲、家暴、复杂婚姻关系、虐儿、遇到重大困境等情况的家庭，提供必要的辅导服务及转介服务，协助其渡过危机。

（6）拓展处于困境中家庭的社会支持网络，加强其自身家庭能力的建设，并倡导社区人文关怀。

（三）增强社会工作伦理风险管理

主要考量家庭社会工作者对伦理风险的把握程度。家庭社工应对家庭服务领域内容有所了解，接纳不同家庭文化服务对象，对危机服务对象（如家庭暴力、虐儿、性侵等）的问题熟知介入流程，把握保密原则与生命安全原则。

【案例背景】

阿芬向社工求助，自己被老公家暴已有半年，与社工面谈时，身上有明显的伤痕，但阿芬很害怕老公知道她把家里事情向外说后，遭到更严重的打骂，请求社工不要对外讲她来过中心。很多社工初次遇到这样的家暴个案，往往不知道如何提问、如何平复求助者的激动情绪、如何在谈话中收集关键信息来评估求助者面临的紧急境况。

【督导重点】

1. 训练社工的高敏感性和提升挖掘深层问题的能力

家庭服务比较常见的问题是女性家庭成员深受中国人传统观念的影响，持“家丑不可外扬”的非理性信念，促成家庭潜在的危机问题、严重的家庭现实问题。督导者指导社工对案主进行危机评估，对阿芬遭受家暴的频率、伤势、每次被打的情形、案主过往求助方法和对象等进行评估，评估出危机等级。

2. 提升社会工作伦理风险管理程度

如上述评估为中高等级，提醒社工告知案主：为保障案主生命安全，并不能完全遵循保密原则，会联系相关部门或者报警，用公权力阻止家暴行为。

此外，督导还应审视家庭服务指引是否健全、机构家庭服务系统运行是否存在障碍，包括中心应有完善的组织架构和员工职责，中心的愿景、使命、价值观，服务制度及流程、服务转介系统等。

（四）家庭服务常用的督导方式

1. 朋辈督导在家庭服务中运用较为广泛

朋辈督导通常没有指定的督导者，团体成员都是以平等身份参与，他们有需求、观点、经验相同的特点。在社区党群服务中心或家庭中心，督导者常常会召集家庭领域社工进行朋辈督导，特别是运用在有着相近家庭服务经验或资历的社工之间，彼此分享不同环境下的家庭服务，促进社工间不同经验的汲取并快速成长。

2. 互动过程督导模式

重点在于指导过程中督导者与被督导者之间的互动，督导者可在不同环境中指导、合作、鼓励或交托被督导者。这种督导方法的社工之间、社工与督导之间的互动关系很明显，除了固定的督导时间，在日常工作中，更倾向于及时互动的方式，在平时与社工交谈、讨论、工作的运用效果很好①。

四、家庭服务领域督导工作的难点

（一）被督导社工有关“家庭系统性”的理解不到位

目前，家庭服务社工服务活动化较明显，没能形成系统性家庭服务，服务碎片化较普遍，服务成效不明显。被督导社工在准确理解“家庭系统性”如重点关注家庭关系、家庭功能等依然存在较大的困难，他们的运用实务技巧（正面管教、家庭会议、父母效能、父亲角色增能、家庭个案辅导等）、专业敏感度、能力和经验都有待提升。

督导者有必要为社工制定胜任力规划，内容包括不同年资社工的能力训练课程/进阶课程、家庭领域不同服务的特点认识、外部服务环境关系建立技巧（如跨部门合作）、系统资源整合要点等。

（二）如何保持家庭领域社工的服务持续动力

当职业倦怠出现时，社工往往想离职。薪酬、晋升空间、职业训练、职业认同、职业政策导向等因素都影响着社工的职业发展前景。因此，如何维持社工在岗服务动力，不仅困扰着机构督导，也是一个很值得探讨的督导研究议题。

---

① 徐明心，何会成：《社会工作督导：理论·实践与反思》，香港基督教服务处，2003。

第六节 社区残障服务督导[①]

随着残疾人服务的发展，出现了“社会分析模式”，这种模式有区别于“个体模式”，它认为残疾本身不再仅仅被看作是身体的损伤或缺陷，而被认为是一种人为的社会障碍对身体功能的剥夺，不合理的社会结构和社会观念人为制造了社会文化障碍和环境障碍，比如隔离式教育和康复模式剥夺了残疾人参与社会的权利，导致了残疾人被歧视和被边缘化的社会生活状态。因此，残疾人的教育和康复不应该仅仅针对他们的身体缺陷进行补偿，而是应该着眼于社会环境的改变，从促进残疾人的社会整合和社会参与的角度来进行努力。目前，社区残疾人社会工作正处于发展期，作为提供“间接服务”的督导者，如何为一线社会工作者提供专业督导服务，让其更有能力为社区残疾人提供适切的专业化服务呢？

一、开始社区残疾人社会工作督导前的准备

社区残疾人社会工作要求：术业有专攻，既然是督导一线社工更好从事残疾人社会工作，那么督导者首先要让一线社工清晰知晓“残疾人”概念，建构对残疾的自我认知，为后续工作的开展奠定基础。

（一）了解目标群体相关理论：与残疾人群体相关的基本概念和问题

社会工作是一项高度专业化的工作，其基本特征之一是大部分的实践过程和工作技巧都建立在一定的系统理论基础知识之上，而非仅仅依赖于社会工作者的个人经验和悟性。作为督导者，在开始社区残疾人工作督导时，要让一线社工懂得残疾相关的理论和知识。如，残疾是一种什么样的形态？是什么导致了个体的残疾？在满足残疾人士的需要方面，社会该承担怎样的责任？社会工作者在开始残疾人社会工作时，加强对残疾理论框架的了解是必要的，残疾理论为我们提供了一个框架，有助于社会工作者理解残疾的可能因果关系。残疾理论可能涉及的相关理论或模式有：对残疾人的认知和对残疾人问题的认识，如社会型残疾理论和社会排斥理论；对残疾人如何参与社会生活的认识，如回归社会理论和社会网络理论；对残疾人社会工作的主要方法的认识，如正常化理论和充权理论。

对社会工作者而言，面对理论时可能会“束手无策”，甚至理论和实践是“二张皮”。为让社会工作者可达致理论与实践的相结合，作为督导者，可用以下的理论构架[问题基本假设—改变方式（策略方法）—介入目标—步骤（评估指标）—介入原则]对社会工作者进行督导，让社会工作者逐渐“修炼成三重境界”。第一，手中有剑，心中亦有剑，按理论要求，结合残疾人的实际情况开展工作，强调技巧在实践中的运用；第

① 本节作者：赖玉森（深圳市现代公益组织研究与评估中心督导）。

二，手中无剑，心中有剑，即在实践中把理论融会贯通，强调理论在实践中的运用；第三，手中无剑，心中亦无剑，即在实践中去反思理论，“去”书本化与经验化，形成具有本土文化背景下的社区残疾人工作模式，更注重社会工作的价值对社会工作的指导。

（二）开始社区残疾人社会工作督导前的准备：了解残疾人群的特征

督导者在协助社会工作者了解残疾人士基本理论知识之后，可以开始第二步工作，即就服务对象的人群特征进行具体了解。可从“残疾概念”“残疾人自身”“残疾人家庭”“残疾人社会环境”等方面进行督导，协助社会工作者对残疾人这个群体有一个“全貌”的认知，具体需要了解如下内容：

（1）残疾的具体特点，包括中国残疾人的分类、身心特征。

（2）残疾时的年龄，是先天还是后天。

（3）残疾人的性格和人格，每类残疾人的具体特征。

（4）残疾人的家庭特点，可用家庭结构图，具体了解残疾人家庭的状况。

（5）残疾人所处的环境特点，可用生态图，具体了解残疾人与社会互动的状态。

（6）残疾人的社会经济地位。

（7）残疾人的文化互动和社会互动。

（三）开始社区残疾人社会工作督导前的准备：了解残疾人的环境（工作场域）

个人—家庭—群体—社区—机构，引导社会工作者认识这些人和部门或机构是如何去处理社区残疾问题的，让其理解残疾人困境中的“社区因素”是如何运作的。

对残疾概念、残疾人身心特征、残疾人家庭和社会环境有了初步了解之后，督导者应该协助一线社工进一步了解其工作场域中的残疾人具体情况，包括以下几个方面：

（1）了解社区残疾人的具体特征（包括残疾人在该社区的历史、数量、对社区的看法和如何看待社区其他人对他们作出的反应）。

（2）确定社区残疾人的社区特征（包括残疾人的分布、残疾人存在的身体障碍和社会障碍、社区残疾人的主要社会问题和资源的识别运用。）

（3）了解社区残疾人主流价值（包括社区残疾人群体重要的文化观念、传统或信仰，影响这个群体的主要价值是什么，社区里哪些群体相信他们、又有哪些群体反对，围绕着这些群体存在着哪些观念的冲突等）。

（四）开始社区残疾人社会工作督导前的准备：了解残疾人相关的政策环境

残疾人服务在国内已有较为完善的服务体系，残疾领域社会工作作为一种新的工作手法介入到原有的工作体系中，不仅要对过去的残疾人服务体系有系统的了解，更是要去了解残联相关的法律法规，甚至残联的工作规划等，方能在服务提供的适切度争取更多的可能性。

（五）开始社区残疾人社会工作督导前的准备：了解当下社区残疾领域社工的现状

要做好工作，除了扎根社区、从残疾人的实际需求出发外，作为督导者更应该引导和鼓励社会工作者多抬起头，把眼光看远一点，多看看看其它地区的类似服务是如何设计、开展的。多交流、多学习、多参考，才会共同推动着社区残疾领域的服务发展。

（六）开始社区残疾人社会工作督导前的准备：了解本机构

在督导过程中，机构本身的使命和目标是透过督导者传递给一线社会工作者的，再透过一线社会工作者的实践来传递机构的目标。因此，社区残疾人社会工作者如果是外聘（属于社工机构），那在正式开展工作前，督导者要协助其了解机构的使命、愿景、工作制度、岗位描述等；如果是自聘（属于福利机构或政府部门），督导者需协助社会工作者对相应部门的工作目标、工作计划、工作制度和岗位描述等有清晰的了解。

（七）开始社区残疾人社会工作督导前的准备：知彼知己

在具体了解了社区残疾人相关的概念、知识、环境等后，最后一个准备工作就是：督导者需要协助社区社会工作者了解其自身，也就是自我认知，以确保其能知晓自己在面对这些残疾人时有哪些是可以做的、哪些是自己做不了的，并做好应对的心理准备，从而更有信心去开展社区残疾人社会工作。

以上分别从七个方面强调了督导者在协助一线社会工作者进入工作之前应做的准备。

二、社区残疾领域督导工作的特点

作为督导者，在协助一线社会工作者充分做好进入残疾人社会工作这个领域的准备之后，就需要协助一线社工具体开展工作了。

（1）督导者如何看待残疾和残疾人?

（2）督导者对本地文化中的残疾视角的理解及对政策的熟悉程度。

（3）督导者与社会工作者的“残疾体验”。

（4）根据被督者的不同时期给予不同的督导内容。

（5）个案管理在督导过程中的运用。

（6）督导者的支持功能发挥。

三、社区残疾领域督导工作的重点

（1）给予社区残疾人社会工作者行政性支持，创造一种专业发挥工作环境。督导必须要在社区残疾人工作的规划、预算、组织、人力资源与方案评估等领域，发展相关的知识和技巧。除了能减少工作环境对员工产生的负面影响，也是一种对工作缺乏训练和经验的工作者，提供的行政上的支持或协助。所有的督导者都有责任确保社会工作者所提供的服务是适切且符合伦理标准的。

（2）社区残疾人社会工作者专业素质的培育。社区残疾人社会工作更强调社区康复，这就要求督导者必须从以前的“身体康复”“院舍康复”中走出来。督导者应协助员工增加“社区”和“社区残疾人”的知识和技能，促使其有效完成工作，即改善社区残疾人社会工作者的工作技巧和能力，使工作有效进行，并增进其专业成长与发展，尽可能加强其临床知识技术，进而达到服务社区残疾人的目的。此外，督导者要能提供特殊的知识与技巧，如社区适应、面试技巧和谈判技巧等，以协助社会工作者理解并有效处理机构和社区残疾人福利体系的复杂事物。

（3）对社区残疾人社会工作者的持续关怀。残疾人工作由于其特殊性，本身工作开展就有一定的难度，而社区残疾人工作的开展更是难上加难。社会工作者不仅要面对社区残疾人本身的需求，也要面对各单位的需要，还要面对社会的审视，即“你的服务到底有没有用?”“对残疾人起到了什么效果?”等疑问。因此，督导者应协助社会工作者减轻工作压力和寻求处理问题的途径，以增进社会工作恢复职场功能并对社区残疾人提供有效性的服务。即督导者透过同理心、鼓励以及分享，表达对社会工作者心理及人际关系方面的支持，借此提升社会工作者的士气和工作满意度，且增进社会工作者的自尊、成就感以及潜能的发挥。社区残疾人社会工作者在工作过程中，经常面临许多挑战及压力，这些压力需要疏导，督导者就是很重要的支持来源之一。

（4）协助社会工作者建构社区残疾人工作的支持网络。督导者应能适当扮演行政体系与直接服务间的沟通桥梁，也要协助社会工作者与政府各部门、社区企业、社区社会组织等保有良好的沟通模式，逐渐去建设社区残疾人工作的服务网络，营造一个残健共融的社区环境。

四、社区残疾领域督导工作的难点

（1）协助社区残疾人社会工作理解"社区残疾人"，并从"个体模式"转向"社会分析模式"的理解。督导需要引导一线社会工作者通过分析残疾人的身体、心理和社会方面存在的问题，帮助残疾人克服在康复、生活、社会权益、文化社会、环境、就业等方面遇到的障碍，将残疾损伤带来的能力丧失影响降到最低程度，使残疾人能够有机会参与社会生活、学会自我独立生存（而不是仅仅进行日常生活方面的照料服务）。

（2）残疾领域专职督导的缺乏，特别是残疾人社会工作服务技巧的专业实践经验和残疾人服务社会倡导的实践。

（3）整合式的督导模式运用。机构与用人单位的"天人合一"是否能达到（传统残联工作与社会工作的融合）？残疾人社会工作是一项较为复杂的工作，在面对多方需要时，督导者是否能在机构的协调和资源整合中促进一线社会工作者更有效作用发挥？

（4）当下的一线社会工作者素质不一，督导者是否能确保残疾人都得到适切的社工服务，并尽可能减少非专业实践（二次伤害）？

（5）作为特殊群体的服务者督导者，是否能维持一线社工的士气，确保服务工作顺利按计划开展，避免一线社会工作者受到不必要的束缚和打击，且能够为其提供情绪上的支持，避免他们耗尽心力？

第七节 儿童社会工作服务督导①

据笔者了解，目前广州市以政府资金为来源，针对儿童开展的社会工作服务专项超过10个，多为面向困境儿童群体的服务项目。而把儿童服务涵盖其中的各街道（社区）社工站则超180个。这些专项或社工站中的儿童服务社工基本上都能获得较有针对性的督导支持。以广州市成长动力社会工作专业发展与资源中心为例，在2013～2021年间，先后承接了广州市社会福利院社会工作专业服务、广州市散居孤儿成长支援服务、广州

① 本节作者：周琳，广州市成长动力社会工作专业发展与资源中心理事长/督导。

市困境儿童社工服务等专项，目前机构有 6 名本土内生督导，笔者近年督导本机构及其他机构的同工超过 30 人。

一、儿童社会工作领域被督导者的需求

2017 年，中华人民共和国民政部发布的《儿童社会工作服务指南》（下称《指南》），对儿童社会工作服务的原则、服务范围、服务类别、服务流程等提出了基本要求。根据 KSA 需求分析框架以及个人机构督导经验，发现儿童社会工作领域被督导者有如下突出需求：

（一）儿童社会工作服务知识需求

需清晰掌握儿童发展阶段特点、需求及成长任务，减少对主观经验或想象的依赖。

根据联合国儿童基金会的定义，儿童是指 0～18 岁（未满 18 周岁）的未成年人。在实际服务中，狭义的儿童一般在 12 岁或以下。本文所提及的儿童概念为狭义的儿童。根据发展心理学的观点，每个人在成长的不同阶段都会有不同的发展特点、需求及成长任务。例如，0～3 岁阶段具有身体快速发展的特点，2～4 岁则是作为学习规则规范的重要阶段。过往遇到的被督导者多有对此基本概念含混模糊的情况，督导者则需要通过不同方式，引导被督导者掌握这部分基础知识，方能为服务设计提供基本依据。

（二）需掌握和持续提升在多元利益相关者环境服务的技巧

儿童社会工作服务实践场域涉及利益相关者多元化问题。一般而言，残疾人社会工作服务由残联主管，妇女社会工作服务由妇联牵头。唯独儿童社会工作服务，由民政部门、教育局、共青团、关工委、妇联等多部门或多组织参与管理。从优势角度而言，管理部门多，可协调的资源也多；但从另一个角度看，牵涉部门多，意味着儿童社会工作服务需要协调、合作的难度也相应加大。社工只是云云“服务相关方”中的一员。如何清晰“社工”的角色与权责、如何与其他相关方建立良性的合作关系，保持沟通畅顺，共同推动服务前进，儿童社会工作者新手需要了解更多相关技巧和知识。

（三）需检验被督导社工个人的“儿童观”与专业价值观是否相符

在机构督导实践中，“儿童观”不时会被讨论，例如“儿童是家长的附属品，还是作为一个独立的个体?”笔者理解的儿童观的含义，就是“如何看待儿童”。根据《指南》，儿童社会工作者提供的服务必须符合“优先原则、利益最大化原则、伤害最小原则、平等参与原则及生态系统原则”，这与《联合国儿童权利公约》（我国是该公约的缔约国）中“儿童享有生存权、受教育权、发展权、参与权”，在精神上是有一定的契合的。被督导者如何看待儿童、对儿童是持何种视角，除关注生活保障、行为改善及开心快乐外，是否关注到其他儿童权利的行使情况等，都是督导有必要在督导关系正式建立后，迫切需要引导被督导者关注的。

二、儿童社会工作督导重点与难点

（一）儿童社会工作督导重点

鉴于儿童群体身心发展的特点，进行儿童社会工作督导时，有必要重点开展以下四方面工作。

1. 敦促被督导者掌握儿童不同阶段身心发展的特点

敦促被督导者熟悉发展心理学理论知识，尤其是儿童个体各发展阶段的核心内容，包括关键发展任务及危机、生理发展情况、心理发展情况、社会性发展情况、认知发展情况，并且要求社工在个案需求评估阶段能够应用发展心理学的基本知识，评估儿童的服务需求，由此制度做出介入方案。

2. 支持被督导者建立合适的"儿童观"，并实现与专业价值观的融合

被督导者如何看待儿童？对儿童持何种视角？除了关注儿童生活保障、行为改善及开心快乐外，是否关注到其他儿童权利的行使情况？社会工作专业价值观即尊重每一个人与生俱来的价值，是否切实地与社工的实际观念尤其是"儿童观"相对应？这是督导有必要在督导关系正式建立后，迫切需要引导被督导者关注的。

3. 引导被督导者树立儿童权利视角

儿童群体的特殊性在于其自我保护能力普遍不足、个体权利容易遭受侵害等。据笔者访谈了解，目前大部分的儿童服务焦点大多集中在儿童个体成长发展及家庭教育优化上，不仅对儿童与社区的关联较少，对儿童个体权利的关注亦较少。为此，督导有必要引导儿童社会工作者建立多元视角，除建立对儿童身、心、社、灵等方面的"需求视角"外，还需建立"权利视角"，从而更敏锐地觉察儿童群体权利现状并作出回应。

以前文提到的"参与权"为例：就当前生活环境而言，督导有必要引导被督导者观察与反思当前社区环境的友好程度，哪些群体参与了友好社区环境？参与者是否包括了儿童群体？目前的友好环境是否还有机会优化？社工可以通过设计哪些服务途径，令儿童群体有更好的机会行使参与权等。

4. 支持被督导者"运用自身特长"

这是指充分发挥社工个人优势，激发其个人士气和参与热情。以社工 A 负责开展某社区的儿童服务为例，受经验所限，该社工所构思的服务方案均因为不符合服务对象需求未能有效推行。督导在与其面谈过程中发现社工 A 是篮球爱好者，引导其发挥自身特长优势组建社区儿童篮球队，并担任领队，以训练、比赛为纽带，持续执行服务方案。社工 A 还尝试带领儿童篮球队深度参与社区活动，成为该社区"社区自治"的亮点。

5. 支持被督导者建立"个案管理"的概念并掌握相关技巧

儿童服务牵涉多部门和团体，社工在开展相关服务时，需要进行跨专业、跨部门的协商与合作。督导应支持被督导者掌握"个案管理"知识与提升个案管理能力，充分理解"个案经理"的角色功能。例如，在儿童保护中，既要训练其个案管理的沟通协作能力、组织协调能力，也要提醒被督导者关注国家法律、法规、政策动态，准确把握利益相关者如公安、检察院、法院、民政等部门各方的角色职责与功能。

（二）儿童社工督导工作的难点

1. 儿童社会工作"个案管理"的实际运用存在较多挑战

"个案管理"目前在国内尚处于发展起始阶段。打通职能部门的合作壁垒，建立协商机制并非一朝一夕能完成的事。社工在开展具体服务时很可能会遇到各种状况，如权责不清造成的推诿、对法规指引不清造成的拖延、观念陈旧造成的不作为等，督导需要带领被督导者做足备案，引导被督导者进行期望值管理，避免被督导者产生消极情绪。

2. 儿童社会工作对社工的接纳能力及开放度有较高的要求

儿童有好恶分明、先入为主等特性，可能令社工在开展服务过程中备受挑战。社工

的接纳和开放度，很大程度影响着其与服务对象的关系建立以及服务推进。督导需要在被督导者的个人成长方面提供引导，协助其逐步拆解个人对服务对象的旧认知，建构新的认知模型。这对于督导而言，在能力、时间、效果上都是一份不小的投入。

三、儿童社会工作督导案例

（一）儿童社会工作督导案例背景简介

某同工需要开展面向市内困境儿童的社区性活动。负责该服务项目的主要同工专业年资为3年，开展儿童社会工作半年。表5－4为同工撰写的服务计划书（节选）。

表5－4　儿童社会工作服务计划书　　制表人：被督导社工

<table>
<tr><td>服务形式</td><td colspan="3">□小组　■活动　□兴趣班</td></tr>
<tr><td>名称</td><td>困境儿童社区倡导活动</td><td>负责人</td><td>×××</td></tr>
<tr><td>举行日期/时间</td><td>××年××月××日</td><td>举行地点</td><td>广州市××区××镇</td></tr>
<tr><td>服务对象及人数</td><td colspan="3">广州市××区××镇社区居民共60人</td></tr>
<tr><td>招募方法</td><td colspan="3">□海报/单张/横额/推文　□学校　■项目通信　■个别推介　□其他（请注明）：____________</td></tr>
<tr><td>开展因由</td><td colspan="3">近年来，未成年人的人身安全、受教育权等方面一直备受关注，我国为保护未成年人的身心健康，保障未成年人的合法权益，不断出台及完善系列政策、法规，建立保护机制。
然而社会大众目前对于困境儿童群体的认识较少，更甚者对该群体的形象、行为存在偏差认识，认为困境儿童存在较多劣势，不能通过内在、外在条件改变自身所处环境。
为营造一个良好、健康、社会大众融合的关爱困境儿童社会环境，促进儿童的身心健康发展，提升社会大众对儿童的认识与关注，唤醒公民社会责任意识，本项目以社区倡导形式，向社会大众宣传困境儿童的相关内容、能为困境儿童做的力所能及的事</td></tr>
<tr><td rowspan="2">目标</td><td colspan="3">（1）增强社区居民对五种困境儿童类别的认识</td></tr>
<tr><td colspan="3">（2）增强社区居民对身边救助困境儿童人群组织的认识</td></tr>
<tr><td>介入理论</td><td colspan="3">生态系统理论：布朗芬布伦纳认为，自然环境是人类发展的主要影响源，这一点往往被人为设计的实验室里研究发展的学者所忽视。他认为，环境（或自然生态）是“一组嵌套结构，每一个嵌套在下一个中，就像俄罗斯套娃一样”。换句话说，发展的个体处在从直接环境（像家庭）到间接环境（像宽泛的文化）的几个环境系统的中间或嵌套于其中。每一系统都与其他系统以及个体交互作用，影响着发展的许多重要方面。根据该理论，儿童的成长离不开家庭、学校、社区这几个系统的影响，儿童自身与所处的各系统间的关系是双向，各系统影响着儿童的反应、人格与能力发展，儿童的行为与发展亦会影响着各系统与儿童的关系，若各系统有效地担当儿童成长的责任，能促进儿童更健康地成长。开展社区倡导活动，让社会大众以摊位游戏形式了解困境儿童的现状，唤醒社会大众关爱与守护困境儿童的社会责任意识</td></tr>
</table>

表5-5 儿童社会工作服务计划书督导批注具体内容（节选）

目标	内容	督导批注
增强公众对五种困境儿童类别的认识	（1）摊位一名称：聆听你的心声 （2）孤儿类别解说牌 （3）体验主题：聆听孤儿的心声 （4）体验内容：花费两分钟时间，认真、专注地聆听一段孤儿在日常生活中被欺凌、失落、孤独、对父母的想法的心声。 （5）体验规则：参与者需佩戴上耳机，完整聆听完整段音频，分享“如果您是故事中的主人翁，您的感受如何？”“如果你亲眼看见孤儿被欺凌，您会怎样做?”，分享完毕即可通关	（1）督导批注一： 目标和体验主题的吻合度不高。 目标是对五种类别的认识，但是体验是聆听心声并分享。 （2）督导批注二： 在2分钟，可以说多少内容，哪些是重点的要传送给公众知道的内容 （3）督导批注三： 请留意该活动希望传递是哪些价值或理念？

该计划书运用较多“儿童需求视角”，而非“儿童权利视角”。从摊位一的活动设计可以看出，被督导社工期望强化孤儿“失落、孤独”的形象，引发公众的怜悯之心。“儿童权利视角”即儿童拥有获得合理照顾、公平对待的权利，从此视角出发更利于建立积极看待儿童、积极维护儿童权益的态度。因此，建议被督导社工从“能力取向”角度设计服务细节，如使用包括能力取向的词语、非能力取向的形容词卡片，邀请公众为“孤儿”和“一般儿童”贴标签，分享真实服务故事，从而达到引导公众反思改变刻板印象效果。

（二）儿童社会工作督导过程

1．督导批阅服务计划书的重点：协助社工反思个人价值观

以上述计划书为例，被督导社工在服务设计中传递出较明显的刻板印象（孤儿的形象是“欺凌、失落、孤独”），呼吁“公众的同情和关注”。社工在为孤儿群体进行呐喊的同时，是否也传递出“他/她很惨”的信息？孤儿的尊严和价值、权利是与生俱来的，有必要运用合适的督导工具（见表5-6），协助新入职的社工个人梳理个人价值观，以谦逊的态度反思、修正、敬畏专业价值观。

表5-6 儿童社会工作社工个人价值观清单

	身	心	社	灵	社工自身	价值观		
						价值观1	价值观2	价值观3
活动1								
活动2								
活动3								

注：有回应或相符者打“√”。

2. 开展团体督导

在督导中抛出议题引发团体成员展开讨论：计划书提到的认知对困境儿童群体的影响是什么？对公众自身带来的影响又是什么？例如，“儿童友好的社会，最终让每位公民受惠”的倡议能够提升公众产生进一步了解困境儿童群体的动机；而“增强社区居民对五种困境儿童类别的认识”却不一定能引起公众的求知动机。

又如，活动的设计是否贴合儿童身心发展的特点？若把服务对象定位于成人，与“儿童友好”概念不符。若设计开辟“儿童专区”，或者在每个活动摊位预留给儿童的设计，更能凸显儿童利益优先的价值观。

3. 优化机构服务表格设计

根据在团体督导中发现的普遍情况，如基础知识的牢固度、服务设计中的逻辑合理性等，建议机构完善服务计划文本的档案管理，包括服务对象背景资料信息的核查、优化服务表格设计，以便被督导社工规范使用。

第八节　精神康复社会工作督导[①]

在全国范围内，广州市是最早开始探索精神康复社会工作服务、最早进行政府购买服务的城市，本文以广州市为例，总结精神康复社会工作督导服务经验。

一、社会工作机构精神康复服务概况

从1998~2006年，广州市残疾人联合会与香港地区利民会在香港嘉道理基金会的拨款资助下，筹建了广州利康家属资源中心（后更名为“广州利康社会工作服务中心”，下称“广州利康”），这是广州市乃至全国首家为精神病康复者及其家属提供社区支援服务的社会工作机构，主要为精神病康复者及其家属提供意见、协助、咨询及支持性服务的机构，服务类型日趋多元化。广州市残联还先后创办了专门面向精神病康复者的春晖庇护工场、康宁农场以及康宁果园场（2008年停运）。

2009年，广州利康探索新的服务模式——卓毅社，引入精神康复会所模式[②]。社区精神康复“会所模式”是当前国外发展较为成熟的一种社区精神康复模式，已被美国药物滥用和精神健康服务管理局认可，注册为美国国家循证方案和实践之一，证明能够帮助精神障碍患者改善生活。卓毅社遵循ICCD会所理念进行运作，对精神病康复者开展辅助教育、社区支持、就业服务和社区支持服务。由于缺乏资金来源，卓毅社服务于2013年停止运营。

2013年，广州市在财政支持下，陆续开始建立社区精神康复综合服务中心，越秀区

---

① 本节作者：冯慧玲，曾任广州利康社会工作服务中心社工主任。

② 谭羽希、严虎、罗月红、陈晋东：《社区精神康复“会所模式”的应用》，《国际精神病学杂志》2018年第1期。

残联成立了越秀区精神康复综合服务中心、社区中途宿舍，由广州市家康社会工作服务中心承接运营[①]。此后，随着政府相关政策文件[②]的推出，越来越多的社会工作机构参与到社区精神康复服务中心的运营中。2014～2021 年，广州各区的社区精神康复服务中心各经历了 2～3 轮的招投标工作，招标主体也从广州市残联统一招标过渡到各区残联自主招标。截至 2022 年 2 月，广州市共建成社区精神康复综合服务中心 12 个（其中黄埔区 2 个）。据笔者整理搜索到的中标公告数据统计，2014～2022 年共有 16 所社会服务机构曾经承接过各区社区精神康复综合服务中心项目运营。

除了上述服务，广州市社会工作机构精神康复服务类型[③]还包括康园工疗站康复训练服务、精神残疾人综合性康复服务及其家属服务等。2020 年，广州医科大学附属脑科医院（原广州市惠爱医院）开展精神障碍同伴支持项目，旨在透过有相似疾病经历的人们在生活实践、社会和情感方面的互帮互助，从而实现复元。广州利康社会工作服务中心和广州市启维心智社会工作服务中心为此项目提供服务场地和服务督导。

（一）精神康复社工机构一线社工人员概况

根据第二次全国残疾人抽样调查数据显示，广州市精神残疾 70 675 人，按穗残联规字〔2020〕1 号文件[④]要求，全市需要从事精神康复服务的社工人员至少 2 355 人。然而据笔者从相关文件推算[⑤]，2022 年广州市精综服务社工人员约 169 人、工疗站社工人员约 188 人。再加上广州市残联开展精神康复服务、广州社工站残障部对精神病康复者及其家属开展服务的社工数量，全市开展精神康复服务的社工人员估算 500 人左右，表明广州市拥有从事精神康复社工服务的专业人员数量远远未能满足服务人群总体需求。

（二）精神康复社工机构督导员概况

以“广州利康”为例，早期香港利民会仅派驻一名资深社工到机构负责运营管理，并无外聘或培养机构内部的社工督导，仅通过合作方式邀请医院精神科医生进行指导。同期市残联铺开的精神康复服务，大部分也都是在社工督导真空的情况下开展。笔者从 2006～2009 年参与春晖庇护工场筹建工作期间，自行摸索本土机构社工督导服务，经常感觉到举步维艰、力不从心。2009 年，广州市民政局委托广州市社工协会开设社工督导

---

① 郑妙珠：《广东精神健康社会工作发展报告》，转引自罗观翠《广东社会工作发展报告 2014》，社会科学文献出版社，2014，第 335－358 页。

② 广州市市残联、市民政局、市财政局联合印发《广州市社区精神康复综合服务中心建设方案》（2013），广州市残疾人联合会、广州市卫生计生委、广州市民政局、广州市财政局联合印发《关于广州市社区精神康复综合服务中心管理办法的通知》（穗残联规字〔2018〕4 号），广州市残疾人联合会、广州市卫生健康委员会、广州市民政局、广州市财政局联合印发《关于广州市社区精神康复综合服务中心管理办法的通知》（穗残联规字〔2020〕1 号）。

③ 资料来源：广州市残联残疾人基本公共服务目录（2020 年版）。

④ 按穗残联规字〔2020〕1 号文要求，社会工作专业人员与服务对象比为 1∶30，中心每增加服务对象 30 人，应当增加 1 名社会工作专业人员。

⑤ 广州市残疾人联合会、广州市卫生健康委员会、广州市民政局、广州市财政局联合印发《关于广州市社区精神康复综合服务中心管理办法的通知》（穗残联规字〔2020〕1 号）、《广州市残联、广州市财政局关于印发广州市康园工疗机构及工疗人员资助标准实施办法的通知》（穗残联规字〔2019〕3 号）。

人才培训班。2013年起，广州利康才重新开始外聘香港社工督导，并开始培养机构1名内部督导。

按相关政策文件①估算，全市实际为精神康复社工开展督导的人数不超过50人，且因为缺乏相关的督导的能力训练和认证，目前精神康复社工督导发挥的成效暂时有限。

2015年，为了保障各区的精神康复服务中心的服务质量，广州市残联采购了专项督导服务项目，由广州利民精神健康社会资源中心（以下简称“广州利民”）承接，定期为各区精神康复综合服务中心的员工统一培训，提供每3个月1次的过程督导。但2017年起，因采购方式由统一变成分散采购，导致督导资质监管放松，机构精综督导大部分都是外聘，其固定员工大多也没有精神康复服务运作经验，机构精综督导对精综服务的支持与成效有待考证。

另据广州市政法委发文要求重视精神障碍患者的服务管理工作，可以预测对于该领域社工人才的需求将与日俱增，培养精神康复社会工作督导中高级专才在内的需求将日益紧迫。

二、社会工作机构精神康复被督导者的需求特点

精神康复社会工作服务是行业内公认难度较大的领域之一，服务场域主要有三类，医院、社区和社会工作服务中心。一项针对精神健康医院社会工作服务发展现状和需求调研报告显示，虽然在医院内工作的社工自尊水平和自我效能感较高，但仍受不获服务对象接受、工作内容繁杂、无法在与医护人员跨界合作的职能角色寻找定位，无法发挥专业价值和作用等因素的影响②。而另一项对152名广州市街道社工站精康服务情况的调查结果显示，30%的受访社工承认精神康复领域知识（政策知识、精神病知识、服务知识等）欠缺，28%的受访社工认为自己与服务对象沟通困难，16%的受访社工认为精神康复社会工作介入欠缺方向感，导致不知道如何开展具体介入服务。依据这些调查结果，至今所有仍留在该领域服务的社工值得敬佩。被督导者的KSA需求表现出以下特点。

（一）精神康复领域社工新手

1. 需要学习大量精神康复领域的专业知识

机构往往希望新入行社工能很快开展工作，但调查显示64.5%的受访社工没有接受过精神康复相关正规培训，仅少数在实习阶段接触过相关服务对象。这种现状与高校专业教育设置欠缺有极大关系。据了解，从2006年起，广东地区（除港澳以外）社会工作

---

① 按《广州市社区精神康复综合服务中心建设方案的通知》（穗残联〔2013〕201号）未明确列出需要有社工督导岗位，但在购买服务经费用途中包括聘请督导费用。另《实施广州市社区精神康复综合服务中心建设方案的补充通知》（穗残联〔2016〕96号）明确辅助性服务工时中包括了督导工时。《广州市社区精神康复综合服务中心管理办法的通知》（穗残联规字〔2018〕4号）直接提出13名社工每人每年接受不少于60小时、每年共接受不少于780小时的督导服务，明确规定服务经费可用于外聘督导或为本机构督导提供岗位补贴。穗残联规字〔2020〕1号文中也保留了穗残联规字〔2018〕4号的相关条文。

② 孙蕴怡：《精神卫生医疗机构中社会工作服务发展现状和需求调研》，上海交通大学硕士学位论文，2020，第39－40页。

本科教育基本未开设过精神健康社会工作相关课程。直到2019年，北京师范大学—香港浸会大学联合国际学院、华南农业大学社工专业才开设相关课程，可见高校社工专业毕业生在精神康复专业知识方面储备不足，极需在职继续教育培训。截至2021年8月，全国共有社会工作专业硕士授权单位142家，其中医学院校仅1家；国内MSW招生教学方案均是"通才取向"，尚无健康/精神健康专业方向；在社会工作教育或行业协会中，也缺乏全国性健康与精神健康社会工作专门学会（刘继同、左芙蓉，2021）[①]。

一般而言，培养一个能够独立开展工作的精神康复社工大概需要3年时间，他们还需要额外通过系统性培训或自习的方式学习精神病的病理学/药理学/诊断标准、不同心理学流派对不同精神疾病的形成和发展的解释（如精神动力学、认知行为等不同流派对抑郁症的形成和发展有不同的解释）、社区精神康复的相关理论如创伤理论，以及服务记录文书撰写规范等多种知识。

2. 提升面对精神病康复者及其家庭的信心与勇气

精神康复社工需要面对的人物和情境可能相当复杂，这些情境如表5-7所示。

表5-7　精神康复社会工作常见场景与困境

场景	相关人物	困难情境
医院	病情不稳定的精神患者；家属；医务人员	患者要不要出院，什么时候出院
社区	病情不稳定或者病情稳定的康复者；家属；医务人员；社区相关人员；公安；律师等	（患者）康复者不愿意复诊服药、精神病症状增加（病发或复发）、（自愿或非自愿的）送院、情绪极度波动、滋扰行为、暴力行为、自伤或自杀、（患者）康复者与家属的冲突、康复者或家属的成瘾行为等
服务中心（如社区精神康复综合服务中心、庇护工厂、农场等）	病情不稳定或者病情稳定的康复者；家属	

对于一个缺乏相关训练的新手社工来说，暂时无力、也不适合让他们马上处理复杂情境。督导和管理人员应依据社工的个人特质，先从单一的服务对象类型或服务场景开始工作，陪伴、带教、示范，帮助新手提升信心及勇气。

3. 熟悉机构与项目的运作以及适应文书写作要求

新手社工通常不熟悉机构文书记录和撰写风格与特点。督导需要在批阅文书时，教导新手社工如何用精炼与突出重点的方式撰写服务文书。对疑难个案，也可要求社工将与服务对象进行沟通面谈的对话做全程记录。

（二）具备1~3年服务经验社工

经历过上述初级困难情景、相关人物的社工，会产生出以下次级体验：对某类情景和人物，自己能够独立面对，处理也得心应手；对另外一些特定情景和人物，社工自己

---

① 刘继统、左芙蓉：《中国健康与精神健康社会工作制度百年历史变迁与历史规律研究》，《重庆工商大学学报（社会科学版）》2022年第4期。

则会产生恐惧、厌烦、愤怒或逃避心理。因而他们急切需要学习对后者特定情景或人物的应对和处理技巧。为了应对这些情景，社工在开始自学相关理论知识的同时，通常产生的迷思是痴迷/夸大某一套理论或者工作手法的适用性，结果常令社工碰壁且失去服务信心。

1. 强调精神康复理论在实践运用的个别化原则

要处理复杂的精神康复者个案，社工需要掌握四套不同的理论，包括人的理论（如社会功能与角色理论、行为以及思维的理论等）、情景的理论（如亲密关系、家庭、社区的理论等）、力量的理论（如优势视角、正常化、社会融人、复元的理论等）以及问题的理论（不同精神疾病的理论等）①。促使精神疾病形成和发展的生理、心理、社会因素比较复杂，由于不同康复者成长经历不同，即使同样被诊断为抑郁症，其症状也是很个别化的，明显带有其自身成长经历的烙印。社工督导应提醒被督导者在应用理论的实践中，要对康复者的状况进行个别化的解读。

以精神康复社工常见的情景——康复者服药依从性低为例，康复者不肯服药的原因可能有药物副作用大、药物个别疗效低、否认患病、担忧因服药遭到别人的歧视或边缘化，或纯粹为了反抗家属而拒绝服药。社工须理解服药依从性低的个别化因素，有近因也有远因，同时需要透过现象去看本质，才能弄清楚康复者的问题与人、与情景的关系。同时，社工也需要对药物的功效、副作用以及服药后对病患者带来的影响做更全面的了解，才能够有的放矢。

2. 在社工觉得困难的情景进行个别督导、讨论或带教

例如，督导在文书查阅或者观察社工服务表现过程中，发现社工新手总是以各种原因不与服务对象见面，或者一些社工在跟进个案一年时间以上，但问及服务对象及其家成员的生命经历、不同情景与人际关系对服务对象的影响、服务对象病情与情景和生命经历的关系、发病症状、药物对其生活的影响等，社工仍然回答不出来。这表明社工对某一些类型的服务对象产生了畏难退缩心理，督导需要深入了解社工不愿意开展工作的原因。原因以及相关处理包括：

（1）社工缺乏相关干预知识。督导可以透过知识讲解、培训或推荐阅读参考书籍和材料等方式帮助社工获取相关知识。

（2）对工作的认同感低。督导可以尝试与社工一起回顾其从事社工行业的初衷，帮助其唤回初心。

（3）社工感觉缺乏支持、消极怠工、个人未处理的成长郁结被触发等。如感觉缺乏支持，督导可以运用行政管理的手段，进行更合理的职责划分和人力资源的调配。如消极怠工，需要运用行政或绩效考核等方式，要求社工完成职责所在的工作。若在工作中被触发成长中未处理的创伤郁结，督导可以在征求社工同意的基础上进行心理咨询或转介社工给机构信任的心理咨询师，帮助社工进行个人成长经历的探索。

3. 通过团体督导建立社工的朋辈支持网络

当社工产生畏难情绪、想放弃时，朋辈支持网络可以协助社工更好地坚持下去。

---

① 引自广州利康社会工作服务中心2021年10月15日主办的临床社会工作督导系列培训课程内容，由叶锦成教授主讲。

4. 对社工经历特殊服务场景的督导支持

这个阶段的社工已经开始要面对一些比较复杂、紧急或者张力很强的情景，如服务对象的暴力、自伤或自杀，或者非自愿入院等。这些直面生死的状况会给社工带来强烈的心理冲击，造成职业心理创伤，甚至影响终生。督导需要尽早、及时对涉事社工提供情感支持。

（三）具备3年以上工作经验的社工

他们能够独立开展工作，并具备初步带教能力，拥有对某些类型或者特定场景的处理经验。但也因为有个性化的服务经验，对于新干预知识或角度的接受程度可能反而变低、固执己见，形成不利于其个人专业继续成长的障碍，不仅容易产生对督导产生阻抗心，对精神康复服务对象反移情、未处理个人成长心理创伤出现的概率也增大了。如果得不到及时的支持，他们较容易出现职业倦怠。

在此阶段，督导关系质量就变得更为重要。真诚、信任和支持性的关系，对社工情感的敏感性、承载度以及理解进入、拉动，可以让督导能够更好地协助社工从回顾其服务经历中觉察障碍的存在。同时，支持社工在合适的时机对个人的成长创伤进行探索和疗愈，但不应强迫社工进行。

另外，协助社工做文字回顾、整理、研究、总结服务案例的经验，提炼有效的服务模式，思考、修订机构服务指引和质量标准，都是这个阶段可以做的工作。

三、理想的精神康复社会工作督导

“以人为本的临床社会工作相关的专业性（professionalism）的特性（natures）并不在于相关的技巧和技术的展示，不在于某一心理治疗学派的依附，而在于敏感性（sensitivity）、容纳性（containability）、预知性（predictability）、解读性（explainability）。”① 一个合格且优秀的精神康复服务社工，即使知道这条路艰难、反复，也不会逃避，勇于面对，拥有足够的耐性和不屈不挠的精神，陪伴、支持和鼓励康复者和家属去面对生活中一个又一个的困难与挑战，帮助服务对象重建对生活的信心和回归正常的社会生活，这是一个沉浸式修炼的过程。同理，要成为一个优秀的精神康复社工督导，也需要经历同样的过程。理想的精神康复社会工作督导应该具备人的角色、工作者的角色和学习者的角色②，三个角色需要随着被督导者的情况做动态运用及调整。督导要关怀社工专业成长、支持社工进入服务状态、关注社工服务进程、监控其服务质量、梳理总结有效的服务项目经验并传承督导自己还需要继续学习和修炼，以培育和带领社工共同成长。

---

① 引自广州利康社会工作服务中心2021年10月15日主办的临床社会工作督导系列培训课程内容，由叶锦成教授主讲。

② 引自叶锦成教授主讲国际救助儿童会（英国）北京代表处儿童保护项目《家庭修复的临床社会工作督导》课程讲义，2020.

第九节　抗疫社会工作督导①

2020年2月23日，习近平总书记在“统筹推进新冠肺炎疫情防控和经济社会发展工作部署会议上的讲话”中提出，在“打赢疫情防控人民战争”的总体部署中，要“发挥社会工作的专业优势，支持广大社工、义工和志愿者开展心理疏导、情绪支持、保障支持等服务”。同年3月5日，国家卫生健康委员会办公厅和民政部办公厅联合印发《关于加强应对新冠肺炎疫情工作中心理援助与社会工作服务的通知》，进一步指出要将心理援助和社会工作服务纳入疫情防控的整体部署。在这场与病毒的抗争中，党和政府是领导，中国社会工作以协同角色参与了全民抗疫。认真研究平常社会治理和战时应急状态的抗疫治理，如何更好地调动社会工作参与并发挥专业作用，是摆在社会工作面前首要的发展议题②。

一、社会工作协同参与抗疫概况

全国各地的社会工作机构以及不同岗位社会工作者（简称社工），都响应号召、积极投身抗疫工作中。

（一）社会工作协同参与抗疫背景

据武汉民政局2022年4月2日官方网站数据显示，武汉已有社工机构200余家，社工专业人才超1.4万人。疫情期间，武汉市率先探索形成了“五社联动”③社区治理机制。这为社工参与疫情防控工作提供了可操作性的介入思路。

据广州市社会工作协会2021年7月1日数据统计，疫情下广州全市4 000余名社工为社区居民提供核酸检测、疫苗接种登记、紧急支援、资源链接等线下服务793万人次，为困难群众提供送医就医、买菜送药等紧急援助服务10万余人次，畅通239条广州社工“红棉守护热线”提供线上服务13. 7万人次，成为疫情防控不可或缺的重要力量。

另据深圳慈善公益报2022年3月23日统计，截至3月初，深圳全市78家社工服务机构累计投入近6 000名社工，联动志愿者累计服务市民逾2 700万人次。虽然笔者查阅了不同官方网站以及文献，至今也没有看到这两地或全国社工自疫情以来参与抗疫工作的完整统计数据，但是，在两年来大大小小的各场疫情中，经常看到媒体、自媒体和行业协会报道社工积极投身抗疫工作的消息。

---

① 本节作者：郭丽萍（中山市汇能社会工作服务中心督导、心理咨询师/武汉东湖新技术开发区伴行社会工作服务中心督导）、张南森（中山市汇能社会工作服务中心总干事）、张莉萍（广东财经大学）。

② 关信平：《加强制度建设，充分发挥社会工作在抗疫治理中的专业优势》，《社会工作》2020年1月第1期。

③ 以社区为平台、以社会工作专业人才为支撑、以社会组织为载体、以社区志愿者为依托、以社会慈善资源为助推。

以笔者所在社会工作机构为例，近两年来，机构督导（下文简称社工督导）不仅指导、陪同、支持一线社工，甚至奔赴抗疫前线，亲自参与了不同类型的协同抗疫服务。

（二）中国社会工作协同参与抗疫工作类别

据笔者亲身实践经验，中国社会工作协同政府部门参与抗疫，总结起来主要包括以下三大类：

1. 突发应急处置类

这一类主要是指当某地发现确诊新冠肺炎病例后，机构的社工配合当地基层政府各部门，投入到协同阻击疫情蔓延的应急处置工作。在此类工作中，社工的常见协同工作内容主要集中在应急响应社区全员核酸检测、生活物资保障以及协调解决弱势群体、受影响普通居民的突发生活和医疗需求。

2. 常态化疫情防控类

这一类主要是指当地疫情没有爆发，但是全国乃至全球疫情仍未消除期间，社工配合有关部门进行预防性的抗疫防控工作。在此阶段，社工的常见协同工作主要包括新冠肺炎的科普知识宣传、疫苗接种的常规协助工作、流行疾病调查溯源的专班工作以及兜底群体的动态需求与应急预防工作。

3. 疫后社会心理重建类

这一类主要是跟进由于疫情对公众产生的“次生灾害”事件，如失业问题、亲人因感染新冠肺炎丧失问题以及个人感染新冠肺炎后面临的社区排斥、心理创伤等问题。在此阶段，社工主要工作是协助受影响居民进行社会生活功能重建与心理适应的工作。

二、参与抗疫的被督导者（社工）需求与重点难点分析

疫情期间，社工面对的很多问题比较复杂和紧急，一方面迫切需要社工督导进行及时的现场督导甚至专业示范，以最快的方式为社工提供面对问题的处置知识与经验技巧。另一方面，由于疫情导致产生了较多的危机事件，参与一线抗疫的社工很容易产生心理耗竭，急需社工督导发挥情绪支持的功能。

因应社工参与抗疫服务过程中的不同服务阶段、不同服务场景，督导工作的需求、重点和难点有明显的不同，笔者将根据社工参与疫情相关的三类工作场景，分类进行被督导者（社工）需求分析以及阐述其中督导工作的重点与难点，见表5－8。

表5－8　社会工作参与疫情防控中被督导者需求与督导重点难点

需求重难点	阶段		
	突发应急处置	常态化疫情防控	疫后社会心理重建
需求—知识	个人危机干预 团体危机干预 心理情绪急救 疫情防控政策 志愿组织培育管理	新冠肺炎防控政策 志愿组织培育与管理 兜底对象动态管理 正念减压知识 身心社需求评估知识	哀伤科普 创伤心理 常见情绪特点 社会资源链接 社区融入教育

续上表

需求重难点	阶段		
	突发应急处置	常态化疫情防控	疫后社会心理重建
需求—能力	线上工具使用技能 跨部门合作 线上线下资源调动能力 放松情绪能力 社工自我关怀	志愿者培训 跨部门合作 恒常档案管理 线上线下宣传 社工自我关怀	哀伤辅导能力 情绪个案处理 跨部门合作 线上线下资源调动能力 社工自我关怀
需求—态度	保护生命原则、自我接纳、尊重、保密、公正、个别化、最小伤害原则、差别平等原则、全局观	真诚、保密、生命影响生命、创新、开放、全局观	真诚、接纳、助人自助、生命影响生命、以人为本
督导重点	全局观 优势视角	预防专业耗竭	跨专业合作 线上线下联动 整合多方资源
督导难点	社工应急响应能力 松弛有度开展工作 预防督导自身耗竭	掌握心理减压工具	专业服务关系建立困难 社工专业边界模糊 创伤性哀伤服务体系

（一）突发应急处置类抗疫工作

自2020年初武汉疫情爆发，中国社会工作机构参与突发应急处置类的抗疫工作，主要发生在两种场景，一是以方舱医院或隔离酒店为主的线上异地救援，二是以社区（包括村居）为主的在地应急救援。涉及工作内容主要有两类，普通居民感染新冠肺炎后的康复适应问题、医护/社区工作者的身心压力问题。

1. 突发应急处置类被督导者（社工）需求分析

一旦疫情突发，社工主要配合当地政府疫情防控指挥部部署的社区大规模全员筛查工作，参与物资统筹与配送，保障封控区居民生活需求、送医安置等需求。在地组织、动员社区居民开展志愿服务，由于需求保障量大、社区面广，特别是疫情防控指挥部政策调控变更迭代速度快，包括社工在内，所有参与一线抗疫的基层社区工作人员、志愿者都集中遭受“情境挑战”（contextual challenge）[①]，即具有明显的突发性、不确认性和复杂性，因为这种不确定性而产生巨大的身心压力。此阶段主要涉及服务人群问题和需求分析梳理，见图5－1。

① 文军：《疫情防控中的社会工作：可为与不可为》，《社会工作》2020年第1期。

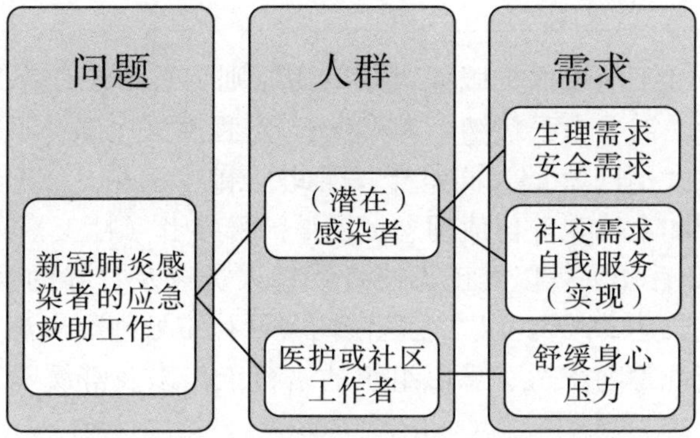

图 5－1　突发应急处置类工作服务需求分析

（1）特定人群的服务需求。鉴于两类服务人群的身份不同，社工在服务需求评估中，也必定有所不同。

首先，（潜在）感染者的需求主要是解决他们因突发的感染导致的生活秩序被打乱，无法满足日常的食物采购需求、医疗健康等生理和心理需求，以及处理他们因为隔离导致的社交需求和通过志愿服务获得生命意义的需求。其次，二线工作人员的服务需求，主要是处理他们参与服务一线人员过程中，产生的巨大身心压力问题。突发应急处置类工作是与时间奔跑的工作，工作人员必须轮休停歇，才能保证有人力持续投入工作。抗疫医护人员与家庭成员的周期性反应分为“紧急状态下的混乱期—家庭机制平稳运行的转折期—人员回归后的恢复期”，前者奋战在一线“前场”，其家庭遭遇一些容易被忽略的次生危机，社会工作者在“后场”专业介入可起到极为重要的托底作用[①]。

（2）被督导者（社工）需求。基于突发应急处置类服务对象的工作需求特点，被督导者（社工）的需求主要可以分为三类。

第一，知识类。主要是协助社工掌握回应（潜在）感染者和二线工作人员面临压力事件产生的情绪需求和生活需求、工作需求。具体包括个人危机干预、团体危机干预、心理情绪急救、疫情防控政策、志愿组织培育管理。

第二，能力类。疫情发生之前，民政部制定了《“互联网＋社会组织（社会工作、志愿服务）”行动方案（2018—2020 年）》，社会工作学术界已经开始了“互联网＋社会工作”在基层社区治理转型、互联网医疗应用实务的探讨，如基于问题建立患者的线上个案聊天室，组建问题人群的网络小组等[②]。2020 年初武汉疫情爆发社区封控期间，应特殊群体的需要，专业社会工作者联手心理咨询师、妇科专职医生志愿者，建立了“孕产妇的线上支持小组”[③]。因此，线上工具（如腾讯会议、钉钉、石墨文档、微信群、QQ 群、网络云盘等）操作技能的掌握、跨部门沟通原则与合作的边界、线上线下资源

① 杨发祥、李安琪：《社会工作介入突发性公共卫生事件研究——基于情感劳动的视角》，《学海》2021 第 3 期。

② 王欣婷、张琼：《互联网医疗对医务社会工作的启示》，《教育教学论坛》2019 年第 37 期。

③ 张清萍：《新冠疫情下的“互联网＋社会工作”抗疫模式研究——基于社会资本的视角》，华中师范大学硕士学位论文，2021，第 28 页。

调动能力、情绪放松能力（如正念、回神等）、社工自我关怀方面的觉察能力和调整能力极为重要。

第三，态度类。社工应以保护服务对象生命原则为首要工作态度，同时也要意识到在突发应急阶段，社工需要自我接纳个人/组织一定程度失序感，不能过度沉溺在怀疑态度中。由于隔离会放大不同背景人群差异，因此，秉持尊重、公正、个别化、差别平等原则、最小伤害原则和全局观等价值理念，也是被督导者（社工）需要铭记的工作态度。

笔者在2020年2月初，曾以社工志愿者管理人员以及督导的身份，参与线上组织、管理武汉某方舱医院长达33天。以方舱医院内督导社工处理隔离患者生活危机事件处理为例，它涉及了物资统筹与配送、志愿组织的培育工作以及舒缓隔离人员情绪压力三个内容。

当线上社工“进驻”方舱医院提供服务时，很多患者抛出一个难题，即为便于医护人员工作，24小时都不能关闭灯光，刺眼的灯光对患者休眠影响很大，却无人顾及此事。

社工经过一轮沟通调查，发现方舱医院是由演唱会级别的体育馆临时改建的，灯光调控服务非常专业、复杂，灯光调控专员因疫情无法赶回来调控灯光设备。笔者引导社工思考，是否还有其它办法可以降低灯光的影响？比如用眼罩遮光。这令社工重新燃起工作的斗志，反馈给方舱医院内的患者。有个患者调动个人社会资源，很快募捐到一批几百个的眼罩。可是当时武汉处于封城状态，眼罩无法送进方舱医院。于是社工继续与物资配送部门沟通协调，最终协助捐赠者将第一批的眼罩和配餐送达，解决了当时看似不可能解决的问题。

在社工以为解决了一大难事的时候，笔者又提出问题，这批眼罩如何发放？社工们一起展开头脑风暴，并积极提问：是否可以交由募捐到眼罩的那个患者来派发？如何提高发放效率？是否请募捐眼罩的患者，在不同区域选择几个患者，帮忙搜集需要眼罩的人员信息并负责派发工作？至此，社工督导直接参与并指导社工从患者的睡眠需求出发，一步步沟通并整合社会资源，获得眼罩物资，并最终以此为契机，动员在地患者形成互助的志愿团体。这个团体不仅仅参与眼罩派发工作，后续还参与了舱内日常物资管理、卫生环境管理等工作，极大缓解了方舱医院内医护人员的日常管理压力。

2. 突发应急处置类社工督导重点与难点分析

（1）督导重点。

①构建社工服务的系统整体观。看似简单的灯光调控问题，涉及到患者个人、物资配送组织以及社会资源三个方面的联动，涉及服务对象系统、社会工作行动系统、资源系统之间的协调。督导员提醒被督导社工要以系统视角，解决方舱医院患者睡眠需求问题。

②转换思维，凸显患者优势的工作视角。尽管隔离场地收治服务对象需要休息以促进康复，但对新冠轻症感染者，应激发他们适当的运动和社会参与意识，这不仅有利于促进康复，更能调动部分服务对象的主体参与潜能，实现助人自助。方舱医院里医护人员配置非常紧缺，缺乏充足的后勤保障人员，充分鼓励方舱院内患者就地转化为志愿服务者，分区域形成志愿服务队，既满足了患者在隔离期间参与抗疫的意义感，也极大缓解了医护的工作压力。

（2）督导难点。

①提升社工应急响应能力。社工在突发应急处置阶段时，工作所需的知识、能力和态度都是回归到“应急”这两个字。包括：第一，情绪急救知识即个人危机干预和团体危机干预中的工作流程知识，以及面对危机产生的个人或群体性情绪的急救知识。第二，线上信息搜集和整理能力，须掌握腾讯会议、石墨、微信沟通群等线上沟通工具，实时与不同部门共享资讯和服务需求，及时关注当地卫健委最新防疫通知。

②松弛有度的工作指导建议。突发应急阶段，社工督导的角色如行军打战，需要有一定的战略意识，既要指导社工处理服务对象大量需求，还需要评估社工状态，避免团队专业耗竭。什么时候鼓励被督导社工燃起工作热情、积极投入工作，什么时候建议甚至强制要求社工轮班休息、减少长时间暴露在大量的求助需求环境中，这些是社工督导很难平衡和把握的问题。

③社工督导自身专业耗竭。由于突发应急处置类抗疫工作经常面临着一线社工人员紧缺、服务需求难度大的特点，社工督导自身也常常会直接参与到一线抗疫工作。因此，社工督导自身也会遭受到工作环境的压力冲击以及挑战。社工督导一方面需要承担解决问题的专业角色，另一方面也需要抽空在工作之余进行自我关怀的活动，以保障工作效率，而自我关怀这点在突发应急处置阶段往往是很难保障。

（二）常态化疫情防控类抗疫工作

常态化疫情防控抗疫工作主要是在区域内，某个时间段虽没有发生本土新冠肺炎感染案例，但是同一时间内，当地出现境外输入感染病例或国内其他城市产生了本土新冠肺炎感染案例，在地疫情防控工作转入日常防守状态。

1．常态化疫情防控类社工督导需求分析

过去两年多的时间，在社会工作发展较为成熟的珠三角区域城市，社工参与常态化疫情防控工作主要有：一是组织、培育、管理、激励志愿者参与核酸检验和疫苗接种工作；二是为避免预防疫情突发给弱势群体造成负面影响，进行常规动态需求跟进和应急预案的准备；三是为长期参与一线防疫工作的医护工作者、社区工作者、志愿者进行情绪支持和压力缓解工作。具体见图 5－2。

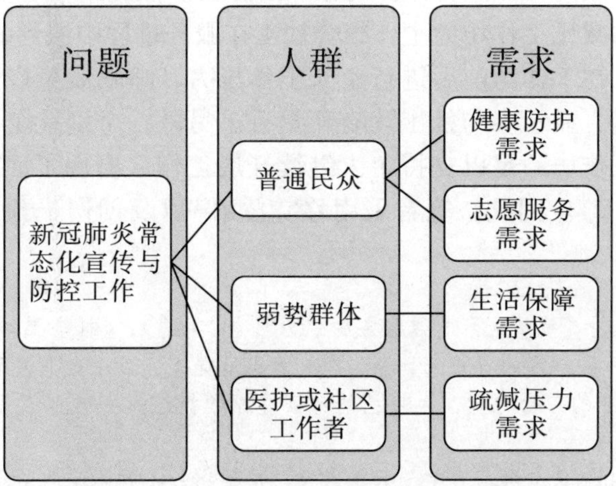

图 5－2　常态化疫情防控类工作服务需求分析

（1）特定人群的服务需求。社工在常态化疫情防控类工作中，面对的服务对象分为三种。第一是普通公众。这是基于在社会形成以疫苗为防护感染的预防措施。因此过去两年来，全国各地开展了疫苗接种的常态化工作。同时，也有一些普通居民主动作为志愿者，参与到疫苗接种或流行疾病调查专班工作。第二是弱势群体，主要是指孤寡长者、经济困难的残障人士以及慢性病、孕妇等特别需要医疗关注的人群。这个阶段，社工常需要配合社区网格员的工作，对所属的社区弱势群体进行动态需求跟进，并形成应急预案，这样有利于当地一旦进入突发应急阶段，有关部门在决策和服务跟进上有的放矢。第三是医护和社区工作者，主要工作依然是缓解他们的工作压力，减少因此产生的情绪问题，影响工作和个人身心健康。

（2）被督导者（社工）需求。基于常态化疫情防控类工作中的服务需求，被督导者（社工）的需求主要从以下三方面体现：①知识类。新冠肺炎防控政策、志愿组织培育和管理知识、弱势群体动态需求评估知识、个人或团体心理减压知识、跨部门工作职责等，这些都是促进社工在常态化服务过程中，能灵活判断不同问题的处置策略。②能力类。疫情志愿者的招募方式主要有政府招募、社区招募、社团招募和个人主动参与四种[①]，社会工作机构进行志愿者招募或疫情科普的宣传动员能力、志愿者管理和激励能力、跨部门沟通能力、需求与回应处理能力、个人与团体情绪稳定的能力、信息共享和安全保密的能力，这些都是协助社工在完成处境分析，进入解决问题阶段所必要的能力。③态度类。常态化疫情防控类工作，面对的是恒常的、固定的工作人群，因此可以充分发挥社工“生命影响生命”的态度，让常态化工作变得越来越完善。另外，很多时候志愿者或其他工作人员专业背景跟社工不同，督导需要鼓励被督导者（社工）以开放和创新的心态，面对他们提出的意见。

2020年秋冬至今，广州市某社工机构承接某街道办政府购买服务项目，机构社工参与街道某个大型疫苗接种点的日常管理工作和居民流行疾病（疫情相关）调查专班工作。笔者以该项目外聘督导身份，对参与以上常态化抗疫工作的社工进行督导。主要的督导重点围绕：第一，前期志愿者的招募、管理；第二，面对志愿者以及社工在接待居民接种疫苗过程产生的情绪进行工作疏导，并提供指引性的解决方案；第三，为长期处于常态化抗疫工作一线的社工进行团体的减压工作坊。减压工作坊主要是以正念减压[②]放松工作坊或艺术表达减压工作坊为主，结合社工在服务过程中遇到的困难进行讨论为辅。

笔者通过对社工在工作坊前后进行个人工作压力、睡眠质量以及面对工作的积极性等主题进行先后测量，显示参与社工均有所提升。另外，个别社工由于工作压力更为明显，单靠团体减压工作坊不足以支持个人继续开展工作，出现了面对疫情情境产生的创伤后应激障碍（PTSD）。因此，笔者采用移空技术[③]以及创伤干预的眼动系统脱敏与再

---

① 任学军、赵定东：《疫情应急志愿服务的“为”与“位”》，《社会工作》2020年第1期。

② 正念减压：以一种特定的方式来觉察，即有意识地觉察、活在当下及不做判断。其目的乃在教导服务对象运用自己内在的身心力量，为自己的身心健康积极地做一些他人无法替代的事——培育正念，活在当下。

③ 移空技术：是由北京中医药大学刘天君教授首次提出的一种本土化心理疗法，是东方古老的气功疗法与西方现代的心理治疗技术相结合的产物。

处理（EMDR）[①] 手法，联合进行两次单独干预，同样取得良好的效果。

2. 常态化疫情防控类社工督导重点与难点分析

（1）以预防社工专业耗竭为督导重点。在常态化疫情防控阶段，该重点适合处理突发应急阶段积累的专业耗竭、无力、回避心理问题等容易出现的心理。督导的重点以个体或群体的减压为主，兼顾一些常见困难处境的解决方案讨论为辅。

（2）难点在于熟练掌握心理减压工具。上述例子提到的正念减压、移空技术、EMDR 处理工具，都是获益于笔者研究生阶段所系统学习的心理咨询理论课程与实习经历。这里面涉及比较多心理专业知识和运用经验，可能对其他非心理专业背景的社工督导来说，会有一定的挑战。

（三）疫后社会心理重建类抗疫工作

笔者在 2020 年 3 月 ~2022 年 6 月，一直以项目服务主任兼一线社工的身份，参与武汉线上哀伤社工服务项目。从项目的设计、招募到服务，一直深入参与其中。该项目也是基金会资助下的机构服务项目，长期聘请国际上哀伤服务领域具有丰富经验的督导进行项目指导。因此，疫后社会心理重建类工作将基于笔者参与的此段服务经历进行分享。

1. 疫后社会心理重建类被督导者（社工）需求分析

疫后丧亲服务项目针对武汉市内因疫丧亲的居民，为其提供丧亲后的身体照护、心理调适、社会支持网络搭建的工作。因此，人群服务的问题和需求更加聚焦，见图5－3。

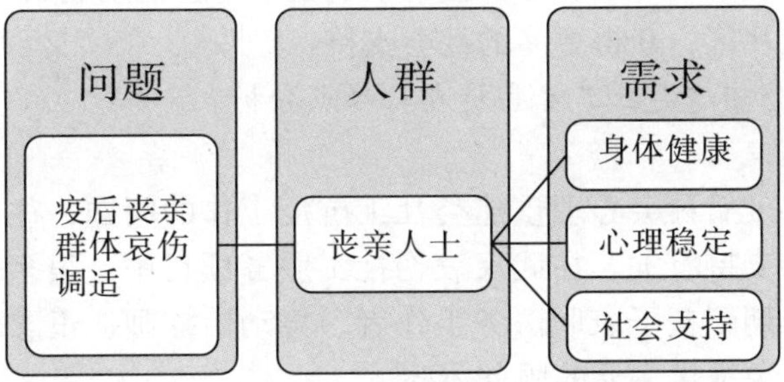

图 5－3　疫后社会心理重建类工作服务需求分析

（1）特定人群的服务需求。疫后社会心理重建类工作，一般比较聚焦于某一人群的服务需求。在这里，笔者基于曾经参与的丧亲服务专项为例，分析丧亲者服务中存在的社工服务需求，主要是从身体健康、心理调适以及社会支持网络三方面进行。此类服务需求的思路，也适用因疫情失业的专项，只是被督导者（社工）需要掌握的知识不同。

（2）被督导者（社工）需求。基于疫后社会心理重建（以丧亲为例）工作中的服务需求，被督导者（社工）的需求主要从以下三方面体现：①急性哀伤科普知识、哀伤历程知识、哀伤辅导知识以及创伤性哀伤知识。②哀伤辅导技巧、个案情绪稳定能力、跨部门沟通和资源整合能力、社区教育能力、社工自我关怀的觉察和应对能力。③疫后社会心理重建类工作，服务对象经历过的创伤可能是被督导者没有经历过的，这时候督导

① 眼动脱敏与再处理（EMDR）是一种有效的心理疗法，它能帮助服务对象安全地记住困难的经历，并将这些记忆以不再引起当前疼痛的方式联系起来。

需要引导被督导者以“真诚接纳”的态度，涵容他们的经历和情绪，用增能理论视角，帮助他们面对生活的困境并从中获得成长。

笔者在2020年3月开始，参与为因疫情丧失亲人且经济困难或者失业的人员提供身心社灵全人关怀服务的项目。当时被督导者面对的第一难题是招募不到符合条件的服务对象。原因包括他们对外界组织不信任，也包括困于生计无法参与。

此时，机构督导首先做的工作是情绪支持工作——肯定社工的前期努力以及服务的热情，并介绍创伤性哀伤服务对象的心理特点和社会互动特点，缓和社工的焦虑情绪。其次，带领社工复盘梳理过去项目团队拥有的资源，包括与当地参与新冠肺炎救治医疗团队的合作信任关系、与隔离新冠病人的服务关系、与资助方的信任关系、与媒体单位的关系、与社会公众的互动关系等。

最终制定出一个多元的招募方案，包括：与医疗团队合作，由医护人员转介符合条件的丧亲者；面向社会招募符合条件参与者；由服务过的新冠肺炎患者推荐符合条件的亲友、患者（均是丧亲者）成为项目服务对象；整合资源为符合条件的服务对象提供一次性资金补助和营养奶粉。

经过一番调整，社工终于招募到第一批服务对象，并慢慢以服务对象口碑相传的方式，最终完成整个项目的招募计划。跨过招募难关后，机构督导对社工的督导转向了如何开展急性哀伤期的科普工作以及创伤性哀伤个案辅导工作、团体工作等。此外，机构督导还引导社工利用线下的外出服务机会，鼓励丧亲者邀请亲戚朋友一起参与户外活动，从而促进丧亲者融入社区，获得更多的社会支持。

2. 疫后心理社会重建类社工督导重点与难点分析

（1）督导重点。

①跨专业合作。疫后社会心理重建类社工抗疫工作的问题，往往跟身体、心理以及社会政策环境与社会支持有关。在武汉哀伤社工服务项目中，很多丧亲者本身也是新冠肺炎康复者。机构长期配备了兼职医务工作者、舞动治疗师、正念瑜伽老师等其他专业服务人员，为服务对象提供多元的服务体验。

②线上线下联动。由于服务问题聚焦某一主题（如哀伤服务），需要招募的服务对象分布地域较广（全市范围），社工服务以线上为主，线下为辅进行。社工督导的工作重点随之也要放在线上线下服务联动如何开展上。比如线上小组和活动的参与率难题、服务目标达成评估问题等。

③整合多方资源。聚焦性的专项服务需要更多的匹配资源才能让服务的成效更加明显。在哀伤项目早期，很多服务对象的身心面临巨大的创伤，单靠社工服务不足以支持他们重建生活秩序。因此，督导引导社工链接生活物资、就业渠道、公益心理咨询以及与丧亲仪式有关的服务，从而让服务对象对项目的粘度和获益得到提升。

（2）督导难点。

①专业关系建立。创伤性哀伤的服务对象对外界很敏感、回避，前期社工与服务对象建立关系时，非常困难，在哀伤项目早期，曾发生有社工因为专业关系建立的难题而退出服务。督导重点在于鼓励社工面对每一个艰难的关系建立过程时，看到自己的努力以及哀伤历程的阶段特点，让社工保持平常心态，鼓励社工整合多方资源来回应服务对象身体、心理和社会支持等方面的需求。

②社工专业边界模糊。疫后社会心理重建项目的服务对象早期对社工既回避又依赖，社工很难区分服务对象是暂时回避还是服务不适用。此外，在中国文化中，服务对象因信任关系，与社工分享其喜怒哀乐情感，这对社工而言，难免出现工作入侵生活边界的情况。

这种模糊的专业关系很容易让社工困惑，甚至迷失、怀疑专业价值。督导员应提醒社工，经验证明，大部分服务对象在回避社工的时候，是由内心的混乱和创伤反应导致，他们需要社工服务，只是社工一时难以觉察。

如何引导社工巧妙化解是督导难点。笔者的经验是，既不能跟服务对象保持完全清晰的边界关系（如非服务时间不接触服务相关信息和需求），也不能任由服务对象过分侵入社工的非工作时间，需要根据服务对象的哀伤历程阶段，有一个缓慢的调整过程。最终仍是需要保持专业边界的清晰，促进服务对象迈向独立成长的方向。

③国内缺乏系统创伤性哀伤服务经验。创伤性哀伤服务是一整套系统的干预方式，国内相关服务刚兴起，执行项目的社工较缺乏相关基本知识与经验。本机构督导由于常年服务和研究丧亲群体，因此能够在督导过程中为社工进行系统的创伤性哀伤服务课程培训，陪同社工一起攻克服务难关。

第十节　实施乡村振兴战略规划社会工作督导[①]

一、社会工作参与乡村振兴的背景和意义

实施乡村振兴战略，是党的十九大作出的重大决策部署，是决胜全面建成小康社会、全面建设社会主义现代化强国的重大历史任务，是新时代“三农”工作的总抓手。要实现乡村振兴，城乡发展不平衡和农村社会服务缺失是目前亟需关注的重要问题。要解决这些问题，社会组织和社会工作的参与必不可少。《乡村振兴战略规划（2018—2022年）》提出要“大力培育服务性、公益性、互助性农村社会组织，积极发展农村社会工作和志愿服务”以及“推动各地通过政府购买服务、设置基层公共管理和社会服务岗位、引入社会工作专业人才和志愿者等方式，为农村留守儿童和妇女、老年人以及困境儿童提供关爱服务”等。

乡村振兴战略既强调农村社会工作在乡村振兴中的作用，同时也对社会工作参与乡村振兴提出了明确的要求。农村社会工作参与乡村振兴的实践，不仅对于补充当前农村民生领域短板、推进城乡公共服务均等化、推动乡村治理体系不断完善等具有重要意义，这种理性思考研究的结果，对于具体参与实施目标乡村振兴战略规划的社会工作督导回归督导实践也非常有价值。

---

① 本节作者：李伯平（广州市志愿者协会执行会长/秘书长）、赖贵林（广州市白云恒福社会工作服务社/督导主任）。

（一）乡村振兴与农村社会工作的关联与区别

乡村振兴战略的提出为建构中国农村社会工作理论体系、创新本土服务方法及丰富社会工作实践等提供了重要的制度环境、机遇与挑战。那什么是乡村振兴，什么是农村社会工作？二者之间的关联是什么？

依据中共中央、国务院印发的《乡村振兴战略规划（2018—2022 年）》，乡村振兴从农村的自然、社会特征和城乡系统角度，提出了产业振兴、人才振兴、文化振兴、生态振兴和组织振兴五项基本任务，反映了中国乡村振兴的迫切要求。而农村社会工作指的是社会工作在党和政府的领导下，广泛发动各种社会力量去/在农村开展社会服务，缓解和预防农村社会问题，增进农村居民的社会福利，推动农村的社会发展。这里的农村指的是农民生产、生活的场域，同时也是人与人之间关系的连接，与乡村相比相对狭隘。

二者的关联与区别是：一方面，乡村振兴更强调农村与城镇之间的关系，虽然解决的是农村的问题，但更强调城乡二元结构与体系之间的互动与协作；另一方面，农村社会工作是指针对农村社会中的弱势群体和边缘群体提供物质、精神和心理服务，注重工作程序的特殊性社会服务①，农村社会工作的目标既包含乡村振兴战略本身需要解决的农村实际问题，把精力更多放在农村社会层面，如人与人之间的关系，环境对人的影响等，同时也关注特殊人群的具体需求。

因此，当我们讨论社会工作进入农村服务并积极配合好乡村振兴这一重大方略之前，首先是要理解好两者之间的差异，并尝试将其有机结合，使我们的农村社会工作变得更切合本土国情并且发挥作用。

（二）本土农村社会工作实践的探索

近年来，随着脱贫攻坚战与乡村振兴战略的实施，民政部及全国多省市开始推动专业社会工作进入农村场域开展服务，我国社会工作开始实现从城市往农村转移，在这一过程中，出现真正意义上的“农村社会工作”。众所周知，我国的专业社会工作服务发展前期主要是在大城市实行推广，特别是毗邻香港、澳门、台湾地区的广东以及作为国际化大都市的上海等地率先推行了以社区为主体的“社区社会工作”以及以特殊群体为对象划分的各类专业社会工作服务，并推动政府购买、社会协同、社会组织参与等一系列机制的诞生。这一方面与城市社区存在的问题纷繁复杂有莫大关系，另一方面与政府投入以及社会资本的流动有很大关系。毕竟开展专业服务需要资金，而政府资源用于民生实事上也顺理成章。

与此同时，农村社会工作也开展了很多有益的探索，如江西的“万载模式”和广东的“绿耕模式”等。2017 年，广东省民政厅为实现城乡兜底人群全覆盖，主办实施了“双百计划”，开始把城市购买社会工作岗位的模式推广到农村。同一时期，福建省推进城乡社区“三社联动”机制，通过政府购买服务，在城乡社区推动建立以社会工作者为主导、社会组织为载体、城乡社区为平台的社会工作服务模式，重点培育为贫困人员、老年人、妇女、儿童和残疾人等特定群体服务的社区社会组织，发挥其在城乡社区治理中的作用。

① 张和清：《农村社会工作》，高等教育出版社，2008，第 16 – 19 页。

在响应全面实施乡村振兴战略的背景下，许多地区开始了社会工作参与助力乡村振兴的探索。如广州市自2021年起创新实施社会工作助力乡村振兴七大专项行动，在巩固脱贫攻坚成果、促进城乡融合、助农增收、服务农村困境人群等方面发挥着重要作用。据不完全统计，自2021年以来，广州社工累计实施乡村振兴有关项目达133个，链接爱心物资折合价值超过1 000万元，筹集爱心善款200多万元，服务从化、增城、白云等地区农村困难群众逾200万人次，特别是为农村孤寡独居长者、留守儿童等群体提供了专业和细致的服务。同时创新社工服务的新模式，通过社企联动、城乡联动等方式，帮助贫困农户展销特色农产品近二十万件。助农增收的同时，为城乡融合发展、城乡服务均等化均做出了重要贡献，也展现了社会工作的新担当新作为。

（三）乡村振兴背景下农村社会工作的特殊性

在乡村振兴战略背景下，农村社会工作者需要花更多的精力去关注农村地区的生计发展、生态保护、文化传承、基层社区治理、防灾减灾，特别需要关注农村特殊人群的困境问题和因困境导致的其他衍生问题，这些问题大都由于贫困导致。

第一，与城市可以通过务工或享受政策来解决生活问题不同，农村生活问题的解决则主要依赖土地资源。依赖土地的好处是农民能够不定期地从地里收获物资去分配和使用，灵活性和自主性更强。但这种依赖同时也会受到天气、市场、关系等诸多因素制约，风险变得不可控。

第二，农村资源相对匮乏，社会工作者不可能像城市一样可以通过链接长期资源解决问题。因此，只有地区发展起来，使农村生活更便利和更有吸引性，促进有更多的资源进入农村，才有机会从根源上解决这些问题。因此，在地化发展、家庭/宗族关系、文化背景差异、土地与生产力、制度的建立等都是制约发展的主要因素。

第三，土地与社会关系是农村社区与城市社区相比最为明显的两个重要的影响因素，也是农村社会工作者需要面对的最直接的问题。

二、乡村振兴下的社会工作督导

参与乡村振兴，对社会工作者来说是一个全新的命题。随着民政部推进全国各地社工站的建设，越来越多社会工作者进入农村，或进入城乡结合地区开展社会工作服务。除广东等发达地区外，目前农村社会工作者大都是兼职，他们既要处理地区的行政工作，同时也需要尝试开展社会服务去解决当地的问题。他们普遍认为，能改变自身状况的方式有两种。一种是让自身往更专业的临床辅导、治疗的方面转变，因为这能为他们来带不一样的角色和收益，能改变他们的生活；另一种是能够找到项目去运营，让他们能够拥有单一的职能，从而专心开展服务。如何为他们提供督导和支持，是当下社会工作参与乡村振兴的一大难题。一方面，发达地区的经验未必能够协助这些社会工作者解决他们面临的问题，如资源不足、生活文化差异、地广人稀等；另一方面，这些督导者必须理解农村的独特背景，包括文化脉络、土地资源、关系特点、政策制约等因素，具备更为宏观地理解和分析问题的能力，才能有效提供督导支持。因此我们在讨论乡村振兴下的社会工作督导，需要从需求出发，也就是微观（一线社工）的需求和中宏观（社工主管）的需求现状，来进行讨论。

（一）一线社工 KSA 需求（知识、技能、能力）

社会工作者参与乡村振兴的过程中，主要面临以下七个问题。

1. 对自身身份角色的认知

在参与乡村振兴的过程中，社会工作者一般会身兼多种职能，包括基本行政职能和服务职能。如何明确自身的身份角色，并建立对专业身份的认同，是每一个参与乡村振兴的社会工作者面临的首要问题。

2. 对在农村开展社会工作服务的认知欠缺

大部分投身农村的社会工作者，对于社会工作服务的认知大多来自于城市社区的经验，但两者实际上存在较大的差异。重新调整他们对农村社会工作的理解以及对乡村振兴基本战略的认识，让他们能够在工作中找准方向定位，这是基本前提。

3. 对农村基本概况的认识

社会工作者需要具备对农村基本信息的认知，只有掌握农村的特点，才能结合实际，制定适合地区或个人发展的策略。

（1）农村社区概况。一般情况下，社会工作者需要从人口结构、自然环境、社会经济、政治生态、人文历史五个方面进行介入，进一步熟悉农村的情况与发展脉络，更好地做好链接的工作。信息的认知需要一个长期积累的过程，如人口结构，主要是要从人口组成以及居民对地区的印象两方面进行了解。

（2）农村社区政治、经济、社会基本情况。人口组成，除了要了解基本的年龄、性别分布、特殊人群的情况以外，还需要了解人群有哪些特殊身份，如党员、村干部、两委、村贤或志愿者等，以及掌握其对所在地区的理解和认知。而在社会经济和政治生态方面，我们要了解地区的经济和产业结构、重要的团体以及相互之间的关系等。另外，我们可能也要知道当地村民对发展的看法以及制约他们发展的土地政策等。只有掌握这些信息后，我们才能明白我们该做什么、能做什么，才能结合现今城市社区对农村的需求，制定只有我们才能做的适合乡村发展的策略。

4. 对临床社会工作技巧的掌握

无论是兼职的社会工作者还是参与农村社会工作服务项目的社会工作者，他们一般由两类人员组成。一种是受过专业训练的大学生，他们具备基础的社会工作专业知识，但对于农村工作及农村的情况不熟悉；另一种是本村出身的年轻人，他们有热情有想法，但缺乏社会工作基本知识及临床技巧，主要凭借关系和经验开展服务。他们都同样迫切需要临床社会工作技巧的学习。一方面，提供专业社会工作技巧的训练能够解决他们在实际工作中由于文化价值的差异而引起的冲突与内耗，更有利于形成统一的思想和价值追求；另一方面，通过对专业社会工作技巧的学习，使社工能够更有技巧、更专业地去处理服务对象个体困境的问题。因此，督导应该协助他们系统学习社会工作的理论知识与临床实务技巧，提供手把手的教育功能。

5. 具备与村民就农业知识主题开展沟通交流的技巧

在农村开展服务，与村民的沟通交流一般包括两方面，一是个体或家庭的问题，这类问题主要集中在孩子教育、家庭关系或邻里矛盾纠纷等；二是与生产、经营、政策、保障有关的话题。对于村民来说，他们既是生活在这个社区的居民，同时也是开展生产的小农户，拥有较好的生产能力与经济实力是摆脱困境及解决问题的关键。因此，提供城乡服务均等化以及促进农产品生产、流通和发展是推动地区社会治理、志愿者文化发展的重要组成部分。社会工作者在提供社会服务的过程中，自然会与农户的生产、经营、销售及品牌推广形成一定的交集，包括：

①现代农业发展的基本知识。农业产业在乡村振兴中占很重要的比例，农业产业的发展目前已经从传统农耕（农业1.0），发展成机械化（农业2.0）、智能自动化（农业3.0）、产业融合（农业4.0）等多版本共存的状况，因此社工有必要学习和了解不同版本阶段的农业生产的要点和重点内容。增加农业产业生产的知识，使得社工与不同的农业经营主体可以实现畅通无阻的沟通，及时了解农业生产过程中的问题，了解辖区内农业生产的状况，对农村农业生产优势做出预估，以便设计与之相关的助农生产服务，促进乡村产业的发展。通常一线社会工作者只会更多关注自身专业方面，如心理辅导及支持网络方面的资源，较少能结合地区发展作出有利于当地发展的判断。督导需要引导好社工关注农业方面的相关知识，促进在地资源的联动，从而更好地发挥社工的作用，做好服务，解决问题。

②农产品宣传及销售技巧。当农户产生农产品滞销影响生活时，社工往往需要协助解决，并探索形成解决问题的长效机制，而非只是推动慈善救济，挤兑政府或社区资源，这样无法解决根本性问题。因此社工需要学习线上销售的方法或与直播商城等平台合作，借助政府及公益资源，带动农业经营主体的能力提升，如提升生产的能力、提升销售渠道及创新宣传及销售方式等，既拓宽当地农产品的宣传范围，又能借助公益资源扩大农产品的潜在市场，从而实现市场的需求量。当社工对当地文化、农业生产计划、农副产品的产量和上市时间具备一定心理预期的时候，就有机会更好地做好宣传和解决农户的问题，形成良性循环。

6. 具备创新与资源整合的能力

在关注农民需求的基础上，农村社会工作者需要不断学习其他地区的先进经验，开阔眼界和思维，提升资源整合的能力，并且拓展多业态融合发展的思路。对于农村农业来说，第一、二、三产业发展是未来农村发展的趋势，也是目标。社会工作者可以通过提供农业体验服务，参与农村第三产业的发展，并促进第一、三产业的融合发展。社会工作者可以协助所在乡村开发城乡互动、农旅文化体验、自然教育等主题活动或项目，通过产业融合，吸引城镇居民到乡村旅游或学习，提升乡村的消费额，带动农副产品的销售，助农增收。社会工作者在提供公益服务的基础上，加强与农业经营主体、农户之间建立良好的信任关系，通过培能增能，孵化一批在地化服务组织，促进地区产业融合、创新。因此，督导在理解一线社会工作者需要和面临问题过程中，往往需要引导他们在宣传及资源整合上进行更多的思考。

7. 获得情感支持的需要

社工一般会面临两个情绪困境。一是思想观念和文化上的冲突，由于大部分社工受过的专业训练都是来自于城市社区，对于农村社区的生活习惯、人文风俗的理解会存在偏差，使社会工作者在制订计划及实施过程中遇到较大的障碍；二是同为社会工作者，由于农村社会工作虽然有一定的目标任务，但行政事务（弱专业事务）的比重也会相对较大，容易造成一线员工在专业立场和达成服务目标过程中，出现认知上的混乱及情绪产生。如不及时处理，容易出现职业倦怠。因此在农村开展督导工作时，关注社工的情绪和压力，是督导的一项重要的工作。这种时候，督导往往需要协助社工重新梳理好本身立场和提供服务的初心，重申目标，并聚焦达成目标本身的困境，找到问题根源，一起探讨解决之道并鼓励执行，发挥好督导的支持作用。

总之，一线的社会工作者往往习惯关注眼前的实际需要，缺乏长远发展的视角。这并不是社工在偷懒，相对虚无缥缈的中宏观项目管理及地区发展而言，关注眼前事务更容易让他们获得自信和认同感，也更容易从其他同类项（城市社区的经验）中获得参考资料。督导需要鼓励社工去思考、学习并开阔视野，鼓励其除专业社会工作服务外的有益的探索，并想办法对其进行肯定，才能更好地协助社工服务好农村及助力乡村振兴。这对于一般农村社会工作督导来说也是一个挑战。因为同类参考的项目的确比较少，香港地区的经验未必适合在内地使用，而台湾地区的经验我们能见到的更多是片段以及在不同意识形态下的工作情况。在社会工作督导过程中，可能同时需要督导参与其中，与被督导者共同探索开发一些项目，对督导来说也是一种考验。

（二）社工主管（管理者）的 KSA 需求特点

社工主管（管理者）一般指具体承担站点管理或项目管理的工作的社会工作者。他们一般实务和行政经验丰富，但由于工作多样性和紧迫性，他们很少能聚焦关注更为专业或更为长远的发展问题。协助他们处理站点或项目发展中的问题，培养他们逐步成长为实际的在地督导，是这对这类人群开展督导支持工作的重要目标。

1. 带领团队及督导基本的项目管理知识

社工主管（管理者）大部分未接受过带领团队及督导的课程，日常工作中主要凭借自己积累的工作经验来处理工作及人际关系，并对一线员工进行督导。这些员工在管理和督导行为中在没有经过系统性学习的情况下，执行过程中会容易出现管理效能低下、员工关系混乱、督导有效性弱等问题，因而督导在指导过程中，对于管理岗位的员工需要更多关注管理及督导能力提升的问题。

2. 乡村振兴中的社区规划知识

社工主管（管理者）须学习当地政府的中长期发展规划，特别是关于所服务地区的发展规划目标，并配合政府中心工作，寻找社工可介入在地化的社区规划的内容，设计与在地化社区规划的相对应的服务项目及推进社会治理创新。如项目能更切实与社区规划相配合，则更容易链接和调动政策内、外的资源，更好地推进各项服务和实现较好的成效。

3. 增加产业方面的知识，尤其是农业生产类内容

产业振兴是乡村振兴的重要内容，也是让辖区内的年轻人留在乡村就近就业，吸引年轻人回流乡村的重要措施。在地化的乡村振兴社区规划对辖区内的产业布局有明确的区域划分，尤其是目前耕地红线的日益收紧，乡村区域内土地的使用性质及相应的农业生产要求执行的越来越严格。同时重视新型的农业经营主体的培育和发展，他们是乡村振兴中实现产业布局，推进乡村产业发展的重要实施主体。因此社工主管（管理者）应认真学习各种产业振兴相关的法律法规、学习在地化的规划产业及相应的农业生产知识，更好地为辖区内的农户提供产业和农业生产的支持。

4. 增强支持性督导功能，增加工作动力

社工主管（管理者）通常需要处理服务对象及一线社工面对的问题，容易造成压力

的积累，并形成焦虑的情绪。特别是他们经常需要处理一些以往没有遇到过的或者比较紧急的情况，当过往的服务经验不一定适用时，需要他们重新思考、决策。这些都容易让他们在决策的过程中产生压力和心理问题。督导的支持性功能在这时显得非常重要，也是促进他们工作动力的一部分。

5. 增加类似地区发展优秀案例的参观或分享，学习他们具体做法或技巧

乡村振兴服务目前处于兴起的初级阶段，尚没有成熟的服务案例或经验，管理人员带领一线员工开展服务处于边探索边总结情况的状态。因此要不断学习其他地区乡村振兴好的做法，有必要可组织员工到其他地区参观交流，拓宽他们的视野和思维，不断增加管理人员在乡村振兴的具体做法和技巧。

三、乡村振兴服务督导重点、特点、难点

（一）乡村振兴服务督导重点

1. 一线社工督导重点

一线社工提供具体的服务，除了社工的个案、小组和社区等方法技巧外，还需要学习农业生产、农副产品宣传和销售、地区微改造等其他学科的知识，让一线社工能从生产、生计、生活、生态四个范畴有效开展服务。

2. 社工主管（管理者）督导重点

社工主管（管理者）要不断学习、清晰明了服务辖区内的乡村振兴的社区规划、新型农业经营主体的培育，并在机构的指引下带领一线社工设计具体的服务。同时需要学习多学科知识，毕竟乡村振兴服务有系统性、复杂性、多学科融合等特点，作为在地化服务的管理者很有必要了解、学习这些多学科的知识，这对他们在开展乡村振兴服务有很大的帮助。

（二）乡村振兴服务督导的特点

1. 一线社工督导特点

一方面一线社工的督导，主要以教育性功能为主，支持性和行政性功能为辅的特点，督导需要协助一线社工学习社工专业知识和临床技巧，提升他们的专业认同；另一方面，也要协助他们找到资源，学习涉农知识及开展农业生产、农产品促销等具体服务的方法。而淡化行政性工作和提供支持性工作，将有利于一线社工更快进入角色。

2. 社工主管（管理者）督导特点

社工主管（管理者）督导的重点在于赋能，关注的重点在于他们从一线的角色往管理者和督导者的角色转变，反而需要强化行政性和支持性的功能，需要为他们开设督导的课程，尤其是行政督导范畴的知识。另外对于如何对家庭农场、专业合作社等新型农业经营主体进行培育和发展壮大，也需要组织项目管理层员工学习，毕竟这与社区社会组织的培育流程有较大的差异，因此让他们学习和熟悉登记注册、运营的流程，有利于他们与这些新型农业经营主体的负责人讨论该经营主体的发展计划。最后还需要鼓励项目管理层员工积极学习和了解在地的乡村振兴政策和地区发展规划，及时调整项目的发展目标，使之与新颁布的政策和地区发展规划相吻合。

（三）乡村振兴服务领域督导的难点

1. 一线社工层面

（1）社工专业性不足，影响督导能力的发挥。目前机构内从事乡村振兴服务的非社会工作专业的人员占较大的比例（该项目23人中，社工及相关专业8人，非社工专业15人），对社会工作专业的服务手法和技巧的理解和运用存在不足，对督导项目的内容和督导服务存在不了解的情况，这样会间接影响着督导作用的发挥。

（2）学习社区整体规划、法律法规、产业融合、产业销售等增加员工的学习压力，消耗督导很大的精力和时间。与城市的社工服务相比，从事乡村振兴的社工需要在工作过程中，持续学习社区规划、乡村相关的法律法规、农业生产知识、农产品销售、体验课程开发等多学科的内容，这会增加不少员工的学习压力，督导需要使用很多时间为员工梳理上述知识的学习及缓解压力，且需要持续地关注和引导，这会占用督导很多的精力和时间。

（3）社工执行效果较差，影响督导服务效果。督导提出来的建议，项目社工的理解存在不同程度的偏差，加之需要综合运用其他学科知识，增大员工在执行过程的难度，项目执行效果容易打折扣，因此会出现某些督导需求反复出现，督导对需求要重复解答，严重影响督导的服务效果。

2. 督导层面

（1）督导精力有限。目前机构的从事乡村振兴服务的督导虽有丰富的社会工作经验，但他们还承担其他城市社区服务项目的行政管理、督导任务。除此之外，还有学历提升、继续教育和家庭生活的压力，时间和精力有限，比较难全身心地投入到督导工作中。

（2）督导乡村振兴服务实务经验不足。目前能提供督导服务的人员的社会工作实务经验普遍都在5年以上，但乡村振兴服务工作经验有限，对乡村振兴服务的不同板块的认识程度不够深入，即使督导有很强的学习能力，短期内也较难提供有力的督导支持。

（3）组建乡村振兴服务的多元性、多学科督导团队的难度较大。乡村振兴服务的督导内容除了社工专业的知识和服务督导之外，还涉及社区规划、农业产业布局及农业生产、产业融合、农产品销售、产业融合及体验课程开发等多学科的内容，这需要多元性、多学科的督导团队，组建这种复合型督导团队的难度较大。

3. 运营单位层面

（1）督导服务受限于支持力度。运营单位应根据服务实际需要匹配合适的工作团队和督导，促进团队内部可以有效协作开展服务，更好地发挥社工的特长和价值，满足购买方、合作方、项目实际工作的需要。不过因为具有和熟悉乡村振兴服务板块经验的督导不多，有时会出现难以匹配齐或符合服务需要的督导，这样会让一线社工认为机构的支持力度不足，影响项目的运作和督导服务的效果。

（2）运营单位与督导沟通存在不足。目前以站点和一线社工提出的督导需求为主，整体服务项目的运营需要较少，缺乏一定的持续性。同时运营单位与督导的沟通交流次数不多，导致督导服务无法满足运营单位的整体规划和管理需要，影响督导的效果。

（3）督导之间的联动不足。以目前的乡村振兴服务经验，不同的乡村类型的服务策略会有所不同，为整合不同类型乡村的服务设计、服务策略和经验，需要不同类型的地区进行联动，沟通交流分享，进行总结归纳，努力营造适合社工成长进步的环境。

第六章
社会工作机构的策略性与运作性策划管理①

尽管本土社会工作机构刚步入发展阶段，但整体上仍然处于“社会组织受到外部环境追求“经济效益”和“成本效益”影响的状态。社会工作督导遵循“项目管理逻辑”②，开始注重管理取向，督导关系中则充斥基于绩效和问责的管理性③即新管理主义的生态环境，机构督导的管理知识概括与介绍仍有重要的价值。有研究发现T型知识结构是管理者的最佳结构，即指管理者应该是“专家中的杂家，专才中的通才”④。策划是管理的重要功能之一，是社会工作机构督导发挥行政功能职责——管理性督导的体现，机构督导应该对管理科学较为精通，本章关注机构督导策划性管理知识。

严格来说，战略与策略在管理实践中是有较大区别的两个概念，作为战略管理中的基本概念，二者实际上是一个系统中两个层面的子问题⑤。按照这种认识，二者的区别联系如表6－1所示。

表6－1　战略与策略的区别联系

<table>
<tr><th>区别</th><th>战略</th><th>策略</th><th>联系</th></tr>
<tr><td>问题类型</td><td>方向与目标导向问题</td><td>方法与路径问题</td><td rowspan="5">（1）策略是战术问题，是战略框架的具体展开与部署，围绕战略并受到战略指导；二者存在着协同。
（2）策略是战略具体实现的途径与规划设计活动过程，是其子集。
（3）策略的组合设计与执行是实现战略意图的基本路径，既策略→战略</td></tr>
<tr><td>时间活动类型</td><td>长期概括，框架规划</td><td>短期具体，活动设计</td></tr>
<tr><td>空间活动类型</td><td>宏观整体，刚性统一</td><td>微观局部，灵活多样</td></tr>
<tr><td>思维层次类型</td><td>思想，纲领指导性</td><td>思路，计策计划性</td></tr>
<tr><td>企业控制层次</td><td>高层控制</td><td>中层和基层控制为主</td></tr>
</table>

注：本表转引自高常玲（2009）。

社会工作机构战略“方向与目标导向”类型的问题，比如下文使命管理，是属于机构高层的职责范畴；而实现战略的“方法与路径”类型问题即策略，则属于机构中层

① 本章合作作者：梁伟康（非营利组织卓越管理有限公司）、张莉萍（广东财经大学）。

② 顾江霞：《社会工作服务项目战略规划的“三重逻辑”辨析——以广州和佛山社会工作服务项目发展为例》，《社会工作与管理》2021年第1期。

③ 徐明心，邹学银：《社会工作督导的渊源：历史检视》，《中国社会工作》1998年第5期。

④ 张莉：《中层管理人员在组织结构扁平化中的趋向》，《市场周刊财经论坛》2003年第3期。

⑤ 高常玲、张晓飞、李敬波：《战略与策略协同论》，《管理观察》2009年第8期。

（督导们）的工作职责范畴与工作重心。但现阶段对中国社会工作机构管理实践的观察，本土社工机构系统内部分化不足，机构督导通常集专业骨干与管理角色于一身，参与高、中层的战略与策略管理成为职责所在（参阅本章第一节案例）。故此，本章虽定位于策略性管理，但混和介绍这两个层面管理知识亦成为写作“策略”，见图 6－1。

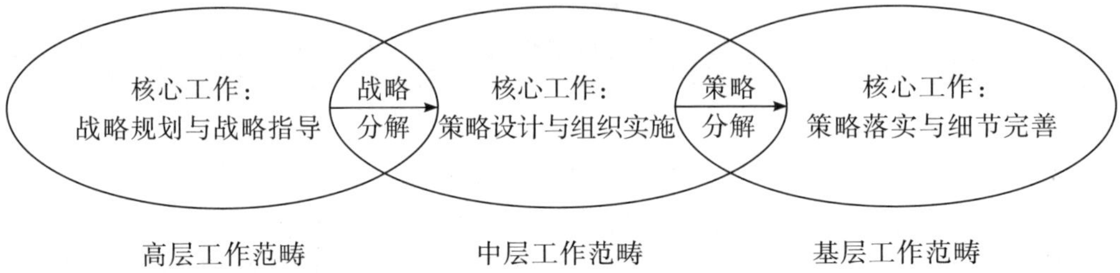

图 6－1　组织内部战略与策略分工层次

注：本图转摘自高常玲（2009）。

战略管理内容主要有使命、愿景和价值观、机构战略目标等；策划则分三种层次，策略性策划、管理策划和运作策划①，包括社会工作机构策略发展计划的制订、年度计划的制订、人力资源培训与发展、绩效评估标准的制订（详见第七章）等。

第一节　社会工作机构的使命与策略性规划

有效的规划始于基本问题的共识。非营利机构的策略性规划有九大任务，第一个就是确定使命和愿景目标②。使命管理归类于策略性策划，使命宣言、愿景与价值观等陈述，均属于机构团队共识，宜列入机构策略性发展规划或社会工作机构的组织文化范畴③。马丽庄等（2013）认为当前内地社会服务机构定位不清、不明乃是由于缺乏对组织理念和使命的陈述④，据本研究对珠江三角洲地区一份调查样本的统计，在已经被政府有关部门认可达标的社工机构当中，仅有 12.9% 的社工机构完成了使命陈述；尽管诸如“高校教师领办社工机构在愿景使命上应先行一步”⑤ 等实践意识已出现，但整体上本土社工机构的使命管理仍未普及。

---

① 梁伟康：《成效管理：非营利社会服务组织全面实践策略》，非营利组织卓越管理有限公司出版，2012，第 141 页。

② Oster Sharon M，*Strategic management for nonprofit organizations：Theory and cases*（New York：Oxford University Press，1995）.

③ 郭景萍：《社会工作机构的运作与管理》，北京大学出版社，2015，第 158 页。

④ 马丽庄、吴丽端、区结莲：《社会工作跨境专业督导——山东经验》，社会科学文献出版社，2013，第 153 页。

⑤ 李芳、易松国、童敏、赵立新：《教师领办社工机构之“怎么做”》，《中国社会工作》2018 年第 13 期。

一、社会工作机构使命、愿景和价值观的制订

（一）使命管理

无论是政府、企业还是非营利组织，都必须秉持自己的使命，使命描绘的是社会工作机构存在的价值和意义。

1. 使命管理与使命陈述研究

“使命观”源自基督教宗教意识文化或布道精神。19 世纪 40 年代，美国人的“使命观”与在北美大陆领土扩张和对印第安土著的征服结合，被解释为美国“创新”精神价值观的重要源泉之一[①]。20 世纪 70 年代，美国管理学大师彼得·德鲁克提出了一套关于使命陈述（又译使命宣言）的思想，为使命赋予了其在组织管理中的重要地位。2001 年，美国德鲁克基金会主席弗朗西斯·赫塞尔本提出“使命管理”理念，被学者誉为管理理论的本质或纲[②]。

管理理论发展的新理念。国内有关使命陈述的研究较多见于企业管理，非营利组织领域仅零星见于对大学使命陈述的关注。港台出版相关参考文献也很少提及非营利组织使命陈述，仅见梁伟康《成效管理：非营利社会服务组织全面实践策略》（2012），此书对于广州市社会工作先锋机构的使命管理推进起到了一定的作用。

使命管理呼唤卓越的管理者，督导有责任参与社会工作机构组织文化的建设任务。

2. 使命陈述技巧

使命是组织未来要完成的任务过程[③]。社会工作机构使命陈述的构成以广州市为例，我们从已获得社会组织等级评估 5A ~ 2A 等级的 148 家社工机构为调查总体，选择已完成使命陈述的共 19 家社工机构使命为样本。所用资料的最主要来源是调查总体名单内社会工作机构的网站主页、其对外公开的年报及其他宣传资料中所表达的关于机构使命方面的内容。

19 份样本使命陈述字数最少为 4 个字，最多为 77 个字，平均值为 28.2 个字，字数在 25 个字以内的机构占 52.9%，字数在 50 字以内的机构占 88.2%，几乎所有社工机构使命陈述样本字数都在 80 字以内。运用扎根理论研究方法发现，有 2 项要素被调查样本频繁使用，它们是：

（1）组织目的和价值观表述。价值观表述是社会工作机构所坚持的信念或具指导性的原则，可在使命陈述中体现。在上述 19 份样本中，追求“社会和谐”（宏观角度）或“创建和和谐社区”（微观角度）一词出现频率最高（7 次）。其次有：“爱”（4 次）[④]、“助人自助”（3 次）、使“生活幸福”或“家庭幸福”（3 次）、促进“社会融合”（2 次）；其他低频（1 次）出现的价值观有：社会公平公正、社会仁爱、社会进步、关怀、促进服务对象能力发展或全人发展、构建社区服务网络；

---

① 何顺果：《美国人“使命观”的最初表达》，《美国研究》2009 年第 2 期。

② 王伟：“使命管理——管理发展的新理念”，《理论与改革（成都）》2002 年第 1 期。

③ 陈俊龙：《非营利组织的绩效管理》，复旦大学博士学位论文，2002，第 118 页。

④ 与该连锁社工机构蕴涵名称相关。

（2）运营哲学或自我定位："提供优质或卓越服务"一词出现频率最高（7次），其中两例更是将经营哲学与机构自我定位结合，将服务定义为"本于需求、贴近生活之服务""多元化服务"；将机构经营哲学描述为"培育社工专业队伍、推动行业发展进步"（1例）、"调动整合运用资源"（1例）；将机构的服务靶点明确聚焦于"社区服务"（2例），明确自我定位是"服务企业"（1例）；

利益相关者识别：明确、清晰提及或聚焦机构服务的目标人群如外来工的（1例）。其他18例样本未提及机构的利益相关者，这可能与社会工作专业基本常识服务对象是"有需要的人群"有关，但更有可能是现阶段社会工作机构对使命内涵仍处于"未摸着石头"的过河状态。

（二）愿景

一个优秀的愿景由愿望、价值观、使命和目标四个因素有机结合而成，缺一不可[①]。愿景、使命都是策划性管理的成果或产品。愿景表述是社会工作机构理想/抱负未来的一种描述，是可以在未来有限的时间里可期达到的境况。描述组织自身的未来是内部愿景表述，外部愿景表述则描绘组织努力打造的理想世界蓝图。

愿景表述也要参考机构的使命和价值观（原则）发展出来，它通常寄望于十年内能够达成，某些更宏大的抱负甚至可能需要十年以上或更长时间才能完成。愿景虽具有方向性特征，但其内容空泛性的特征更要求社会工作机构拉近"现实"与梦想的距离，将机构愿景逐步现实化，即制定目的，并设定3~5年达成的时间规划。机构目的也可经"使命宣言"的逻辑演变出来。如在上述19份样本中，以下示例都比较准确地表达了组织的外部愿景：

"矢志成为中国社工服务机构最佳典范""成为最值得信赖的社会服务机构，让专业社会服务遍布全国""成为专业社工服务风向标"。

在现阶段，中国本土社工机构发展比较单一化的资源依赖路径，使命管理发展之路依然任重道远。由于政府资金来源渠道竞争机制的存在，出现"愿景口号化、虚幻化导致机构决策战略鼠目寸光的危机"[②]。应牢记的是，构建机构的共同愿景，不等同于个人愿景的简单相加，共同愿景一旦形成，应成为每个组织成员个人愿景的重要组成部分[③]。构建共同愿景有五个步骤[④]，即告知、推销、测试、咨询和共同创造，机构督导应参与这些步骤环节并发挥作用，促进社工机构成员自律。

---

①③ 冯长林：《中国非营利组织的发展现状及绩效管理策略研究》，大连海事大学硕士学位论文，2011，第35页。

② 朱静君：《政府购买社会服务评估的思考——以广州市"家综"评估为例》，《广州社会工作评论》2016年第1期。

④ 陈俊龙：《非营利组织的绩效管理》，复旦大学博士学位论文，2002，第120－122页。

二、社工机构督导视角下机构战略规划制定的流程与步骤——以深圳市龙岗区龙祥社工服务中心为例①

深圳市龙岗区龙祥社工服务中心（下文简称“龙祥”）成立于2007年12月，是深圳市首批、龙岗区首家非营利性专业社会服务机构，深圳市5A社会组织。龙祥拥有一支高水平的督导队伍，获得深圳市督导资格的有17名，其中中级督导1名，初级督导16名。龙祥督导均为从事社工行业8年以上资深社工，均为大学本科社会工作专业毕业社工，获得社会工作硕士/公共管理硕士学位6人。这支队伍是龙祥良好发展的主力军，也是机构战略制定实施、服务开拓与研究的中坚力量。

龙祥督导带领社工团队专注于社区为本、流动人口、困弱群体、儿童青少年成长支援等服务，并且通过积极整合社会资源，提供专业社工服务，协助有需要的个人、家庭和组织预防和解决所遇问题，提升其能力，努力增进社会福祉。

龙祥在机构高层的指导和督导的带领努力下，连续十年被评为“深圳市优秀社工服务机构”；2013年，成为首批全国社会工作服务标准化示范单位；2015—2019年，连续被评为全国“百强社会工作服务机构”；2017年获深圳关爱行动“十佳公益机构”；2018年获深圳市“鹏城慈善典范机构”；2019年，成为中国社会工作联合会美好社区计划共营伙伴。

组织战略是组织发展的指引与蓝图，关乎组织发展的方向与策略。根据龙祥的组织架构及对督导的职业定位，督导同时是机构的中高层管理人员，不仅要参与机构战略的制定，也要带领团队落实机构战略的实施，过程中监测反馈战略落地情况。龙祥社工在12年间，先后4次通过顾问机构引导开展战略规划退修营、中高层管理人员集中研讨、组建并运作战略规划及机构制度修订专项小组等，开展全方位的战略规划研讨制定，确定了不同时期的战略规划。每一次的战略规划制定，社工督导都作为核心力量，带领社工深度参与，为机构发展建言献策。

（一）机构督导协助机构战略规划方向的决择

社工机构的战略规划确立机构的基本决策与行动方向，定义机构的存在使命，明确组织定位，决定组织的核心业务方向并为策略提供指引。督导作为机构中高层决策人员之一，须带领督导团队社工齐心协力，实现机构使命。

2013年1月，由机构督导团带领社工们，透过头脑风暴的形式，共同修订了组织的使命与愿景，从而进一步明确机构定位以及未来发展路向，见表6－2。

表6－2 社会工作机构使命、愿景示例

机构使命（龙祥存在的价值和意义）	提供优质服务 培育专业人才 塑造品牌机构 引领行业发展 增进民生福祉
机构价值观（龙祥的核心信念）	兼爱和谐 助人自助
机构愿景（龙祥为之努力的共同方向）	希望每个人拥有平等发展的机会、人与人之间互助友爱、社会祥和共融

① 本案例撰稿人：翁欢琪（曾任深圳市龙岗区龙祥社工服务中心总干事）、李苑兰（现任惠州市社会工作者协会副会长，曾任深圳市龙岗区龙祥社工服务中心初级督导）。

在使命的引领下，机构全体上下意识到，社会服务组织的战略制定其实是一个选择的过程。在判断机构所处内外环境的前提下，着重评估机构的内在优势和劣势，识别外部环境的契机和威胁，选择确定影响机构发展的关键事件。

经机构战略分析发现，龙祥扎根本土服务的选择，让机构更加注重专业深耕及服务集聚的组织内生能力，逐步从服务平台化迈向服务的精细化，以服务实践回应社会转型；注重人才发展，逐步加强平台搭建与人才培育可持续发展；品牌服务推动，带动机构发展与资源拓展的良性循环。因此，龙祥基于战略的分析和规划，选择了一条纵向深耕的组织发展模式。机构选择作为本土社会服务机构，主要扎根深圳东部，服务集中在龙岗、坪山片区，专注于社区为本、流动人口、困弱群体、儿童青少年成长支援等，坚持专业服务深耕垂直路线，提出整体“项目—品牌—产品”服务发展模式，从而实现机构服务的可持续性发展，注重组织的战略布局及服务的整体效应，见图 6 –2。

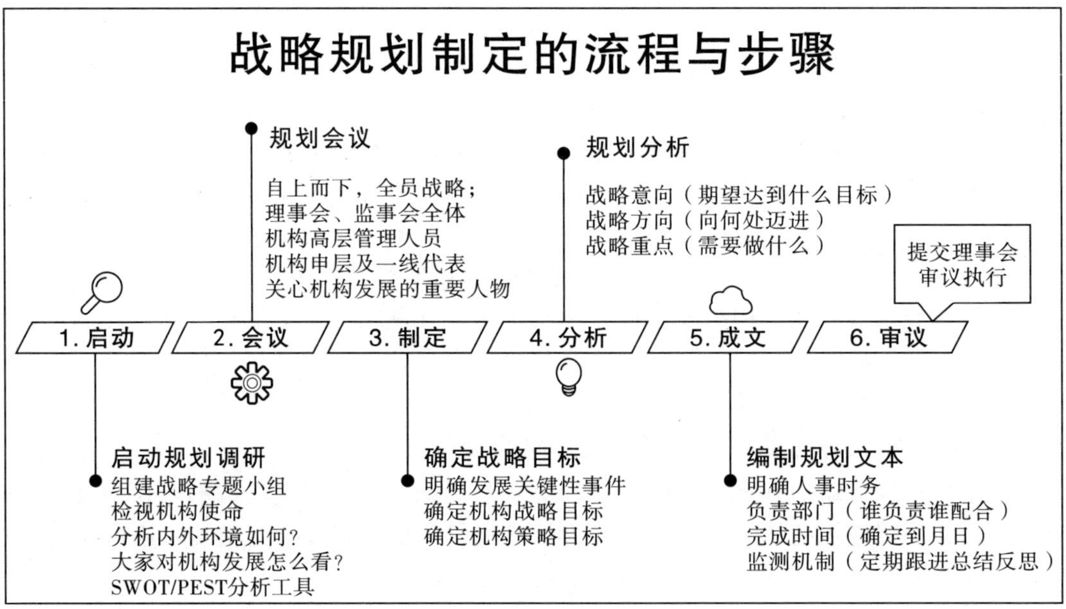

图 6 –2　社会工作机构的战略规划制定流程

（二）督导引导下群策群力制定战略规划

一个核心的战略需要更多组织中的人员参与。龙祥的战略规划自上而下，实施全员战略参与机制。

第一，组建战略小组，汇聚前线声音。机构组建战略规划专题小组，并由机构资深督导担任小组组长，由督导推荐团队优秀社工，以战略小组定向邀请、员工自愿报名等形式面向一线服务者及基层管理者，由督导开展深度访谈，从前线服务者的角度挖掘机构发展中遇到的痛点，汇聚前线服务者对专业服务、机构管理的感触与思考，倾听前线服务者的声音，并汇总上报至机构高层。

第二，引入外部专家督导，开展战略研讨。在汇聚前线服务同行者声音以及开展内部研讨的基础上，由督导向机构推荐引入社会服务机构管理咨询专家，带领机构核心管理层进行机构发展现状梳理、外部形势分析、未来趋势把握等，助力机构核心管理层开展战略规划研讨，实现外部专家咨询意见与内部一线服务者意见的融会贯通。

第三，诚邀外部利益相关者共同审视，开展战略共创。开展龙祥社工战略规划共创会，诚邀了解龙祥过往、关心龙祥发展的“老龙祥人”参加战略规划共创会，对机构新的战略规划提意见、作补充，并在会上面向机构核心管理人员进行深入宣传讲解、充分沟通互动，以达到“凝心聚力、共绘蓝图”的目标。

（三）督导参与制定战略目标和策略方向

基于龙祥战略规划的制定，我们在战略研讨中逐步清晰组织的选择和业务模式，并在不同的阶段确定战略的执行目标和策略方向。督导与机构管理高层一起探讨制定，2020 年龙祥基于行业发展和组织发展现状，提出未来三年的发展方向及战略目标，以确定未来三年主要的发展重点。

1. 参与制定龙祥未来三年战略目标

立足本土，放眼全国，系统、前瞻把握和满足服务需要，实现服务的纵向延伸和横向拓展；扎根一线，追求服务标准化和精细化，以成效、价值导向来衡量服务；创新服务平台，伙伴协同，建立互联互通的社会服务生态系统。

2. 参与制定未来三年策略目标

深耕发展优质服务，稳步落实基础服务与标准运作整合共生；以服务产品和专业技术为核心，加强与更多利益相关方的项目合作，争取多元外部资源加入，切实带动机构发展与资源拓展良性循环；实现组织间战略伙伴模式，实现合作共赢；注重机构整体协同共生，全面推动流程优化与组织活力互促共赢；积极参与行业及地区发展事务，提升机构知名度及影响力。

（四）督导担当推动组织战略落地执行主角

战略落地是连接理想与现实的桥梁，是实现使命的必经之路。通过有规划的战略行动，一步步向着战略目标前进，并最终实现目标。因此战略落地实施计划对于战略是否能够成功实现具有相当重要的意义。社工督导作为机构重要管理层、战略规划落地的核心力量，要带领社工充分解读机构战略，让社工能够及时明确地了解机构的战略；同时，督导要带领社工制定符合机构战略规划的工作计划，推动机构战略规划的落地，推动社工的工作计划符合机构发展。

龙祥将从支撑体系和执行体系两方面着手，助力实现核心体系的目标。

1. 建立多元支撑体系：扎根一线，联动服务，逐步打造社会服务价值链

（1）规范人力成本。提高人力资本准备度，建立人才战略分层，引进关键岗位人才，完善人才激励和建立保障机制，配合战略，梯次进阶员工训练计划。

（2）提升服务资本。建立服务知识管理体系，鼓励跨领域、跨界的服务拓展合作，加强项目标杆学习与联动，加强与其他地区的交流与联络。

（3）加强组织资本。基于战略合作的架构调整、开放空间，实现个人与组织的价值共创与共享、协同一致，增强组织向心力。

（4）提升财务资本。基于社会组织财务规范与稳健发展，严格按照合同预算执行，加强财务监控与支持，并在此基础上争取更多非政府资源的服务资助。

2. 构建服务品牌管理体系，强化核心竞争力，推进服务成效导向战略转型，提升品牌和社会形象

（1）扎实服务基础。回应社会需要，探索社会专业服务领域需求导向，积极创新合作，实现社会服务价值增值。

（2）精细运营服务。实施服务精细化管理，提升社会服务效益，加快拓展专业服务，实施服务标准化运作。

（3）延伸拓展服务。开展服务创新，逐步建立基于服务问题解决方案的成熟、可持续服务模式，实现横向拓展；推行服务分层管理，建立服务品牌体系；依托专业资源和信息技术，促进服务产品创新，打造服务品牌。

（4）品牌整合运作。打造高效服务价值链条，保障规模化发展；提高服务成效及服务品牌联结；持续完善全面质量管理体系，保障服务品质。

（5）提升品牌影响力。实施机构品牌规划，开展整合传播，驱动服务发展；明确服务定位，提升品牌形象，加强品牌推广；基于国家战略的服务快速回应，关注困弱群体、基层治理服务。

（五）督导充当保障战略执行监测者

一个好的战略规划，需要强有力的规划执行，更需要一个有效的战略监测与反馈体系予以保障。在战略规划的执行过程中，有效支持和推进战略目标的实现，并根据外部环境的变化和内部执行的成效，及时调整步伐。龙祥督导将通过交叉监察的形式，实现过程监测与结果为导向的服务监察机制，确定机构战略如期开展。

1. 成立战略监测领导小组

龙祥成立以理事会及监事会、高层管理人员、社工督导为主的战略监测小组，理事会会长为战略监测小组组长，负责战略具体的推进及保证战略目标的有效实现，社工督导作为主要执行人员负责监测战略的实施。战略委员小组每半年召开1次会议，分工负责监测各项工作进度情况统计、信息反馈、资料收集等工作，全方位动态执行监测机构的发展进程，对机构发展存在的问题提出建议意见，并督促修改，确保战略按计划执行。

2. 建立战略监控系统和战略监控网络

（1）以服务执行为主体的战略监控系统：督导根据战略方案，带领团队执行具体的实施计划，包括年度计划制定、各部门绩效指标和产出指标等，每半年进行总结，检视相关指标实现情况。同时，收集各相关利益方的评价，定期收集内部员工的反馈意见，结合第三方机构评估的建议，监测战略执行。

（2）以行政财务为主体的业务监测系统：督导通过对各服务团队开展季度汇报及检讨，监控财务支出，在各团队服务目标达成等方面进行考核，检查各服务团队与机构战略的一致性。

（3）以个人督导为主体的日常活动监测系统：督导通过对社工个人督导的形式，在包括监测员工个人成长方案、个人年度绩效目标的实现、工作职责的履行和岗位服务目标的达致情况等方面进行实时监测，确保机构员工行动与机构战略行动的一致性。

综上所述，社工督导作为机构的坚实核心力量，要积极参与机构的成长与发展，既要把握、紧跟社会服务的发展，快速回应国家战略服务的需求，也要把握社工行业的发

展契机，不断提升综合实务，拓展服务深耕，协助机构提升品牌影响力，承上启下，凝心聚力，机构才能更好地发展。

第二节　社会工作机构督导的目标管理

美国学者兰·费雪在其《完美的群体》一书中揭示生物群体复杂行为的秘密之一，即“5%的核心领导者＝90%的成功”[①]。一个团体中，只要有5%“无形或隐形”的领导者知道目标，就有90%的机会成功领导团体其他成员达成目标。

组织目标是现代管理的第一要素，因此组织目标研究是社会工作机构相关研究中的重要一环。社会工作机构存在的意义就是为实现某些特定的目标，这被称为机构的目标导向。在泰勒、福莱特、麦格雷戈、巴纳德等早期目标管理理论认识的基础上，德鲁克于1954年在《管理实践》建立了目标管理体系。目标研究在管理学、公共管理领域颇受重视，但在社会服务管理领域门可罗雀。然而目标的制订是社会工作督导实务永恒的、不可避免的议题。

从系统视角来看，社会工作机构的目标体系是有层次结构的。本节探讨社会工作机构宏观战略目标、中观项目目标、微观服务计划目标的设计与制订实务。

古典管理理论将“目标原则”作为组织设计的原则之一，切斯特·巴纳德将“制定和界定目标”列为管理（经理人员）的三项基本职责之一，是构成组织协作系统的基本要素。对于社会工作机构督导而言，目标管理涵盖了组织、部门及个人三个层次的范围，是机构督导发挥行政功能职责的具体表现之一。目标制订是目标管理实务的难点，目标设定体现了机构督导的能力。

一、社会工作机构战略目标以及制订

社会组织的自治在中国既有的制度环境下是相统一[②]、国家权力与社会权力相互嵌入与锁定的过程[③]。在此过程中，社会工作机构依附式自主的具体表现是可以自行设定组织目标、自主实现目标与确定决策方式等。

机构目标内涵的建构来源于机构使命与愿景，它们都是策划性管理的成果/产品。从严谨意义上讲，社会工作机构目的是指机构战略发展的目的，与机构所承接的政府购买项目服务方案的目的有别。如《广州市社会工作类社会服务机构等级评估指标体系》（它是基于平衡计分卡视角而发展出来的衡量机构整体性绩效的工具，政府相关管理部门赋予其定级荣誉，详见附录）一级指标“规范运作”—二级指标“业务运作”—三级指

---

① 兰·费雪：《完美的群体——如何力量》. 邓逗逗译，浙江人民出版社，2013，第35页。

② 郑琦：《社会组织党建：目标取向与实践逻辑》，《求实》2017年第10期。

③ 纪莺莺：《从“双向嵌入”到“双向赋权”：以N市社区社会组织为例——兼论当代中国国家与社会关系的重构》，《浙江学刊》2017年第1期。

标“发展战略”之评分标准，要求社会工作机构须制订详尽、规范并有充分论证的中长期（5～10 年）业务发展规划书，其中的目的是机构战略发展目的，见表 6－3。

表 6－3　社会工作机构战略总目标制订范例

机构愿景	不断追求卓越，全力打造本机构成为中国 NGOs 最佳典范
机构使命	提供一站式优质服务予广州市民，以提升他们的生活质素
机构目的	提升社区居民之福祉

（一）社会工作机构的目标与其他类型目标：绩效目标的来源

目标清晰与目标模糊是组织目标研究中使用频繁的两个重要概念，虽然一些学者在理论建构上倾向使用目标模糊的概念，但在测量上却倾向使用目标清晰的量表。Chun 和 Rainey（2005）将组织目标模糊定义为当组织目标代表组织将来状态时，组织目标允许被释义的程度。科汀将目标分为 3 种类型[①]：①针对项目致力的目标，即组织所提供的服务；②与机构建设相关的目标，即如何打造更有效的组织（能力、文化）；③经济目标，即与资源有关的目标。机构的总目标及其他目标是绩效目标内涵建构的源头，有研究发现，组织目标清晰与组织绩效之间呈现正相关关系[②]。

1. 社会工作机构目标陈述

（1）对社会工作机构目的定义的理解：它是有关理想或期望的概括性陈述，是“组织在某一特定时期内所最终成效”[③]。它可提供一个“焦点”“导向”和“方向”以驾驭组织成员整体“能量”“活动”，从而减少组织内部的混乱，最终导致受惠对象的“需要”获得满足。社工机构目的是将机构要达到的目标作说明，并且描述出机构利用其拥有的资源以改善不理想的社会问题，虽然比“使命”更明确，但也毋须考虑可测量性。

（2）社会工作机构目标特征。

①能在所有社会系统层次（社区/小组/个人）上制定。

②时间导向的目标，可分为短期目标、中期目标、长期目标；长期时限一般为 3～5 年。

③与介入作出联结。

④能有针对性地回应目标对象人群的需求。

⑤顾及利益团体（资助团体、服务对象、评估部门）的意见。

⑥不易测量。

2. 制定社会工作机构目标的方法

（1）使用定义目标价值变化的动词。社工机构目的可以理解为社工机构在解决或改

① 迈克尔. J. 沃斯：《非营利管理：原理与实务》，韩莹莹等译，华南理工大学出版社，2016，第 181 页。

② MOYNIHAN D. P., PANDEY S. K., “Testing how management matters in an era of government by performance management,” *Journal of Public Administration Research and Theory* 15, no. 3 (2005): 421－439.

③ 梁伟康：《成效管理：非营利社会服务组织全面实践策略》，非营利组织卓越管理有限公司，2012，第 99 页。

善社区某一类社会问题的总体考虑，在制定目的时，像所有规划目标制定一样（如制定国民经济和社会发展“十四五规划”），常用一些定义目标价值变化的动词，如建成、实现、达到、增加、增强、提升、扩展、扩大、改善、完善、激发、推进、促进、降低、终止、减少、减轻/舒缓等。这种方式在表达目标时非常有用且明朗，让人一目了然地知道预期变化率和实现的时间。例如，促进居民对社区公共议题的积极参与、改善社区居住环境。

（2）合理确定机构目标数量。借鉴目标设置理论，Jung 认为组织目标数量越多表示目标模糊程度越高①；由于目的含糊、难衡量的特性，在目的之下制定发展可衡量的目标就很有必要了。目标的发展方向是由抽象、较难衡量走向明确、具体的，以便衡量达标与否，直至发展出介入方案。

3. 成效目标等其他类型目标的制订

目的之下一般可以制定发展出成效目标、过程目标、运作性目标三类。成效目标等其他类型目标是机构目的的具体化，即通常所指 SMART Objectives。与目的不同，目标的特征是更明确、具体、可行、可测、有时间框架②。

（1）成效目标（Outcome Objectives）：又称冲击性目标（Impact Objectives），是针对服务对象问题或需要提供所需的服务，导致服务使用者产生冲击或影响，最终达到期望的改变。成效目标的“标的”，即要发生改变的服务对象目标系统有社区与个体两类。

社区既指地域社区，也指功能社区③；至于个体可能改变的范围有三种甚至七种类型。知识为基础（如提升社区戒毒康复者的求职简历制作与面试技巧）、情感为基础（提升社区戒毒康复者抗逆力）、行为为基础（如促进社区戒毒康复者善用资源系统），例如，降低社区戒毒者复吸行为。除知识、情绪、行为以外，还包括技巧、态度、关系、身份状况④。

制订成效目标的原则与技巧：用动词描绘出某种境况可被观察到的变化，遵从 SMART + NCB 八项准则（NCB：非重叠的 Non - overlapping、互补的 Compatible、行为导向的 Behaviourally-oriented）。在考虑成效目标的数量时，10 个以下比较合适，太多则不便于成效评估。

成效目标表述的两种方式：

①包括成效目标 4 个要素的表述：什么 what、谁 who、变化范围或程度 range、时间规限 time - frame。如，“服务方案针对本街道辖内 50 名社区戒毒康复者，希望一年内其中的 25 位能获得就业辅导服务”。在成效目标制订中，特别需要关注的技巧是区别与辨识“目标对象人口群”与“求助者/受冲击人口/受益者人数”，前者是指服务方案针对

---

① JUNG C S, “Organizational goal ambiguity and performance: conceptualization, measurement, and relationships,” *International Public Management Journal* 14, no. 2 (2011): 193 - 217.

② 梁伟康：《成效管理：非营利社会服务组织全面实践策略》，非营利组织卓越管理有限公司，2012，第 114 页。

③ 指并不在同一物理空间、但有着共同特征、有共同需要或面对共同问题的人群。项目臭皮匠：《项目百子柜——一本社工写给同行者的工具书》，中国社会出版社，2017，第 123 页。

④ 张兆球、苏国安、陈锦汉：《活动程序：计划、执行和评鉴》，香港城市大学出版社，1999，第 68 页。

的对象，而后者才是服务方案的真正受惠者。从社区人口总数逐渐区别出受冲击人口数，以确定社会工作机构所能解决某个社区问题的范围。见图6－3。

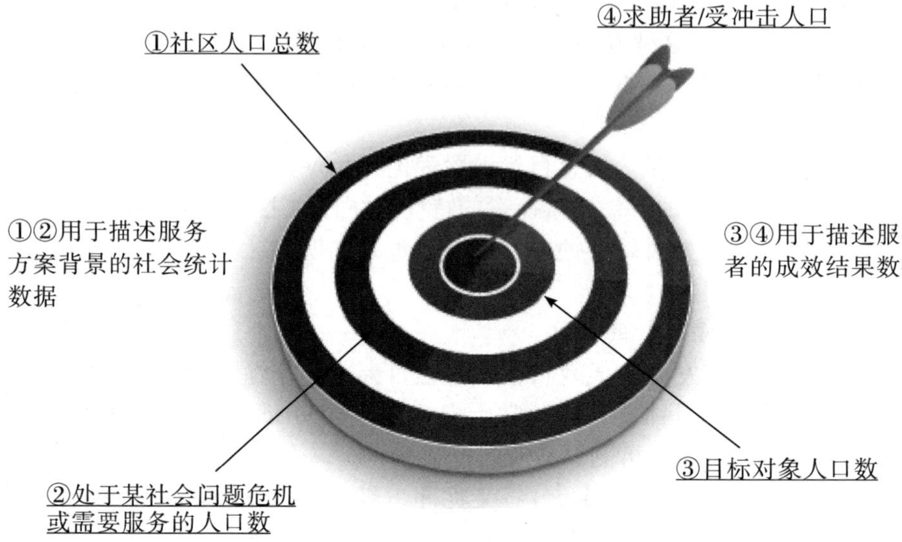

图6－3 界定冲击人口图

②将成效目标分成三个层次：短期成效、中期成效、最终（长期）成效。以回应评估“程序逻辑模式”的成效观，即按受助成效的短、中、长期效果进行评估。

（2）过程目标：又称生产目标、服务性目标。如果说列明要达到的成效是“成效目标”，那么列明要采取什么行动的就是“过程目标”，即陈述机构要达到服务成效目的所用的“工具”是什么。

过程目标表述的原则与技巧和上述成效目标是一样的，差别在于问责要素即须表述由谁负责确保此过程目标能达致。在制订过程目标时常用动词如增加、提供、招募、服务、培训、制造、组织、推行等。

例如，“提供动机晤谈法/寻解导向治疗服务予10位社区戒毒者”“提供服务予30位家暴受害者”。

（3）运作性目标：又称后勤性目标，指机构组织和调拨资源以发送其全面性的运作，从而使服务有效推行，最终达到预期影响。如社区戒毒项目团队提供动机晤谈法训练、团队建设、制订机构社区戒毒服务流程指引等。以员工培训和发展计划列入此目标最为常见，是平衡计分卡之员工学习与成长维度考量的要求。

上述三者之间的关系，既有别（不同类型）也有内在联系。成效目标是机构服务对服务受众产生的影响，过程目标是达到成效目标的工具，运作性目标则支援过程目标的达成。三种类型目标可各自发展成一棵“目标树”，它们相互之间又可以被联结发展成一棵“整合的目标树”[①]。整合的目标树有利于机构主管或机构高级督导制订年度工作计

① 梁伟康：《成效管理：非营利社会服务组织全面实践策略》，非营利组织卓越管理有限公司，2012，第117页。

划，以及成为绩效评估标准依据。详见图 6－4“大沥镇 DQ 服务中心项目目标树”。

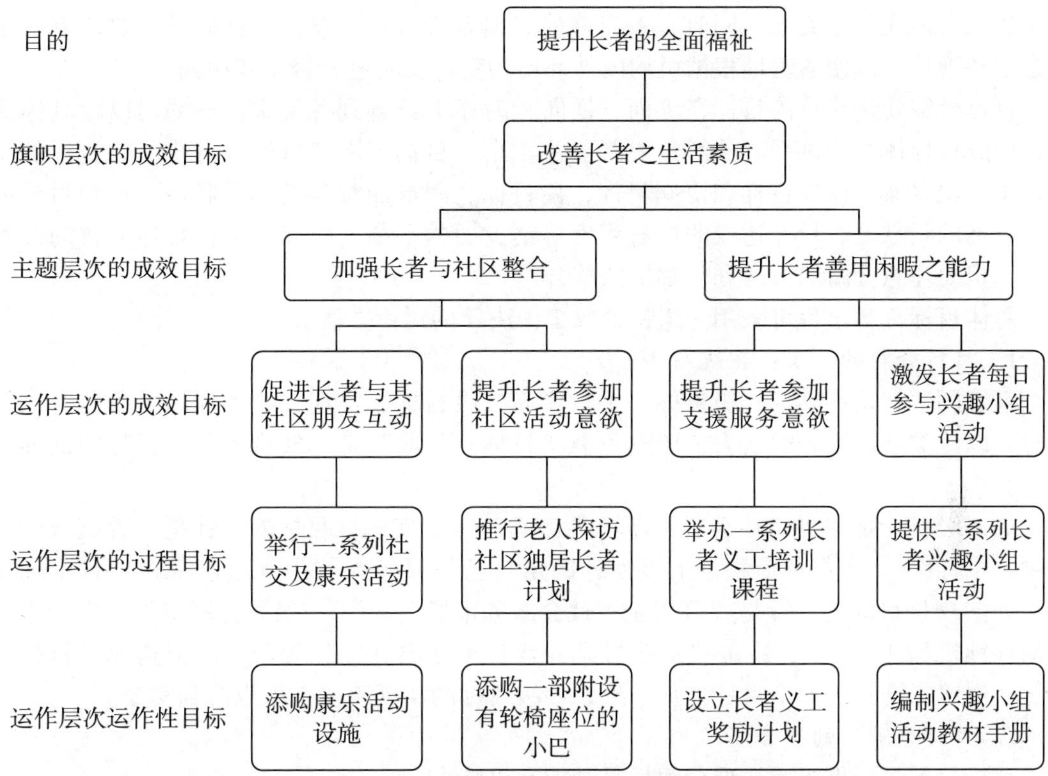

图 6－4　佛山市南海区大沥镇 DQ 服务中心目标树

社会工作机构总体目标分解的指标（在绩效考核表中占 50% 以上的权重），职务说明书中关键职责在绩效考核表中所占权重一般为 30%。

4. 目标置换——社会工作机构目的制订中可能出现的问题

美国社会学家戴维·波普诺认为，在非营利组织的目标问题上可能存在目标置换现象，即组织成员更加关注组织本身的存续和他们在组织中的位置，而不去关心组织的实际目标，即行内所谓“要使命还是要活命”问题。例如，一项对上海、深圳 8 个非营利组织的调研显示①，有些机构在起步初期只以拿到项目资助为目的，把使命和目标抛之脑后，又或者在项目机制下只追求完成考核目标，而把服务目标置于次要地位。

要克服目标置换毛病，需兼顾长期目标和短期目标，充分发挥自身优势和利用外部机遇，克服自身的劣势，从战略的高度来思考和判断组织未来的发展方向与所要达到的状态②。当活命生存压力有所缓和后，长远的使命还是要回到焦点上。

（二）目标分解

兵法云：“上下同欲者胜。”寻找战略目标的关键支撑因素，最好采用自上而下的系统思考方法。找到完成机构目标的多个支撑要素，根据重要性进行排序，把机构目的分

①② 陈为雷：《政府和非营利组织项目运作机制、策略和逻辑》，《公共管理学报》2014 年第 3 期。

解出很多内容，如收入增长、出现利润增长的目标客户市场、人力与投资、相关软硬件设施的配套等，从而形成机构层级目标系统。不仅要找出显性因素、隐性支持要素，还要寻找二者内在关联关系。同时，不应该静态地看待目标本身，目标的设置要留有一定的余地和弹性，以便适时地根据机构内外环境的变化及时进行修正和纠偏。

目标分解就是将总体目标在纵向、横向或时序上分解到各层次、各部门以至具体到人，形成目标体系的过程。分解过程既要注重个人目标、岗位目标对直线上级目标的支撑作用，也要兼顾横向目标和协同目标，使目标之间形成整体性和关联性，达到目标内容、目标的贡献度、目标达成的难易程度等诸方面的平衡。因此在进行目标分解的过程中，一定要注意分解的方法和分解后的整合。

总体目标分解过程可采用分组讨论、集中决策的讨论方法。

1. 目标分解的方法：系统图法

系统图法就是将实现一级目标的手段作为二级目标、实现二级目标的手段作为三级目标，以此类推逐级分解下去，形成一个“目标—手段”链，实现上下级目标间的连接关系。

如上级目标是“提高社会服务市场占有率5%”，实现该目标的方针是“提高政府采购项目中标率”，下级就应根据上级方针制定自己的目标为“提高政府采购项目中标率5%”，实现该目标的方针是“开发全省社会服务市场”；再下一级目标制定为“在全省新注册连锁机构 4 家”，方针是“提拔晋升专业骨干派出驻外”等。这不但构成了目标体系，还逐级保证自上而下目标连贯一致，各级目标的实现手段也可以落到实处。

2. 目标分解后的整合

目标分解是否得当就要看分解后是否能有机整合。

（1）纵向整合。目标体系化必须依序由上而下，即按机构目标→部门目标→单位目标→小组目标→个人目标的顺序来制定。个人目标是为了完成上级目标而设置，若没有上级的目标，则无法制定个人的目标。上级制定并向下属公布自己的目标，下属跟随上级的目标与方针制定各自的目标，形成自上而下的目标链。

（2）横向整合。要发挥“1 + 1 > 2”的效果，必须把机构所有资源整合为一体，部门之间互相支援与配合、加强沟通与协调。因此，机构的整体目标体系必须具备“横向”的协同效能。这样，从目的开始，一层层的分解，上下不错位，左右不错位，每一个目标指向上一个目标，众多目标指向机构目的。

3. 目标分解如何保持不变形

（1）人员可影响目标分解。以关键人员流失率这个目标为例，说明如何根据职责确定相关责任人的分解过程。如上所述，这个目标每个部门都有份，人力资源部的职能主要涉及招人、育人、用人、留人的制度设计和组织实施，因此这个目标主要由人力资源部经理负责。继续往下分解招人、育人、用人、留人，正好有招聘、培训、绩效、薪酬等各专员对应负责，目标就可以分解到各个人员身上。而各部门主管或督导除了关键目标外，还要承担起被督导者的管理责任，既要培养人（专业培训或传帮带），又要考评下属（绩效面谈、绩效沟通），对部属绩效负责。这些工作可作为关键人员流失率的过程目标，写进部门主管或督导的目标管理卡中。虽然这些目标有些是可以分解的（如员工培训），但绝大部分需要主管或督导直接承担。

(2) 支持条件。透明的战略能够让每位员工都了解机构的未来发展方向、机构战略的真正含义、机构期望员工的行为方式。员工在实施机构的目标任务时，才不会与机构战略偏离，在实施目标过程中也就能自动校正自己的行为符合机构规范，而不是只埋头拉车，不抬头看路。以下说明两个支持条件：

一是机构内部沟通的文化。目标的制定与实施，需要进行大量的沟通，信息分享包括左右沟通、上下沟通、领导与所有人员的沟通等。机构目标的制定和分解、部门横向目标的协调，需要召开管理决策会议来确定。通过机构负责人对战略任务的阐述，各级管理者或督导对机构的目标方向更加清楚。同时在会议上可以直接倾听其他部门对本部门的意见和要求，及时修正自己的目标。而部门目标的分解，则需要上下级双方讨论，充分听取彼此的意见，双方同意后，再签字确认。

二是充分的培训。通过培训，让员工认识到目标体系是需要机构做系统考虑的，不仅要看结果，还要有关键性步骤过程。同时，让被督导者掌握具体的目标分解方法和步骤，保证目标分解不走样。

二、社会工作机构服务项目的目标设计

渠敬东（2012）认为项目制旨在通过国家财政的专项转移支付等项目手段，加大民生工程和公共服务的有效投入[①]。社会工作机构的项目运作机制则是承包机制。政府的外包机制有不同的运作方式，包括招标发包、委托发包和公益创投等形式，非营利组织通过投标和竞标、承接委托项目、参加公益创投来承接项目[②]。赵海林（2018）则明确了社会服务项目的概念、特点和类型。

以广州市政府采购家综项目为个别案例，“制作项目服务计划的目标设定不当”[③] 是社会工作机构项目运作存在问题之一。陈为雷（2014）将动员员工参与项目开发和设计理解为非营利组织项目运作的内部动员策略，本研究则认为在社会工作机构中，机构督导在服务项目的策划中扮演着重要的策划者角色。

项目一词又被译作“方案”，指在一定时间内为达到特定目标而开展的一系列相关活动[④]，也是达致机构目的等不可或缺的工具[⑤]。相对于机构战略目的而言，“目前国内社会工作项目活动策划理论发展速度明显滞后于实务的发展”[⑥]，涉及社会工作机构服务项目策划基本知识的参考文献不多。在国外境外社会工作学界，卡勒曼（1972 年）、拉普和波尔特纳（1992 年）较早提出了社会工作机构项目策划模式；港台学者如梁伟康（1997、2012）、黄松林、赵善如、黄源协（2009）等专著从社会服务机构行政管理实务或社会工作方案评估与管理视角关注项目策划。梁伟康（1997）则意识到，有效的非营

① 渠敬东：《项目制：一种新的国家治理体制》，《中国社会科学》2012 年第 5 期。

② 陈为雷：《政府和非营利组织项目运作机制、策略和逻辑》，《公共管理学报》2014 年第 3 期。

③ 韩梦冉：《广州市 H 街道政府购买社工项目评估研究》，辽宁大学硕士学位论文，2013，第 9 页。

④ 赵海林：《社会服务项目运作实务》，中国人民大学出版社，2018，第 4 页。

⑤ 梁伟康：《成效管理：非营利社会服务组织全面实践策略》，非营利组织卓越管理有限公司，2012，第 662 页。

⑥ 岳影：《社会工作项目策划模式的对比分析》，《科技经济导刊》2017 年第 25 期。

利社会服务组织的管理制度包括三个层面即分析、实践与测量，并将策划管理归入分析层面①。梁伟康在其非营利社会服务组织成效管理系列书籍里较集中、系统地介绍了目标管理基本知识。随着内地政府购买社会服务项目数量的增加，内地督导作为社工机构的专业担当，急需普及项目策划实务基本知识。以郭慧芳为首的本土社工督导团队所著《项目百子书——一本社工给同行的工具书》《项目 CEO》，在操作层面翔实介绍了社工服务项目设计与管理实务。

一般而言，项目策划与设计需要完成的“关键性工作任务”主要有探讨服务项目源起或背景、评估社区问题/社区需要或目标人群需要、设计项目策略/假设、选定服务对象、制订服务项目目标、设计服务项目活动方案、设计项目评估七项②，其中前两项“探讨服务项目源起或背景、评估社区问题/社区需要或目标人群需要”对应了本书第二章所涉及之机构督导的研究能力，“设计项目策略/假设、选定服务对象、制订服务项目目标、设计服务项目活动方案”对应于机构督导的策划/创新能力，“设计项目评估”对应于机构督导的项目评估能力（详见本书第二章第一节）。

我们认为，社会工作机构服务项目目标与社会工作机构战略目标制订的逻辑、术语基本一致。囿于篇幅，下面只节选介绍以社会工作服务项目的目标制订为主、与策划相关的具体策略知识。

（一）社会工作服务项目目标制订之前的策划环节

以下要点既是策划环节，也是项目书写作的提纲框架。

1. *表述项目背景与调查社区资源*

（1）界定社会问题。描述潜在的服务对象目标人群的社会性问题及其表现、既有的社会政策。例如，识别社区问题的一个明显标志和重要阶段就是居民或社区团体对于该问题的觉醒，社区内的大量居民意识到某些情景或状况是需要改变的，或是当“个人的不满”已扩大至“广泛地受到关注”，这个共同关注的社区问题才更有可能得到改变。

社区问题的成因和影响因素是多元的，机构督导应带领社工深入研究社区的背景以及收集相关的事实资料，了解问题是暂时性还是持续性的，是事关少数人还是影响广泛，以便辨别出导致社区问题的重要因素，阐明解决此种社会问题的重要性与必要性。重要性是指该项服务社区民众与服务策略者对此问题的重视程度；必要性是指非它不可或此乃最恰当的服务方案，因此必须提供此类型的服务。如果是政府购买项目或资助项目，应注明项目资金来源背景。

为了有效预估既有社区服务可能出现的空白，还须深入社区调查现有的服务资源。运用下文所述各种具体的资料搜集方法，搜集并描述以下资讯：

①社区总人口年龄、性别、收入、地区分布。

②社区主要社会性问题的类别。

---

① 梁伟康：《成效管理：非营利社会服务组织全面实践策略》，非营利组织卓越管理有限公司，2012，第 30 页。

② 梁伟康：《成效管理：非营利社会服务组织全面实践策略》，非营利组织卓越管理有限公司，2012，第 663－674 页。

③既有社会服务机构的服务概况（机构的目标、现有服务项目清单、机构人员编制）、机构转介个案的类别、机构认定欠缺空白的服务。

（2）社会工作服务项目目标写作策略。

①可引用相关的文献或二手资料为证；通常收集目标社区人口分布和结构、环境、可运用的资源等。

②相关的研究理论依据。

③显示同类项目有效的调查实证。

④专业者的实践与经验。

2. 界定社区/目标人群的需求，列明需求清单

应区分“需要”与“需求”概念。“在营销学中，需求可以用一个公式来表示：需求=购买欲望+购买力，是在需要的驱动下并有能力支付的欲望，是可通过市场或者金钱交换来满足的。对于有需要但无支付能力的欲望，那就是需要，一般通过社会政策来满足”[①]，因个人/家庭需求无法获得所需的资源，则其“需要”就转化成为“福利需要”。社会工作学界通常使用“需要”这个概念，但专业内部惯常仍然表述为“需求评估”。

需求评估是指在社工服务项目中，测量需求的种类及范围，并且在项目前期及执行期间进行观测，是评估研究人员或项目利益相关方在特定情形下，对项目目标群体需要状况的一种分析和判断。如果把需求评估进行层次划分，则对服务领域的宏观需求评估（服务对象群）由机构所在服务点集体完成，包括一线社工、督导和机构专业服务管理层；微观需求评估（服务对象个体）则由社工个人在服务的过程完成，督导给予指导[②]。

在项目开展前，必须关注以下问题：

①将问题具体化。服务对象有哪些需要，何时、何地有此需要？

②项目应该如何回应、满足服务对象的这些需要？因应满足了目标人群的需要，可减轻/预防社区危机或社区问题的严重程度/发生。

③既有的内/外机构所提供的服务能否满足服务对象的需要？

根据布莱特肖需求四分类（规范性需求、感受性需求、表达性需求和比较性需求）定义，初估目标人群需求的类别属性。布莱特肖的需求分类在实务中较为实用，较有可能做准确性的测量或分析。比如国家卫健委发布武汉市确诊新冠肺炎治愈出院人数百分比、死亡人数百分比，能反映出当地服务对象的规范性需求，即回归社区后的康复需要、哀伤辅导的需要；经过社区调查，新冠肺炎康复者或死者家属的创伤后压力症候群测量表结果，可归入感受性需求。

（1）界定需求评估的具体方法。应留意每种方法的优势与局限，见表6-4。

---

① 项目臭皮匠：《项目百子柜——一本社工写给同行者的工具书》，中国社会出版社，2016，第43页。

② 朱静君：《政府购买社会服务评估的思考——以广州市“家综”评估为例》，《广州社会工作评论》2016年第1期。

表6-4 界定需求评估的研究方法

界定需求评估的研究方法	内容	需求属性
社会指标方法	运用现有研究资料进行估计，现有资料包括国家、政府调查统计所发布的统计资料、特定领域或相关议题的研究发现等	规范性需求、比较性需求
社会调查与研究方法	设计和运用社会调查研究方法，从有关社区里的“目标对象人口群”随机样本进行，收集资料的工具包括个案访谈、焦点小组、电话访问、调查问卷	过分强调感受性需求
社区印象方法（社区漫步法）	走访社区持份者与主要知情者（如社区居委领导班子、司法所、街道办综治维稳办公室、出租屋管理中心、退管办、残联、妇联等）①，通过社区会议、名义小组、关键信息提供人等方式，搜集有关社区需要的信息	感受性需求
资源盘点方法	盘点分析社区内既有社会服务存量或已提供的服务资源，并按社会服务的功能、目的、服务类别、服务总量满足目标人群需要的程度，从而判断能够回应目标人群的现有社区服务资源是否足够、不足够或不存在的状况	强调表达性需求
德尔菲技术	这种方法实质上是一种沟通的设计，当专家们对某个急切解决的问题意见不一致时，藉此达到较一致的共识	通常得出的规范性需求

上述研究方法既有定量的也有定性的。一种有用且经常被采用的策略是分两步处理需求评估②。第一步，在调研性质的探索性阶段，使用定性研究方法（专题小组、滚雪球抽样）获得需求的定义内涵；第二步，依据需求定义设计一个量化的、可视化的服务需要表，表内列明每项服务需求的百分比。

（2）识别优先但尚未获得满足的需要。一般而言，需求评估结果清单将会显示出目标对象人群有多元化迫切的需求，但社会工作机构所拥有的资源未必能完全满足这些需要，因此必须界定需要的优先次序。方法是将“需要—资源分析”、政府要求、机构章程和服务指引、机构服务顾问的意见，与上述研究和方案评估所获得的调查结果资料综合分析，然后决定各种需要的优先顺序。

（3）描述服务需求特征③。需求评估的重要作用是提出对于给定问题和相关目标人群的严重程度和分布情况的估计，描述目标人群需求的具体特征也同样重要。比如描述需求群体经历问题的方式、对相关服务和项目的理解及权衡、他们在得到这些服务过程中会遇到的障碍和困难。

① 朱静君：《政府购买社会服务评估的思考——以广州市“家综”评估为例》，《广州社会工作评论》2016年第1期。

②③ 彼得·罗西、马克·李普希、霍华德·弗里曼：《评估：方法与技术（第七版）》邱泽奇等译，重庆大学出版社，2007，第87-91页。

（4）确定社区需求评估流程，见图6－5。

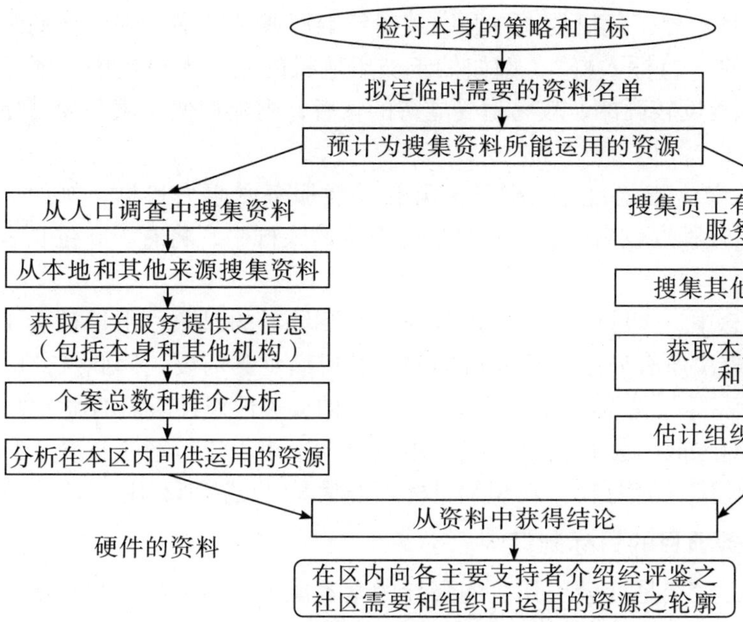

图6－5 社区需要和资源评鉴过程①

3. 设计/选择社会工作服务项目策略

服务项目策略指依据何种实务理论或假设模式考虑具体的介入方案集合。大多数非营利组织所采用的服务方案策略/假设有四种②。

（1）创新改革模式。由服务策划者为服务对象提供一个理想的服务方案/计划，有助解决或改善受惠对象的问题情况。

（2）改变习俗模式。策略聚焦于改变服务对象的风俗习惯，偏重服务对象参与、合作。

（3）行为改善模式。策略聚焦于改变服务对象之行为，深信只要服务对象的价值观念或态度改变，他们的行为也随之改变。此模式源自“离异理论”视角，即个人行为被视为已偏离社会规范。

（4）过程取向模式。策略聚焦于教育和组织服务对象之过程，使他们能改变其态度与行为，并更积极参与社区建设。

4. 界定和识别干预对象（目标人群）

好的项目干预对象说明，能够建立起恰当的分界，使得项目能够准确地定位目标人群并且易于实施。首先应厘清以下几个易混淆的概念：

（1）总人口。指选定服务对象的总人口数量，例如某目标小区的老年人口群。

---

① 上述图表主要节录自 Miller，C，& Scott，T，（1984：21），梁伟康对上述图表稍作修改。

② 梁伟康：《成效管理：非营利社会服务组织全面实践策略》，非营利组织卓越管理有限公司，2012，第666－667页。

（2）高危人口。指小区内某人口群面临一种危机或处于非理想的社会性问题情境，而该人口群较易受该问题困扰和影响，例如某小区的老人人口群受到虐待的威胁。

（3）目标人群。指针对处于危机的人口群中某类年龄层或处于最不利情况的某类人口群，是项目所要服务的“目标人群”，例如处于被虐危机的老人人口当中，那些年龄逾80岁、依赖家人照顾程度较高的、较易遭受虐待的长者，则他们便是服务项目所要针对的“目标人群”。

（4）受助/受影响人口。指“目标人群”实际接受及服务受惠人口群，例如上述年龄逾80岁、依赖家人照顾程度较高的长者较易遭受虐待的人群中，将有100位长者是服务项目的真正受惠者。

在上述人口群的概念中，“目标人群”是服务项目要针对的对象；由于社会工作机构资源的局限性，无法解决所有处于危机人口群的问题或满足其需要，因此从“高危人群”中如何选择“目标人群”是重要关键环节，方可有的放矢地设计所需的服务方案。

其次，在定义干预对象时，公共卫生领域常用术语发生率、流行率也适合于估计问题群体的总量规模，而比率（百分比）在识别目标人群状况时也特别有用。

（二）社会工作服务项目的目标制订

社会服务项目的目标设定是社会工作机构督导的基本能力，服务项目目标的陈述则是这种能力的核心技术。

通常社会工作服务项目也有“目的”和“目标或子目标”区别，前者提供项目的方向，“无须在项目结束时达到”[①]，其成果陈述一般是概括的；后者只提供短期的方向，并且其成果陈述是可测量的。子目标还分为“成效目标”和“过程目标”两类，而项目子目标之下才进入微观层面的“活动方案”。换句话说，社会工作服务项目的目标也应绘出“整合性目标树”框架（见图6-6），具体应用详见附录19“关爱共融大沥城”项目目标树示例。

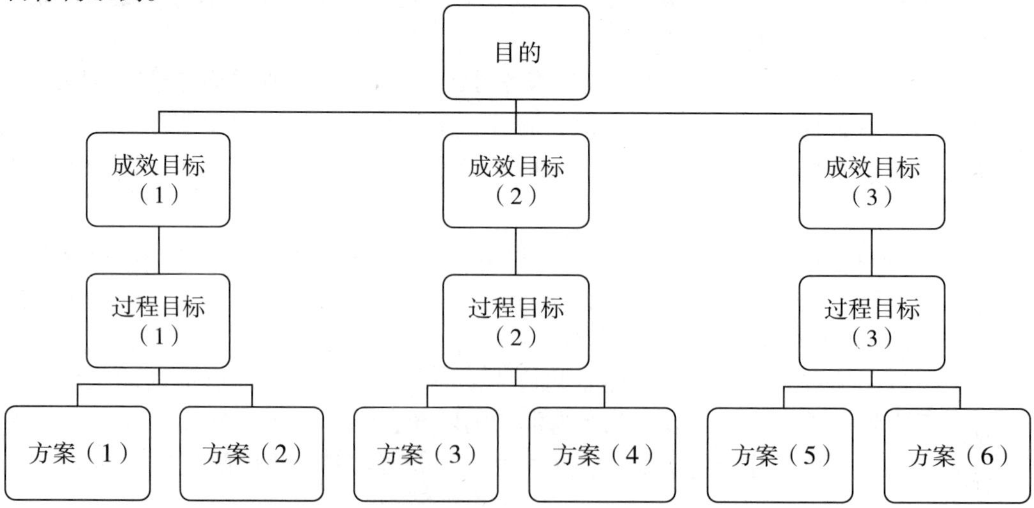

图6-6 制定整合性项目目标树基本框架图

① 项目臭皮匠：《项目百子柜——一本社工写给同行者的工具书》，中国社会出版社，2016，第122页。

1. 社会工作服务项目目标涵义的来源

（1）识别项目所涉及之社会问题的主因与次因。

首先，当项目所针对的社会（区）问题识别判定、需求评估完成后，须对导致问题或需求产生的各种原因进行排列与分析，如长者被虐待的成因超过14个。

其次，从原因清单中筛选过滤与社会工作服务相关度较小如与机构使命无直接关系的（长者照护者没有足够的财政资源）、或甚至是存在于机构本身的原因（社工缺乏有关长者辅导的专业知识与训练）。

第三，持社会改良主义视角进行问题甄选，选取可解决的问题因素和分析问题。经上一个步骤对成因进行删除或合并后，可将余下原因归纳为几个明确的选项，判定哪些选项原因是可改变、机构的服务能力或经由集中项目资源可以解决的。

经上述步骤明确的选项因素即列为主要原因与次要原因，二者就成为设定项目成效目标内容含义的依据。进行问题或需求成因分析可采用的方法有特性要因图、名义小组方法、何解—何解追寻方法、头脑风暴法、问题解决方法等。

下面以长者被虐待成为社区问题为例，讲解特性要因图（又称石川图、鱼骨图、问题树）、名义小组方法的应用。它们可以将识别出的需求成因按其重要性次序进行排序，见图6－7。

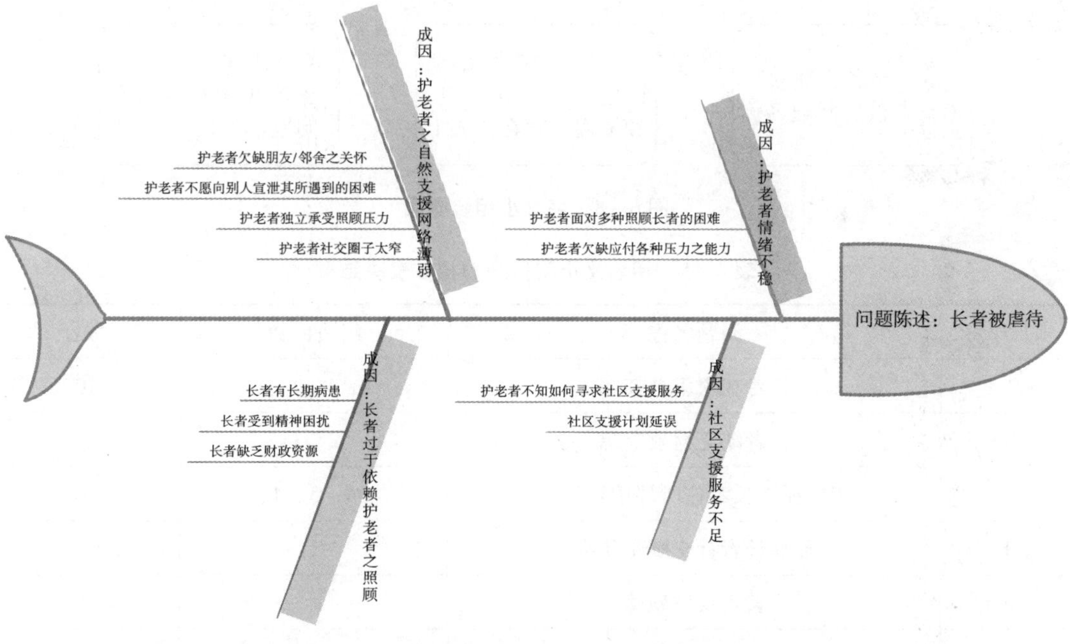

图6－7 采用鱼骨图描绘导致长者被虐之成因及次因

名义小组方法[①]：这种方法由德鲁贝克、古斯塔夫和范得文（1975）所创立，可协助服务策划者辩识各种社区问题、设计解决这些问题的方案、找出解决社区问题的优先顺序，通过表决过程将清单问题范围收窄。具体操作是：

① Delbecq. A. L., Van de Ven A. H., Gustafson D. H, *Group techniques for program planning* (Glenview: Scott Foresman).

以图6－8名义小组步骤为例，假设由小组共产生20项意见及小组的任务是决定甄选出5项长者问题作优先次序排列。在表决过程中，督导派给每位组员5张小卡纸，每人从挂表所列出的20项长者问题选出5项他们认为最重要的问题，不具名地将每一问题写在卡纸上。在卡纸右上角列明该问题的序号，在卡纸左下角给予1－5的分数，“1”表示最低的排列，而“5”表示最高的排列；督导收回所有卡纸，将结果记录在挂表上，见表6－5得到的初步表决结果。机构小组成员对问题选项进行投票表决，获得分数最高的前3或前5项，可确定为解决社区问题的优先顺序或“关键性因素”，从而成为服务项目目标设定之依据。

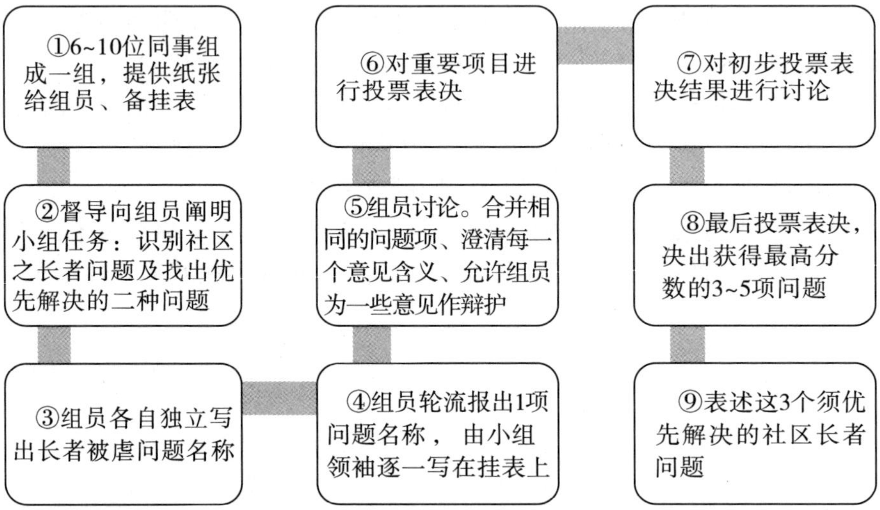

图6－8　名义小组步骤图

表6－5　用名义小组得到的初步表决结果

项目序号	问题名称	组员分数	总分
1	长者在家里被禁锢	1、4、4、1	10
2	长者缺乏财政资源	2、1	3
3	很多孤寡长者住所环境须改善	2、4、5、4、5	20
4	孤寡长者社交圈子狭窄	1	1
5	长者身体残障	—	0
6	长者患有精神病	2	2
7	长者与家人长期处于对立	2、1	3
8	居住在合户屋的长者冲突加剧	3、2、1	6
9	长者患病死亡率高	4、5、3	12
10	单身长者无居所	4、4、5、5、1	20

续上表

项目序号	问题名称	组员分数	总分
11	长者遭遗弃在街上的个案增加	42	6
12	长者自杀率高	4、5、5、4、3	21
13	长者在家遭受意外而死亡	4、3、2	9
14	长者在家遭受身体上的虐待	5、1、1、4	11
15	长者在家里缺乏亲人照顾	1、2	3
16	民营老人院有虐待长者问题出现	1	1
17	长者处于高度的压力	2	2
18	长者有自我毁灭的行为	3、4、4、5	16
19	长者有酗酒习惯	1	1
20	长者感到十分沮丧	2	2

（2）服务项目层次目标的制订。

一般来说，主因可陈述为项目目的，次因可陈述为项目子目标（成效目标），见图6－9。

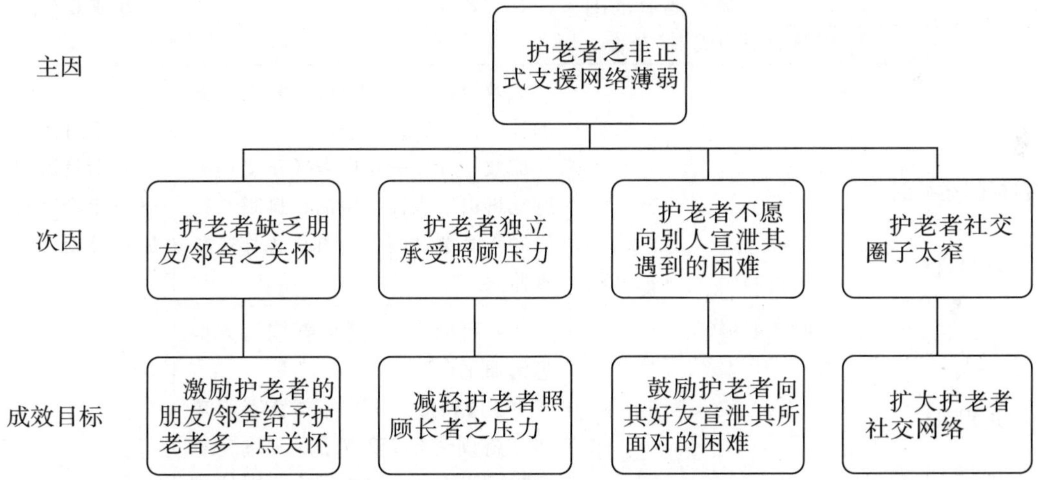

图6－9　服务项目层次目标的制订

2. 社会工作服务项目的目标陈述

社会工作服务项目目标陈述的具体方法可参考前文“制订社会工作机构目的之方法”，如常规使用定义目标价值变化的动词、合理考虑目标数量等。需要注意以下事项：

（1）项目目的与项目成效目标陈述区别。目的采用成效名词作出陈述，且必须包括目标对象人口群、服务地域或范围、期望的成果或成效；成效目标则是可衡量、可被观察的一种行为指标，多以成效为取向。详见表6－6。

表 6－6　项目目的与项目成效目标陈述区别表

<table>
<tr><th>陈述要素项</th><th>项目目的</th><th>项目成效目标</th><th>项目过程目标</th></tr>
<tr><td>描述的范围</td><td>宽广/方向</td><td>明确/具体</td><td></td></tr>
<tr><td>时间规限
（A Time Frame）</td><td>无</td><td>有</td><td>有</td></tr>
<tr><td>用以衡量或记录成果的一项准则</td><td>难</td><td>可测、注明测量成果标准以及期望达成的成果</td><td>有</td></tr>
<tr><td>目标对象</td><td>无</td><td>有。以“目标对象人口群”为焦点，促使服务对象就他们的行为、技能、态度、价值、信念、知识与状况作出改变</td><td>有</td></tr>
<tr><td>一项成果
（A Result）</td><td>无</td><td>有</td><td>有</td></tr>
<tr><td rowspan="3">陈述倾向</td><td>①质化</td><td>①量化</td><td>①量化</td></tr>
<tr><td>②采用成效名词作出陈述</td><td>②可测量/可被观察的行为</td><td>②可测量/可被观察的行为</td></tr>
<tr><td>③必须包括目标对象人口群、服务地域范围以及期望的成果/成效</td><td>③成效导向</td><td>③成效导向</td></tr>
<tr><td rowspan="2">目标陈述举例：

项目目标
⬇
成效目标
⬇
过程目标</td><td rowspan="2">项目目标：“提升新南海人的福祉”</td><td>成效目标 1：提升新南海人家庭的社区归属感；
成效指标：一年内≥60%受访家庭觉得可融入社区生活；自制“社区融入满意度问卷”并由工作员负责监察</td><td>一年内在 HX、QCH 等社区招募 78 户单亲家庭参加 G 计划</td></tr>
<tr><td>成效目标 2：“建成新南海人信息沟通平台”
产出指标：一年内“梦家园热线”咨询个案 252 个；一年内梦家园短信平台及 Q 群成员分别达到 500 位的规模</td><td>—</td></tr>
</table>

（2）“过程目标”陈述和“活动”。

过程目标：在“成效目标”之下制定的“过程目标”，是指为了实现成效目标所使用的各种方法[①]或行动。主要陈述出什么要做，如何、何时和由谁去做，也包括时间规

① 项目臭皮匠：《项目百子柜——一本社工写给同行者的工具书》，中国社会出版社，2016，第 122 页。

限、目标对象、成果、准则等基本元素（见表6－6），问责（由谁负责确保完成过程目标）则是制订过程目标必须考量的特别元素。见表6－7。

表6－7　过程目标、活动与成效目标的逻辑关联示范表

问题⇒	成因⇒	成效目标⇒	过程目标	⇐运作性目标或后勤性目标
长者自杀或企图自杀行为问题	成因一：长者感到很抑郁	减低长者抑郁程度	提供辅导服务给抑郁症老年患者	员工接受系统性辅导理论与技能的培训
			提供小组治疗服务给抑郁长者	
	成因二：（略）	（略）	（略）	—

在制订成效目标、过程目标之后，还应根据过程目标制订“运作层次的运作性目标或后勤性目标”，确保服务的介入能配合人力资源管理和行政措施。如“设立一套系统的员工督导制度”“建立一套完善的员工晋升机制”、“每季度为员工提供两个在职训练讲座”等。

在过程目标之下，活动是为了实现过程目标而设定的各种特定任务①。当制定服务过程目标之后，再向下才是为配合过程目标而发展出来的具体服务计划/活动方案，这些服务计划/活动方案通常由被督导者负责设计。此時可采用“甘特图表”列明各项要推行的活动、负责人和推行期，以便机构督导进行有效的监察。

（3）目标数值的拟定。在目标陈述中，设定量化数值区间段怎样才合理？有一种意见是穷极假设。比如逐步提高程度15%～85%，覆盖的服务范围要广，穷极目标高、成效好的潜能。

3．辨别项目目标群体两个维度：社区与个人

从主体角度划分，需求可区分为个人需求和社会需求，当多数个体皆有相同需求时，个人需求即转变为社会需求，又即目标人群的需求。策划者应明确项目介入目标系统是社区还是个人层面的改变。

（1）社区层面。如果是前者，则应注意社会工作有关社区的概念理解中，既指物理空间即地域社区，又指心理空间即功能社区。功能社区是指不一定处于共同物理空间但有着共同特征、面对共同问题或者有共同需要的人②，如失独家庭个体是个人（或个体）需求，而本市辖地范围内的失独家庭群体，就是功能社区的社会需求。

①地域社区目标系统陈述举例：“两年内，小区内所有楼道全部实现楼长制”。

②功能社区目标系统陈述举例：“项目结束后一年内，广州市内失独家庭获得社会支持服务的覆盖率达到40%”。

地域社区与功能社区目标陈述范例可详见《项目百子柜》一书。

（2）个人层面。如果项目介入的目标系统是个人，采用个案社会工作目标制定技巧。

①② 项目臭皮匠：《项目百子柜——一本社工写给同行者的工具书》，中国社会出版社，2016，第122－123页。

4. 制定项目目标的八项原则："SMART" 五原则 + "NCB" 三原则

社工机构战略目标与项目目标制定的 SMART 原则内涵，二者稍有如下区别：

表 6－8　社工机构战略目标与项目目标制定的 SMART 原则内涵区别

<table>
<tr><th colspan="2"></th><th>社工机构战略目标制订原则</th><th>项目目标制订原则</th></tr>
<tr><td rowspan="10">SMART
五原则</td><td rowspan="2">S</td><td>Specific 明确的 *</td><td>Simple 简单明了的 *</td></tr>
<tr><td>—</td><td>项目目标表述必须简单明了，不宜复杂及难以理解</td></tr>
<tr><td rowspan="2">M</td><td>Measurable</td><td>Measurable</td></tr>
<tr><td>可量化及可测量，标明如何、何时以及达成程度标准，都是描述的重点</td><td>（相同）</td></tr>
<tr><td rowspan="2">A</td><td>Achievable</td><td>Achievable</td></tr>
<tr><td>目标实际可行，当有可用的资源时便能达到的</td><td>（相同）</td></tr>
<tr><td rowspan="2">R</td><td>Realistic 实际可行的 *</td><td>Resourced 资源充足的 *</td></tr>
<tr><td>—</td><td>项目能获取的投入资源（input）是成功的关键，须确定未来投入项目的资源来源，才能订定方案目标</td></tr>
<tr><td rowspan="2">T</td><td>Time－frame 有时间规限的 *</td><td>Traceable 有迹可寻的 *</td></tr>
<tr><td>须设计起始—终止日期</td><td>目标制订须有根据，可以追踪并掌握实际达到的成果，以便需要时重新检讨或评估目标，改变其优先实现的顺序，以提升项目目标得以实现的概率</td></tr>
<tr><td rowspan="3">NCB
三原则</td><td>N</td><td>Non－overlapping</td><td>非重叠的</td></tr>
<tr><td>C</td><td>Compatible</td><td>互补的</td></tr>
<tr><td>B</td><td>Behaviourally－oriented</td><td>行为导向的</td></tr>
</table>

注：标注 * 项即差别项。

（三）基于监视（Monitoring）的服务项目评估设计

服务项目评估又称方案评估，起始于 20 世纪 90 年代中期美国联合劝募组织（UWA）的大力推广①。对于机构内部而言，预设评估目标的目的是自我监察。社会工作机构凭借服务项目方案——这是机构达到其使命目标的工具，无论是机构内部进行"服务监管"还是向外界资助方做"社会交代"，机构都应先成立评估小组，对服务方案

① 官有垣、陈锦棠、陆宛苹：《第三部门评估与责信》，北京大学出版社，2008，第 126 页。

做内部评估设计这项基础工作；因此，作为机构高级专家兼机构内部评估小组成员（小组成员包括[①]机构负责人、项目计划督导、执行项目社工），督导必须具备服务方案的评估计划知识与能力，这种技能属于项目策划管理能力、机构间接服务范畴。

现阶段社会工作机构督导在此项能力表现暂时不足，不仅仅是出于督导对执行个案计划的社工跟进不足的原因[②]，个案计划的评估设计（督导直接服务能力）与服务项目的评估设计能力（督导间接服务能力）也必须提升。一般而言，衡量社工机构服务项目整体绩效聚焦于评估产出、质量、成效这三方面，因此督导在设计项目评估时重点考虑产出指标、成效指标、服务质量这三要素。

设计服务项目（方案）的评估，是指在设计服务项目过程中，经历上述项目目的、成效目标、过程目标制定之后的环节，在此环节必须明确列明产出和期望要达到的成效。服务方案评估设计方法超过40多种（非营利社会服务组织较常用的不超过10种）[③]，关注的焦点侧重各不相同，常用的主要包括项目过程评估（重视服务项目是否按照既定计划和期望来执行）、项目产出评估（重视服务产出质量）、项目质量评估（着重于评估服务质量）、项目成效评估（指服务方案导致服务受益人群产生的“期望的改变”或远离非理想的境况）、项目目标达成评估（判断既定项目目标达标程度）、整合性评估（整合前述所有关注焦点的评估）；梁伟康建议采用项目逻辑模式，因其最适合服务项目计划书的撰写所涉评估设计环节[④]。

1. 设定合理的任务指标

指标代表评估准则如何被操作与如何衡量，是政策对话的工具[⑤]，用来追踪服务进度，反映着政策设计者是否能回应服务对象需求——即社会问题是否得到缓解的重要信息。评估指标本身必须可信且能反映实际的应用情况，除了要强调方法上的严谨，也要让实务工作者能参与建构指标[⑥]。

设计服务项目（方案）的评估应明确基本术语。在综合成效管理评估模式、全面方案评估模式、平衡计分卡、扩大体系评估模式、行动体系模式、项目逻辑模式等知识基础上，我们认为机构督导在设计制定服务项目（方案）的评估时应掌握的重要基本术语如下：

（1）投入。指用于服务项目的资源，如项目经费、专职与志愿服务人力、设备设施、受助人、受助人问题。

（2）产出指标。指社会工作服务项目所制造或提供的服务数量，如处理活动方案的总数、举办活动的数目、提供辅导服务总时数等，达到预设的数值时，称产出指标。产出指标达标，意味着服务项目计划的执行团队实现了效率。

（3）服务质量。指服务项目导致所提供的服务符合特定的质量标准的数量或受助人

---

① 官有垣、陈锦棠、陆宛苹：《第三部门评估与责信》，北京大学出版社，2008，第132页。

② 朱静君：《政府购买社会服务评估的思考——以广州市“家综”评估为例》，《广州社会工作评论》2016年第1期。

③④ 梁伟康：《成效管理：非营利社会服务组织全面实践策略》，非营利组织卓越管理有限公司，2012，第673－679页。

⑤⑥ 官有垣、陈锦棠、陆宛苹：《第三部门评估与责信》，北京大学出版社，2008，第9－13页。

满意度百分比。常用的预设服务质量评估方法有两种，服务产出具质素因子方法和服务对象满意方法。

（4）成效指标。当服务项目导致受助人产生期望的改变，达到预设数值时，称为成效指标。成效指标达标，意味着服务项目计划的执行团队实现了效能。荷兰蒂尔堡大学组织研究学肯尼斯教授认为，成效指标优于其他类型指标，当使用投入或过程指标来替代成效指标时，必须具有正当的理由①。

至于在设定任务指标数值的合理性问题上，肯尼斯仅提出“指标必须符合方法学标准”，而由项目管理者或其他责任主体所设置的衡量尺度依据是过去的经验、可比项目的执行情况、专家的判断②。参考相关研究文献绝大多数案例，都是在60%～90%之间设值；至于任务指标设定的个数，每项成效目标设定1～2个成效指标比较合理，太多则难于衡量；每项成效目标之下发展出来的产出指标设定1个为宜③。见表6－9。

（5）项目活动。这个即是前述机构在监察视角在过程目标之下设计的各种服务活动或服务策略，从设计逻辑上是靠后的顺序；而如果机构外第三方评估主体按照项目逻辑模式的可视化与逻辑性方法呈现，“活动”将置于“投入”之后的第二步逻辑（靠前）环节进行评估，见表6－9。

表6－9　设计制定服务项目（方案）评估指标

指标名称	制定来源	制定指标举例			指标涵义解析	制订活动计划	制定者
成效指标	成效目标：减轻护老者照顾长者之压力	成效指标：≥70%接受服务的护老者表示其压力获得舒缓	—	—	（1）依据成效目标而设。（2）设定数量。（3）设定服务对象获得改变内涵的选项（详见“数量核算”） 本例成效目标（见表6－10）	—	成效目标以及成效指标、过程目标以及产出指标由督导制定

① 官有垣、陈锦棠、陆宛苹：《第三部门评估与责信》，北京大学出版社，2008，第11页。

② 彼得·罗西、马克·李普希、霍华德·弗里曼：《评估：方法与技术（第七版）》邱泽奇等译，重庆大学出版社，2007，第141页。

③ 梁伟康：《成效管理：非营利社会服务组织全面实践策略》，非营利组织卓越管理有限公司，2012，第743页。

续上表

指标名称	制定来源	制定指标举例			指标涵义解析	制定活动计划	制定者
产出指标	过程目标	—	过程目标:(1)举办各种主题的护老技巧小组/知识小组或活动	产出指标：举办≥20项护老技巧小组/知识小组或活动	(1)依据过程目标而设。(2)产出数量依据项目团队能力设定	(1)举办如何预防长者跌倒讲座。(2)举办一系列“护老常识你要知”讲座	
—	—	—	(2)推行建立护老者互助网络计划	推行≥3项护老者互助网络计划	—	(1)推行“耆望里”关怀长者邻里计划。(2)推行护老者“诉心声”电话辅导计划	活动计划由被督导社工制订并执行
—	—	—	(3)提供长者所需的支援服务	支援服务社区少于3项≥90%受照顾者每月获得不少于3项社区支援服务	—	(1)组织护老志愿队。(2)提供长者暂托服务。(3)提供健康器材借用服务。(4)提供适当的转介服务	

（6）覆盖面和偏差。服务利用问题会用到这两个术语。覆盖面是指与项目最初设计相比，项目达到预期目标人群的程度；偏差则是指目标人群中，次级群体接受项目干预的覆盖面差异程度。项目管理者和资助者同样关心覆盖不足和覆盖过度，低覆盖是用实际参加项目与需要参加项目的目标人群的比例来测量，覆盖过度则是指不需要项目的项目参与者的数量与参与项目的总人数相比较。

项目资源被充分利用的价值是使需要项目的人员获得服务的数量最大化，不需要项目的人员获得服务的数量的最小化。但测量覆盖面的难题是几乎总不能确定需要服务的人数，即目标人群的测量。怎样解决这一难题？有三个信息来源用于评估项目服务与恰当目标人群的程度①，即项目记录（特别是项目管理信息数据系统，即MISs）、项目参加者调查和社区调查；评估偏差的焦点可能会聚焦在项目使用者、有资格者和中途退出者；

① 彼得·罗西、马克·李普希、霍华德·弗里曼：《评估：方法与技术（第七版）》邱泽奇等译，重庆大学出版社，2007，第132页。

因此，机构评估小组应在评估设计环节，除了考虑指标设计议题，还应周全地考虑服务利用设计议题。

2. 设计项目服务质量与服务成效的评估方法

社会服务是为受助人提供某种价值或满足、帮助解决个人乃至社会问题的一系列活动的总称；根据差距理论，服务质量是受益人对服务的期望与其实际感知的服务的对比。只有当感知超出期望时，服务才被认为质量好。

项目质量是指项目的固有特性满足项目相关方要求的程度[①]。与一般产品的质量的差异特性在于复杂性、动态性、不可逆性和系统性[②]的特点，设计服务质量的评估方法主要依据差距分析理论[③]，采用以下具体方法：

（1）服务产出质量要素移植法。20 世纪 80 年代中期到 90 年代初，帕拉休拉曼、赞瑟姆和贝利[④]、梁伟康、陈洪涛等人提出的服务质量差距模型中，提出“服务质量要素”（又译质量维度）可多至 15 个，如可接触度、保证度、沟通、能干、符合、谦恭、缺陷、耐用性、仁慈度、关怀度、表现、可靠度、反应度、安全性、可见度，并定义了每个质量要素概念[⑤]。机构评估设计小组须甄选适用的要素，采用聚焦问题小组法以征求服务使用者、资金赞助者意见，将确定的服务要素概念操作化，移植出“即时的产出衡量方法”，见表 6 – 10。

表 6 – 10　将服务质量要素移植即时的产出衡量方法

服务类别	服务质量要素及其定义	将服务质量要素移植即时的产出衡量方法
1. 资讯提供和转介服务 （1）可靠度。 （2）反应度	可靠度： 指组织具有能力提供可靠及兑现承诺的产品或服务时，而时间之长久或不同的顾客，亦只是造成微小的差异产生	（1）一次适合的转介。 （2）一次电话查询即获得接听及解答
2. 送饭服务 （1）可靠度。 （2）反应度	反应度： 指员工乐于协助服务对象，并为服务对象提供即时服务的意愿和准备	（1）一餐饭送达受助人家中仍是温暖的（达 65℃或以上）。 （2）一餐饭能准时送至受助人家中
3. 辅导服务 （1）可靠度。 （2）反应度	—	（1）由专业的辅导员为受助人提供一小时辅导。 （2）一小时之辅导能配合预约时间准时开始

① 蒋景楠、余斌：《多项目管理探究》，《技术经济与管理研究》2006 年第 2 期。

② 颜繁晨：《政府购买社区公共服务项目的质量研究》，天津大学硕士学位论文，2017，第 5 页。

③ 孙恒有：《WTO 背景下我国政府服务质量差距分析》，《领导科学杂志》2004 年第 18 期。

④ 此三位合作者被简称 PZL。

⑤ 梁伟康：《成效管理：非营利社会服务组织全面实践策略》，非营利组织卓越管理有限公司，2012，第 756 页。

（2）受助人满意法。该方法是从消费者评量视角进行设计，也要甄选适用的服务质量要素，将确定的服务要素变形为调查问卷题目，配合李斯特五级量表，设计成适合项目使用的服务对象满意度问卷调查，在项目团队实施项目过程中由服务对象自行填写。

（3）设计评估项目成效的方法通常有以下四种。

①数量核算。考虑有多少服务对象接受服务项目介入后能获得处境、地位、行为、功能、态度、感受、观感七项内涵的改变。如“一年内≥60%受访家庭觉得可融入社区生活”。此法适用于设计项目整体成效评估。

②采用心理学标准化测评量表工具评估受助人功能是否达到预期的改变。心理学界已经开发了将近150种标准化心理测评量表，极具“拿来主义”参考价值，中国心理卫生杂志社（1993）编写的《心理卫生评定量表手册》，包括生活质量与幸福感测查、家庭功能与家庭关系评定、家庭教育评价量表、人际信任量表以及对人性的态度、儿童量表、焦虑或抑郁及相关问题的评定、自我意识和自尊的评定、孤独的评定、精神障碍评定、烟草与酒精依赖测量等测量表。但有研究显示，不论境内还是海外，社工机构的“方案管理者还不习惯使用标准化的工具”①。

③功能水平尺度法。用来衡量受助人个体行为调适与角色地位、家庭功能水平在介入前后的转变评估方法。

“功能”不仅指狭义的功能，还延伸至受助人的行为和问题，但每次使用此方法时只关注受助人其中一项功能范畴，而且这项功能是可被观察描述的，通常用李斯特五级量表（5分尺度）甚至十级量表（10分尺度）来测量。

④受助人改变的观感。即服务对象自我报告其获得的改善感受。

上述②、③、④适用于设计项目受益人个体成效评估，因此这三种方法还应额外考虑达标人数的数量核算（即①）问题。

（4）关于成效层次的设计。通常第三方评估主体可能会依据依据普兰茨等人的成效（结果）三个层次②评估机构项目成效，即初始成效、中期成效、长期成效。这种成效层次的划分是基于时间轴系列，设计策略可作如下考虑：如果前述项目目的设计思路已清晰，则前两者可对应于过程目标（时间周期宜设定1年左右）、成效目标（时间周期宜设定3年左右），而长期成效则对应于项目目的（时间周期宜设定3～5年），并描述目标内涵即可。

最后，机构评估小组的设计者们应该明了，项目的设计与执行之间产生差距是不可避免的，如果项目运行状况时“计划不如变化快”，则除了应努力按照最初的设计执行项目以外，还可考虑重新设计。否则，如果第三方评估主体启用过程评估③，那么项目的最初设计与执行的一致性将成为考验服务团队的一个大问题。除此之外，担任机构评估小组成员的机构督导，还涉及由机构内评估者的客观性问题——“也许会按照管理者的

①② 官有垣、陈锦棠、陆宛苹：《第三部门评估与责信》，北京大学出版社，2008，第43页、第209页。

③ 过程评估（Programme Process Evaluation）是指衡量服务项目是否按照原先计划和期望的执行，可参见梁伟康：《成效管理：非营利社会服务组织全面实践策略》，非营利组织卓越管理有限公司，2012，第673－681页。

意愿提出研究成果”① 导致的伦理两难。

表 6-11　服务项目策划及方案评估工作表

<table>
<tr><td colspan="4">计划项目名称：</td></tr>
<tr><td colspan="4">计划项目主要目标：</td></tr>
<tr><td colspan="3">计划项目要推行的主要活动：</td><td>负责团队：</td></tr>
<tr><td rowspan="3"></td><td rowspan="4">计划项目策划</td><td>1. 识别的需要（描述要针对的需要是什么，为何必须处理这需要）</td><td></td></tr>
<tr><td>2. 目标对象人口/服务接受者（简述计划项目要针对的目标对象为何及有多少人受惠）</td><td></td></tr>
<tr><td>3. 活动/介入（简述团队计划提供的活动介入为何。这将涉及 5Ws）</td><td></td></tr>
<tr><td rowspan="6">计划项目评估</td><td>4. 期望的成果（产出、成效），并解释为何借着上述活动/介入的推行可导致什么的成果</td><td></td></tr>
<tr><td rowspan="5"></td><td>5. 衡量的方法（描述采用何种方法和工具以衡量成果）</td><td></td></tr>
<tr><td>6. 指标/基准（细述将运用哪些具体及可观察到的证据作衡量计划项目成功与否的参照）</td><td></td></tr>
<tr><td>7. 导致的指标水平/成功的标准（界定期望的成功水平为何）</td><td></td></tr>
<tr><td>8. 资源及投入（简述所需的资源和投入）</td><td></td></tr>
<tr><td>9. 资料搜集、分析和汇报（描绘谁人及何时将进行上述工作）</td><td></td></tr>
<tr><td colspan="3">目标陈述：将上述 1～7 归纳为一个目标陈述</td><td></td></tr>
</table>

三、微观服务计划目标的设计

微观层面服务计划，是指被督导社工最常使用的个案工作、小组工作、社区工作三大工作手法所必须制定的工作计划。下面以个案工作服务计划目标制定为例。

（一）个案工作服务计划目标制定技巧

1. 个案工作的目标设置必须层次化

把个案计划的目标区别为总目标与次目标。个案工作的总目标是较长期、最终期望的结果，在制定时要把焦点集中在服务对象希望改变的两个主要方面，一是在一个确定

① Bonnie L. Yegidis, Robert W. Weinbach：《社会工作研究方法》，黄晨熹、唐咏译，华东理工大学出版社，2004，第 328 页。

的时间段里，总目标设置的数量以三个为宜（家庭个案目标的数量可酌情增加）；二是次目标则是为了达成总目标而确立的数个具体而直接的短期目标。

2．个案工作目标的内涵，即服务对象个体改变的内涵必须明确

一般而言，改变的内涵清单可达到七个方面：知识、技巧、行为、态度、情绪、关系和身份状况①，还包括案主社会环境的变迁。虽然这八个方面是社会工作值得追求的改变内涵，但最重要的是“案主将积极投入考虑并且与他们的愿望相关的目标”②，因为对个别服务对象而言，确保基本的生存需求是唯一值得设立的目标。

陈述举例：“危机介入失独家庭双亲减少抑郁情绪”（情绪）或“增加失独家庭互助与见面次数”（行为）。

3．为个案工作目标的设定时间规限

每个个案目标应设置一个完成的特定时间，以便工作者和案主能够评估服务计划是否按些时间表如期实施。详见前述制定目标八项原则，“SMART + NCB”。

（二）服务计划/活动方案目标的制订③

正如上文所述，服务计划/活动方案通常由被督导者、即机构执行项目的社工负责设计的。合格的社工一般要求具备设定和缩小服务计划目标的能力。比如：①根据案主的需要和机构的功能明确服务目标；②把整体抽象的目标分解成具体及可操作的目标；③促使案主自我发展解决优先问题和达到目标的能力；④澄清和阐明在达成目标的过程中案主和工作者的角色和责任；⑤根据案主鉴别的需要和工作者鉴别案主的需要与案主协作完成目标的设定。

但绝大多数刚上岗的社工新手，他们在这方面的知识来自于校内专业课堂的教育，因欠缺实务经验而倍感困难，束手无策，在服务计划书的写作上力不从心。修订与审核服务计划/活动方案的目标也因此而成为机构督导日常的工作重点。

为了说明机构督导审核修订被督导者目标制订要领，下面以被督导者在服务计划/活动方案目标制订中常见具体问题为例。

1．混淆相关目标概念

（1）把工作员工作目标与服务目标混为一谈。目标订立应该从服务对象角度出发，说明服务对象而非社工在活动成完成后应能做到什么。以某“爱护眼睛宣传教育讲座”活动方案为例，见表 6 – 12。

① 张兆球、苏国安、陈锦权：《活动程序：计划、执行和评鉴》，香港城市大学出版社，1999，第 62 – 68 页。

② 杜景珍：《个案社会工作：理论·实务》，知识产权出版社、中国水利水电出版社，2007，第 89 页。

③ 相关案例由张翠颖（深圳市大鹏新区社会工作协会副会长/深圳社工中级督导）提供。

表 6 – 12　督导点评社工服务计划示范（一）

错误的目标表述	督导点评	正确的目标表述
“教授参与者有关护眼的生活小常识及眼保健操”	这个错误目标焦点描述的是工作员要做到的事，焦点不正确。焦点应落在服务对象，见右列表述	促使参加者掌握护眼的基本知识

（2）把活动产出指标与服务目标混为一谈。目标句子应指出期望参加者在哪一方面产生改变，一般可以从知识方面、态度方面或者行为技巧三个方面描述对象的改变。以某“非暴力沟通助力亲子关系改善”小组方案的目标表述为例，见表 6 – 13。

表 6 – 13　督导点评社工服务计划示范（二）

错误的目标表述	督导点评	正确的目标表述
“一是 80% 家长的活动出席率达 75%；二是 80% 家长能完成社工布置的家庭作业；三是 80% 家长能在活动中表达自己的感受或观点。”	三个目标虽是从服务对象角度描述，但是只说明了要完成的活动指标及内容，并未指向服务对象的改变，即是对象参加完活动后获得的成长或效果。 应从“改变”角度出发描述目标重点，见右列表述	改善家长和孩子之沟通技巧

（3）制定的目标不符合 SMART 原则。SMART 原则简单来说就是目标必须是具体的（specific）、可以衡量的（measurable）、可以达到的（achievable）、与问题和目的有关联的（relevant）、有明确达标时限的（time – limit）。新手社工在撰写目标时经常缺少“不可衡量”和“缺乏时间限制”两个要素，见表 6 – 14。

表 6 – 14　督导点评社工服务计划示范（三）

不符合 SMART 原则的目标表述	督导点评	符合 SMART 原则的目标表述
“一是 80% 家长的活动出席率达 75%；二是 80% 家长能完成社工布置的家庭作业；三是 80% 家长能在活动中表达自己的感受或观点。”	这个目标表述，除了未指向服务对象的改变，还缺少“不可衡量”和“缺乏时间限制”两个 SMART 原则要素，更正详见右列表述	在为期 2 个月的小组工作周期内，一是培育家长掌握非暴力沟通理念，二是提升家长掌握非暴力沟通解决亲子冲突的三种技巧

2. 目标群体界定与聚焦不清

新手社工常见的问题是未能对服务对象进行聚焦和锁定，见表 6 – 15。

表 6－15　督导点评社工服务计划示范（四）

错误的目标表述	督导点评	正确的目标表述
如将目标群体简单界定为“社区老年人”“社区妇女”，或双重人群界定“社区儿童及青少年”	同样是老年人，可以按年龄分为低龄、高龄，可以分为独居、空巢，可以分为能力完好、轻度失能、中度失能、重度失能，不同情况的老年人会有不同的特点和不同的需求，只有聚焦和锁定了服务对象的人群范围，才能聚焦其共性需求，确定明确的服务目标，制定有针对性的服务计划	“改善重度失能的独居老年人之生活能力”

3. 缺乏与既定目标逻辑相关的服务评估设计

（1）评估方式过于单一或主观。新手社工常见只是采用参加者意见表收集的方式，且意见表内容过于简单，主要集中在“活动时间、内容、社工工作满意度、活动整体满意度、目标达成度”等比较简单和主观的内容，仅用打分很难客观评估服务目标达成情况及具体服务成效。社工应根据目标达成要求采用更能提供测量数据的评估方法，如标准化量表、功能水平尺度法、任务达成尺度法、目标问题尺度法等。

（2）缺乏科学具体的评估工具和指标。新手社工在方案书的服务评估部分通常只是简单罗列评估方法，评估工具通常直接采用机构所提供的参加者意见收集表。社工应对衡量目标达成的具体指标化为可测量的内容，作为服务计划的重要构成部分。如上面所述的“在为期 2 个月的小组工作周期内，一是培育家长掌握非暴力沟通理念及关键元素，测试分数均达 85 分以上；二是提升家长运用非暴力沟通解决冲突的三种技巧”目标可以采用知识问卷来测量，具体的测量内容可以包括“非暴力沟通的四要素是什么、如何区分观察和评论、如何区分感受和想法、如何区分请求和命令”等，题型可以是选择题、判断题、案例分析等。

4. 制订活动方案其他常见问题：割裂假设理论与实务应用之间的有机联系

在机构督导实务中，经常发现社工只描述理论本身，缺乏分析。在撰写服务计划时先策划好具体介入方案或具体活动流程，然后再回头套入需求和理论，这种本末倒置的写法可能会造成误判服务需求、理论不能指导实务、方案逻辑混乱等问题。

以运用资产为本社区发展模式作为理论指导的某社区隔代教育关爱服务项目方案书为例，在原方案书中（略）只简单介绍了社区发展模式理论提出的时间、提出人、主要观点，而未阐明运用该理论的原因及运用的具体策略。

督导点评最基本的分析应该要包括以下三点：

（1）运用传统的“问题”及“需求导向”模式，隔代教育所涉及到的目标对象在社工眼中有哪些“病态化”的负面标签，而在这种视角下社工所采用的工作方法和策略将带来哪些负面的效果和存在的挑战。

（2）运用“资产为本”理论，被“病态化”的目标对象及其所处的环境中有哪些闪光点和可用的资源，在这种视角下问题解决有哪些转机和优势。

（3）在“资产为本”理论指导下可以采取的服务策略，如根据“以资产为本”的特点采取“充分挖掘社区内利于祖辈教育资产”的策略，根据“内部取向”的特点采取“培育社区内祖辈群体、家庭、相关组织等主体参与问题解决的能力和力量”的策略，根据“关系导向”采取“增加相关主体间的接触和联系，促进彼此融合，形成解决问题的共同体”的策略。

第三节　受督导员工培训策划

基于社会交换理论，培训被认为是机构为员工提供的“社会再教育”手段、可控的管理手段。机构可以通过实施培训来提升员工工作绩效，而员工也把培训视为在该组织中的一种“特权”。雇佣双方在培训中得到了一种等价交换的资源互置。

人力资源管理的核心概念组织承诺是指员工与组织之间自发形成的心理契约，它描述了员工对于雇佣关系的信念。组织承诺通常被作为衡量员工去留的关键指标，组织承诺的高低会显著影响到员工的离职率和流失率。詹小宁（2018）通过数据分析得到培训对于社会工作者组织承诺水平具有显著的正向影响作用①。

两项分别对新疆、安徽的社会工作机构培训需求的问卷调查结果显示，机构培训形式单一，缺乏员工培训需求分析和计划②，调查对象希望培训实践能力的比例占 80%，但得到的却是以理论知识为主③。

梁伟康（2012）、陈明汉（1989）区分了非营利组织推行人力资源发展方案两种类别：

“员工培训”（Staff Training）主要针对新聘任的员工或因能力不足以致工作绩效不理想的员工提供学习机会，提升其工作知识、技能或改善其态度，目的在于员工能有效地履行其岗位职责。

“员工发展”（Staff Development）则是出于机构的策略性发展需要，指机构进行系统的培训及发展规划，使员工获得更全面的知识、技能和宝贵的经验，凭借员工发展计划，发展员工个人潜能，达到个人与其组织得以一起成长。

囿于篇幅，本文只集中介绍员工培训。

一、评估员工的督导需求

关于评估员工的培训需要（Training Needs），Caffarella（1987：60）、陈锦棠（2012）概括过一个公式：培训需求 = 标准表现（或期望表现）- 实际表现（或实际表现）、一个架构④。在这里我们将实际表现理解为员工的绩效评估结果。

---

① 詹小宁：《培训对社会工作者组织承诺的影响研究》，华侨大学硕士学位论文，2018。

② 朱丽得孜·托列吾汗：《乌鲁木齐市社会工作服务机构人力资源管理研究》，新疆大学硕士学位论文，2018，第 27 页。

③ 李萌：《民办社工机构人力资源管理策略研究》，安徽大学硕士学位论文，2018，第 26 页。

④ 陈锦棠：《社会工作督导：经验学习导向》，巨流图书股份有限公司. 2012，第 48 页。

（一）培训需求的评估框架

培训需求的评估框架详见表 6－16 培训需求来源 KSA 分析框架表。其中横向评估范畴包括：

知识：被督导者开展服务必须掌握的基本概念、理论的观点和方法等；

技巧：被督导者开展服务必须掌握的技术、建立关系的技巧和服务微技巧等；

态度：被督导者在提供服务时呈现的参与性、承担义务、革新性、积极性等。

纵向评估层次有：组织层面、部门或团队层面、员工个人层面。

督导需求建立在分析基础之上，培训需要的产生有三个主要的来源：

1. 组织层面需求分析

全面审视机构的“使命”“价值”和“愿景”、“总目标”和“目标”、现阶段服务运作以及机构未来发展方向，从而制定明确的员工培训政策，以及制定推行培训方案的程序步骤。分析主要包括：

（1）机构背景。最高管理层大力推行长远的员工训练和发展的计划意愿如何？

（2）机构财政。机构在财政预算内有否预留足够的推行人力资源培训或发展计划的资源？

（3）机构的策略性计划或目标。机构在后勤性/运作性目标内有否将员工培训计划列为优先发展的项目？在推行的过程上与其长远的策略性的发展目标如何配合？

（4）机构内人力发展的编制。若实施有关培训计划，则在人力资源编制上的改变会否影响工作的运作？

（5）机构对员工提供的发展机会。培训不仅须获得员工的全面支持，更重要的是要求他们参与培训计划之制定过程，若机构仅推行员工训练和培育活动，缺乏对员工的“实质性激励措施”，也会严重打击员工的士气及影响其参与培训活动的意向。

2. 团队层面需求分析

进行服务团队整体技巧分析时，可能包括所有员工为了完成任务而必须使用的技术。员工的资历和经验决定机构未来的培训方向，若员工工作经验普遍较少，则培训目标将以增进个人知识和技能为主；反之，则以培育个人成长为主。

3. 个体层面需求分析

聚焦于团队中个别员工的表现和完成任务的能力、员工接受培训的态度、检查员工日常工作绩效是否优良，便可推断其接受培训之意向程度。员工个人的督导需求，可能具体表现为：

了解一个崭新的社会服务领域基础知识以及相关技巧、服务特点；有关项目运作初期与利益相关者的沟通机制、途径等；项目目标、工作思路与方向、项目产出与具体服务的关系。

表 6－16　培训需求来源分析

来源	分析维度		
	知识	技巧	态度
组织	组织使命、愿景或架构发生变化； 政府出台新法例、政策、规定； 外界竞争环境对组织产生的需求； 宏观环境改变	与正式组织沟通机制、途径、流程等	组织提供新服务、组织士气氛围分析
单位/团队	工作任务改变； 绩效标准改变； 工作设施改变	确定要完成的任务以及在组织中所有员工使用的技术； 外界专业因素对工作的要求	人事更替
个人	员工个人理想表现与实际表现之差异	员工个人在组织中的表现和完成任务的能力	以社工价值与伦理为基础所展现的态度

（二）培训需求评估方法

当上述培训需求来源明确以后，机构督导可考虑按以下方法进行培训需求判断。

1. 观察

督导可运用行为次数计算、时间动作研究、工作任务列表、不经意观察（如员工出席职员会议时的表现）等，观察员工完成实际或模拟的工作任务，以确定其培训需求。

2. 问卷调查

设计培训需求调查问卷，收集员工的意见、态度、偏好和看法。

3. 焦点访谈

通过面谈、座谈会、员工会议，鼓励员工针对培训需求提出切身困难或工作上遇到的问题。

4. 岗位职责分析

识别某个职位的工作性质、任务、责任以及相应必备的技能和知识，通过制订岗位职责工作细则说明，标注该岗位应具备的能力特质、技能和知识、要达到的绩效质与量基线以及入职者的基本教育资历要求。机构督导可依据岗位职责细则要求，甄选出合适的员工参加培训。

5. 测试法

指通过笔试和工作绩效模拟练习，评估受试者是否具备必备的相关知识、技能或态度，据此判断其培训需求。

6. 服务文件资料

通过员工绩效考核记录、服务月报或年度报告、项目成效评估报告或收集分析其他机构所举办的培训主题资料等推断员工的学习需要。

（三）确定培训需要的优先顺序

1. 依据重要性与可行性原则作出排序

（1）重要性原则。

①受益面：是指受影响的员工数目有多少、可协助达到组织目标的程度。

②急迫性：是指该项培训需要是否必须立即引起重视。

③工具性价值：是指若缺乏此项培训需要将对其他培训需要产生什么正面或负面影响。

④差异程度：是指上述培训需求公式，“员工在标准表现（或期望表现）—实际表现（或实际表现）”的结果所呈现的差异程度为何。

（2）可行性原则。

①培训效率度：指培训方案或系列培训活动满足培训需要的程度。

②资源可用性：指满足培训需要的资源可使用的程度。

③改变的承诺：指机构高层承诺满足员工学习需要的程度。

如果雇佣双方都将培训视为相互投资理念，员工改变或提升自己 KAS（知识、态度与技能）的培训动机或意愿强烈，则可行程度最高。

表 6－17 具体的操作方法：对每一项需要在 1～5 个分值打分，“1”表示最低排列，“5”表示最高；总分数最高的项目就处于最优先的地位，依此类推。表 6－17“辅导技巧”得分 38 分，表示此项培训需要应获得优先处理。

表 6－17 培训需要排比表

/分

培训需要项	重要性原则					可行性原则			分数
	受影响的人数	有助于达到组织目标	急迫性	工具性价值	差异程度	受益面	资源的可用性	改变的承诺	
策划大型活动技能	5	3	4	3	4	4	5	4	32
小组工作技能	3	3	3	3	3	2	4	3	24
辅导技巧	5	5	5	4	5	4	5	5	38
如何有效主持会议	3	3	2	2	4	2	4	3	23
目标制订 SMART 原则	5	4	4	4	4	4	3	3	31
如何衡量服务效能	3	4	3	3	3	3	4	2	25

2. 依据差距程度作出排序

这种方法不考虑态度、知识这两类培训需要，而只考虑员工较重视的实务技能培训需要类别，并将技能的重要性程度与熟练掌握程度进行比较。如按照“重要性程度减去熟练掌握程度”的结果，差距越大，则该项技能的培训需要越处于优先处理的地位，见表6－18。

表6－18　培训需要分析及排比表

技能范畴	技能项目	重要性	熟练程度	差距（重要性程度—熟练掌握程度）	培训需要优先排列
人员管理	增权及激励员工	5.05	4.14	0.91	4
	教导下属	4.93	4.24	0.69	8
	辅导下属	5	4.33	0.67	9
	管理纪律	4.56	4	0.56	11
团队管理	建立有效的团队	5.3	4.17	1.13	1
	管理团队冲突	4.4	4.17	0.23	13
任务管理	解决问题及作出决策	5.14	4.21	0.93	3
	管理变革	4.64	3.98	0.66	10
	有效管理项目	4.79	3.93	0.86	6
	监察财务	4.49	4.02	0.47	12
	有效管理时间	5.19	4.1	1.09	2
沟通	有效地沟通	5.02	4.26	0.76	7
	谈判	5.09	4.21	0.88	5
	进行有效的表达	4.88	4.21	0.67	9

资料来源：Philip Fung，P. C.（2010），Staff development strategy for NGOs，Houston Leadership Training Centre

从表6－18可知，差距最大的五项分别是“建立有效的团队”“有效管理时间”“解决问题及作出决策”“增权及激励员工”“谈判”，因此这五项应列为优先安排的培训具体内容。

二、制订培训计划

制订培训计划的第一步当然是制订培训目标，重点在于提升员工的“KAS”，依照绩效理论，以达到员工个人绩效与组织绩效双赢提升的目的。培训目标的制订一般依据SMART原则进行，此不赘述。

为提供系统培训，可以制订一份为期至少三年的长期培训计划或年度培训表，指派一位高级督导负责制订培训计划、协调、执行、评估各项培训方案。评估时可采用“四段培训成效评估法”即针对受训者对培训的积极反应、学有所获、工作行为的改变、组织绩效的改善等四个层面进行培训效果评估。

（一）如何决定受训人选

要决定潜在的受训人选，可在机构进行“目标对象人口分析”，以识别出受训人选的特征。

可考虑以下五个问题：估计参加员工的人数？员工能抽空参与培训活动之时间为何？主要参与者的职级、年龄和资历为何？驱使员工参加培训的动机为何？如员工出席所有培训活动，则共需培训时间及缺席工作的时间成本怎样？除对上述问题作出考虑外，还要对员工的培训需要、机构未来发展需要以及机构可用的培训资源等因素加以考虑，才可决定受训人选。

（二）培训形式

一般而言，社会工作机构宜采用多种培训形式，以提升员工的学习兴趣，确保培训方案能达致较理想的成果。培训的形式主要有三种，见表6－19。

表6－19　社会工作机构员工培训形式

培训形式	培训方法	采取何种形式取决于下列因素
个别培训	师徒传授式、教导式、个别研究及流程指导	组织现存可善用的培训人员；成本花费；组织现有的培训设施；培训方案内容深浅；期望的学习成果
小组培训	研讨会、工作坊、参观等	
团体培训	如大型会议、研讨会、学院上课、展览、系列讲座及视频教学等	

培训规划除考虑机构现存人力和可用的资源外，还应注意下列各事项：

（1）培训方案应切实针对员工的培训需要或配合机构未来发展需要。

（2）培训方案能够达致组织所定的培训目标。

（3）得到受训员工及其主管同意，必要时甚至可与他们共同拟定培训方案内容大纲。

（4）应设计多种培训形式来配合学员的不同需要与个别化的差异。

（5）培训方案内容需完整、系统化，并力求实用。

（6）学习方式宜活动化，能够从实际生活或工作中学习或体验到。

（7）课程顺序的安排应注意课程间相互关系及讲求实用。

（三）制订培训方案

社工机构的培训方案类别有以下三种：

1．岗前培训

指机构对新聘员工入职前所举办的必须训练。职前训练又可分为一般性和专业技术性两类，前者目的是向新聘请的员工介绍机构的一般情况，以增进员工对机构的认识；后者主要目的是提供新员工指引，以了解在岗位执行工作任务的原则、技能、程序与方法。

2．在职培训

在职员工培训依其性质不同又可分为补充学习技能训练、储备学识技能训练、人际关系训练和概念性整合技能训练四种。

（1）补充学习技能训练。指督导属下员工欠缺所需具备的部分技能，经由“启导”“督导”“问题解决性职员会议”“实习训练”，基本技能训练课程等培训活动的提供予以改善，使其能胜任现职及增进工作效率。

（2）储备学识技能训练。是为那些工作绩效优异及具有发展潜能的员工，对其将来担当更繁重工作所需之学识和技能先行提供训练，以便随时补缺调升并胜任新职。

（3）人际关系训练。目的是增进员工对人际关系的认识，促进员工间相互的合作。

（4）概念性整合技能训练。是指机构为解决现存问题及激励其员工高度运用智能与思考，提出处理问题之策略、程序与方法，以协助管理者解决问题。

3. 职外培训

如果机构没有足够的资源举办上述的培训，或者希望提供机会给员工与来自其他机构的参加者互相交流切磋，以扩宽员工的视野，机构可派遣员工参加其他机构或训练学院所举办的会议、研讨会、培训课程、其他训练活动等。

在职训练与职外训练可从机构外聘请专家进行。

第七章 社会工作机构督导的绩效管理[①]

绩效评估对争取外部资源以及提升机构自我能力建设极具重要性。绩效考评有组织绩效考评、部门绩效考评、个人绩效考评之分别，是管理实践过程中非常难做而又十分关键的一项日常性工作。尽管非营利组织评估研究是近年来国际上流行的热点问题[②]，但对组织绩效研究而言却是冷门，因为“在我国管理学界，关于个人绩效考评或项目绩效的著作已经比比皆是，但是关于部门与组织整体绩效考评的专著，目前还很少见到”[③]。邓国胜（2007）等著《民间组织评估体系——理论、方法与指标体系》是一本研究公权力对民间组织进行评估（评估的内容包括问责性评估、绩效评估和组织能力评估）的专著，该书研究成果直接构成了当年民政部制定全国性社会组织评估指标体系政策发布的依据之一。

社会工作机构管理的维度有战略管理、项目管理、财务管理、志愿者管理、营销管理、组织绩效管理等。非营利组织的“项目绩效”和非营利组织整体的“组织绩效”可能是有区别的[④]，特别是对于机构规模更大、组织部门结构更复杂、承接更多采购项目的社会工作机构而言。专门为非营利组织设计“展示板”（dashboard，平衡计分卡的变体）的佩顿提出，组织运营是否良好和它执行的项目是否有效两者之间可能存在关系，但这是两个独立的问题，而且都需要测量，以便完整了解组织绩效[⑤]。鉴于社工界的组织绩效研究相对于项目绩效研究不多见的现状，以及社会工作机构督导实务与组织绩效管理较密切的缘由，我们将包括组织、部门、个人三维度的绩效管理列为社会工作机构督导知识体系框架的重要组成。

奥根与瑞安（1995）把组织绩效分为任务绩效与情境绩效[⑥]。张玉周（2009）认为，非营利组织绩效结构具体分为行为（过程）绩效、结果绩效和环境改变绩效三个构面。有研究指出，非营利组织的绩效实质上是组织使命及功能的达成度[⑦]。社会工作机构绩效

---

① 本章合作作者：梁伟康（非营利组织卓越管理有限公司）、张莉萍（广东财经大学）。

② 王名：《非营利组织管理概论》，中国人民大学出版社，2002，第240页。

③ 西奥多·H·波伊斯特：《公共部门绩效评估》，肖鸣政等译，中国人民大学出版社，2016，第2页。

④⑤ 迈克尔. J. 沃斯：《非营利管理：原理与实务》，韩莹莹等译，华南理工大学出版社，2016，第147－158页。

⑥ Organ D. W., Ryan K, “A Meta—analytic Review of Attitudinal and Dispositional Predictors of Organizational Citizenship Behavior,” *Personnel Psychology*, 48, no.4 (1995): 775－802.

⑦ 张玉周：《非营利组织绩效三维评价体系研究》，经济科学出版社，2009，第50页。

的内涵是为了达到机构功能及使命、实现预期目标所采取的行为、过程等及由此带来的符合需求的一定数量和质量的服务、产出、结果。

本研究以社会工作机构为例，从社会工作机构重要管理主体社会工作督导的视角，探讨包括社会工作机构在内的非营利组织与部门绩效管理、员工个人绩效评估三个大议题。

第一节　社会工作机构督导与绩效目标的制订

从20世纪60年代开始，组织绩效成为组织理论重要的研究主题[①]。组织的绩效管理与项目的绩效管理有别，组织绩效管理是一种全新的管理技术，合理的目标设定、前瞻的规划、实效的运作、完善的决策、精确的控制、有效的考评和全面的评估，帮助管理者全面完成一系列管理指标，提升组织管理水平和绩效。相较而言，国内管理学领域关注非营利组织的绩效管理研究较多，社会学与社会工作学相关研究结果则较少，代表性著作有邓国胜《非营利组织评估》聚焦于第三方绩效评估系统，聚焦于社会工作机构绩效管理的研究更是寥若晨星。香港地区梁伟康关于非营利社会服务组织成效管理实践系列著作，从实操层面详细讲解机构绩效目标制订等知识。

现阶段，国内社会工作机构绩效管理实践刚起步，处于“发育不良”状态。据一项对广州市三家社工机构绩效管理的调查研究发现，机构存在绩效考核体系不完善、绩效监督机制有待完善等问题[②]，具体表现有员工对绩效计划的制定和内容缺乏清晰的理解，近30%的员工不清楚机构的绩效考核是如何制定的；41.78%的人表示现有的绩效考核指标只能部分反映工作效率；绩效考核多流于形式，绩效沟通反馈不到位，考核结果运用不充分。

一、社会工作督导为何要将组织绩效管理揽为己任

（一）社会组织规范发展的趋势现实需要

“外部的评估是公共组织提升绩效与服务质量的重要动力来源”[③]。在中国大陆，发展“小政府、大社会”的社会建设首先是从规范社会组织发展这一步起动的。2007年发布《民政部关于推进民间组织评估工作的指导意见》（民发〔2007〕127号）和《全国性民间组织评估实施办法》的通知（民函〔2007〕232号）之后，民政部制定了全国性社会组织评估指标体系，全国各省市以此为蓝本制定了各自的评估指标体系。2011年，民政部《社会组织评估管理办法》正式实施。广州市在全国首创社会组织等级评估、分

---

① 梁伟康：《成效管理：非营利社会服务组织全面实践策略》，非营利组织卓越管理有限公司，2012，第726页。

② 香海燕：《广州市社工机构绩效管理机制研究》，广东工业大学硕士学位论文，2019。

③ 邓国胜：《民间组织评估体系——理论、方法与指标体系》，北京大学出版社，2007。

类评估模式[①]，建成包括社会工作机构在内共 19 类社会组织等级评估指标体系，广东社会组织等级评估走在全国前列，并被学习借鉴或推广实行引领地方社会组织规范健康发展。截至 2017 年底，全省 21 个地市均已开展等级评估工作，逾 4 000 家社会组织参加评估，近 3 000 家获得 3A 以上等级[②]。据我们对广州市以及各区社会组织信息公示平台的信息统计，共有 187 家社会工作机构分别获得 5A～2A 等级，见表 7－1。

表 7－1　广州市社会工作机构等级评估结果一览表

/家

	5A	4A	3A	2A	小计
市级	3	6	4	1	14
越秀区	1	5	4	1	11
荔湾区	5	1	4	13	23
海珠区	7	6	3	20	36
天河区	9	2	4	0	15
白云区	3	4	4	1	12
黄埔区	11	10	7	5	33
番禺区	2	6	0	11	19
花都区	0	2	0	3	5
南沙区	1	1	3	2	7
增城区	1	0	2	0	3
从化区	0	3	0	6	9
合计	43	46	35	63	187

注：本表数据截至 2019 年 9 月。

按照王名提出的非营利组织评估框架（非营利组织的评估包括诚信评估、使命与战略规划评估、项目绩效评估和组织能力评估等）[③]，社会工作机构的等级评估属于政府主导的诚信评价实践，反映的是政府监管控制的价值偏好，也反映了中国大陆社会工作机构“强制性同构”[④] 的现实趋势。但其等级评估指标体系遗漏了社会组织的两个重要维度，一是组织特性维度（即使命、活力、可持续性和影响力），二是组织的价值观维度[⑤]。

---

① 张婉茹、陈新锐：《创建等级评估广州模式 推动社会组织规范发展》，《中国社会组织》2015 第 3 期。

② 金宸：《开展早 创新多 效果好——广东社会组织等级评估十年综述》，《大社会》2018 年第 10 期。

③ 王名：《非营利组织管理概论》，中国人民大学出版社，2002，第 241 页。

④ “强制性同构”，顾名思义，是强加给组织的。这种压力可能来自法律、政府法规、评审机构或者统一的会计规则。详见迈克尔. J. 沃斯：《非营利管理：原理与实务》，韩莹莹等译，华南理工大学出版社，2016 年，第 65 页。

⑤ 胡辉华：《社会组织等级评估反思》，《大社会》2018 年第 10 期。

现阶段，任何来自机构外部的规范性评估的目的都强调以评促建，组织须做足用文本证据说话的准备，毫无疑问，督导是机构里承担此重任的不二人选。

（二）使命导向的组织绩效管理是卓越的标志

赫兹琳杰指出，低效率与其他非营利组织自身存在的局限性特点一样，曾经是志愿失灵的一种具体表现①。

“卓越”一词来源于美国马里兰州非营利组织联合会的示范性评估标准用词②。卓越的第一条标准即是“组织应制定使命宣言，这是组织存在目的之正式陈述，并由组织最高层委员会批准”。营利组织追求利润，非营利组织则追求使命。非营利组织的管理颇具独特性，它们不是靠“利润动机”的驱使，而是靠“使命”的凝聚力和引导，反映社会需要的使命表述、宣传来获取外部的支持和捐助，实现组织内部的协调运作。追求卓越的绩效管理，是21世纪组织管理的发展趋势，卓越绩效管理范式必将成为社会工作机构提升组织竞争力以及实施科学管理努力的方向。“身为干部，就有责任善加利用所有的资源来实践使命，并在许多个案中应用营利事业的管理技术”③。

刚兴起的中国大陆社会工作机构使命意识普遍较薄弱，以广州市为例，获评5A～2A等级的187家社工机构中，制定了机构使命的占12%（详见附录），近90%的社会工作机构在基本的组织建设内涵之一——使命宣言的建构上是缺失的。平凡未至，谈何卓越？

非营利组织绩效评价则是“解除受托责任促进非营利组织健康发展、提升非营利组织管理水平、增强社会公众对非营利组织了解的重要手段”④。非营利组织自我主导的评价，可以委托外部机构开展，也可以是组织自身开展的绩效评价。本书关注的组织绩效管理为后者。

（三）机构督导的本色职责

1. 机构督导作为评估主体

项目运作效率是评估非营利组织项目管理水平和能力的重要指标之一⑤。目前国内非营利组织绩效评价主体主要有以政府为主导的评价主体、非营利组织聘请外部专家对本组织绩效的评价、非营利组织的自我绩效评价、国外的资助机构对所资助项目的绩效评价⑥。依据美国心理学家赫茨伯格的保健激励双因素理论，监督是员工个人工作外在环境的保健因素之一。

本研究认为，在非营利组织的自我绩效评价里，社会工作机构的督导角色与企业绩效管理研究中所指“直线经理”⑦“中高层管理者”等类似，承担着机构员工工作环境中的监督保健作用。每个社会工作机构，不论其规模或复杂程度如何，应该成立一个工作

---

①⑤ 崔向华、张婷：《非营利组织管理导引与案例》，中国人民大学出版社，2013。

② 1998年马里兰州非营利组织联合会为了推动全美非营利部门的道德与诚信建设而制定了一个“迈向卓越的非营利组织标准”，通过评估验证的组织被授权使用卓越徽章，即令公众和捐赠者可以信赖的标志。

③ 彼得·C·布林克霍夫：《非营利标杆管理》，陈玉明译，北京大学出版社，2007，第1页。

④⑥ 张玉周：《非营利组织绩效三维评价体系研究》，经济科学出版社，2009，前言。

⑦ 谢怡：《员工绩效管理实操细节》，广东经济出版社，2007，第14页。

小组来指导绩效考证系统的设计和实施，“这个小组应该由作为系统设计受益者的组织单位或项目中的最高管理者——首席执行官、组织首脑、部门管理者或项目主管、或其委派的另一位直线或职能管理者来领导”[①]，督导是行政链上的一个纽带[②]，肩负评估的责任[③]。

绩效管理是指各级管理者和员工为了达到组织目标共同参与的绩效计划制定（绩效管理的基础环节）、绩效辅导沟通（绩效管理的重要环节）、绩效考核评价（绩效管理的核心环节）、绩效结果应用（绩效管理取得成效的关键）以及绩效目标提升的持续循环过程。绩效管理的目的是持续提升个人、部门和组织的绩效。

一般而言，人力资源部门只是绩效管理的组织协调部门，各级管理人员才是绩效管理的主角；各级管理人员既是绩效管理的被考核者，又是其下属绩效管理的责任人。有研究认为，忽略绩效辅导过程，主管没有对下属及时进行绩效辅导沟通，会导致不能及时发现存在的问题并给予下属工作支持。因此，在非营利组织如社会工作机构里，除了人力资源部门的专岗以外，督导也是绩效管理的合适人选。

据本研究对广州本地社工机构督导的访谈，发现他们对绩效评估机制的态度不尽相同：

机构督导 L：这个问题怎么理解呢？机构绩效管理、社工绩效评估是把双刃剑，对督导与受督导者双方都不利。

机构督导 W：我们机构没有专门出过员工绩效改善这种计划，前几年倒是有个有点关系的计划，倒并不是专门针对绩效的，就推行了一年，后来就没有下文了。但凡涉及员工个人利益的机构管理计划，在机构里都很难推行。涉及费用和利益的计划，机构督导决定权更小。

机构督导 ZH：我们机构也想搞绩效管理，但目前机构督导都不太了解绩效管理与评估的知识，怎么搞得起来？

机构督导 A：绩效管理与评估涉及服务资金资源重新分配的利益问题，我们机构项目资金来源非常有限，玩不起。

2. 机构督导作为绩效评估客体

机构督导自身也是进行绩效评估的客体。管理者的 6 个工作任务如决策计划、组织指挥、控制检查、调动员工积极性、解决人际矛盾、人际关系，前三个和任务绩效相关（面向任务本身），后三个与周边绩效相关（面向人事）[④]。高层管理者工作绩效评价的重心在于战略绩效与任务绩效，侧重于组织战略部署、战略调节以及战略实施等战略绩效指标的评价[⑤]。中层管理者和基层管理者工作绩效的评价侧重于任务绩效和周边绩效。

---

① 西奥多·H·波伊斯特：《公共部门绩效评估》，肖鸣政等译，中国人民大学出版社，2016，第 200 页。

②③ 阿尔弗雷多·卡杜山、丹尼尔·哈克尼斯：《社会工作督导（第四版）》，郭名倞等译，隋玉杰审校，中国人民大学出版社，2008，第 38－50 页。

④ 吴谅谅：《企业管理干部职务分析》，《应用心理学》1986 年第 3 期。

⑤ 王广新：《组织情境下管理者人格特质和工作绩效关系研究》，吉林大学博士学位论文，2005，第 43 页。

周边绩效在评价机构督导工作绩效中具有重要地位，它包括为工作付出额外的努力、工作热情高、自愿做职责外的工作、助人与合作、遵守纪律、赞同机构目标等方面。

领导任务绩效①是指领导下属，帮助下属建立目标，通过赞赏，鼓励和建设性建议以及其他反馈激励下属，帮助保持下属绩效标准和监督下属的表现，激发他人额外努力的能力。

二、社会工作机构组织绩效管理

使命与成效被视为“使命—成效”这一逻辑主线上的两端。要衡量组织效能，须先制定组织使命、价值观、愿景以及目的，其次制定有具体内涵以及可测量的成效目标与过程目标，对组织整体绩效的衡量才能够最终实现。使命是创造组织效能的基础②。使命虽由领导层所制定，但必须与组织成员共同分享与成长，才能与组织效率的提升息息相关③。

绩效是指组织或个人在一定时期内投入产出的效率与效能，其中投入指的是人、财、物、时间、信息等资源，如第六章所述，效率由产出指标衡量，效能由成效指标衡量。绩效包括组织绩效、部门绩效、个人绩效三个层面。绩效的三个层面之间是决定与制约的关系④。社会工作机构督导系统嵌入组织各级别的领导层，绩效管理是督导的基本职责。

（一）科学制定绩效（评估）标准

绩效标准的制定可以衡量成效目标是否达成。一般分为两种标准⑤。（1）预先确定的绩效标准（成效指标）。如“30 名接受服务的社区戒毒康复者中，有 10 人就业问题完全得到解决”。（2）未有预先确定的绩效标准，如“提供足够的和人性的社区家庭综合服务给 2 000 名社区居民”这个目标里，“足够的”和“人性的”两个指标需进一步界定和解释。

评估标准指的是用于判断评估对象绩效优劣的标准。“合理”即符合“科学”，从合理视角出发，评估标准应使员工有机会得以超过标准并实现社会工作机构的目的，同时也表明未达标的绩效是无法令人满意的。

评估下属绩效是机构控制系统的一部分，因此评估标准应围绕实现社会工作机构的整体发展战略入手，通过对机构总目标要素的层级分解，找到各层次的评估标准。要注意以下三个要点。

1. 评估标准与组织发展战略要一致

绩效管理应与项目管理策划结合，机构的战略目标是机构发展的总方向，战略目标的实现是全体员工共同努力而来的。关于机构的战略目标，请参阅本书第六章《社会工作机构的策划管理》所述“机构目的”。

2. 机构的战略目标要逐层分解

各个部门或团队对实现机构战略目的之贡献随各自工作职责和要求差别而异，必须

---

① Conway J. M., “Distinguishing contextual performance from task performance for managerial jobs,” *Journal of applied psychology* 84, no. 1 (1999): 3 - 13.

②③⑤ 梁伟康：《成效管理：非营利社会服务组织全面实践策略》，非营利组织卓越管理有限公司，2012，第 81 - 84、118 页。

④ 赵国军：《绩效管理方案设计与实施》，化学工业出版社，2009，第 1 页。

根据各部门或团队的特点，将机构战略目的进行逐层分解，当确定各部门或团队的目标后，才能根据目标来确定各部门或团队的评估标准。

如果机构的战略发展策划缺失，则策划服务方案或服务项目的目标制定可能会被临时替代为战略目标，服务方案的目的是项目执行团队部门绩效、团队成员个人绩效的直接依据，因此它也必须将服务目的进行逐层分解。本书将以平衡计分卡运用为例，说明机构战略目的或服务项目目的逐层分解的具体方法，详见下文。

3. 评估标准要符合岗位特点

机构的战略目标最终由每个岗位的工作来实现，因此，要对部门或团队的战略目标进一步分解，以制订员工岗位的工作计划书，并以此为基础确定评估标准。

（二）社会工作机构绩效管理实施步骤

绩效理论要求组织的绩效目标和个人价值实现“双赢”，但一项研究显示，大陆个别地方的社工机构绩效管理体系未能实现“双赢”的目标①，绩效考核体系在社工机构的实际运行过程中存在着绩效考核满意度低、绩效考核中缺乏跟踪反馈、考核结果影响较小、绩效考核结果与薪酬关系不大，在绩效考核过程中管理人员与员工缺乏沟通等管理缺失的问题。社会工作机构须建立一个健全完善的绩效管理体系，包括绩效策划、绩效监察与教练、绩效评估、绩效反馈与改善等内容与相应阶段步骤。

1. 绩效策划与绩效目标的制定

工作绩效取决于七个因素：目标、标准、反馈、机会、条件、能力和动机。

（1）绩效目标的制定——绩效策划是指督导与受督导员工共同商讨制定下一个年度绩效目标，并就实现目标的时间、责任、方法、过程进行坦诚沟通。绩效目标分为两种，成果目标和行为目标，二者合并构成受督导员工的绩效指标。

员工个人的成果目标说明了要做什么及要达到怎样的成果。其来源于机构总目标、部门目标、员工个人目标。详见本章第二节。

员工个人的行为目标列明了受督导员工应怎样做，即个人达标行动计划。

在绩效策划阶段，督导与受督导双方应持沟通与平等原则进行充分交流和商讨，才能就绩效目标、绩效指标、达标行动计划达成共识。督导的技巧是给予其参与讨论及提出个人建议的机会，倾听并回应建议。

（2）审视核定绩效策划——审核焦点：受核员工是否清楚个人绩效目标与组织总体目标之间的关系；受核员工完成绩效目标过程中可能存在的难点与障碍；受核员工“工作细则”是否可以反映出年度绩效期内主要的工作内容以及是否存在修订的必要。

有效的督导员要为受督导员工提供合理的工作绩效标准，不仅应列明完成某项工作任务所期望达到的成果、完成任务所需要的时间，还要灌输信念，协助受督导员工树立个人的绩效目标与组织的使命和目的有关连的理念，相信个人有能力实现其绩效目标。

2. 绩效监察与教练

绩效监察是由督导监察受督导员工按其绩效计划执行，并保证执行不偏离计划方向。

---

① 朱丽得孜·托列吾汗：《乌鲁木齐市社会工作服务机构人力资源管理研究》，新疆大学硕士学位论文，2018，第23页。

做法如下：

（1）制定绩效计划后，督导选择合适的方法获取受督导员工真实而可靠的绩效讯息，从而对其绩效成果作出中肯的评估，为后期绩效改善提供正确诊断；（2）持续监察员工绩效：了解受督导员工整体工作进度，在哪方面的表现较好，遇到什么困难或障碍，目前的困境，有哪些绩效目标和行动计划需作调整，如果其工作偏离绩效计划轨道，需怎样纠正入轨。

教练是为受督导员工实现绩效目标而提供协助和支持，即本书第二章所指“示范”能力。教练的方式有正式和非正式两种，正式的教练是指通过正式的面谈进行示范过程，非正式的教练是指通过非面谈（如走动式交谈）渠道和方法进行示范。

在此阶段，也是督导发挥支持功能的时期。督导须判断，为达到绩效目标，受督导员工需要获得以下哪类支持，包括情绪的、工具的、信息的、考评的。至于督导技巧方面，可适时给予员工回馈、示范、指导、咨询、鼓励和赞赏。

3. 绩效评估

督导评核受督导员工能否成功达致既定绩效目标，而绩效指标是用来衡量是否达标的依据标准。绩效评估之目的：

（1）受督导员工薪酬或绩效奖金调整的依据。

（2）受督导员工定期与督导进行绩效沟通，了解彼此的期望。

（3）作为受督导员工晋升、降级或辞退/终止合同的依据。

（4）辨识受督导员工培训和发展的需要，以便制定培训和发展计划。

（5）激励受督导员工，以期在未来能有更优异的绩效。绩效评估的目的是要鼓励受督导员工达到更优良的绩效。

注意事项：督导应与受督导员工针对绩效差异与服务中所遇到的障碍作出分析和讨论；绩效评估与薪酬制度的结合兼顾公平与合理；以绩效评估成果作为改善机构组织设计、服务策略检讨等的依据。

4. 绩效反馈与改善

绩效评估的主要目的是通过绩效考评面谈，达到改善和提升受督导员工的3C，即贡献度（contribution）、能力（capacity）和持续的发展（continuing development）。督导技巧是对员工绩效表现多做正面反馈，关注员工工作能力、绩效持续发展的提升；与员工共同制定一份完善的绩效改善计划，主动与其讨论工作，经常对其工作给予忠告和建议。

（三）制定机构绩效目标应考虑的其它因素：绩效考评过程中的利益相关者

利益相关者理论是非营利组织绩效评估理论之一。非营利组织的利益相关者包括向组织投入专用物资资源和人力资源的内部利益相关者，如提供财政支持的政府、捐助者、员工、志愿者等，以及受到组织活动间接影响的外部利益相关者，如服务对象、作为监督主体的政府、社区公众等。无论是内部利益相关者还是外部利益相关者，他们与非营利组织的关系具有双边关系特征，彼此影响、相互依赖，甚至存在张力，如捐赠者的偏好与服务对象的需求之间可能就存在紧张的关系①。不同的利益相关者会根据自身利益、

① Rochester · Colin, *Voluntary Agencies and Accountability* (Londen: Routledge, 2005).

所处立场对非营利组织的考核、运作、合法性赋予不同的绩效评估标准和准则。

因此，在社会工作机构中设计和实施绩效考评系统是一个非常具有挑战性的过程，通常很多利益相关者对绩效考评系统很感兴趣并能够积极参与其中。

第二节　社会工作机构绩效测量与管理工具

战略管理的理论研究中，对控制系统本身的执行效率问题缺乏关注①。战略控制系统是保障战略实施的工具，本节关注社会工作机构战略执行力问题，战略控制能力决定了战略执行的效率与效果。

一、平衡计分卡

本节以平衡计分卡为例，说明机构绩效测量与管理工具的运用方法。

罗伯特·卡普兰和戴维·诺顿于 1996 年开发的平衡计分卡，最早是为企业设计的，它基于这样的假定，即企业需要超越诸如投资回报利润以及现金流等传统财务指标，从而获得“平衡”的绩效。因其要求采用整体的观点来看待组织，建立了战略规划和绩效考评之间联系的全面框架。具体而言，平衡计分卡将组织的“使命”和“策略”转换成绩效目标与绩效指标，从财务、顾客、内部流程、员工学习与成长四个维度寻找“关键性成功因素”，从而推导出“关键性绩效指标”及衡量方法，发展出相应的行动计划。

（一）平衡计分卡的功能

1. 组织内部进行绩效策划的工具

平衡计分卡具有一定的长处。它融合了关键绩效指标法、目标管理法、全面质量管理三种评价方法的精髓，既要求绩效的日常管理，又要求将绩效指标的设置落实到组织的战略中去，并提出了明确的绩效指标体系架构，不仅强调了关键绩效指标法中的传统单一的财务指标模型，还强调了注重财务指标与非财务指标的综合考量，其内部多维度的内在逻辑关系平衡了组织短期与长期、内部与外部、先行指标与滞后指标等方面的发展关系。如果非营利组织希望监控总体绩效，平衡计分卡则是一个能为考评组织绩效提供框架的极具价值的工具，而集中于工作绩效的项目逻辑模型——社会工作机构督导知识体系的重要内容，则在组织关注的产出和结果维度方面有使用价值。

本研究关注平衡计分卡，源于该模式强调组织的长期发展目标与绩效的关系。使命陈述体现了社会工作机构存在的核心目的，规定了项目实施的基本目的，反映了员工在机构工作的动机。社会工作机构督导们应该重点理解机构使命与愿景是凝聚社工团队的核心价值，以及带领团队实现机构长期发展目标。

---

① 罗彪、王猛：《一种联动可调的行为化战略控制系统构建方法研究》，《科学学与科学技术管理（津）》2012 年第 3 期。

2. 第三方对非营利组织绩效考评工具

由于平衡计分卡的平衡视角与非营利组织绩效管理的价值取向相契合，在非营利组织中导入平衡计分卡进行绩效管理具有极强的可行性、适用性和可操作性。将平衡计分卡法引入到非营利组织绩效评估系统化研究正在成为一种趋势，也日渐成为第三方对非营利组织绩效考评工具焦点。

陈阳（2015）根据社会工作机构的组织特征，对传统平衡计分卡四个维度进行修改与整合，试图构建东莞市社会工作机构等级评估体系[①]，并将该指标体系与东莞市社会组织等级评估结果进行了对比。满文萍（2017）对杭州社区居家养老服务中心绩效评估指标体系的构建，平衡积分卡框架中主要有六个维度（使命、愿景、战略财务管理、服务对象、组织管理、服务队伍建设）共二级指标[②]。陶敏（2018）从平衡计分卡框架构建设计出针对某公益组织的评估指标，即包含服务对象、财务、学习与成长、内部业务流程和公益性五个维度，共 13 个二级指标和 29 个三级指标体系[③]。王晔安等（2018）采用德尔菲法、专家咨询等方法，建构出一套针对社工机构服务绩效评估指标体系，包括服务投入、服务过程、服务质量、服务效果和服务产出五个维度，共 65 项指标[④]，并判断该指标体系“具有良好应用前景”。

实际上，前述广州市在全国首创社会组织等级评估实践，也正是依照平衡计分卡的逻辑基础展开的创新应用。其包含法人治理、规范运作、财务管理、发挥作用、党建工作五个维度，共 33 个二级指标和 119 个三级评估指标体系。创新点主要表现为，一是促进党建对社会组织的引领作用，二是依据评估结果对参与评估的社会组织定级。对社会工作机构督导而言，这个来自外部的等级评估指标体系，为他们测量所在机构组织的内部绩效提供了清晰而明确的管理工具。

（二）基于平衡计分卡的综合绩效策划过程

1. 建构综合绩效管理体系

社会工作机构组织的纵向结构梯度通常是由功能部门—项目团队—员工个人组成，机构须建立一个综合性绩效管理体系，将绩效总目标或年度目标通过贯穿上下级梯队的共识来实现（详见图 7 - 1），并且必须与机构部署、绩效考核、透明而公平的激励与奖罚机制、培训及发展、信息系统及持续改善机制配合。建构这一体系能够使管理层有效传递策略方向和制定目标，衡量功能部门、项目团队、员工个人的实际绩效，从而顺利进行各层级的绩效考核。

---

① 陈阳：《我国社会工作组织等级评估指标体系研究》，重庆大学硕士学位论文，2015。

② 满文萍：《基于平衡计分卡模型的社区居家养老服务的绩效评估研究》，《安徽行政学院学报》2017 年第 5 期。

③ 陶敏：《非营利组织绩效评估指标构建—— 以 Z 公益组织为例》，《学会》2018 年第 8 期。

④ 王晔安等：《老年社会工作机构服务绩效评估指标体系研究》，《社会工作》2018 年第 4 期。

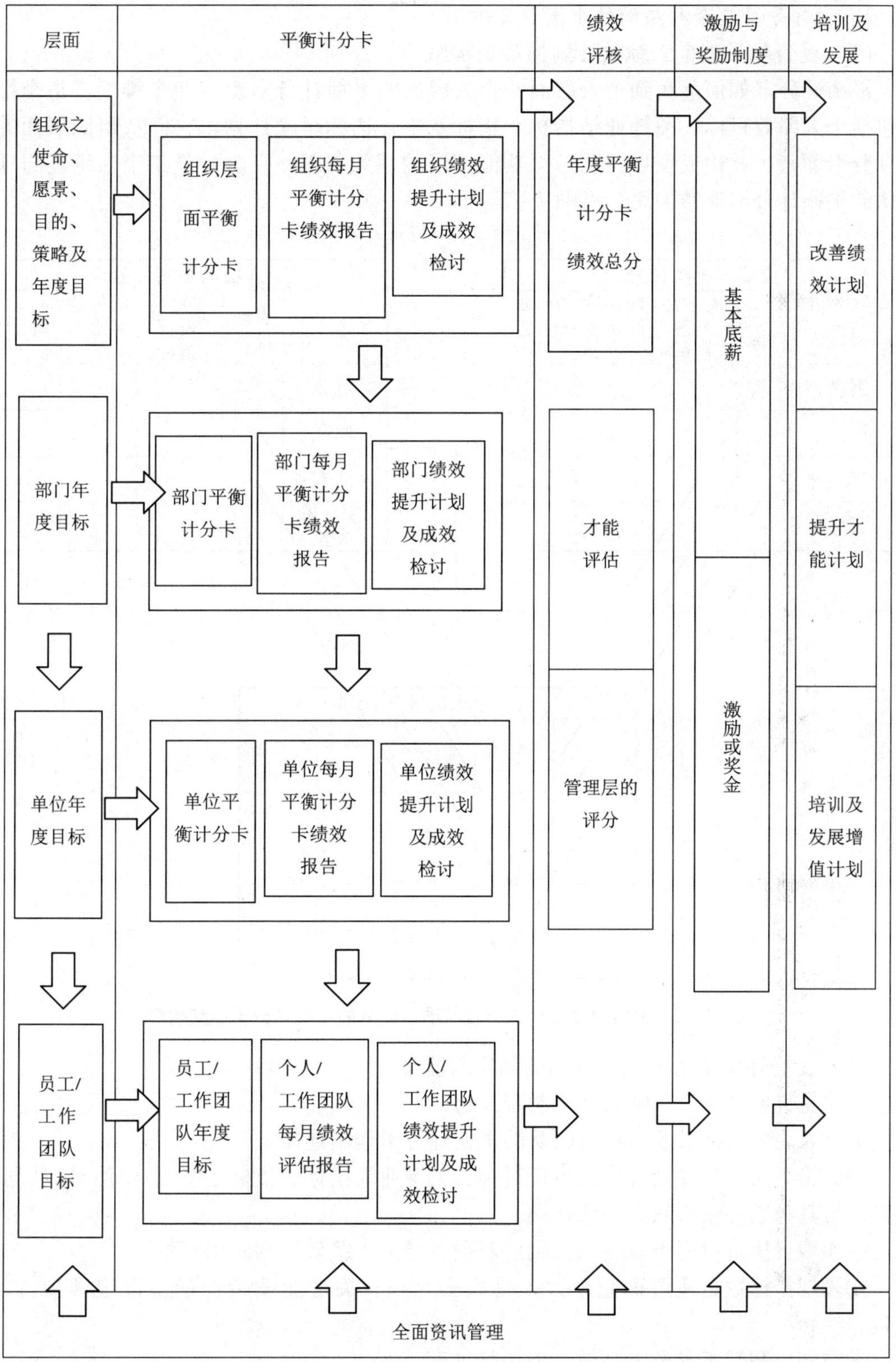

图 7－1　广州市洋城社会工作服务中心 2018 年度绩效展示板

数据来源：广州市洋城社会工作服务中心。

2. 受督导员工个人层面的平衡计分卡

(1) 受督导员工个人绩效计划的策划构思

平衡计分卡如何落实到个人层面？个人层面的平衡计分卡也有四个维度。每个维度内包括个人绩效目标、关键业绩指标、指标水平、达标行动计划，它们从组织层面的平衡计分卡而来，并构成项目团队乃至功能部门的绩效表现。受督导员工个人维度与项目团队的平衡计分卡连结构思，见图 7－2。

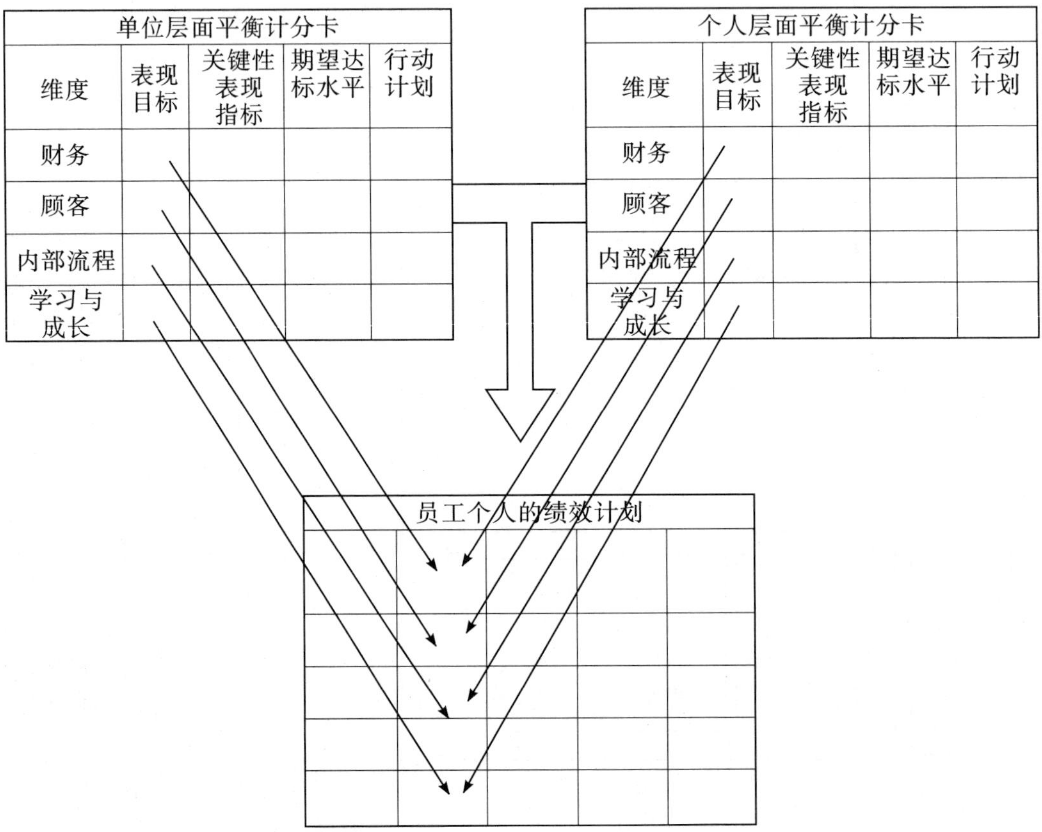

图 7－2　受督导员工个人维度与项目团队的平衡计分卡连结构思

(2) 受督导员工个人绩效计划的制定与监督。

协助受督导员工个人绩效计划制定技巧：

①个人表现目标必须与项目团队的平衡计分卡作出连接。

②员工个人绩效计划表中的表现目标、关键业绩指标、指标水平、达标行动计划等，都必须与其沟通并获得双方一致认同。

③如项目执行过程中有变数，则应对受督导员工绩效计划做出调整。

④表现指标数量适可而止，太多易失去焦点；关键业绩指标最多设定两项，以便测量。

⑤定期监测受督导员工绩效计划执行进度。

⑥与受督导员工明确讨论，其须具备何种专业能力才可达致既定绩效目标。

表 7-2　员工个人绩效计划示意表

员工个人绩效计划

项目团队：________________　督导姓名：________________
员工姓名：________________　职　　位：________________
绩效计划执行时间：由______年______月______日至______年______月______日

平衡计分卡维度	表现目标	关键业绩指标	指标水平	达标行动计划

3. 平衡计分卡的变体工具：展示板

平衡计分卡并非一无是处。"享有盛誉的平衡记分卡评价存在着技术障碍"①。首先是非财务指标和长期绩效之间的因果关系未做定义。其次是如果各维度的绩效指标之间不呈现正相关关系，管理者会失去行为准则，难于平衡哪个指标重要；指标的优先顺序和合理的权重也较难确定。再次是未将所有利益相关者纳入计分卡模型。以组织的使命为最终指向，强调组织内部业务流程的绩效，但主要考虑委托人、顾客（服务对象）、供应商等利益者的需要，对政府、社区的需要考虑得很少，应将外部利益相关者纳入记分卡模型。最后，社会工作机构整体战略目标的周期一般为 3～5 年，而平衡计分卡要求组织全员参加，使部门与个人都有计分卡，这可能超出机构的战略周期，从而消耗组织的时间成本与资金成本。

为了避免平衡计分卡带来的不便，佩顿设计出平衡计分卡的变体工具展示板模型，它可帮助读者快速了解机构效率的两个基本问题，一是社会工作机构的活动服务和项目是否大致实现预期结果，二是社会工作机构组织是否运行良好。

二、其他绩效监督管理工具

为了保证机构组织、部门或项目执行团队以及团队成员个人达到绩效既定目标，有必要考虑采取行动步骤监督原定计划如期完成。监督执行的图表工具比较直观，主要有甘特图表、计划考核术网络图表、描述式网络图表、项目计划发展流程图表等。

（一）甘特图表

即进度管理表，是督导绩效管理的重要组成部分，它将时间分配、人力资源配置等制定成比较详尽的可操作的项目进度计划，可以统筹安排并监督项目进展。最为直观的呈现进度表是甘特图，又称横道图，它通过图示形象地表示行动计划的开始时间、结束时间等时间性信息，以及行动计划的总成本和资源消耗比率等资源性信息。甘特图表遵循项目化控制思路，实现绩效目标行动计划的时间和资源的全程控制功能，以保障行动

① 张玉周：《非营利组织绩效三维评价体系研究》，经济科学出版社，2009，第 45 页。

计划的过程可调性。

在具体操作上，可以借助项目管理软件（如微软 Project 软件），把机构战略行动计划的编号、名称、优先次序、起止时间、成本费用、参与部门、里程碑等信息输入到软件中，就可以得到信息完备的计划甘特图，或使用 Excel 2010 的堆积条形图也可以轻松绘制简单的甘特图表①。

（二）计划考核术网经图表

计划进度控制包括三个步骤：

1. 编制进度计划

进度计划包括时间需求计划和资源需求计划。时间需求计划是指根据行动目标、行动重要程度等信息，确定项目总工期和里程碑，为时间控制提供依据；资源需求计划是指根据项目资源供应情况，制定出项目资源总计划，再把这些总计划分解为年度、季度、月度计划，为资源控制提供抓手。

2. 实施进度计划

项目实施要确保各项行动按时开始、监测并记录执行情况、保障资源供应等。督导要对进度计划的进展速度、资源使用效率和行动执行质量进行实时的监控和分析。

3. 比较和更新进度计划

为防止各项行动在执行过程发生偏差，督导必须定期监控行动进度指标，并将实施情况与计划进行对比分析，以检测计划执行的效果。进度指标通常有项目持续时间、已完成工作价值量、资源消耗指标等。同时，要根据偏差分析的结果，采取纠偏措施，并不断更新进度计划。纠偏措施一般包括调整关键工作、调整工序、重新编制计划、调整资源和时间等。

三、怎样撰写项目成效报告

这部分内容是回应第六章项目（方案）成效评估设计实施以后，对团队效率与效能完成情况进行总结，以应对来自机构外部第三方的评估问责。因篇幅所限，仅聚焦于撰写项目成效内容。

目前中国本土社会工作评估大致可以分为两类，一是以深圳、上海为代表的对社会工作者服务绩效的评估，二是以广州、东莞、珠海、厦门为代表的对社会工作机构服务绩效的评估。后者主要从专业服务标准、服务量及服务成果标准、服务质量标准、服务项目管理标准四个方面进行评价②，驻场正式评估前，大多数评估主体都要求机构先期提交自评报告。因此机构督导不同程度承担了项目自评报告撰写职能，项目成效汇报与设计阶段进行成效评估指标设计一样，都是难度较高的专业技术。

（一）明确评估方要求提供的报告写作框架

评估方要求提供的报告写作框架存在差别，令人头疼。整体而言，本土社会工作服

---

① 孔繁胜：《甘特图直观呈现审计项目进度管理表》，《当代审计（长春）》2018 年第 3 期。

② 姚进忠、崔坤杰：《绩效抑或专业：我国社会工作评估的困境与对策》，《中州学刊》2015 年第 3 期。

务项目评估实践仍处于摸索阶段。以广州为例，广州市家综项目评估的发展两个阶段[①]，第一个阶段2011—2014年期间饱受诟病的“战国时代”已经结束、2015年以来的阶段评估标准已然实现统一。如果机构承接以广州本地家综项目为主，评估方要求提供的报告写作框架稳定，有利于作者按既定提纲要求开展写作；但出于机构造血能力建设目的，机构可能须“开源”，比如设计并实施创投项目，而不同项目的出资方、利益相关者聘请的评估方就有不同。故此，面对不同项目评估方的要求，自评报告写作框架的差别仍然存在。

经过多年摸索，广州市家综项目自评报告模板趋向成熟，以2019—2020年度广州社工服务站自评报告写作提纲（广州市社会工作协会制）为例，它为广州各社工站自评报告撰写提供了较固定的写作框架，也有利于评委提取评估目标信息。

（二）项目成效总结写作关键要点

若要顺利落笔，前提是项目目标设定清晰、在基于机构内部监视的项目评估设计阶段也已预设了合理的任务指标、已将确定的服务要素概念操作化，移植出“即时的产出衡量方法”（详阅本书第六章、第二节“社会工作机构督导的目标管理”）。

（1）汇总概述已完成服务项目的数量，自我衡量服务产出数值是否达标，写作风格量化表述。

这一要点被概括为“数据性”特点。不论项目评估方是谁，有关项目服务计划实施的数据汇报都是不可缺少的基本要素，项目“服务产出”的具体表现就是各种指标的达标数量，撰写时须概述总体指标完成情况。

要呈现数据性特点，首先需要做好项目服务数据采样工作。数据汇总来源有项目团队被督导社工个人绩效报告、服务对象满意度问卷等，数据做汇总分析结果可以绘制图形，常见的有线形图、饼形图、条形图等。

（2）汇报项目服务质量，自我评定项目服务符合特定的质量标准的数量或目标受助人满意度百分比，写作风格量化表述。

①简介原方案评估设计的“即时的产出衡量方法”清单。

②统计汇总已完成的“即时的产出衡量方法”清单各项数值；数据汇总主要来源为项目团队被督导社工个人绩效报告。

③收集项目使用的服务对象满意度调查问卷，估算服务对象人群满意度平均值。

（3）自我评定项目服务成效，写作风格量化表述。

①核算原方案成效评估设计的整体成效指标的达标数量。汇总统计有多少服务对象接受服务项目介入后能获得目标指标内涵的改变。如原设计整体成效指标是“一年内≥60%受访家庭觉得可融入社区生活”，则统计项目结项阶段实际完成的数量，≥60%的可自评达标或超标。

②核算不同服务手法的成效指标达标数量。以个案手法为例，如果采用心理学标准化测评量表/功能水平尺度法作为评估个案服务成效的工具，则不仅应做介入前后测量，

① 李金芳：《广州市家庭综合服务中心评估体系研究》，广东工业大学硕士学位论文，2017，第20页。

还应对比分析前测与后测的数值差距程度，以说明介入获得的“正向改变”；此外，汇总统计、估算项目被督导社工提供个案服务成效的平均值。2015 年广州市家综项目统一评估指标体系提出了项目针对个人及家庭的服务成效，50% 的个案能达到的基本指标，因此，撰写时应着力于描述项目个案服务成效在问题解决、能力提升、支持网络增强等维度的改变程度。

（4）衡量项目的既定目标是否达成，回应目标社区（社会）问题缓解程度，写作风格定性表述。

回答项目方案的既定目标是否达成，具体操作为对比原计划目标和已实现的目标，分析成败原因。

社会工作服务的初心是因应目标人群的需要，缓解社会问题；进行社会工作服务项目成效自评，特别是当项目目标群体聚焦于社区维度时，自评服务成效报告必须回答该项目整体上对社会问题的改善程度。具体应表述以下内容：

①整体上项目是否已满足目标人群需要、或已满足目标人群需要的程度，是否已减轻/预防社区危机或社区问题的严重程度/发生。

②分别表述项目目标系统内各层次目标（即过程目标、成效目标、运作目标、项目目标）达成状态，酌情使用表述状态程度词汇如“基本达至预期成效目标”“较理想地达到项目目标”“圆满实现运作目标”。若以时间轴系列分层，则相对应的是表述初始目标、中期目标、长期目标的达成状态。

四、国内民政部门制定的等级评估指标体系

国内民间组织管理局于 2006 年组织开展相关课题研究，课题组分别研究并相应提出了行业性社会团体、公益性社会团体、学术性社会团体、联合性社会团体、基金会、民办非企业单位诚信的评级指标体系，次年发文指导全国社会组织等级评估实践（详见前文所提民发〔2007〕127 号、民函〔2007〕232 号）。民政部对民办非企业（社会工作机构归入此类）的评估是以公信度评估为取向，以评估促进规范建设，而非以质量评估为取向的。

目前民办非企业单位类别（含社会工作机构）等级评估共 105 个指标，其中规范运作 26 个，财务管理 22 个，发挥作用 18 个，党建 30 个，加分项 9 个。

“作为国家甄别社会组织和形塑社会的重要手段，社会组织等级评估将国家意志、价值偏好和政策目标广泛深刻地嵌入社会组织的使命、组织结构和运作方式之中。在提升社会组织能力并促进社会组织发展的同时，社会组织等级评估日益明显地发挥着规制社会组织的产出和行为模式的作用，社会组织的地位、性质、特征和发展方向也因此越来越反映并依从于国家治理的逻辑，与国家建设的战略诉求保持一致。”①

作为组织内部重要的行政职能管理者，督导应担负起指导机构下属进行“证据为本”的相应资料收集准备工作。

---

① 胡辉华：《社会组织等级评估反思》，《大社会》2018 年第 10 期。

第三节　受督导员工个人的绩效管理

“为什么我带领的社工总是完成不了任务？平时我总会按照他们的能力去安排工作，但每次到完成期限的时候他们都完成不了。我总是在催促他们完成，但他们完成不了我又没有办法，我该怎么办呢？”①，这是社会工作机构督导或项目主管为之困惑与焦虑的问题。梁伟康（2012）认为，绩效管理是一个完整的流程，包括绩效策划、监察与教练、绩效评估、绩效反馈与改进。绩效考评制度的主要目的，不仅是要达到人力资源管理决策如人力资源策划、绩效调薪晋升、奖惩、工作轮调等，还要达到员工辅导如员工职业生涯规划、培训、绩效改善等。前者由社工机构的人力资源部门执行，后者则由督导执行。

一、如何与接受督导员工制定绩效目标及绩效指标

（一）受督导员工的绩效策划

1. 指督导者与受督导员工共同商讨与沟通其个性化目标实现的时长、责任、方法和过程

（1）受督导员工个人目标的制定须配合所属部门的目标、机构整体性目标（即目）。受督导员工也清楚其个人绩效目标与机构整体性目标之间的关系。

（2）为受督导员工制定“年度绩效目标”和用以衡量该目标能否达到的“绩效指标”、达到绩效目标的行动计划。

2. 制作绩效计划表

一份详细的绩效计划表通常包括员工基本信息、考核指标、衡量标准、指标完成情况、考核等级、主要取得的成绩、双方无法达成统一意见的问题以及双方签字确认。员工基本信息包括员工姓名、岗位名称、职务或职称、所在部门、督导姓名。员工基本信息一般不要求太详细，只要能反映员工在组织中承担角色的情况即可。

（1）绩效考核数量化指标预设。绩效考核指标是员工绩效年度完成主要工作任务的描述，描述须符合 SMART 原则。绩效考核指标还包括指标所占权重，权重设置一般遵循 30% 考核指标占 70% 权重的原则。权重不能设置太分散，否则不能突出重点工作，权重太集中则考核不能兼顾到全面性。

选择绩效考核指标：所有应考核的指标按照重要程度划分为“必不可少、持续影响、有胜于无”三个等级，所有应考核的指标按照难易程度划分为“难以驾驭、基本预见、现有能力”三个等级，在选择指标时最先选择现有能力、必不可少类指标，最后考虑难以驾驭、有胜于无类指标。

---

① 李伯平：《员工完不成工作任务怎么办》，《中国社会工作》2017 年第 3 期。

（2）绩效指标衡量标准预设。详细描述考核指标完成程度，也可以直接在考核表中体现，一般衡量标准主要是一些客观数据、记录以及任务完成的标志性事件。

（3）绩效指标完成状态预设。对考核指标完成情况进行描述，一般使用动宾结构的语句，可以加以程度方面的描述，突出完成情况的程度。对主要取得的成绩，在考核周期内取得主要成果进行描述，作为员工奖励的依据之一。对于考核结果或考核过程中员工和机构督导无法达成统一意见的问题进行描述，员工可以由此向更高一层的管理者进行反映。

（4）绩效指标考核等级预设。机构督导可根据实际情况对员工考核结果等级进行划分，可使用分数进行划分，例如1～10分。也可使用“优秀、合格、不合格”等语言进行划分。一般考核等级划分不宜太多，也不宜太少，通常为5个等级，最多不超过10个等级，最少不低于3个等级。详见下文员工绩效考核评估工具。

3. 制订绩效计划时督导员须注意事项

（1）所制定的员工“年度绩效目标”“绩效指标”“达标的行动计划”必须与受督导员工沟通商讨，多听取员工建议。

（2）拍板之前应让员工参与讨论及提出个人看法，直到双方达成共识。

（3）双方签字确认。绩效考核计划表一经确认双方确认以后，需要员工和管理者亲自签名确认，是员工考核的重要凭证。

4. 绩效策划阶段督导须明确以下目的

（1）督导与受督导员工都能够预见未来在完成绩效目标的过程中将遇到的困难与障碍，以及在这些难点上督导可以提供何种支援。

（2）受督导员工的职位描述是否可以反映出年度绩效期内主要工作内容。如果不是，则需要对员工的工作细则进行修订。

（二）受督导员工的绩效监察与教练

（1）监察与教练是指在员工个人绩效目标制定之后，主管或督导监察受督导员工是否执行绩效行动计划，保证不偏离原定计划的方向。如有偏离，需要采取什么纠正行动。应持续地监察受督导员工的达标表现，在员工有需要时适时反馈、教练、指导和咨询。

（2）督导选择合适的方法获取受督导员工真实可靠的绩效信息，并对其绩效成果作中肯的评价，为将来的绩效改进提供正确诊断。对于受督导员工的表现应采取优势视角，给予正面鼓励和赞赏为主。

（3）教练是指为员工实现个人纯净目标提供协助和支持。在良好沟通的基础上，督导宜就以下内容评估受督导员工之需要。

①其整体工作进展程度、在哪方面工作表现较优良、工作上遇到什么困难或障碍。

②其遇到的困难，通过正式或非正式的面谈实施教学能否克服，反之则是否需要对其绩效行动计划做出调整。

③给予受督导员工所需要的支持，包括情绪上、工具上、信息上的支持。

（三）受督导员工的绩效评估

绩效管理与绩效评估是一种包含与被包含的关系，绩效评估是绩效管理体系过程中的一个具体步骤和环节，二者相互联系、相互区别。

督导衡量受督导员工是否成功达到既定的绩效目标。在绩效评估环节，可以体现督导员行政功能的重要性，受督导员工的绩效评估结果将成为薪酬或绩效奖金调整的依据，也可成为晋升、降级或解聘，甚至是制定培训和发展计划的依据。因此，除了"打分"这一项基本工作，督导员的绩效评估还更应发挥反馈以及协助受督导员工发展功能，督导员具体的工作内容如下：

（1）针对受督导员工的绩效差异与工作表现困难或障碍作出分析和探讨。

（2）从绩效评估结果中得出受督导员工的培训与发展需要，并制定相关培训与事业前程发展规划。

（3）从受督导员工的绩效评估成果检视组织绩效，以作为改善组织设计、服务策略的依据。

（四）受督导员工的绩效反馈和改进

绩效评估结果反馈是绩效评估工作的最后一个环节。人类行为心理研究发现，反馈是使人产生优秀表现的最重要条件之一。反馈具有两个特征，向受考核者传递相关信息、激励以获得动力和警醒以促改正。可根据服务岗位性质选择团队反馈或一对一反馈方式，选择评估结果的表示方法则有图线、文字或数字表示或结合表示的方法。具体的工作内容如下：

1．与受督导员工一起制定彼此认同的绩效改进时间表与改进计划

改善内容细目宜由易至难，循序渐进，切实可行、可操作。

2．改进计划应具体可测

设定需改善项目内涵的标志矢的。

3．给予受督导员工适当的面谈辅导

（1）正面反馈。美国心理学家赫兹伯格双因素理论是指保健因素与激励因素同时影响人们对工作的满意度，只有激励才能使人有更高的生产力，即正面反馈。正面反馈技巧就是对受考核员工行为的直接认同和赞扬，以激励员工将来有更良好的表现。进行正面评估反馈应遵循的原则，一是赞扬行为，二是从团队或部门的业绩赞扬中区别出贡献较大的个人。

（2）建设性反馈。积极或建设性的反馈要素有维护受核员工自尊、以发展为导向、互动而灵活的、战略性的。利用汉堡原理进行建设性反馈的技巧是第一步，先表扬对方成绩，关注其业务能力不断进步内涵；第二步，随即指出不足之处，这一步务必夹在中间进行；第三步，也是最重要的一步，用明确的表述肯定对方的能力和主动性，鼓励其尽快达到要求。

总之，与机构的组织绩效评估一样，对受督导员工个人的绩效评估也是"以评促建"，着重于"过程"而非评核，着重于寻求问题的解决和激励受督导员工未来释放出更好的业务能力而非寻找错误，着重于提升绩效而非惩治，着重于个人能力的建设性而非威胁性。

这个阶段应重点关注受督导员工业务能力的提升、其绩效表现能否持续改进、下一步努力发展的方向为何。督导员主要职责是与受督导员工进行绩效面谈，以达到了解受督导员工的3C目的，即贡献度（contribution）、能力（capacity）、持续发展（continuing development）能力。一项对国内331名知识员工的调查①发现，发展导向的绩效评估对员工的社会交换感知有显著的正向作用，评价导向的绩效评估对员工的经济交换感知有显著的正向作用。同时，发展导向的绩效评估会正向影响员工的知识共享行为，进一步研究表明员工感知的社会交换会在两者之间起着完全中介作用；评价导向的绩效评估会负向影响员工的知识共享行为。但在对本土社会工作机构绩效制度的初步研究显示，目前本土社会工作机构对绩效管理的激励作用持消极态度，评价导向的绩效评估处于发育不良状态；究其原因，如以政府购买服务为主的资金来源结构单一、服务资金使用范围受限等。故此，我们判断，未来有关社会工作机构发展导向的绩效评估，将成为新的研究问题。

二、受督导员工个人绩效评估工具

传统的绩效考核方法取向不一，如人格特质取向、行为取向、成果取向等。绩效管理的几种典型模式，“德能勤绩”式、“检查评比”（如广州地方政府购买社会服务的评估）、“共同参与”式（360°反馈法）、“自我管理”式，目前普遍被国内社会工作机构所采用，如香海燕对广州市三家社工机构管理层的调查访谈发现，社工机构多采用填写考核卷的方式或360°绩效考核方法②。当代管理学理论与实践已发展出新的绩效考核方法，综合性绩效考核法即平衡计分卡、未来能力评定法、能力为本绩效考核法。

三、社会工作机构督导成效评估

督导子系统参与了社会工作机构的组织反馈控制系统的运作，在实践中督导的有效性成为利益相关者各方关注甚至质疑的焦点。督导的效率议题，卡杜山鲜明地指出过督导效果与督导受益面之间的关系，即有效督导的比率③，比如美国法令规定公共儿童福利机构中社会工作督导员与受督导者的最大比率为1∶7，私人个案管理机构的比率较高，但也不宜超过1∶12，但未提及非营利社会服务组织有效督导的比率。反观目前中国大陆社会服务快速发展地区，社会工作机构服务规模膨胀，在个别案例④中督导员与受督导者（其属下包括初级督导、督导助理及一线社工）达到了1∶189。可见，除了急剧发展中机构督导人才培养的高需求，未来社会工作机构推行督导制度过程中，有效督导比率议题、督导受益面与督导质量、有效督导的发展策略、督导员个人的亚健康等讨论将会逐渐增多。

督导模式的取向多元化，如结构性功能取向（督导的目标是通过发挥督导行政、教育和支持功能以保证和提高机构的服务质量）、发展性取向（关注督导关系经历的每一

---

① 文鹏、包玲玲、陈诚：《基于社会交换理论的绩效评估导向对知识共享影响研究》，《管理评论》2012年第5期。

② 香海燕：《广州市社工机构绩效管理机制研究》，广东工业大学硕士学位论文，2019，第7页。

③ 阿尔弗雷多·卡杜山、丹尼尔·哈克尼斯：《社会工作督导（第四版）》，郭名倞等译，隋玉杰审校，中国人民大学出版社，2008，第27页。

④ 《专业领航，中级督导打造社会工作“硬核”力量》，微信公众号“深圳市社会工作者协会”，2019年。

个发展阶段）、成长取向（以受督导者为中心，着重促进其个人自我与专业自我的成长）、能力取向（发展受督导者的潜能和长处、提升其服务介入水平和效能，在督导关系中视受督导者为主动的合作伙伴，重点关注其系统的专业知识、技能和绩效）。

不论是结构性功能取向、发展性取向或成长取向，虽然它们对受督导者能力内涵理解的角度不一样，但对于督导目标的理解上却是一致的，即为保证受督导者的服务效能，提高受督导者的工作能力。

督导员既是绩效评估主体，同时也是机构绩效管理体系客体的组成部分。张洪英、赵万林提出构建一个中国社会工作督导多元的评估体系①，由督导者、督导对象、政府督导管理者、行业协会督导管理者以及督导领域的专家学者共同建构，并认为在该体系中督导评估主体包括督导对象、督导机构、第三方、购买方、督导者；但该研究侧重于他人主体视角，欠缺督导者自我主体视角。本研究从督导关系双方主体探讨有效督导的绩效标准。

（一）社会工作机构督导对象主体视角：考核有效督导的绩效标准

（1）督导参与制定员工行为守则。将新入职员工必须接受启导和训练课程等内容列为机构服务方案后勤性目标、服务流程必经环节，以便员工知悉机构提倡的积极行为界定内容。

（2）督导为受督导者提供合理的工作绩效标准。向其列明完成职责任务所期望达到的成果、达标所需要的时间，明晰个人绩效目标与机构总绩效的扣连，提升其达标的信心。

（3）督导能够建立一个具有沟通与坦诚内涵的督导关系，在关系中创造的氛围能促进受督导者生产力提升、士气的鼓舞，在督导关系中保持开放的沟通与反馈渠道，使受督导者有勇气提出改善工作环境或调整薪酬待遇的诉求，在免受威胁的气氛中坦率讨论其错漏疏忽。

（4）督导在受督导者面前应能树立表率，所示范的榜样能给予员工仿效。

（二）社会工作机构督导主体视角：督导效果的自我评估维度

有效的督导包括四个特征生产力增加、质量控制、士气建立和教育。社会工作机构督导员应按照这四个特征维度，自我监测督导效果。

（1）生产力增加。指督导员监察和指导受督导者的活动表现与其绩效标准和服务服务方案指标相符，达到了期望的效果。

（2）质量控制。是指督导员确保受督导者的绩效符合服务对象的需要、政策法规、服务流程指引、服务程序与步骤的要求。

（3）士气建立。是指督导者促成受督导者对工作表现的满意和情绪的饱满。

（4）教育。是指督导者改善了受督导者相关的知识、技能、个人适应性的工作。

① 张洪英、赵万林：《中国社会工作督导评估体系研究》，《社会工作与管理》2019年第6期。

第四节　有效开展绩效反馈面谈技巧与处理绩效问题员工

简（2015）认为高质量社会工作实践的重要环节，除了发现并回应发展的需求等以外，还包括发现并回应不良绩效①。香海燕对广州市三家社工机构绩效管理进行问卷调查的结果显示，超过一半的被调查对象表示管理者就关于绩效考核问题不会经常与员工沟通，而大多数员工希望与管理者进行有效沟通，并从管理者的绩效评价那里明白自身工作中的问题和长处，说明员工对机构在绩效管理过程中的沟通和结果比较重视②。

一、有效开展绩效反馈面谈技巧

评估面谈是绩效评估流程中的重要环节。评估面谈给机构督导一个与下属讨论其工作绩效并且挖掘其工作中可以提高和发展潜力的机会。通过评估面谈，机构督导可以更全面地了解员工对于工作的态度和感受，促进双方的交流，从而达到改进绩效的目的。

（一）准备评估面谈

机构督导应做充足的准备工作，包括有：

1．收集整理和分析员工个人绩效计划书与执行计划的各种佐证记录文本

对照受督导者员工个人的绩效计划与实际的工作表现，回顾上一次员工评估结果，分析此次评估结果出现差异的原因。具体准备事项：

（1）查阅面谈对象工作岗位说明书。

（2）比较面谈对象的工作表现与绩效计划要求。

（3）查阅其上一个评估期的考核结果。

（4）草拟一个书面面谈提纲。

（5）双方拟定面谈时间，并提前一周通知面谈对象。

2．给员工充分的准备时间

至少提前一周通知员工，让他有时间对自己的工作表现进行书面整理回顾，分析自己在服务中的良好表现以及存在的问题，并找出需要发展的方向，使其能够有充分的时间做好面谈的心理准备。

3．安排合适的面谈时间和地点

面谈的时间应该选择一个双方都比较方便的时间。普通员工的面谈时间可以安排为1个小时左右，而管理者的面谈时间应该在2~3小时。面谈的地点应该选择比较安静的地方，面谈期间避免被电话和来访者打扰。美国心理学家泰勒尔和其助手兰尼的实验研

---

① Jane Wonnacott：《社会工作督导》，赵环、魏雯倩译．华东理工大学出版社，2015，第114页。

② 香海燕：《广州市社工机构绩效管理机制研究》，广东工业大学硕士学位论文，2019，第27页。

究显示，针对不同性格特点的员工，面谈地点的选择可不同，如对于性格外向、社交能力较强者，或是可能因犯错而将要面临惩罚者，宜选择机构办公室；而对于已经与其建立平等关系的员工，可考虑人际社交特色行为，在分享食物的同时增进双方的了解沟通；对于因工作压力太大而情绪低落、需要情绪支持者，宜考虑户外舒适的自然环境。

（二）选择面谈方式

评估面谈的方式是指督导与面谈对象进行评估面谈时采取的策略，而评估面谈的方式主要有三种：

1. 谈与劝

谈与劝面谈是指在面谈的过程中，评估者用于倾听面谈对象意见的时间比较少，面谈的主要目的是说服面谈对象接受评估者的意见或建议。这种面谈一般会要求面谈对象采用一种新的工作方式，或者要求面谈对象改变某些工作行为。采取这种面谈方式时，要求评估者能够熟练运用引导、激发和推动指向目标的激励技巧。面谈原则是只针对工作行为，不针对人。

2. 谈与听

要求督导员能够充分听取对方的不同意见，为宣泄、缓解其抵触情绪，不反驳其陈述。督导技巧以倾听为主，充分运用倾听技巧。

3. 问题解决面谈

就上一次评估面谈后员工遇到的新问题、新需求、创新来谈论，以激发员工的成长和发展的动力。

督导应有能力依据评估的目的或受督导者的工作类型使用上述一种或多种面谈形式。

（三）主持员工个人绩效评估面谈

一次收效良好的绩效评估面谈能令面谈按照既定方向顺利进行。在执行评估面谈计划时，原则如下：

1. 要求员工进行自我总结

在面谈开始时，让对方口头陈述自我总结的技巧，有利于评估面谈的顺利进行。

2. 区别错误的焦点在于行为方式而不是人

在解决面谈对象问题时，要知道出现错误的是其行为，而不是他人本身。因此，对面谈对象提出的建议应该是改变行为方式的建议，而不是改变个人性格的建议。

3. 谈话要具体而直接

面谈要根据客观的、能够反映面谈对象工作情况的资料来进行。以客观的事实为依据，具体肯定哪里做得好，明确指出哪里做得不好，忌拐弯抹角。

4. 注重解决问题

在谈论问题时，有时对方会为自己辩解并与督导争论。此时要求督导应注重提出解决问题的办法，而不是与对方争论问题发生的原因。

5. 辨识受督导者的培训需要以及确定其未来发展计划的方向

从受督导者工作表现的错漏疏忽不足中，找出对方服务水平提升的空间节点，并与其商讨未来提升发展的方向。一次绩效面谈的结束即是将来下一个发展计划方向的起始。

（四）恰当运用沟通技巧与避免绩效评估误区

沟通技巧是社会工作者提供服务的基本能力，督导员也可在绩效评估面谈过程运用这些技巧，如提问、倾听、澄清、摘要与总结等，此处不赘述。为了保证绩效评估的客观性与公正性，降低绩效评估的负面效应，应避免评估误差。

1. 避免晕轮效应

以个体的某一特征形成对个体总体印象，即“只见树木，不见森林”，是在为员工个人进行绩效评估时比较常见的误区。要避免晕轮效应，应制定明确、可操作的评估标准，加强督导员培训，结合360°评估法，采用关键事件法（以关键事件记录表为依据，对受核员工进行评估）。

2. 避免人情压力与评估盲点

早在20世纪90年代，管理学大师彼得·德鲁克就预言中国人一定会有管理智慧与世界分享。源于网络式结构的组织和成功的关系管理是中国管理的优势，中国人在组织里主要是在作社会交换，从交换中扩大自己一圈一圈关系深浅不同的人脉网。而人脉又是未来取得资源、获致成功与安全的保障[①]。但凭借个人关系在机构工作的员工会给督导造成人情压力，宜采取个别对待原则，比如用短期目标管理方法单独进行评估。而评估盲点是指若受考核员工的某些特质如缺点、学历教育背景与己相似甚至志趣相投，督导员出现把缺点淡化或忽略的现象。

罗家德（2007）“差序格局下的个人社会网图”显示了在中国传统社会里，公平法则实现的范围仅限于熟人关系圈。若将在中国传统文化下“裙带”关系的社会心理代入机构绩效考核，将明显有违督导公平价值与伦理，打击其他“圈外”员工的积极性。应进行职位分析，严格按照岗位说明书或既定个人绩效指标进行操作，佐以目标管理法、关键事件法纠偏。

3. 避免评估结果不符合正态分布曲线

指评估结果超出正态曲线分布规律，有两种极端，宽大化与严格化倾向、中心化趋势。

（1）宽大化与严格化倾向。宽大化与严格化倾向是指督导员对受督导社工的评价过高或过低，偏离了其实际业绩表现。对受督导社工绩效高估的原因可能有以激励为诱饵、以绩效评估结果“双刃剑”为借口、显示自己的管理水平而抬高部门或员工个人成绩、对即将调离其他部门或离职的员工“宽大”处理；低估的原因可能有评估者滥用权力惩罚难以对付的下属、负激励手段（仅适用于以前有绩效良好表现而近况退步的员工）、解聘前奏。鉴于可能存在的宽大化倾向，机构制定绩效奖励的对象应放在部门整体业绩上。

（2）中心化趋势是指对一组受考核社工作出的评估结果过于集中在评估尺度中心附近，降低了对受考核员工的区分度，令奖勤罚懒的机制作用无法发挥。避免措施有培训督导员的评估技巧与能力，以准确理解和掌握机构绩效评估的标准；制定容易被理解、操作性强、明确而清晰的评估准则。

---

① 罗家德：《关系管理：中国管理优势的来源》，《北大商业评论》2010年第8期。

在结合使用排序法、平等比较法的同时，运用强制分配法，规定各个考核结果等级的比例，可有效避免宽大化与严格化倾向、中心化趋势。

4. 避免从众

指受考核社工的业绩与其人际关系成反比而刻意调低其分数，这种做法对被考核者极其不公，将导致优秀员工的流失。避免方法有运用小组方法，增加评估者人数或采用关键事件法。

（五）妥善使用评估结果

1. 对绩效评估结果进行统计与分析

绩效评估是人力资源管理部门的核心职责，一般要求整体的评估结果应该符合正态分布[①]。因此，机构督导须牢记，当对直隶下属绩效打分时，直隶下属整体的评估结果也应呈现正态分布规律；如果直隶下属大部分员工某项技能的评估结果都很差，提示相关职位设计可能不合理；如果评估结果普遍高/低，则提示可能是社工机构的奖励机制、督导本身管理技能、职位设计等出了问题，须向机构反馈，及时作出相应调整。

2. 根据评估结果制订绩效改进计划

绩效评估结果的运用就是根据评估结果制定绩效改进计划，只有达到这一目标，才能凸显机构督导存在的价值意义。绩效改进的内容既要确定该员工在工作中存在的问题，也要对存在问题提出有针对性的改进意见，并明确经过绩效改进之后重新达到的绩效目标，见表7-3。

表7-3　员工绩效改善计划范例

员工姓名：__________________　　职位：_______________

绩效改善执行期：由______年___月___日至______年___月___日止

（Ⅰ）绩效改善的项目

项目	需改善之范畴	期望达致的绩效目标	绩效指标	所需执行的改善行动	实施及完成期
一	对服务使用者之态度	在三个月内改善受核人对长者会员的态度	1.1≥80%长者会员对受核人的态度感到满意 1.2 主任觉得其态度有所改善	除如常关注长者会员之生理健康外，也必须关注他们之心理及社交需要。 受核人持和蔼可亲的态度去关怀和尊重长者会员所表达的需要	×月×日至×月×日

① 魏爱新：《如何评估下属》，北京大学出版社，2004，第198页。

续上表

项目	需改善之范畴	期望达致的绩效目标	绩效指标	所需执行的改善行动	实施及完成期
二	团队精神	在六个月内提升受核人的团队精神	2.1 100% 执行主任之工作指令 2.2 ≥90% 同事满意与受核人的工作关系	准时及准确地执行主任之工作指令。 遇工作疑难，受核人须主动与同事共商解决方案。 与同事保持双向式沟通	×月×日至×月×日
三	护理知识和技巧	在六个月内改善受核人的护理知识和技能	3.1 100% 遵守派药“三核五对”之程序 3.2 执药及派药零度偏差 3.3 ≥90% 长者会员既有的伤口的没有恶化	至少进修一项护理课程 严格遵守派药“三核五对”之程序。 每星期接受注册护士之“专业教导”	×月×日至×月×日
四	人际关系	在六个月内改善与同事、上司及长者会员之关系	4.1 ≥90% 同事认同受核者态度和蔼亲切 4.2 ≥80% 长者会员认为受核者态度和蔼亲切	至少进修一项“如何与别人建立良好的人际关系”工作坊。 定期（每个月）接受上司的指导，从而改善人际关系的技能	×月×日至×月×日

（Ⅱ）受核人整体性绩效改善之要点

2.1 改善对上司、同事及服务对象之态度，并需要积极聆听及虚心接受上司或同事的意见。

2.2 提升护理知识和技能，从而可提供优质的服务给受助人。

（Ⅲ）受核员工改善计划之实践和监察

上述改善计划已制定推行及完成日期，受核人之直属上司将定期与员工检讨改善的成效。

（注：受核人完全明白需作改善之要求，并签署作实。）

受核人签署：____________　　日期：____________

主管签署：____________　　日期：____________

绩效改进计划应开始于上一个绩效评估周期结束、终于下一个绩效评估周期开始前；如果员工在前后现两次绩效评估中得到的评估结果明显提高，就说明改进计划是成功的。

3. 利用评估结果制订培训计划

利用评估结果制订培训计划，这是发展导向绩效评估机制的要求，也是判断员工培训需求的重要依据之一。其目的是激励、期待员工未来有更优质的绩效表现。

一项关于广州市6家社会工作机构能力建设的研究显示，目前社工机构内部包括绩效制度在内各种制度的激励作用，精神激励大于物质激励，多数机构会以提供嘉许、外派培训督导、项目交叉激励等方式肯定员工的付出[①]。

员工培训计划抽制定请详见第六章第三节“受督导员工培训需要策划”，此处不赘述。

二、处理绩效问题员工：以“确定的灭火法”为例

采用有效的方法处理问题员工，是社会工作机构管理须应对的巨大挑战。如果不能以明确而公平的方法去处理问题员工，将会严重影响员工士气，甚至发酵引起机构组织内外声誉与公关危机。因为员工的绩效问题通常是与员工不满缠绕在一起，“不满”可能是“正式的不满”或“非正式的申诉”，因此机构高层管理者或高级督导须应这两种类型的不满而做出妥善处理。

（一）员工问题产生的因素

1. 管理及组织因素

欠缺适当的激励环境、工作匹配不当、缺乏资源、主管督导不善、工作超负荷、组织欠缺培训及发展机会、员工岗位工作细则与任务描述不清、绩效标准与指标模糊、机构奖罚政策不明确、组织文化环境氛围不良等。有访谈研究显示[②]，广州某社工机构，是一家员工总数规模较大的机构，服务项目类型以家庭综合服务中心服务为主，机构服务从本地拓展至省内外。机构将原来实施的“末位淘汰”，即评价导向的绩效评估惩罚机制取消了；那么，机构就应当建立起一套发展导向的绩效评估奖励新机制。

2. 个人缺点

员工工作知识技能不足够、欠缺工作动力、懒散、个人性格特质、因对工作不满而士气低落、滥用药物、情绪性疾病、个人工作标准过低、生理疾病和障碍、绩效欠佳、性格难与人相处、易引起冲突。

3. 外在环境因素影响

家庭困扰、道德或价值观与组织期望之间的冲突、政府政策、人力市场供求情况等。

（二）“确定的灭火法”运用和实例

［案例背景］

社工A，24岁，刚大学毕业，供职于社会工作机构，岗位职责是为长者提供辅导服务、负责推动机构的教育性活动。上岗后面临很大困难，不懂如何带领小组，不善于利用社区资源，对辅导长者的工作感到吃力。性格上从原先的活跃、友善、富同情心，变得不知所措，信心动摇。

1. 界定问题

主要目的是协助机构之行政管理者对问题能有较全面的认识，可提出下列几个问题：

（1）谁受此问题影响？

（2）哪些事情的发生让管理者视之为“问题事件”？

（3）此问题在什么地点发生？

---

①② 梁国勇：《社工机构能力的呈现和提升——以广州市6家社工机构为例》，华南农业大学硕士学位论文，2017，第19页。

（4）此问题什么时候发生？

（5）此问题所产生的影响有多大？

在界定该员工问题时，应按上述问题作出回应，见表7－4。

表7－4　绩效问题员工的问题界定

问题员工	问题类别	问题发生的根源	问题出现的事实根据	问题发生的时间	问题产生的影响
社工	工作绩效低于期望达至的标准	该员工的工作技能和知识不足	（1）不了解老人心理需要。 （2）在处理会员长者个人问题上出现恐慌，甚至哑口无言，不知如何应对。 （3）不善于处理老人的投诉或咨询。 （4）欠缺应有的辅导技巧与知识。 （5）对社区资源缺乏认识及不懂如何运用	（1）约有半年。 （2）该员工欠缺应具备的辅导技巧及知识，从上岗初起已形成问题	1. 个人层面 （1）工作热忱降低； （2）缺乏自信心； （3）情绪波动； （4）消极并产生离职念头。 2. 机构层面 （1）影响常规服务质量； （2）影响社工专业形象。 3. 对长者会员层面 表现疏离、冷漠

2. 辨识引致此问题产生之主要原因

员工问题发生的因素主要有技能和知识不足、欠缺训练、组织环境欠佳、缺乏激励或不善任用。上述案例员工问题产生的主要原因是其技能和专业知识不足。

3. 探索所有可能的解决途径/方法

督导可与该问题员工共同商讨，寻求解决问题的方法。解决方案包括通过相应训练提升技能、变更工作内容以迁就其技能、为其设计一项系统的员工培训计划、临场实习、提供反馈并纠正错误、为协助其解决工作问题而加强督导和教导、提供与服务技巧相关的参考文献资料、提供服务标准运作手册、调岗以使其能胜任新的职责。

4. 选择最好的解决方法

甄选最好的解决方法原则：

（1）这解决方法是否易于应用？

（2）所耗费成本与时间以少成本多效益为最优。

该案例最适合的解决方法是为其设计系统的培训计划，以改善其技能和提升与长者服务相关的专业知识。

5. 采取行动

在决定采取行动时，督导必须决定需要采取什么步骤，列明每一步骤完成的时限。如果机构内部暂无相关培训资源，督导应关注机构外部各种培训资源或机会，了解培训主办机构、日期、费用和地点等信息，向受督导员工讲解接受训练的目的、训练程序及内容等，以期通过沟通达成共识；受督导员工在接受培训过程中，督导也应关注其学习进展，了解其需要及所遇到的困难，及时作出检讨及修改。

表 7－5　为绩效低下社工制订的年度培训计划表

项目	培训需要	培训目标	培训形式	培训活动名称	举办单位	实施期	备注
一	欠缺长者辅导技能及知识	在六个月内改善员工辅导长者技能和知识	机构外培训课程	长者辅导技巧训练证书课程	社工协会	某年某月	获社会福利发展基金全额资助
二	欠缺带领长者义工小组的技巧	在三个月内改善员工带领义工小组的技巧	机构内部讲座及个别督导	讲座——如何带领长者义工小组 个别督导——与员工讨论有关工作技巧	邀请机构外专家 机构主管负责	某年某月 某年某月	—
三	欠缺老年学最新知识	在未来三年内扩宽员工有关老年学的知识	大学函授课程	老年学进修课程	某高校与电大合作	某年某月	机构资助员工部分学费

6. 支援计划

探讨足以引起任何突变的因素并作出应变计划，以避免行动失败。督导应根据最初所制定的问题员工处理目标、步骤作出评估，以评定处理的效能。

三、处理问题员工原则

（一）处理问题员工原则

员工是社工机构最重要的资产，问题员工的出现与妥善处理应受到机构督导的重视。布雷德（1983）、梁伟康（1997）、瓦塔内（2004）、德尔波和盖林（2005）相继提出了处理问题员工必须遵守的原则。

第一，机构督导克制自身个人情绪，平静、理性地与涉事员工讨论和分析问题。

第二，证据为本。机构督导必须掌握问题员工的相关记录或收集到的证据，特别是当下属被指控涉及违反职业伦理的证据必须充分。

第三，只针对员工的问题行为对服务或服务对象的影响。

第四，因问题行为而获罚“一律平等”，不因职位高低或与上司关系而不同。

第五，维护问题员工自尊，避免公开指责下属。

第六，处罚问题员工的方式先轻后重，对初犯者宜先口头警告，再犯者给予书面责备，严重者进行纪律处分。

第七，保留处分记录并归档。

第五节　社会工作机构的财务绩效管理[①]

民间组织财务报告的目标应当是既满足会计信息使用者的决策需要，同时兼顾内部管理和宏观监管的需要[②]。掌握良好的财务基本知识，即使不够充足，对于有效的非营利组织管理来说，都是必要的[③]。本书将财务管理基本知识定位为社会工作机构督导知识体系的辅助要素成分，以利于督导角色通过综合考虑机构财务业绩和项目结果的双重底线自评机构发展状态，掌握表述机构组织财务业绩维度的基本话语权。

“管理会计”“财务会计”“管理审计”是内涵差异的术语，前两者是机构内部视角，“管理审计”是属于机构外部视角。“财务会计”主要是向机构外部提供机构的财务信息；而“管理会计”的目的是向机构的管理者提供有用的信息，但别的机构或个人不能够享用此类信息。财务管理以会计报表为资料来源，聚焦于报表数据的意义，通常涉及各种财务比率分析。对于以营利为目的的企业可以进行直接以投入产出为评价标准的效益性审计，对于非营利性组织则要进行“管理审计”才比较适合，即评价非营利组织管理的适当性和有效性。管理审计的最终目标旨在确保外部受托责任和内部受托责任得到有效的履行[④]。

一、民间非营利组织会计制度与企业会计准则差异

财政部 2004 年发布的《民间非营利会计制度》适用于社会工作机构财务管理，它与企业会计准则的差别表现为：

1. 会计制度结构

企业会计准则与民间非营利组织会计制度的基本结构当中，除了对于特殊业务的规定，其他是相同的。

2. 会计核算

二者对会计核算基本前提的表述存在差异性，但是所涵盖的内容是一致的。对于一般会计原则的规定，都共同涵盖客观性的原则、配比原则等。

3. 会计要素

二者的差别主要体现在会计要素的内涵方面，具体见表 7 - 6。

---

① 本节作者：张莉萍（广东财经大学）。

② 陆建桥：《我国民间非营利组织会计规范问题》，《会计研究》2004 年第 9 期。

③ 迈克尔. J. 沃斯：《非营利管理：原理与实务》，韩莹莹等译，华南理工大学出版社，2016，第 337 页。

④ 王晓震、齐兴利：《走出非营利组织管理审计困境：基于 BSC 的修正》，《商业研究》2010 年第 5 期。

表 7－6　民间非营利组织会计准则与企业会计准则之间会计要素的差别表

会计要素		民间非营利组织会计准则	企业会计准则
负债	流动负债	流动负债包括内容：短期的借款、应付款项、应付工资、应付税金、预收账款、预提费用、预计费用、预计负债、一年内到期的长期负债、其他流动负债	流动负债包括内容：短期的借款、应付或者预收的款项、应付工资、应付职工薪酬、应交税费
	长期负债	长期借款、长期应付款、专项应付款	长期借款、长期应付款、应付债券
收入		营业额的收入、其他业务所带来的收入、投资收入、政府资助	营业额的收入、其他业务所带来的收入

4. 财务会计报告

企业会计财务报告由资产负债表、利润表、现金流量表、所有者权益变动表 4 个主表组成。民间非营利组织会计报表主要涵盖现金流量表、表明民间非营利组织收入和支出情况的收入支出表、资产负债表等。

近年来，非营利组织（如慈善机构）的资金募集方式、资金的使用及其效率、财务机制的建立等问题遭到社会各界质疑，是财务学界应该关注的研究课题①。目前社会工作机构规范性适用的《民间非营利组织会计制度》是由财政部发布、自 2005 年 1 月 1 日实施的，该制度设计的疏漏不周造成民非财务管理实践中的问题越发明显，要求适时修改、完善民间非营利组织财务报告内容的呼声与日俱增。社工机构正在执行使用的三种财务报表的不完善表现详见下文②。

二、如何从财务报表了解机构财务绩效

非营利组织常用以下四种财务报表：

1. 财务状况表（又称“资产负债表”）

资产负债表这一术语是反映组织在某一特定日期所拥有或控制的经济资源、所承担的现时义务和净资产的构成情况。

民间非营利组织净资产可以定义为一个组织持有的资产减去负债后的剩余权益③。净资产是反映社会工作机构向社会公众提供服务的努力程度、效率和效果以及是否有能力继续提供相关服务的重要依据，机构财务信息的使用者正是通过净资产以及净资产的变

---

① 冯建、冉春芳：《我国当前财务理论研究的特征与趋势——基于最新文献的分析》，《财经科学》2014 年第 9 期。

② 本研究结项之际，国家财政部印发财会〔2020〕9 号《关于印发〈〈民间非营利组织会计制度〉若干问题的解释〉的通知》文件，进一步明确民间非营利组织有关经济业务或事项的会计处理，提高会计信息质量。

③ 陈磊：《民间非营利组织财务报告问题研究》，长安大学硕士学位论文，2012。

动信息进行评价。净资产在数额上表现为机构的资产减去负债后的差额，它反映了机构的资产和负债因为一些交易事项及环境变化所发生不同的金额变动而造成的结果。

然而现行《民间非营利组织会计制度》对净资产科目的设置过于简单①，净资产要素分类有局限②。至少要将“开办资金（投入资本或注册资金）”“发展基金”“结余”三项单列总账科目及“资产负债表”项目，并在此基础上进一步区分非限定性净资产和限定性净资产③。

与社会工作机构财务绩效相关的，主要通过资产负债率评判。

2. 业务活动报表（又称“损益表”）

业务活动报表显示了社会工作机构收入流和支出情况，表明社会工作机构在某一时间内净资产的变动情况。披露的业务活动表是反映社会工作机构在一定会计期间运营业绩的报表。会计信息使用者判断社工机构整体运营的效率与效果，除了业务活动表，更需要通过用于公益事业的支出、人员的工资福利、主要负责人的薪酬、行政办公支出等指标进行判断；判断项目开展的效率与效果，需要通过项目的收入、支出，直接用于受助人的款项、与项目相关的各项直接运行费用等指标进行判断。

与社会工作机构财务绩效相关的，主要通过财务收支平衡、收入结构指标（详见下文）评判。

但是现阶段不论从资产负债表还是业务活动报表，都不能明晰地反映社会工作机构重要资产的增减变动情况、机构各种费用的详细开支情况，相关信息需求者只能从机构的资产负债表中了解到组织大概的资产、负债状况；从业务活动表中只能了解组织业务活动成本、管理费用和其他费用的整体数额，无法从面向社会大众公开的渠道途径了解机构为提供服务、开展业务活动以及日常运营管理所发生的各项费用的详细开支情况，比如说机构的职工薪酬、差旅费、三公经费及办公费用的开支比例等等④。

为此，有着多年民非财务管理实践经验者的建议如下：单列“税金及附加”总账科目，并在“业务活动表”中单列“税金及附加”项目，以核算、列示社会工作机构计提的各项流转税、附加税及其他税费。单列“所得税费用”总账科目，并在“业务活动表”中增加“结余总额”“所得税费用”“净结余”三个项目⑤。

3. 现金流量表

现金流量表反映了社会工作机构一定会计期间内现金和现金等价物的流入和流出情况。现金流量表有助于评价机构的支付能力和偿债能力，并配合资产负债表和业务活动表，可以了解机构的现金来源和用途是否合理。

现金流量表中的现金是指机构的库存现金、可以用于支付的存款以及现金等价物。现金流量表将现金流量分为业务活动现金流量、投资活动现金流量和筹资活动现金流量三类，采用直接法进行编制。

鉴于现金流量表设计存在局限性，有学者对原有现金流量表的改进建议是：

（1）将现金流量分为形成限定性净资产的现金流量和形成非限定性净资产的现金流

①③⑤ 李宪：《民间非营利组织会计制度与企业会计准则的比较分析》，《行政事业资产与财务》2018 年第 11 期。

②④ 陈磊：《民间非营利组织财务报告问题研究》，长安大学硕士学位论文，2012。

量，以直观反映形成净资产的资金来源。

（2）列示支付的各项税费。社工机构涉缴的税种主要有营业税、城市维护建设税、教育费附加、企业所得税、房产税等，国家对各个税种的优惠政策通常都有明确规定，不符合规定的则必须照章纳税。

（3）受托代理业务收到的现金和受托代理业务支付的现金。社工机构受托代理资产形式除了实物，也可能有现金。以现金方式收到受托代理资产、支付受托代理负债的情况下，构成了社工机构的现金流入和流出，但又区别于机构自身的现金流入和流出。鉴于资产负债表中对受托代理资产和受托代理负债进行了列示，现金流量表中也应将受托代理业务的现金流量反映出来，才能与资产负债表保持一致，又能反映出机构各种业务所动用的资金往来情况①。

与社会工作机构财务绩效相关的，主要通过资金流动性指标（详见下文）评判。

4. 功能性支出表

功能性支出表反映了组织的每一项支出是如何在组织的项目发展、机构发展、品牌发展、管理和一般性支出以及募捐等活动中分配的。通过计算各部分数据之间的比率，可以评估组织管理的有效性。与社会工作机构财务绩效相关的，主要通过支出结构指标评判。

此类报表是广州市政府购买家庭综合服务项目期末评估要求提供的财务报表形式，但报表信息披露程度一般仅限于评估专家范围。

三、衡量社会工作机构财务绩效的指标

关注财务绩效是非营利组织绩效评估发展的早期传统，之后人们才陆续把焦点转移到服务产出表现、服务成效，乃至与组织本身的策略性管理。时至今日，以平衡计分卡视角审视，非营利组织的财务绩效应以满足客户、为客户提供更好的服务和产品为目标，增加资金来源渠道和资金量，降低成本。包括三大主题，收入增长、降低成本、财务状况。管理审计指标包括如募集资金、捐赠资金、平均服务（产品）成本、资产负债率等②。一项以修正后的平衡计分卡原理的应用研究表明，非营利组织财务绩效的权重在组织绩效二级指标总权重比例中占22%③。

社会工作机构的财务绩效审计指标可能包括：

（一）平均服务（产品）成本

指生产每一单位服务的成本，是总成本除以总产量所得之商。成本绩效评估的聚焦点有二，即效能与效益。

1. 成本效能分析（Cost－effectiveness Analysis，CEA）

多用于比较两个类似的项目，尝试通过数据的分析，找出一个相对有效而成本较低

---

① 罗慧娟：《我国民间非营利组织会计信息披露问题研究》，长安大学硕士学位论文，2015，第50页。

②③ 王晓震、齐兴利：《走出非营利组织管理审计困境：基于BSC的修正》，《商业研究》2010年第5期。

的项目。进行成本效能分析时，总成本包括人力、租金、器材等①。如果只能从机构对外公开的"财务审计报告"提取总成本数据，在"业务活动表"中"费用合计"项包括了业务活动成本（含提供服务成本、会员服务成本、业务活动税金及附加等项）、管理费用、筹资费用、其他费用等作为机构服务总成本的参考数据。产出的成效指标，通常有服务使用量、服务或顾客流失率②等。成本效能分析比较适用于评估两个目标及成效较为一致的项目，比如遍及全广州市街镇的社区家庭服务中心（现已更名为街镇社工站）③，产出指标可从中心每年接受的个案总数、每年所开的小组总量等作为参照总产量数据，从而得出平均服务成本。其价值取向逻辑是在成本相似前提下"低成本—高效能"。

2. 成本效益（Cost – benefit Analysis，CBA）

总效益完全不局限于经济效益，所有直接（比如经济效益）或间接（比如社会效益）的收益、增值潜力及投资回报都应被计算在内④。例如，以一项将 CBA 运用于社区戒毒效果的研究⑤为例，政府财政每投入 1 万元，可产生的经济效益为 5.3 万元（见表 7 – 7）。其价值取向逻辑是"低成本—高效益"。

表 7 – 7　成本效益分析示意表

总成本/万元	总效益	
	经济效益/万元	社会效益（无法进行金钱折算）
2010 年上海 8 个社区开展社区戒毒（康复）的经济投入合计 968.6	仅列三项： （1）减少 HIV 感染而避免的相关医疗费用。 （2）估算挽回的生产力损失。 （3）减少的毒品购买费用等合计 5 173.5	（1）社区居民因社区秩序稳定而产生的幸福感。 （2）促进社区戒毒服务对象个人成长、家庭和谐
1	5.3	只适宜作定性评价

（二）资产负债率

资产负债率是负债总额除以资产总额。在资产负债表中查看"期末数"。资产负债率大于 1 就是资不抵债，净资产已为负数，财务风险较大。表 7 – 8 是 YC 机构与 YG 机构 2018 年度资产负债率对照表。

表 7 – 8　机构年度资产负债率对照表

	YC 机构	YG 机构
负债总额/元	3 735 595.86	4 654 024.64
资产总额/元	3 622 966.33	4 521 509.74
资产负债率/%	0.969 8	1.029
财务绩效结论	财务风险相对较小	资不抵债 财务风险相对较大

①②④　陈锦棠：《香港社会服务评估与审核》，北京大学出版社，2008，第 26 页。

③　每个社区家庭综合服务中心均由中标的社会工作机构承接运营。

⑤　王清亮、刘志民：《上海市社区戒毒（康复）的效果及其成本—效益评价》，《中国药物依赖性杂志》2013 年第 1 期。

（三）财务比率

作为组织绩效标准的财务比率，是为机构的发展趋势和财务健康状况提供判断参考的指标。依据非营利组织可能采用的财务比率①，本文尝试用项目支出与机构收入的比率来评判社会工作机构财务绩效。表7－9是YC机构与YG机构2018年度财务比率对照表。

表7－9　机构年度财务比率对照表

	YC机构	YG机构
项目支出/元（以业务活动成本计）	3 622 966. 33	14 928 492. 73
组织收入/元	3 735 595. 86	15 856 468. 94
财务比率/%	0. 969 8	0. 941 4
财务绩效结论	小	大

注：项目支出与机构收入属于机构管理会计的内部不对外信息，本表仅做财务比率计算示范。

（四）收支平衡

1. 财务收支平衡

评估社会工作机构所获得的政府财政及社会资源能否满足其构建设备、提供服务等日常运营开支。负债超过机构资产将处于“破产区带”，虽然这种情况的出现可能是临时性的，不需要太过于关注。如果机构近来借债扩展机构项目，期望快速增加机构收入，则预警机构的现金流不充足。另一个测试信息是假设机构明天停业，机构是否能够偿付所有债权人的债务，如果不能，机构的财务状况就可能处在不健康的边缘。

2. 收入结构

检验社会工作机构财务资源获得方式、获得政府财政和社会资源的能力。以多元化的财务收入结构为佳。

3. 支出结构

社会工作机构财务资源被用于计算机构运营时的支出类别以及各类支出在总支出中所占的比重。具有合理财政支出结构的社会工作机构会将更多资源用于服务过程，减少不必要的支出，用于案主服务的财务资源所占的比重会更多。其合理度有时由政府限定，以《穗府办规〔2018〕13号广州市人民政府办公厅关于印发广州市社工服务站（家庭综合服务中心）管理办法》为例，要求社工站（家综）人员费用②及服务质量保障费用③应当不低于项目经费总额的85%，承接机构运营管理费用应当不高于项目经费总额的15%，预算和支出应当不低于项目经费总额的65%。

① 由哈佛豪泽城市研究所2004年的一项研究所发现，详阅迈克尔. J. 沃斯：《非营利管理：原理与实务》，韩莹莹等译，华南理工大学出版社，2016，第373页。

② 社工站（家综）人员费用包括工资、奖金、五险一金和个人所得税。

③ 社工站（家综）服务质量保障费用包括外聘督导、本机构督导的岗位补贴、社工交流学习、专业提升等专业支持费用。

4. 筹资监控

社会工作机构筹资过程应接受社会公众监控，评估时要考察社会工作机构在获得非政府资源的过程中是否基于制度规范进行操作，是否有完善的监督体系，资金存储及使用情况是否向民众公开。

（五）现金流的流动性

“人们开始新事业却没有保留充分的现金”是非营利组织财务规划中最容易犯的十大错误之一[①]。资金流动性在五种财务比率中比较重要，因为机构增加未来现金流的能力是组织潜在的最大问题。齐特罗等曾经批评慈善监督部门如北美商业改进局（Better Business Bureau，BBB）智捐联盟和其他组织，都为NPO设定了保存现金的最大数额，限制了NPO的现金流动性。该指标与机构使用现金的情况有关。彼得原则（the Peter Principle）[②] 要求机构要拥有充足的现金，以便满足机构必要的需求。目前本土社会工作机构“抗风险能力不足”等问题[③]，本质上就是现金流不足问题。再举一例[④]：

深圳至诚社工中心是一家社工组织，主要为各级政府部门和事业单位提供服务，收入来源为政府采购社工服务项目付费。2020年疫情发生以来，至诚社工中心立即组织社工无偿参与抗疫工作，导致中心原企业社区、禁毒精防、卫生健康等服务项目进度延缓，项目回款推后，出现现金流紧张、工资发放压力大等问题。

依据中国融资相关制度，实施的客体是企业法人，非营利社会组织未列入融资实施范围。令人欣慰的是，深圳特区创新意识较强，交通银行深圳分行以政府采购贷风控模式切入，给予至诚社工中心500万元信用贷款，由此实现非营利社工组织的融资难题破局。

①② 彼得·C. 布林克霍夫：《非营利标杆管理》，陆琲琲等译，北京大学出版社，2007，第122页。

③ 易松国：《民办社会工作机构的问题与发展路向——以深圳为例》，《社会工作》2013年第5期。

④ 程维妙：《不是企业法人，非营利社工组织也可获得银行贷款？深圳破局》，微信号“社工传媒”2020年。

第八章
社会工作机构督导价值与伦理[①]

依据柯林斯互动仪式链理论，机构督导互动仪式结果之一为道德感的定义，维护群体中的正义感，尊重群体符号，防止受到违背者的侵害，以及由于违背群体团结及其符号标志会带来道德罪恶或不得体的感觉。本章从互动仪式链视角讨论机构督导群体情感能量的控制属性，也即涂尔干所称的"道德情操"——机构督导的行为正确与错误感、道德与不道德。充满情感能量的机构督导感觉自己所做的是正义的。

督导的价值基础第一项基本原则，是督导需以机构和更广泛的社会之结构脉络作思考[②]。在此认识基础上，本章试图回答两个问题：第一，机构督导亚文化价值观符号体系内涵为何（详见本书图表1-3中示意的符号1）。为便于讨论，继续沿用文化人类学术语亚文化[③]，又称为次文化、副文化，是指某一文化群体所属次级群体成员所拥有的独特信念、价值观或生活习惯，与主文化相对应的那些非主流、局部的文化现象。社会工作专业已经形成了专业价值伦理符号体系（详见本书图表1-3中示意的符号2），是否存在一个与专业主流文化相通的价值与观念、又由社会工作督导群体所持有的独特的价值与观念呢？第二，在中国社会工作机构情境中，机构督导价值观念的本土性表现为何？

第一节　社会工作机构督导价值

卡杜山等指出，受过专业教育的受督导者和督导员奉行相同的职业规范和价值观[④]。徐明心、张洪英等也表达了类似的看法，即社会工作督导的价值就是社会工作专业价值的体现，具体包括的内容有尊重、平等、民主、使命感、信任和增权等[⑤]。

应该承认，社会工作督导的价值观从属于社会工作专业价值观体系，下图描绘了督导亚文化体系在社会工作专业系统所处的位置。但社会工作机构督导是否持有特立于行

① 本章作者：张莉萍（广东财经大学）。

② 黄源协：《社会工作管理》，扬智文化事业股份有限公司，2001年第389页。

③ 戴维·波普诺：《社会学（第十版）》，李强等译，中国人民大学出版社，1999，第78页。

④ 卡杜山：《社会工作督导（第四版）》，郭名倞译，中国人民大学出版社，2008，第24页。

⑤ 张洪英：《中国社会工作实习督导模式的发展——以山东济南为例》，山东人民出版社，2012，第96-100页。

（专）业其他要素的价值观念呢？曾华源等明确指出社会工作行业存在个人维度“多元价值”[①] 现象，即案主的价值、社工中的价值、机构督导者或主管的价值之间存在差异。这启发了我们对社会工作机构督导群体亚文化价值观体系的思考。

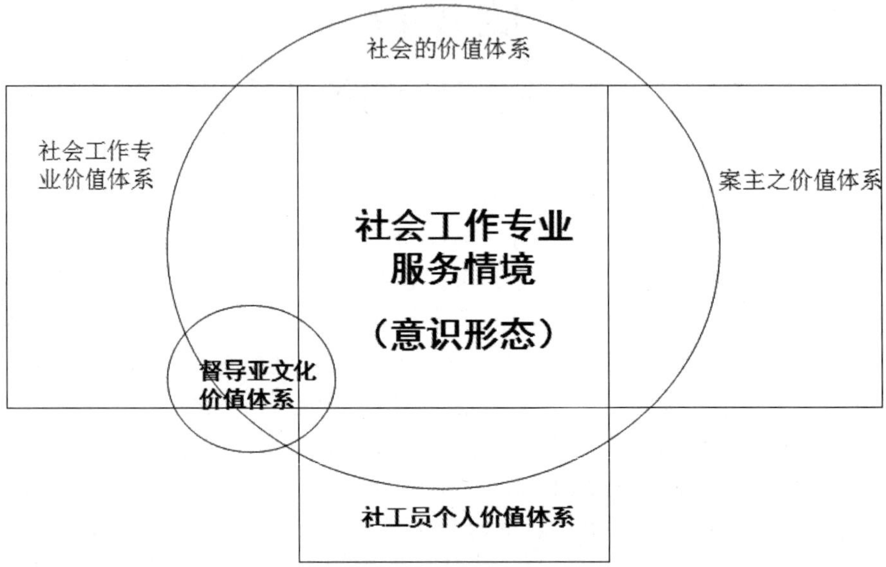

社会工作机构督导亚文化价值体系（此图参考“社会工作专业服务相关价值面向图”所作。）

罗克奇关于价值观的分类有二：其一是目的价值观（又称终极价值观），指一种期望存在的最终目的，它是一个人希望通过一生的努力而实现的目标；其二是工具价值观，指的是偏爱的行为方式或实现目的价值观的手段，主要表现在道德和能力两个方面。庞佛瑞在此基础上，把社会工作价值分为终极价值（如社会公平正义、人的尊严、价值、自由、平等）、中介价值（如互动、接纳、保密、诚实、负责任）、工具价值（遵守保密、尊重隐私）。季明认为价值体系包含层次内容，既有核心价值，也有基本价值、具体价值[②]，据此，本研究尝试从组织及个体维度，对社会工作机构督导价值观进行分类，即社会工作机构督导的组织效率价值观和社会工作机构督导员基本价值观。

一、社会工作机构督导的核心价值观：社会效益、组织效率、个体效能

美国哈佛大学管理学教授伊尔顿·梅奥在其《工业文明的人类问题》（1933 年）一书中指出，效率逻辑是管理人员的逻辑[③]。胡德（Hood，1991）认为“三 E”（economy、efficiency、effectiveness）即经济、效率与效能是新公共管理主义的重要信条[④]。实施绩效目标控制是新公共管理理论要点。张东风等解析过卓越绩效管理范式的 11 个核心

---

① 曾华源、胡慧嫈、李仰慈、郭世丰：《社会工作专业价值与伦理概论（第二版）》，洪叶文化，2011，第 128 页。

② 季明：《核心价值观概论》，人民日报出版社，2013，第 17 页。

③ 朱立言、谢明：《公共管理概论》，中国人民大学出版社，2007，第 11 页。

④ 黄源协：《社会工作管理》，扬智文化事业股份有限公司，2001，第 37 页。

价值观，组织效率位列其中。“组织的绩效评价应体现结果导向。”[①] 鉴于此，新公共管理“三E”主义与社会工作宏观使命嫁接结合下，催生出聚焦于中观、微观层面社会工作机构督导的核心价值观，社会效益、组织效率、个体效能，即新“三E”。

（一）宏观层面：社会工作机构督导的社会效益观

效益定义是“有利的效果”[②]，数学表达式为：$B(t)=V(t)\cdot O(t)/I(t)$[③]。即：

$$\text{某一时间内系统的效益}=\frac{\text{效果评价函数}\times\text{某一时间内系统的产出}}{\text{某一时间内系统的投入}}$$

相较于经济效益，社会效益是人们对所从事的社会活动或人们的社会行为所引起的社会效果[④]。“帕累托改进理念”，即执行一个项目的结果是至少使一部分社会成员的情形变得更好，具有社会效益涵义；另一个福利经济学原则卡尔多—希克斯改进，即如果一个人的境况由于变革而变好，因而他能够补偿另一个人的损失而且还有剩余，那么整体的效益就改进了。经济学在进行项目社会效益成本分析之前，也有“项目相关群体”术语，指投资项目的直接受益群体[⑤]，比如春蕾计划对项目社会效益的理解是项目的实施效果与社会形象[⑥]，即产出（项目实施的覆盖面）、结果（对受助对象的直接作用）、影响（对受助对象本人及家庭、项目实施社区、整个社会长远的、间接的影响）。

我们认为，社会效益是指服务对象个体/群体在接受社会工作服务项目介入后能获得处境、地位、行为、功能、态度、感受、观感七项内涵的改变效果。

毋庸质疑，追求社会效益是所有非营利组织存在的价值和意义。不仅如此，所有的社会工作机构都不证自明、应该以解决或缓解社会问题为其基本使命。社会工作机构效率的直接体现就是社会效益，组织是在不断追求和实现其目的的过程中获得生命力的，社会工作机构的服务效果、所创造的社会利益的多少是判断其组织运行是否正常的标准，这也正是社会工作机构督导的价值追求。

（二）中观层面：社会工作机构督导的组织效率价值观

1. 社会工作机构督导的终极价值：组织效率观

效率与公正是人类经济生活中两个最基本的价值原则。在经济伦理的研究视野内，效率是人类经济行为目的的实质性价值实现，是判断该行为是否有效或是否为善的基本依据[⑦]。有学者对伦理管理命题进行了论证，把秩序、效率视为伦理管理的价值目标[⑧]。效率的价值原则原本表达着经济价值的生产或创造目标，当这一价值原则被延伸到行政伦理领域时，提高效率的实质是为了实现公共利益的最大化。效率原则的具体伦理要求，

---

① 张东风、陈登平、张东红：《卓越绩效管理范式研究》，人民出版社，2008，第30页。

②③ 何传启：《效益管理》，中国科学技术出版社，1992，第19页。

④ 董福忠：《现代管理技术经济大辞典》，中国经济出版社，1995。

⑤ 贺凡：《政府投资项目社会效益的影响因素分析及其改进建议》，中国海洋大学硕士学位论文，2009，第8页。

⑥ 中国科学技术促进发展研究中心：《春蕾计划社会效益评估报告》，2004，第4页。

⑦ 卢风、肖巍：《应用伦理学概论》，中国人民大学出版社，2008，第133页。

⑧ 徐维群：《伦理管理：现代管理的道德透视》，学林出版社，2008，第50－51页。

主要体现在降低行政运作成本和提高公共服务的时效性水准上[①]。

效率是“评估资源投入和输出的比率”[②]，指以能够符合规定条件的最低层次的资源，提供特定服务的量和品质[③]。效率最初被界定为技术效率，指产出与投入、收入与支出、代价与收益、成果与成本之间的对比关系；效率的数学表达公式是：效率 = O/T[④]。对组织而言，仅关注技术效率是不够的，所以组织效率扩展到行为效率、配置效率、制度效率、综合效率等各方面。

在社会工作机构中，结果导向的管理者都应该非常关心如何衡量服务项目的绩效，即效率。虽然服务项目不值得以一般的经济指标来考评服务结果，但是服务的数量、服务的及时性和质量、服务效率、服务对象的满意度、预算的完成情况等，成为社会工作机构所追求效率这一价值观的实质内涵。对社会工作机构而言，即应关注服务对象满意程度、服务覆盖面、财务规范、人力资源、组织效率、社会责任等。这些结果能为社会工作机构关键的利益相关方，即服务对象、员工、合伙人、服务采购商和合作伙伴、公众、社会创造社会资本甚至是社会治理的价值，并平衡相互间的社会利益，实现组织绩效的增长。政府购买社会工作服务项目遵循效率和效益的逻辑，2018 年，中国政府补充制定购买服务政策时，明确提出了购买服务的资金必须实现效益最大化的要求[⑤]。

许多关于督导的研究虽然未明确组织效率的终级目的价值地位，但无一例外都提及绩效问题。比如扮演管理角色的社会工作督导，“对绩效问题的早期认识和关注极其重要”[⑥]。组织的实务管理与职工发展息息相关，而督导工作是两者的汇合点。“针对个人绩效的管理贯穿了员工发展、绩效问题和人力资源介入。整个过程遵循着一个核心原则，即每位服务使用者必须得到最高水平的社会工作服务。这也将得到公信力提升和专业化增强的额外收获”[⑦]。

现代组织目标观正在呈现从一元目标向多元目标、从效率效益到综合绩效、从利润创造到价值创新、从组织目标最大化到兼顾组织的社会责任等演进趋向，这要求社会工作机构的目标管理必须坚持工具目标与价值目标、个人目标与组织目标、经济目标与社会目标的统一。社会工作机构督导既是机构目标管理过程必需的“保姆”，那么应该把行业认可效率原则置于组织伦理各项准则中所占据的优先地位，并把组织（服务）效率视为督导自觉的伦理实践准则；换言之，组织的效率优先是社会工作机构督导亚文化的终级目的价值。

2．社会工作机构督导工具性价值：成效目标的实现

曾经有社工机构督导放言：“服务成效是我们（注：指督导）孜孜以求的专业追求。所谓的‘三圈’——使命、资源、能力，都让他们站一边，所谓的情怀、中庸、瞎干，

---

① 卢风、肖巍：《应用伦理学概论》，中国人民大学出版社，2008，第 429 页。

② 迈克尔. J. 沃斯：《非营利管理：原理与实务》，韩莹莹等译，华南理工大学出版社，2016，第 136 页。

③ 黄源协：《社会工作管理》，扬智文化事业股份有限公司，2001，第 38 页。

④ 何传启：《效益管理》，中国科学技术出版社，1992，第 19 页。

⑤ 王勇：《政府购买服务政策迎来七大变化，财政部@你来提意见！》，微信公众号“公益时报”，2018 年。

⑥⑦ Jane Wonnacott：《社会工作督导》，赵环、魏雯倩等译，华东理工大学出版社，2015，第 113 页。

通通先让道。在我心中，最重要的事情只有三个，第一个是成效，第二个是成效，第三个是什么，聪明的你一定已经想到，没错，第三个，还是成效。”① 至于如何追求成效，请详阅本书第六章、第二节《社会工作机构督导的目标管理》。

综上所述，本研究指出：组织效率与社会效益是社会工作机构督导价值体系目的性（终极性）价值观。

3. 社会工作机构督导效率价值实践冲突

公平与效率是人类不懈追求的两大价值目标。但如何合理处理二者之间的关系，却成了困扰人类社会生活的重大难题、社会科学领域中的“哥德巴赫猜想”②。当代新管理主义的价值观念冲突、渗入社会工作机构，社会工作在捍卫自身价值观念的过程中，调整并接受了经济哲学的效率观念，这是社会工作专业自身的价值观念向新管理主义妥协的结果③。对于社会工作机构伦理型管理者——督导的价值观而言，组织的效率追求与组织内部的公平可能构成价值实践中的冲突观念。具体表现如下。

（1）机构绩效的实现机制是竞争。竞争既然是社会工作机构内部的一种奖励制度和择优机制，那么它就排斥了平等地占有和分配机构资源，而必然造成被督导者资源占有上的不平等。

（2）为了追求社会工作服务项目的效率，可能放弃了服务对象获得被服务的平等机会，“优先选择容易达到介入目的案主提供服务”就是功利主义者对组织效率价值观的理解。

（三）微观层面：社会工作机构督导的个体效能观

督导员的个体效能是指机构督导员有充分的专业能力提供正确的督导服务，激发被督导者个体的专业能力，以使得机构的政策和目标能实现④。

效能（effectiveness）是社会工作督导亚文化又一个重要的价值观念，它催生了两个督导伦理守则。第一个是督导者“必须尽其可能检核并增进自己的专业能力，并且在其专业能力范围内进行督导”，提升督导个人效能是为了促进组织效率的最大化。第二个是督导者必须尽其所能以鼓励受督导者充分发挥其实务工作之最大效能，应致力于改进受雇机构的“服务效率与效果”⑤。

“督导者自己应该能够认清，专业本身就是需要不断地学习与成长，担任督导者更是能够让自己一边学、一边教，了解专业知识与技能的累积是永远都不会足够的；本身亦需要接受督导，一方面充实专业知识，另一方面避免自己陷于双重关系中不自觉或误用甚至利用这样的关系，进而伤害了受督导者。”

---

① 吴显连：《一切不创造价值的服务，都是要流氓，谈社工服务的“结果正义”》，微信公众号“社工观察”，2020 年。

② 朱有志、曹建文：《论公平、平等与效率之间的关系——对公平与效率的一种新的解析》，《常德师范学院学报（社科版）》，2002 年第 2 期。

③ 卡杜山、哈克尼斯：《社会工作督导（第四版）》，郭名倞等译，中国人民大学出版社，2008。

④ 黄源协：《社会工作管理》，扬智文化事业股份有限公司，2001，第 389 页。

⑤ Frederic G. Reamer：《社会工作价值与伦理（第三版）》，包承恩、王永慈译，台湾洪叶文化事业有限公司，2009，第 278 页。

效能价值观念是社会工作机构督导人才培养的理论依据。随着知识、信息、创新成为机构发展的决定因素，也随着社会价值观的变化，机构赖以发展的资源日益转向专业人力资源及其创造性发挥上，渐渐凸显出社工人的发展、社工人的价值的目的地位，重视社工人的价值、实现社工人的发展就是创造机构发展的资本，就是为社会创造价值。2015年深圳市初级督导工作成效评估中，初级督导的专业管理和服务管理得分依次为89.38%和75.66%，表现优良，但个人实务与成长得分率只有66.64%，存在实务工作量不足和专业性有待提升的问题。从督导的教育背景和工作历程看，内地的督导实务经验并不丰富，接受以督导为主题的教育课程和培训计划并不多，但督导又是一份对能力有要求的职务。因此，在工作过程中保持继续教育、不断发展个人能力应是督导秉承的价值态度。

以广州志愿服务督导为例，目前存在的价值伦理问题为教育督导是否具备所需的督导技术和知识，若不具备，承担助残志愿服务督导工作就是不符合伦理的。

二、社会工作机构督导其它价值观

霍金斯和肖赫特认为社会工作督导的基本价值观是统整性、责任、公平性与尊重[①]，本研究提出，在个体维度上，社会工作机构督导员应持互动公正、责信与责任价值观。

（一）互动公正

比斯和莫阿在组织公正研究中引入了互动公正的概念[②]，它包括两方面的内容，一是给予下属有关分配决策的清晰而合理的原因；二是在与下属信息沟通时给予礼貌和尊重的对待。

为了达到督导与受督导员工彼此对绩效目标、绩效指标、达标行动计划的共识，督导与受督导员工应建立一种平等关系；督导履行绩效评估职责时应公平、合理。

1. 管理实践的平等观

黄源协将社会工作管理平等的内涵延伸为“督导的内容和过程是反压制和反歧视的，且具有增进用户和员工权力的承诺”。导致受督导者无力感与平等有关的因素包括性别、年龄、性取向、职业选择。虽然多数社会工作从业人员都是女性，但不可否认的是，机构在社会工作的招聘条件或者面试内容中，提到了社会工作者的性别要求。机构更倾向于在社区矫正、禁毒等服务领域聘用男性；在聘用管理者时，女性也受到了限制。个别社工机构的领导层均由男性督导担任，排斥了女性督导的参与。虽然内地尚无关于性别因素对社工职业晋升影响的研究，但在过往的调研访谈中，一些女性社会工作者表达了在个人职业生涯发展路途上因性别歧视因素而受阻。机构管理层认为女性的重心更多在家庭照顾而不是在工作层面，认为女性对外关系的能力不如男性社会工作者等。国外的

---

① Peter Hawkins, Robin Shohet:《助人专业督导：个别、团体和组织取向》，王文秀等译，学富文化发行，2003，第280页。

② Bies, R. J., & Moag, J. F. Interactional justice: Communication criteria of fairness. In R. J. Lwricki., M. H. Bazerman (Eds.), *Research on negotiations in organizations* (*Vol. 1*) (Greenwich: JAIPress, 1986): p. 33.

研究证实了这些观点和现象，学者发现，男性占据着行政管理的多数职位[①]。不仅是性别歧视，单身与否也可能造成管理者的刻板印象。一位管理者感慨："还是单身的员工好啊，能够把工作摆在重要的位置；不像那些已经有家室的员工，不愿意加班，长期不接电话，不愿意承担更多的责任。"[②] 同时，离职会对社工的绩效评价产生负面影响。社工的使命是追求社会的公平正义，但在个人的职业生涯中，社会工作从业人员也遭受着不平等的对待。因此，督导更应注重一线社工的平等权利，公正客观看待不同社会工作者的能力和表现，在社工参与晋升选拔、绩效评比时，为一线社工争取平等的机会与资源。

机构督导管理公平的价值实践伦理要求绩效评估标准科学、客观、统一，杜绝分配奖酬过程中的各种不正当做法，使职工的奖酬与其绩效评估结果基本一致，奖励公平及时。依据美国心理学家亚当斯的社会比较公平理论，机构成员所得报酬（工资、奖金、津贴、晋升、名誉、地位等）的绝对值与其积极性的高低并无直接的和必然的联系。对其行为起主要影响作用的，只是自己和他人对组织的贡献与组织所给予报酬的比较[③]。

2. 管理平等价值实践原则

平等价值观念必然导致反压制原则。我们认为，反压制原则要求在机构进行督导实践，将"增权"摆在督导的重心[④]。即是说，社会工作者在充权服务对象之前，首先要被充权，藉由督导的内容和过程，激发个人优势，进而影响社工对服务使用者的充权。改善受督导者无力感可从培养受督导者改变和主动参与的态度、受督导者批判性分析环境系统中权力与压迫的能力、培养受督导者分析问题、制定行动策略的能力、培养受督导者开展改变行动、解决问题的能力等方面入手[⑤]。

（二）责信与责任

责信与责任是两个内涵相似的同义的观念，二者经常被混淆，细究则有差别。责任是行动的义务，责信是对行动的结果负起责任的义务[⑥]。

1. 责信

新公共管理主义下，责信"重新被带回社会服务管理成为社会服务范畴核心议题"[⑦]。责信有内部责信与外部责信之分（麦金尼、霍华德，1998）。

责任只是该做就应该去做，而责信不仅要尽本分去做，还要负责做得对、做得好、做得有效率。外部责信又称他律，至少包含两个以上的行动者，各行动者通过契约建立

---

① 卡杜山，哈克尼斯：《社会工作督导（第四版）》，郭名倞译，中国人民大学出版社，2008，第373－375页。

② 社工小未：《我们社工，有些委屈无法言说！》微信公众号"社工观察"，2018年。

③ 叶章和：《试论亚当斯公平理论在管理实践中的运用》，《苏州大学学报（哲学社会科学版）》，1995年第2期。

④ 黄源协：《社会工作管理》，扬智文化事业股份有限公司，2001，第388页。

⑤ 严樨：《赋权视野下的社会工作督导研究——以J基金2个项目为例》，《西南民族大学学报（人文社科版）》2013年第11期。

⑥ Health Canada，Health Canada Audit Policy，June 20，2002. 转引自官有垣、陈锦棠、陆宛苹：《第三部门评估与责信》，北京大学出版社，2008。

⑦ 刘淑琼：《绩效、品质与消费者权益保障——以社会服务契约委托的责信课题为例》//载官有垣、陈锦棠、陆宛苹：《第三部门评估与责信》，北京大学出版社，2008，第286－289页。

角色与责任期待，订立明确的预期绩效，一方有义务向另一方负责、解释，并提出成效导向的绩效测量与报告，同时对结果及达到预期的成效负起责任[①]。不难理解，社会工作机构是集体行动者，而机构督导是机构集体行动者的执行代表，因机构督导岗位职责的诞生，效率和效能紧密联结。责信观念因此成为社工机构督导的基本价值之一。

2. 责任

“外生责任”是社会学与公共行政学者马克斯·韦伯最早关于工作伦理议题的概念，用来表述其劳动权利与劳动责任的对等均衡原则。内生责任是指个体对创造社会价值和个人福利的承诺，而外生责任是指由劳动的社会分工和组织化所产生的对每一个劳动特殊职责的道德责任。

从下文对国外、境外有关督导的伦理守则规条文的梳理，不难发现几乎所有的督导伦理守则都指向“督导应对被督导者负责”，如果被督导者出现介入治疗过失，督导应负连带责任。督导作为机构代表，承担了组织“外生责任”的执行主体。当组织内部成员出现不符合责信原则的行为（如不遵守伦理规范）时，机制需要建立组织的内部责信机制。毫无疑问，督导作为机构代表，同时也承担了机构内部责信机制顺利运行的重要推动者的责任。

对于督导者来说，要将面对治疗过失与行为不当指责的机会降到最低的方法之一，就是对受督导者提供完整的训练。

（三）自主与保密

1. 自主

为了促进被督导者在督导过程中获得专业的成长与发展，被督导者要能有自我判断、决策和行动的机会[②]。督导对于受督导而言，是一份长期的制度安排。但社工是否需要无休止的督导呢？国外的社工表示，作为一个有经验的社工，向别人提到 * * 是他的督导，会让他难为情[③]。但也有人认为，督导必不可少[④]。对于是否需要督导可能涉及两个问题，一是社工是否有足够的能力独立开展工作，二是督导是否有足够的能力提供督导支持。从社工成长的角度，给予员工自主的工作空间是必要的。督导者可借鉴情景式领导的方法，对能力和工作意愿进行分析，并安排不同程度的督导内容。同时，鼓励受督导者持主动学习的态度，采取自我指导的学习方式，在督导过程中获得专业成长[⑤]。

2. 保密

保护服务对象隐私既是所有社会工作者的职业操守，也适用于督导关系。督导面谈或者其他工作中，一线社工会向督导倾诉个人的成长经历，甚至是一些比较隐私的个人或家庭情况。督导需要注意保护一线社工分享的内容，维护受督导者的利益，否则将影响彼此尊重和信任的关系。

---

① 刘淑琼：《绩效、品质与消费者权益保障——以社会服务契约委托的责信课题为例》//载官有垣、陈锦棠、陆宛苹：《第三部门评估与责信》，北京大学出版社，2008，第286－289页。

② 黄源协：《社会工作管理》，扬智文化事业股份有限公司，2001，第391页。

③④ 卡杜山、哈克尼斯：《社会工作督导（第四版）》，郭名倞译，中国人民大学出版社，2008，第353－355页。

⑤ 黄源协：《社会工作管理（第二版）》，双叶书廊有限公司，2008，第477－480页。

（四）规律性

莫松（1993）起草过一个"实习生权利法案"，认为有效督导的价值基础五项基本假设之一即规律性[①]。英国"普遍社会关怀委员会"（General Social Care Council）要求，实习的督导时间平均每周一次，每周至少 1.5 个小时。库少雄从督导与学生的见面频率和周期性来规定一个合格督导的要求，他认为"一个合格的督导应该定期与学生见面"（库少雄，2003）。

一项关于安徽省社工机构的调查样本显示，机构督导频率一月至少一次的占 60%，半年至少一次的占 100%[②]。"规律定期的督导是每位员工应享有的一种资源"[③]，对每位员工而言，好的督导是一种赋予的权利，每个机构应能珍惜这项权利，并将之视为机构的优先政策，且要能给予所有的督导资源充备和全面性的训练方案。

（五）关怀、鼓励与注重持续发展

在组织情境下，以人为中心、员工个人的发展是督导目的和过程的一部分。伦理型督导应关怀、尊重、支持下属，并满足下属的发展需要。"鼓励"则是雷西克（2006）等基于全球领导和组织有效性项目（GLOBE）所收集到的数据而检验的伦理型领导四维度之一[④]。

"社会工作与相关的任务关系到人们之个人和社会的痛苦、失能、压迫、贫穷、压力、暴力、威胁和冲突。一位能有效助人的社工员，要能体认到这种痛苦、失望、愤怒，且会受到这种个人感受的影响；这种因工作对个人影响而产生的感受，可能会影响到督导的目标、实务的考虑，以及机构政策和规范的要求。……若感受和工作对个人的影响没有正式地被视为督导的一环，它们并不会因此而消失，而是转为隐藏性的，这将产生两方面的影响，一是被督导者所获得的是感情受到压抑讯息，其工作将会因科层的增多及同理心的减少而缺乏效能；另一方面由于在督导中无法排解压力，许多与压力相关的身体征兆将会出现；而开始缺勤。因此，若督导的主要目标是在确保及使得用户能善用服务，这种科层的方式将是不利的。"[⑤]

（六）角色分明

在管理学有关伦理学领导研究基础上，卡莉安（2011）从七维度（公平、正直、伦理指导、权力分享、以人为本、注重持续发展）对伦理型领导的测量[⑥]，其中所增加的"角色分明"维度，可视为社会工作机构督导实务伦理"避免双重关系"原则的价值基础。

---

① 戴维·罗伊斯：《社会工作实习指导（第六版）》，何欣译，中国人民大学出版社，2011，第 76 页。

② 李萌：《民办社工机构人力资源管理策略研究》，安徽大学硕士学位论文，2018，第 23 页。

③⑤ 黄源协：《社会工作管理》，扬智文化事业股份有限公司，2001，第 390－391 页。

④⑥ 钟敏：《伦理型领导对员工创造力影响的实证研究》，浙江大学硕士学位论文，2013，第 30 页。

第二节　社会工作机构督导关系的伦理

在督导过程中，必须留意伦理问题，尤其是作为督导者对员工行使着权力。本节先理顺有关社会工作督导伦理守则的相关规定以及与督导相关的伦理议题。在此基础上，再进入社会工作机构情境探讨督导关系伦理议题。

一、国外、境外有关社会工作督导伦理守则

（一）国外、境外有关社会工作督导伦理守则

豪舍那（1979）列出了督导者在处理督导情境中的五条伦理准则[①]：

第一，在既定的情况下，督导者不能将道德行为视为最好或是最实际的作为，而是看作正确应当的行为，因为被督导处于相对不利的地位。

第二，当督导者参与雇用员工和指派工作任务的过程之时，他/她就要受到伦理约束，这一约束超越了他/她的专业责任范畴。

第三，督导者有责任给予员工一个良好的开始，员工为更好地完成工作而提出要求时，督导者应该给予满足，这是他的道德义务。

第四，督导者必须确定，是否为其员工的志向提供实现的机会。

第五，道德和实际状况都要求员工明白，在他/她的工作中需要完成哪些任务，他的工作绩效将以什么标准被评估。

1. 英国

1988 年，英国谘商学会（BAC）公布的伦理与实务守则中，制定了针对督导者极其详细的条款[②]。条文内容涉及督导性质、反歧视性实务、督导型式等。关于督导伦理守则规定了诸如保密、安全、效能、契约、能力等；实务守则制定了包括督导责任议题、督导能力议题、督导工作管理等共 48 款规定。详见本书附录《英国谘商学会（BAC）之伦理与实务守则针对谘商员之督导者》《英国谘商学会（BAC）之谘商督导者认证标准》。

2. 美国

1996 年，美国社会工作者协会会员大会通过并采用了《美国社会工作者协会伦理守则》（简称 NASW）。美国的社会工作督导们被要求特别注意在 NASW 伦理守则中关于提供完善的督导工作所需要的知识与技巧（详见附录美国社会工作者协会伦理守则（1996）中关于督导的条文规定）。督导者有责任设定一个清楚的、适当的关系界限以及对受督导者表现的评估等各项标准。美国有许多的社会工作者会负责督导其他的工作人

① 陈锦棠：《社会工作督导：经验学习导向》，巨流图书股份有限公司，2012，第 139 页。

② Peter Hawkins，Robin Shohet：《助人专业督导：个别、团体和组织取向》，王文秀等译，学富文化发行，2003。

员。举例来说，小区精神中心的主任会督导个案工作者；受虐妇女庇护中心的所长可能需要督导谘商人员；而地方儿童福利单位的主管或许要督导负责保护服务工作的人员。一般而言，督导们会提供个案的督导与咨询来评价社会工作者的表现，同时也对社会工作者提供在职训练。

3. 香港地区

1998 年，香港社会工作者注册局批准发布《社会工作者工作守则》第二部分第 26 条规定：负责督导的社工有责任监察其下属按照该守则办事。

内地目前专门针对社会工作督导相关规章制度有 2011 年《深圳市社工督导人员工作职责手册（试行)》（详见附录)，它对本地社工督导职责范围做出明确限定，但其仍然不属于专门针对社会工作督导的伦理规定。2018 年《广州市社会工作服务条例》也只笼统地规定了“社会工作从业人员”对服务对象提供服务时基本的行为约束。因此，客观地讲，现阶段中国社会工作者伦理守则的明文规定仍有待完善建设，有关中国社会工作督导议题的守则规定亦任重道远。

（二）社会工作督导伦理守则议题

里默（Reamer）指出以下十五个督导伦理守则中的常见议题①：

（1）督导未能提供信息以协助受督导者取得案主的同意。

（2）督导者能指出并响应受督导者在提供服务的各个阶段所发生的错误，如在未经过案主的同意之下，公开保密的数据。

（3）保护案主以外的第三者。

（4）觉察、停止不当或是过长的介入计划。

（5）决定案主所需要的专业人员。

（6）定期进行督导。

（7）审核受督导者的工作记录、决定与所采取的行动。

（8）当受督导者请假的时候，能够安排职务代理人。

（9）社会工作督导必须掌握提供完善的督导工作所需要的知识与技巧。

（10）督导者有责任设定一个清楚的、适当的关系界限。

（11）对受督导者表现进行评量。

（12）督导者应该详尽地记录其所提供的督导内容。

（13）督导者应该要定期与其所督导的社会工作者会面，详细询间所督导的案子的细节，并且找机会亲自观察所督导的社会工作者工作的情形。

（14）督导者必须小心地避免对不是自己督导的案子签署任何诸如保险单或其他的文件。

（15）权威压迫包括权力压迫、性别压迫。

二、社会工作机构督导关系的伦理议题

社会工作机构督导伦理从属于上述督导伦理范畴，在此基础上，借鉴经济伦理以及

---

① Frederic G. Reamer：《社会工作价值与伦理（第三版)》，包承恩、王永慈译，台湾洪叶文化事业有限公司，2009，第 223 页。

企业伦理的研究成果，本研究尝试概括社会工作机构伦理主题并分类。劳资伦理处理机构与员工之间的关系，涉及劳资双方互信、和谐、提供职业训练等伦理内涵；运营伦理处理内部控制即民办非企财务制度的规范性、合伙人“股东”之间的关系等；以服务对象伦理为核心的精神早已经扩展出社会工作专业的普遍伦理守则，不在本研究范围。

本书主要聚焦在机构内部工作伦理、上下级之间同事关系伦理、机构外部的同业伦理、政社伦理、社会伦理等内容，理由是在现阶段中国社会工作机构管理实践中，它们基本由督导监控。

（一）机构内部

1. 面向受督导者的工作伦理

韦伯“外生责任”伦理概念关注的主体是受督导者：

“当劳动者要求享有自由选择职业、平等就业（机会均等），获取劳动报酬、得到基本劳动条件、安全、卫生和福利保障等劳动权利时，也必须同时承诺遵守劳动纪律、信守劳动合同、努力工作等相应的劳动义务。这是职业与职责，或者劳动权利与劳动责任的对等均衡原则。”[①]

本研究认为，“外生责任”伦理的客体即是社会工作机构，由机构督导代表组织行使责任监督者角色，并承担所有机构督导责任议题的职责，相关伦理前文已述，此略。

2. 上下级之间同事关系伦理

在社会工作机构内部，上下级之间同事关系主要指机构督导关系。其伦理议题主要涉及以下几个：

（1）机构督导权威与督导权力的运用。

在机构情境下，效率与平等、权威与平等都是孖生而又冲突的实践价值观，严樨（2014）就赋权视野下的社会工作督导可能面对的三种挑战进行的讨论[②]，反映了社会工作机构内部上下级同事关系权威与平等实践价值冲突的实质。

依据柯林斯对“互动仪式的市场资源”的看法，机构督导由于拥有文化资本（指用以表明知识、地位、权威和集团等一般资源的非个人性符号），从而能要求受到尊敬且要求别人服从，被督导者则从与督导的互动仪式中获得文化资本，丧失情感能量，督导与被督导之间的“互动仪式”反映出不平等性质。因此，本研究认为：

第一，至少从文化资本（知识拥有量）而言，机构督导与被督导之间的关系事实上是不平等的；所谓充权，仅限于专业知识由上往下进行传递；

第二，权威为表，责任为里，责任与权威是互为表里的关系，责任原则应优先于赋权考量，“权力让渡”不适用于机构督导面向下级同事的责任伦理的应用。

（2）上下级同事关系中的性别平等。

简·旺纳科特（Jane Wonnacott）描述了督导的伦理困境[③]因不公正、种族歧视、性

① 马克斯·韦伯：《新教伦理与资本主义精神》，于晓、陈维纲译，生活·读书·新知三联书店，1987，第253－254页。

② 严樨：《赋权视野下的社会工作督导研究》，《西南民族大学学报（人文社会科学版）》2013年第11期。

③ Jane Wonnacott：《社会工作督导》，赵环、魏雯倩等译，华东理工大学出版社，2015，第113页。

别歧视、残疾歧视等而受指责，知道做什么可以产生积极影响。社会工作机构督导应坚持性别平等伦理守则，避免堕入性议题不当的伦理陷阱。

（二）机构外部：服务对象伦理、同业伦理、政社伦理、社会伦理

1. 面向服务对象的伦理

在涉及多重督导对象时，督导应按“优先直接服务对象（案主）、后志愿者”的排序进行。比如先满足志愿服务的对象（如智障学员）需求，再满足志愿者的志愿服务需求[①]；其他如保密、避免与志愿者有双重关系等，都是助残志愿服务督导必须遵守的伦理原则。

2. 面向利益相关者的伦理

注重机构持续发展维度应成为伦理型督导的重要维度，机构督导在作出决定时应考虑利益持份者的利益，它们是服务出资者、服务对象、社区。

3. 面向同业竞争对手的伦理

在中国大陆社会工作机构发展的现阶段，出现为了顾及组织生存而在项目运作中要使命还是要活命的两难选择，在政府采购中运用串标、围标以避开竞争等现象较常见，应引起行业重视并规范。

4. 面向社会的伦理

社会工作专业应履行的面向社会的伦理责任，如证明或说明专业责信、为弱势群体权益代言、增进社会福祉（监督法律程序正义、倡导政策立法改革、倡导公平对待市民）等，是所有专职从业者应该执行的义务。但当这些执行义务具体事项落实到社会工作机构内部的分工时，大都由实务经验较丰富、职称较高的督导作为机构代表，对外承担具体事务。

三、社会工作机构督导的伦理两难困境

除了上述“要活命还是要使命”两难冲突，机构督导面临的更大的伦理困境，是“两种并存、着力点互异的理念——管理主义与行政法原则”[②]，这两种责信概念都是可欲的价值[③]。管理主义强调绩效与成效，行政法原则重视服务对象的申诉渠道、安全防护、行政审查与行政救济等权益保障机制。举例来说：

社工实习生W在强制戒毒项目实习得出的结论是：通过对案主价值观偏离社会主流价值观的程度进行判断，来筛选有效个案，当案主在各个价值观的偏离程度都过高，回归主流社会难度大，短期内个案是无法进行的，就可以先暂时搁置这个个案，找寻那些偏离程度低，或者在某一方面的价值观表现的偏离程度低，回归主流社会希望高的个案进行。

督导对此类“忠于谁的问题上的冲突”[④] 应如何回应？上述案例涉及案主利益、机

---

① 张莉萍：《助残志愿服务督导的角色、特点及问题——以广州市“志愿在康园”志愿服务督导为例》，《中国社会工作》2017年第6期。

②③ 刘淑琼：《绩效、品质与消费者权益保障——以社会服务契约委托的责信课题为例》//载官有垣、陈锦棠、陆宛苹：《第三部门评估与责信》，北京大学出版社，2008，第291－302页。

④ Frederic G. Reamer：《社会工作价值与伦理（第三版）》，包承恩、王永慈译，台湾洪叶文化事业有限公司，2009，第136页。

构利益、政府利益；若重视机构利益、政府利益，过度注重项目的效率（该个案短期内无法结案，影响产出指标水平）与效能（案主个人负面价值观固化而无法改变，影响成效指标水平），则高难度与高成本的案主被牺牲，原本就处于弱势的案主因此陷入更加不利的地位。反之亦然，若以案主利益为中心，强调服务对象的福祉和权益，则遭致外部责信对服务质与量的质疑。在诸如此类的督导伦理两难抉择中，把平衡不同个体或群体之间的利益、把不同主体利益冲突降到最低的难题扔给了督导。

四、督导伦理的不当行为

因为其负有督导的责任，所以当受督导的社会工作者遭遇到伦理的申诉或法律的控告时，督导们也会被责难。这些主张通常会引用在上位者回应的法律概念①，即所谓的代理义务的学说。换句话说，督导者会发现他们同时也要为所督导的工作，不论是作为或不作为，负起间接或是联名签署的责任。根据在上位者回应的法律观念及代理义务的学说，督导们有对其所督导的工作负责的义务，同时也对这些工作有某种程度的控制权；当然，那些因为犯错而导致其督导被控告的工作人员，自然也要负起相当的责任。

社会工作学界在探讨专业界限与利益冲突时，通常使用“双重关系”或“多重关系”词汇，焦点一般对准社会工作者与服务对象之间的关系界限。但在督导过程中督导者与受督导者关系，也可能牵涉到伦理的议题②，比如社会工作督导中的双重关系、告知督导过程、工作有效性与管理、教育与训练、情感转移、权力的使用不当、督导评鉴、依赖、刻板印象、两者间的人际冲突等都有可能出现督导伦理的不当行为。它们可能是：

（一）有关性方面的不当行为：性骚扰、性侵犯

龙纪萱（2002）更为详细地指出性方面的不当行为细节，如性暗示（语带猥亵的评论、含有性暗示的身体姿势、眼神或言语、肢体碰触）、亲密的性行为（亲吻、抚摸、拥抱等）。

在个别督导情境下，可能会涉及性侵害、家庭暴力等与性相关议题的案例讨论。如果督导者言行不慎，比如用辞、态度、甚至眼神过于轻挑，都有可能对督导关系造成伤害。在机构日常情境中，督导与督导者谈论黄色段子或以同事性别外表特征为谈资等，都将有失伦理规范③。

2018 年 7 月，MeToo（我也是）运动席卷中国，职场、高校中的许多受害者勇敢地打破沉默，将自己多年的压抑和制度对施害者的纵容说出来；中国公益界相继披露“袁、雷事件”④，反映出公益组织内部性别压迫的现状。业内强烈呼吁建立公益机构反性骚扰机制。

性议题双重关系之所以被重视，是因为督导关系的双方处于权力不对等态势，而存在督导者是否利用职权胁迫受督导者或者令受督导者心生恐惧而不敢拒绝的可能性。此

---

① Frederic G. Reamer：《社会工作价值与伦理（第三版）》，包承恩、王永慈译，台湾洪叶文化事业有限公司，2009，第 222 页。

②③ 龙纪萱：《社会工作督导在双重关系中的伦理议题》//王永慈等主编《社会工作伦理应用与省思》，辅仁大学出版社，2002，第 275－278 页。

④ 《袁、雷事件：公益机构反性骚扰机制不能再等》，微信公众号“绿芽基金会”2018 年。

种双重关系可能发生于男性督导者与女性受督导者之间或同性之间。除此之外，还包括可能从督导关系发展成异性恋、同性恋、婚外情等其他的亲密关系。

（二）以督导关系换取责任、友谊、社会接触、其他物品、个人信息、服务或性接触

以评估过程为例。督导者必须透过绩效评估来评断受督导者的专业能力与表现，并且提出需改进或持续努力的部分。由于督导关系不对等，督导评鉴结果可能影响受督导者的考绩、加薪、升迁，所以有些督导者会以此来要挟受督导者；或者督导者担心自己要为受督导者表现负责，而将评鉴结果提高或假造。因此，在督导评鉴工作执行的时候，督导者与受督导者双方都可能以评鉴结果来作为交换的条件，这种情形之下，不仅产生伦理问题，受督导者遭到压迫或不平等对待的议题也会被提出。

第二节　中国特色的社会工作机构督导价值观与伦理

庞佛瑞（Pumphrey）曾经将社会工作价值分为三类，其中第一类是“专业与其所处的文化环境之关系”，这类价值关切专业使命（社会正义、社会改革、满足人类的共同需求）与社会价值之间的相容性[①]。中国社会工作机构督导亚文化的价值观在专业与其所处的文化环境关系上呈现出怎样的特点?

一、中国特色的社会工作机构督导价值观

源于西方社会冲突理论，人际冲突关系研究一直是心理学和组织行为学研究的热点，对人际冲突的定义、类型及处理模式、人际冲突的化解和管理等研究“硕果累累”[②]，

许多学者指出，中国“和为贵”的人际关系与西方强调冲突不同，因“和谐”是中国人共同的价值观和基本诉求[③]。从管理伦理的目标而言，中国传统的管理伦理目的是以和谐为核心的目标系统[④]，中华社会传统核心价值观把“仁”作为最高的价值和德行，强调人与人求同存异、和而不同、相亲相爱，达成关系协调、社会和合。“仁”的价值观，包含了社会和和谐的价值理念，以“和合”为最高价值追求。一个充满“仁爱”的和合社会，应当是社会各个等级的人恪守角色本分，不逾规越矩。在孔子“和为贵”的管理伦理思想的影响下，孟子提出了“天时不如地利，地利不如人和”，荀子提出了“和则多力”等管理伦理命题[⑤]。和谐这一个社会价值观念，是社会工作专业价值观在中国本土化过程所遇到的第一个碰撞。

众所周知，社会工作专业价值体系内部存在十组价值冲突，其中之一是改革变迁与传统主义之间的冲突。从提供积极性福利的观点来看，社会工作是推动社会革新的角色，

① Frederic G. Reamer:《社会工作价值与伦理（第三版）》，包承恩、王永慈译，台湾洪叶文化事业有限公司，2009，第34页。

②③ 刘哲:《企业员工人际和谐的结构及其相关研究》，暨南大学硕士学位论文，2011，第1页。

④⑤ 徐维群:《伦理管理——现代管理的道德透视》，学林出版社，2008，第158页。

但是从社会功能理论角度看，社会工作则着重于维持社会的稳定①。现阶段，中国社会主流意识形态已经清晰构建、形成体系，这一建构目标直接来源于对中国传统文化和谐社会理想和马克思主义和谐观基础上的创造性转化，是中华传统文化与我们党执政兴国追求的完美统一②；和谐价值观念被视为中国主流社会意识形态即社会主义核心价值观的重要特征③。和谐被赋予维护社会稳定的目标功能作用，具有为解决利益纠纷和矛盾冲突奠定良好价值观的基础意义和地位。在中共中央十九届四中全会制定出未来两个百年总体目标之下，“稳定压倒一切”，提供社会服务的过程、结果，特别是协同治理国家—社会关系问题、人际关系问题时，社会和谐、社会稳定必然成为社会工作行业、社会工作机构、社会工作从业者（包括机构督导）等组织与个人层面价值观的优先选择和第一考量原则，社会运动等激进主义策略不适合本土情境。

（一）和谐

如前所述，秩序与效率是伦理管理的价值目标。但维持内团体间人际关系的和谐是华人最重视的文化价值之一，不仅在宏观层面具有构建和谐社会的优势④，在社会组织层面也具有构建和谐价值观的可行性。本研究认为，在秩序这一目的性价值观念基础上，组织和谐应成为中国社会工作机构督导价值体系的工具价值观念。社会工作机构的内部治理是中国国家治理体系的构成部分，组织和谐观具有机构治理的基础价值地位。

1．组织和谐价值优先的合理性

社会工作相关研究发现，有四个层次的价值系统影响着社会工作实务的操作，分别是社会价值、意识形态价值、专业价值、个人价值⑤。社会价值主要是指社会制度所认可的主要价值，它反映出主流文化的价值所在，具有维持既有社会生活模式以及预防社会共识、行动及关系遭到破坏的功能⑥。

本研究认为，和谐组织建设的目的在于维护和促进组织的公正，社会和谐、组织和谐应该被视为中国社会工作督导价值首选。不论是现实的社会冲突还是价值观念冲突，毫无疑问，践行和谐的传统价值观要求将处于压倒一切的地位。如果规划和执行能力不够，改变不一定会是改善，全面性的社会变革可能会带来祸害⑦，组织也必将陷入解构甚至不复存在。

2．组织和谐价值观的涵义

（1）作为一种道德价值，和谐有三个层面的涵义。人与天即人与自然关系的和谐；人际即人与人、人与社会关系的和谐；己身即个人身与心的关系的和谐。人们之间社会关系的和谐，是实现人的社会性本质的内在要求⑧。

现代管理以和谐为伦理要求，已成为许多管理学家和管理者的共识，现代社会组织坚持和谐的管理伦理要求，通过道德激励、对话沟通、宽容他人等措施来建立和谐的人

---

①⑤⑥⑦ 曾华源、胡慧嫈、李仰慈、郭世丰：社会工作专业价值与伦理概论（第二版）》，洪叶文化，2011，第115－124页。

② 于铭松：《价值观层次性浅析》，《中央社会主义学院学报》2012年第4期。

③ 季明著：《核心价值观概论》，人民日报出版社，2013，第192页。

④ 吴忠民：《走向公正的中国社会》，山东人民出版社，2008，第351页。

⑧ 张晓东、刘江船：《和谐价值观的三重内涵》，《学海》2015年第3期。

际关系，推动管理的发展。人际和谐是中华传统文化追求的人际交往范型和理想目标。

依据台湾地区学者黄曬莉人际和谐基本类型与关系类别划分[①]，社会工作机构督导关系的和谐类型可能有投契式和谐、合模式和谐、区隔式和谐、隐抑式和谐；前二者属于实性和谐，后二者属于虚性和谐（表面和谐）。

陈致中将组织内部情境中“人际和谐”分为同事和谐、上下级和谐、整体和谐三个维度，并分别定义如下。同事和谐指同一部门的同事之间所存在的一种融洽、互相尊重、互相支持的关系。上下级和谐指直属上下级之间所存在的互相尊重、互相信任、互相支持的关系。整体和谐指无论是否身处同一部门、同一组织的员工之间所具有的融洽、互相尊重、互相支持的关系[②]。

（2）和谐组织建设的关键是协调和理顺机构内部成员利益关系。途径为建立公正、科学、有效的利益协调机制，具体而言，即社会工作机构应建设服务绩效评估机制。

（3）和谐组织建设的行动准则是尽力而为、量力而行。

社会工作机构督导的组织和谐观是指维护组织的稳定、管理制度和谐、组织内部人际和谐，指引、协调受督导员工之间的良性竞争。和谐模式维护众人的面子比追求程序公平更重要，“调整模式”[③] 利用组织中科层体系的特性，通过组织、职位和工作的调整，并利用第三方调解和诉求中心的机制来减少或者避免冲突的发生。

隐性冲突作为社会工作督导关系情感联结中的别样联结，是督导和督导对象互动的重要形式，其表现形式主要包括言出不行、固执己见、信任缺失、认同缺位、理念分歧等方面，尊重和顺从成为本土督导关系中处理冲突的主要策略[④]。如果机构内部人际发生冲突，迁就、妥协、协作也都是宜采取的解决冲突的模式。

（二）创新

创新是赋予资源以新的财富生产能力的行为，是机构发展的动力和组织目标价值。社会工作督导创新是指督导为适应外部环境和内部条件的变化而对被督导对象或管理客体进行有效的、创造性的配置、利用、整合，以实现管理目标的活动。包括督导知识创新、督导技术创新和管理制度创新等，例如我们将 DISC 应用于机构督导了解被督导的“识心术”。

有关督导的创新能力，详阅本书第二章之机构督导的培养。

（三）诚信

孔子曰：“人而无信，不知其可也。”“民无信不立。”讲诚信既是个体人生的基本建设，也是组织层面稳定秩序和和谐关系的基本建设。在本土社会工作发展当下，诚信价值凸显其重要性，应列入当下机构督导价值清单。理由如下：

1. 参与推动行业自律、促进机构信息公开的原则

一般社会工作机构财务支持主要来自政府、社会团体，其所提供的服务必须向政府

---

① 刘哲：《企业员工人际和谐的结构及其相关研究》，暨南大学硕士学位论文，2011，第 16 页。

② 陈致中：《组织人际和谐之文献评述与概念建构》，《商业文化（学术版）》2010 年第 5 期。

③ Kozan M. K, “Culture and journal of conflict management: A theoretical framework,” *International Journal of Conflict Management* 8, no. 4 (1997): 338 – 360.

④ 高艺多：《社会工作督导关系的情感联结：一项扎根理论研究》，华东理工大学硕士论文，2017，摘要页。

和社会大众交代。由于政府采购机制存在竞争因素，目前大陆社会工作机构信息公开的范围还是有限，机构财务年度总收入与总支出等数据不对外公开。

2. 在政府采购招投标文书撰写过程坚持实事求是的原则

众所周知，在政府采购招投标、评标过程中，因应法律责任风险管理需要，“出资方—代理商—评标方—投标方”在资格性文件、商务部分的文书制作、审查环节共守严谨、规范要求，但在评标专家发挥专业裁量权的“技术部分”容易出现漏洞，即因评标时限，专家也只能评判技术文书的形式是否符合要求，而无法甄别细节上的真伪。例如，常见因社会工作服务机构在项目设计储备准备不足，项目书缺乏基本的需求调研和问题分析[①]，机构督导在需求调研文书制作与把关过程中是否能坚持实事求是，关乎督导在诚信与机构生存之间煎熬抉择的结果。

二、中国特色社会工作机构督导和谐为本的伦理面向

在以和为本的信念下，机构督导应调节好内外的利益关系。此伦理所涉及的维度主要有：

1. 被督导者

在个体身心关系上，和谐价值观主张“以理导欲”[②]。内部利益关系涉及到分配公正、激励机制、用人制度、尊重人才这些激发被督导者的创造性的伦理问题。应充分尊重每位被督导者的尊严、权利、价值和愿望，使行政督导和谐化。尤其是当涉及社会工作机构与员工间的劳资伦理，涉及劳资双方如何互信、劳资双方如何拥有和谐关系、职业训练（被督导者素质的提升，包括职前训练与在职训练、被督导者的发展等）时，督导者应持公平、公正、秩序的基本观，关注被督导个体（在组织情境下，个体永远是弱势方）。

2. 外部利益相关者

从外部利益相关者而言，有政府、竞争者、公众，甚至世界、自然、人类。机构督导须协调相关方面关系，明确社会工作专业的社会协同角色地位，共同关注诚信、竞争道德、公共道德、全球伦理、环境伦理等实践。从目前机构督导道德实践所遇到的挑战而言，主要是服务购买方拨付资金因程序流程烦琐而不及时，易引发社会工作机构内部被督导员工的情绪波动问题。此时和谐维稳将上升为督导者的首要工作目标。

3. 服务对象

以信访类服务对象为例，在群体性冲突的外在表现形式——社会群体性事件一直保持上升趋势的背景下，中国社会工作介入信访领域的服务迅速发展。目前信访社会工作在上海、深圳、中山、佛山等城市尝试发展并初见成效[③]，专业督导为信访一线社会提供了重要的支持[④]。社会工作督导的重点应强调平等、尊重、同理和接纳等基本价值理念，

① 齐芳：《社会工作服务机构参与政府购买服务竞争存在的问题与对策》，《中国社会工作》2018年第28期。

② 张晓东、刘江船：《和谐价值观的三重内涵》，《学海》2015年第3期。

③ 李文静：《社会工作介入信访工作：必要性、领域及发展路径》，《探索》2014年第3期。

④ 吴同、陈蓓丽：《专业社会工作介入信访的运作机制以及发展困境——以上海市专业社工介入信访C项目的个案服务为例》，《华东师范大学学报：哲学社会科学版》2015年第2期。

指导信访工作者将“服从”改变为以实践“服务”价值理念为主，即旨在帮助服务对象解决问题，而不是把他们当作无能无理、“麻烦制造者”的问题对象来解决[①]。督导重点宜考虑以生态视角来审视，从个体的生命历程和当前处境了解服务对象及其问题，善于发现并激发其潜能优势，减轻服务对象的消极对立情绪，促进服务对象趋向合作，以维护社会稳定，实践和谐价值。

当然，任何社会工作机构在追求自身利益最大化时，应以不损害其他社会工作机构利益、不损害社会共同体的利益为道德底线，贯彻义利并重伦理原则。

4. 对己

督导者必须是一个自我完善的人[②]。督导个体的成长和进步，应以“苟日新，日日新，又日新”的精神，自我超越，砥砺自我，推动自身人格境界的提升和完善。要在诉诸于督导的客观实践和督导主体修养的双重努力中完善自身，造就全面发展的理想的督导人格。

三、中国特色社会工作机构被督导者的伦理面向：尊

英国卢顿大学的海伦·斯潘塞－奥蒂（Helen Spencer－Oatey）博士是人际和谐关系管理理论研究专家。2000 年她在布朗和莱文森（Brown & Levinson）（1987）“礼貌原则”的基础上，提出了人际和谐管理理论，即从社会关系或相互依赖关系的角度来解释人际和谐管理的内容，探讨如何使用语言来建立、维护或威胁人际关系和社会关系。它包括面子管理和社交权管理两个方面[③]。

（一）给予机构督导的面子

中国人社会心理的面子问题一向被学术界所关注，徐明心、何会成（2003）对社工督导香港本土化情境（如中国人文化的“情”“缘”“面子”）与督导权威进行总结，认为在香港地区文化背景下督导与社工建立起来的关系包含类似家人的关系。

在社工机构内部，面子管理是指督导关系双方得到对方认可和赞赏的需要，它也包括两个方面，即素质面子和身份面子。素质面子指的是督导关系主体在能力、技能、智力、外表、品行等与个人的素质和能力相关的部分。在工作中双方都希望维护个人自尊、个人形象等，并得到对方正面评价。身份面子与双方各自扮演的角色（领导与被领导）作用有关，希望得到对方对自己身份的认同与维护，涉及身份面子的判定和评价。“位高者尊”是中华民族传统核心价值观的重要内容。在儒家师道尊严传统之下，督导权威与面子被放大到何种程度，它对被督导者专业自主性的发挥产生怎样的影响，这一问题较难量化评估。再者，国内尚无操作性强且具体规定的、统一的社工伦理守则，短期内理论上的探讨纵然成熟，落实到督导实践现实可能存在一定程度的困难。

---

① 朱眉华：《社会工作介入信访领域的探索与思考》，《中国社会工作》2012 年第 10 期。

② 徐明心、何会成：《社会工作督导：理论、实践与反思》，香港基督教服务处，2003，第 64 页。

③ 杨鸿：《人际和谐管理理论视角下的冲突性话语分析》，《三峡大学学报（人文社会科学版）》，2013 年第 4 期。

（二）被督导者的社交权管理

社交权与个人或社会的期望有关，反映督导关系双方对是否公平、被重视等问题的关心。机构督导关系社交权管理包括两个主体间的平等权和交往权两个方面，本节聚焦于被督导者单方主体。

在督导的法定行政权责任前提下，被督导者的平等权是指被督导者有权受到他人的注意，得到公平的待遇，不被他人无端地强迫、命令、利用或者剥削。其包括惠损、公平互惠和自主控制三个方面的原则。

同样，被督导者交往权指的是交际主体有权与他人保持联系或交际的权利。交往权由尊重原则（督导关系双方之间的适当尊重）、交际联系原则（督导关系双方之间有参与交际的机会）和情感联系原则（督导关系双方能在工作交往中感受对方的关心并能互相分享兴趣与感受）三个部分组成。

附 录

1. 员工督导记录表

（督导活动适用）

督导日期：________

服务单位：________

受督导员工姓名：________ 职位：________

督导者姓名：________ 职位：________

（一）督导性质（请√选择）：

□新到任员工督导 □恒常性员工督导

□对表现欠佳的员工进行严谨的督导

□其他（请帮助：________）

（二）所采用的督导方法（请√选择）：

□讨论（包括自由发表及个案讨论） □策划

□问题解决方法（包括名义小组、大脑激荡法以及小组研习等）

□模拟方法（包括模拟练习和角色扮演等）

□直接督导（包括示范和模仿式）

（三）所采用的督导安排（请√选择）：

□个别督导安排 □非直接或督导安排

□一对督导安排 □纵列式督导安排

□小组式督导安排

（四）督导所针对的问题/需要

____

____

____

____

（五）督导目标陈述

____

____

____

____

（六）督导内容摘要

____

____

____

____

（七）建议要点

____

____

____

____

受督导员工签署：______________　　日　期：__________

督导者签署：______________　　日　期：__________

注：本表摘自梁伟康：《成效管理：非营利社会服务组织全面实践策略》，非营利组织卓越管理有限公司，2012，第12页。

2. 员工督导记录表

（针对员工绩效之检讨）

单位/部门：____

受督导员工姓名：______________　　职位：______________

主要职责：____

____

____

督导日期：______________　　督导时间：______________

（一）在检讨员工之绩效时，请督导者考虑下列各项及为受督导员工提供明确的反馈和改善之建议。倘若没做任何评语，则表示该受核员工在此项范畴内暂时毋须改善。

1.1 乐于助人和可被服务使用者接触之程度：

____

____

____

1.2 自动自觉性：

____

____

____

1.3 愿意承担责任以解决问题：

____

____

1.4 团队精神及合作性：

____

1.5 对服务受众之关怀程度：

____

____

____

1.6 达致绩效标准之程度：

____

____

____

（二）总括而言，阁下对受督导员工在过去之绩效表现是否满意？（请在方框内打“√”）

□不满意

□有些不满意

□略为满意

□满意

（三）建议改善之要点

____

____

（四）附加的评语

____

____

____

____

督导者签署：______________

日期：______________

注：本表摘自梁伟康：《成效管理：非营利社会服务组织全面实践策略》，非营利组织卓越管理有限公司，2012，第12页。

3. 员工督导年度记录表

服务单位：________________　督导者姓名：__________　年度：______ / ______

直属员工姓名	职位	出任现职日期	本年度督导日期及性质（见备注①）						离职日期
			第一次	第二次	第三次	第四次	第五次	第六次	

注：①督导性质包括：A = 员工年度评核；N = 新到任员工督导；R = 恒常督导；U = 工作表现欠佳的员工督导；O = 其他督导

②本表格由督导者填写及保存于员工个人档案内

③本表摘自梁伟康：《成效管理：非营利社会服务组织全面实践策略》，非营利组织卓越管理有限公司，2012，第 12 页。

4. 员工督导计划表

服务单位：______________________ 员工姓名：__________ 职级：__________

督导期限：由__________至__________

员工之督导/学习需要	在督导期内要达致之督导目标	主要采用的模式	主要采用的督导安排	主要采用的督导方法

督导计划拟定人签署：______________ 日期：__________

注：本表摘自梁伟康：《成效管理：非营利社会服务组织全面实践策略》，非营利组织卓越管理有限公司，2012，第12页。

5. 项目运作/年度计划表

（适合采用"成效管理评估模式"或"全面方案评估模式"的非营利机构所采用）

机构/单位名称：__________________________ 服务类别：___________________

实施年度计划日期：由______年____月____日至______年____月____日止

主管：________________ 负责职员：________________

甲部：计划制定

（一）社区问题和需要评鉴

1．社区问题识别和分析

要提问的基本问题 社区问题专案	问题（一）	问题（二）
什么社区问题？		
何处发生？		
何时候发生？		
为何发生？		
有多少人受此问题所影响？		

	↓	↓
问题总结和陈述		
如不作适当处理，则问题对社区所造成之严重后果为何？		

2. 社区文体成因分析表

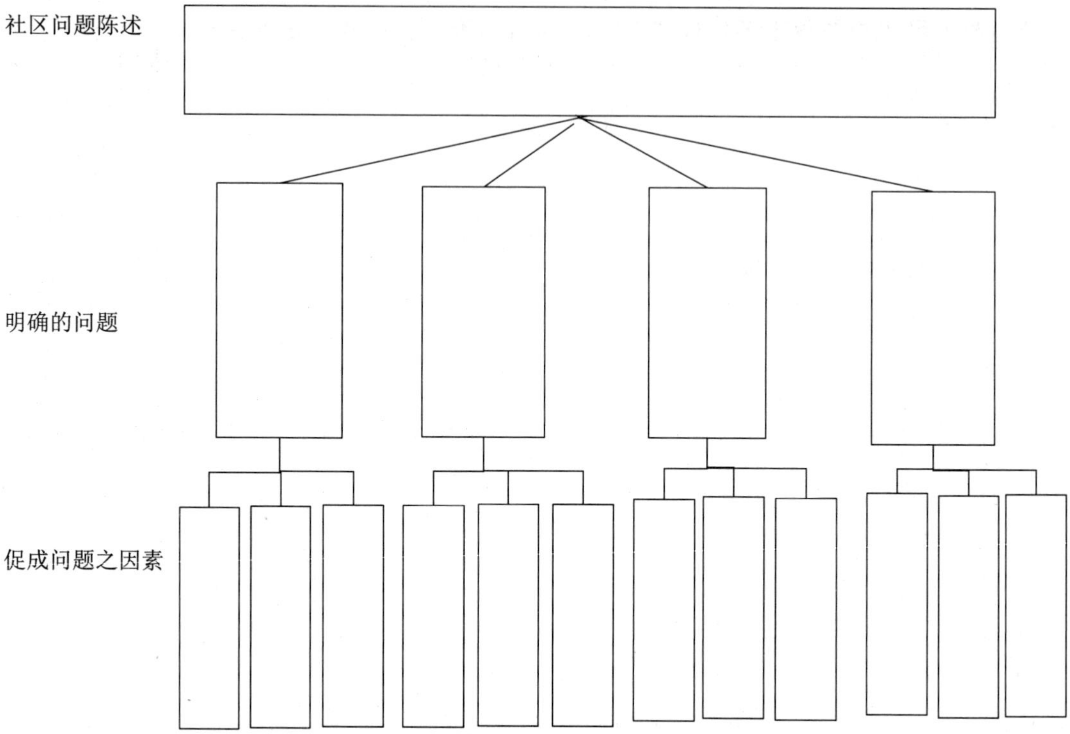

3. 主要受问题困扰/影响的【目标对象人口群】

人口名称	人数	居住区域
处于危机的人口群		
目标对象人口群		
目标对象受助人		

4. 受问题困扰/影响的服务对象有何明确的需要及如何做出评鉴？有【需要】的关键性成因为何？

需要评鉴方法	被评鉴出的需要	成因为何

（二）目标制定

1. 成效目标制定

问题/需要的成因		成效目标		成效指标
（1）________	→	________	→	________
（2）________	→	________	→	________
（3）________	→	________	→	________
（4）________	→	________	→	________
（5）________	→	________	→	________
（6）________	→	________	→	________
（7）________	→	________	→	________
（8）________	→	________	→	________
（9）________	→	________	→	________
（10）________	→	________	→	________

2. 过程目标制定

成效目标		过程目标
（1）________	→	（1）________
（2）________	→	（2）________
（3）________	→	（3）________
（4）________	→	（4）________
（5）________	→	（5）________
（6）________	→	（6）________
（7）________	→	（7）________
（8）________	→	（8）________
（9）________	→	（9）________
（10）________	→	（10）________

（三）方案安排

3. 识别达成目标之各可行方案

成效目标	过程目标	可行方案

4. 选择最理想的方案

准则	评价									
	方案一	方案二	方案三	方案四	方案五	方案六	方案七	方案八	方案九	方案十
需要达致之百分率										
方案总成本										
每一服务之成本										
效率 这个方案服务成果的成本是： 太高，会引起公众怀疑。 接近平均数。 低过平均数。 远低过平均数										
效能 就有关目标之达成，这方案将可完成： （1）比其他方案更少的效果。 （2）差不多一样。 （3）超过。 （4）与其他方案比较有更大的效果										
可行性 这方案： （1）不可行的。 （2）如果幸运或可行。 （3）应可完成目标。 （4）差不多可以确定能完成目标										

续上表

准则	评价									
	方案一	方案二	方案三	方案四	方案五	方案六	方案七	方案八	方案九	方案十
需要达致之百分率										
方案总成本										
每一服务之成本										
重要性 这个方案说明： （1）重大的服务重叠（因其他机构亦提供）。 （2）属于几个满足某一种特殊需要的方案其中之一。 （3）数目中很少现存可行方案其中之一。 （4）唯一可满足某种特殊需要的方案										
公平 这个方案之服务： （1）明显地不能公平地提供予有需要的个人或团体。 （2）可能会公平地提供。 （3）应可公平地提供。 （4）差不多可以确定应可公平地提供给予有需要的人和团体										
附属的结果 就有关没有在目标反映的社区效益，这方案： （1）制造问题比解决问题更多。 （2）除指定的目标外，对社会没有重要的效益。 （3）有重要的效益。 （4）有巨大的效益										

方案项目	服务方案及完成方案所必须推行的工作项目	推行日期											
		4月	5月	6月	7月	8月	9月	10月	11月	12月	1月	2月	3月
一	服务方案名称： ______ 主要工作项目： （1）______ （2）______ （3）______ （4）______ （5）______												
二	服务方案名称： ______ 主要工作项目： （1）______ （2）______ （3）______ （4）______ （5）______												
三	服务方案名称： ______ 主要工作项目： （1）______ （2）______ （3）______ （4）______ （5）______												
四	服务方案名称： ______ 主要工作项目： （1）______ （2）______ （3）______ （4）______ （5）______												

续上表

方案项目	服务方案及完成方案所必须推行的工作项目	推行日期											
		4月	5月	6月	7月	8月	9月	10月	11月	12月	1月	2月	3月
五	服务方案名称：______ 主要工作项目： （1）______ （2）______ （3）______ （4）______ （5）______												
六	服务方案名称：______ 主要工作项目： （1）______ （2）______ （3）______ （4）______ （5）______												
七	服务方案名称：______ 主要工作项目： （1）______ （2）______ （3）______ （4）______ （5）______												
八	服务方案名称：______ 主要工作项目： （1）______ （2）______ （3）______												

续上表

方案项目	服务方案及完成方案所必须推行的工作项目	推行日期											
		4月	5月	6月	7月	8月	9月	10月	11月	12月	1月	2月	3月
九	服务方案名称： ______ 主要工作项目： (1) ______ (2) ______ (3) ______												
十	服务方案名称： ______ 主要工作项目： (1) ______ (2) ______ (3) ______												

（四）评估设计

项目	服务方案名称	方案过程评估	方案产出评估	方案成效评估	方案目标达成评估	其他评估方法

（五）主管对运作计划/年度计划制定作出总结

____

____

____

____

填表人姓名：__________　签署：__________　日期：__________

乙部：直属主管/行政总裁批示

直属主管/行政总裁评语：

____

____

____

____

直属主管/行政总裁：__________　签署：__________　日期：__________

注：本表摘自梁伟康：《成效管理：非营利社会服务组织全面实践策略》，非营利组织卓越管理有限公司，2012，第12页。

6. 平衡计分卡视角下机构绩效计划表

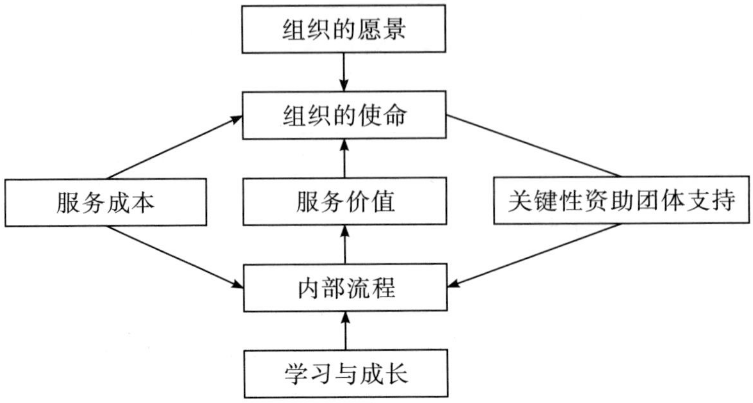

机构名称：________________

财政年度：________________

1. 组织之【使命宣言】

____

____

____

2. 组织之愿景宣言

____

____

____

3. 组织之【总目标】

总目标一：________________

总目标二：________________

总目标三：________________

总目标四：________________

4. 达至【总目标】所要采取的【策略】

总目标		策略
(1)：________________	→	________________
(2)：________________	→	________________
(3)：________________	→	________________
(4)：________________	→	________________

5. 制定组织之下的【策略性目标】

服务价值构面

策略性目标（一）：________________

策略性目标（二）：________________

服务成本构面

策略性目标（一）：________________

策略性目标（二）：________________

内部流程构面

策略性目标（一）：________________

策略性目标（二）：________________

学习与成长构面

策略性目标（一）：________________

策略性目标（二）：________________

6. 组织之策略图（××/××年度）

构面	策略图
服务价值	
服务成本	
关键性资助团体支持	
内部流程	
学习与成长	

7. 组织之表现蓝本（××/××年度）

构面	策略性目标	关键性表现指标		评分之类别					比重
				5分（优）	4分（良）	3分（常）	2分（可）	1分（劣）	
服务价值									
服务成本									
关键性资助团体支持									
内部流程									
学习与成长									

8. 组织于××/××年度期望达至或超越【指标水平】之行动方案/关键性计划

关键性表现指标	指标类别（投入/过程/产出/成效）	指标水平	达至指标水平所需履行的行动方案/关键性计划	实施期	开着		负责员工
					资本性	非资本性	

9. 推进行动方案/关键性计划可预见的困难/问题

10. 年度计划制定总结

撰写人：________ 职位：________

签　署：________ 日期：________

主管/行政总裁批示

签署：________ 日期：________

注：本表摘自梁伟康：《成效管理：非营利社会服务组织全面实践策略》，非营利组织卓越管理有限公司，2012，第12页。

7. 员工个人的绩效计划

员工个人的绩效计划

单位名称：______________________________ 主管名称：______________________________

员工姓名：______________________________ 职位：______________________________

绩效计划日期：由________年______月______日至________年______月______日

构面	表现目标	关键性表现指标	指标水平	行动计划

注：本表摘自梁伟康：《成效管理：非营利社会服务组织全面实践策略》，非营利组织卓越管理有限公司，2012，第12页。

8. 员工绩效策划和评核表格

评核期间：由________年______月______日至________年______月______日

评核员：________________________　　职位：________________________

第一部分：一般资料填写

一、评核的目的：

☐年度评核　　☐试用期　　☐绩效重新评核　　☐晋升

☐其他（请说明）：____

二、个人职位资料：

员工/受核人：____________________

	日期	职位	职级	单位
入职职位				
现时职位				

三、评核期间参与的培训活动

培训机构	课程/活动名称	期间	证书

四、评核期间所负责之主要职责

（1）____

（2）____

（3）____

（4）____

（5）____

（6）____

（7）____

（8）____

第二部分：上次所定年度绩效目标达至程度之衡量

涉及的期间：由________年______月______日至________年______月______日

年度绩效目标（按重要次序排列）	绩效指标	比重	目标达成之评价					分数
			1	2	3	4	5	
			总分：					

注：本表摘自梁伟康：《成效管理：非营利社会服务组织全面实践策略》，非营利组织卓越管理有限公司，2012，第12页。

9. 员工个人能力之检视

一般性的能力之检视

范畴	核心能力项目	阐释	达致程度 1	2	3	4	5	N/A	补充资料（如选答“1”或“5”，请尽可能提供附加资料）	建议的发展/改善行动或计划（如有需要）
			不达致	部分达致	仅可达致	高程度达致	完全达致	不适用		
个人效能	自我增值	持续不断检视自己的长短处、态度和行为、以及工作效果，然后透过不同的途径加强多方面的知识和技能，从而全面配合工作上的新发展和需要								
	积极及正面的思考	凡事向好处着眼，用客观、主动的态度及思考方式面对问题，进而寻求改善								
	沟通技巧及表达能力	愿意聆听及接纳别人的意见或批评，并在口头沟通方面能有效地表达意见								
	撰写能力	具备可接受的中、英文书写能力，并在撰写有关报告和文件时能做到层次分明								
与他人合作	团队精神	与工作团队成员有效地分工合作，互相支援，达成团队特定的使命、目标和工作任务								
	人际关系建立	透过良好的人际关系，建立个人之间及团队之间良好的合作关系，借此关系网络的建立，增加团队的归属感，使工作更有成果和效率								

续上表

范畴	核心能力项目	阐释	达致程度 1 不达致	2 部分达致	3 仅可达致	4 高程度达致	5 完全达致	N/A 不适用	补充资料（如选答“1”或“5”，请尽可能提供附加资料）	建议的发展/改善行动或计划（如有需要）
与他人合作	以服务使用者为本	按服务对象之问题/需要而设计适切的服务，在过程中以服务受惠者之尊严、特性及满足感为本。具备敏锐的分析能力，清楚了解外间环境的变化对服务及机构/单位之影响								
工作/成效主导	责任感	态度积极和认真，并能在指定时限内有效地完成工作任务								
	组织及策划能力	系统地策划及组织各项活动和工作，并可连结他人/团体共同合作，以完成特定的目标及任务								
	机构/单位运作的政策及程序	明白机构/单位各项运作政策和程序的内容，并切实配合及执行以达致有效的成果								
	追求卓越的表现	在切合实际的情况下制定具有挑战性的目标，不断探讨成效，寻求突破，并持续改善及提高工作能力和知识，达致服务更有成效和效率的原则								
策略性策划	危机感及应变能力	能有效分析外间环境的变化及因这些变化对服务带来的影响而制定有关的应变措施，并有能力预计周遭环境的改变而采取不同的应变方法和行动								

上述各项所得的分数总和是：________（备注：因应受核人对一般性能力之熟悉程度而计算其总得分），实际所获得的分数之折算方式如下：

$$\frac{\square\ (\text{上述各项所得的总分})}{\square\ (\text{上述各项最高可获得之分数总和})}\times 100\% = \_\_\_\_\_\_$$

员工功能性的能力之检视：

范畴	核心能力项目	阐释	达致程度						补充资料（如选答“1”或“5”，请尽可能提供附加资料）	建议的发展/改善行动或计划（如有需要）
			1	2	3	4	5	N/A		
			不达致	部分达致	仅可达致	高程度达致	完全达致	不适用		
社会工作介入的知识与技能	人权、公义及公民责任的倡导	能将人权、公平责任从理论层面落实发展至推行层面，推行相关的计划项目以达致倡导人权和公民责任的目标，并推动社会上的公平和公义								
	社会工作【助人过程】	有目的地应用社会工作的知识和技能，使服务使用者达致适当/期望的更变；在辅导受助人改变的过程中包括评鉴其需要/问题、分析导致需要/问题之关键性成因、制定成效/介入目标、发展介入方案、推行有关方案、以及检讨/评估方案成效和终止服务								
	方案管理	展示有能力去策划、推行及监察方案计划项目内各个环节，并能推动同事及其他合作人士在限期内达致既定的指标（例如服务人数、小组活动节数等），兼且在预计成本内达致期望的质素和成效								

续上表

范畴	核心能力项目	阐释	达致程度 1 不达致	2 部分达致	3 仅可达致	4 高程度达致	5 完全达致	N/A 不适用	补充资料（如选答“1”或“5”，请尽可能提供附加资料）	建议的发展/改善行动或计划（如有需要）
建立社会工作关系的知识与技能	与有关人士建立良好的社会工作关系	在助人过程中展示有能力催化或改变受助人达致“期望的更变”并与其建立一个互信及正面的工作关系，从而有效解决其需要或所面对的问题								
	建立社区合作伙伴和网络	与业界及其他有关团体/专业建立具策略性及发展性的伙伴关系，从而提供高质素的服务及改善服务的效益								
个人绩效效率及质素	遵从有关法例及规则	在社工专业实务上能运用有关法例及规则以处理受助人之复杂情况，并为有关法例或规则提供建设性的改善意见，从而完善社会工作实务								
	受助人社会及文化认知	从服务使用者的社会和文化背景作出考虑，从而策划和设计合适的活动，并与区内团体合作，共同倡导接纳不同的社会和文化差异。另当他们处于不利的情况下，能采取主动以争取服务使用者获取最大的正面效果								
	追求专业发展	清楚明白个人本身之优劣，并主动发展个人潜能或做出改善，以追求更高水平之专业服务，并积极追求更广博的专业知识和技能，为社会工作专业发展做出实质的贡献								

续上表

其他 （请说明）：									

备注：1. 达致程度评价可分五级：

5 = 完全达致　　4 = 高程度达致　　3 = 仅可达致

2 = 部分达致　　1 = 不达致

有关功能性能力之项目可超逾八项，可由直属主管与受核人共同协定。

（2）所获得分数之折算方式如下：

$$\frac{\boxed{\quad}\text{（上述各项所得的总分）}}{\boxed{\quad}\text{（上述各项最高可获得之分数总和）}}\times 100\% = \underline{\qquad\qquad}$$

员工整体的考核

经全面考虑受考核人在评核期间其绩效目标之达成程度（见第二部分）及检视其一般性的能力及功能性的能力（见第三部分），现对受核人作出整体的评价。前者（即绩效目标之达成）占总分30%；而后者甲部及乙部分别占总分50%和20%。经计算后，受核人之整体得分：

绩效目标之达成：＿＿＿＿＿＿分 ×30%

一般能力之评核：＿＿＿＿＿＿分 ×50%

功能能力之评核：＿＿＿＿＿＿分 ×20%

实际总得分：＿＿＿＿＿＿

按上述实际总分所得，受核人之评级为：＿＿＿＿＿＿

总评级对照表

评级	表现描述	总评分/分
A	表现卓越（可胜任更高职位）	95
A －	表现极良好	90 ~ 94
B +	表现很好	81 ~ 89
B	表现良好	70 ~ 80
C +	表现满意	61 ~ 69
C	表现尚可（要做多方面改善）	56 ~ 60
D	表现欠佳（附上工作改善计划 + 冻薪一年 + 书面警告）	51 ~ 55
E	表现差劣（最后警告 + 考虑终止聘用）	≤50

员工事业发展

受考核人事业生涯发展的计划及可进一步获得提升之适当性

受核人对其直属上司（即评核员）的意见（包括对工作、期望、改善及发展的建议或任何其他事项的意见）。

受核人填写

受核人确认已获评核员知会绩效评核级及评语
（注：如对绩效评级不满及要提出上诉，请参照本机构之上诉机制）

受核人姓名：__________ 签署：__________ 日期：__________

评核员姓名：__________ 签署：__________ 日期：__________

受考核人薪酬调整建议

□提升薪点　由____点提升至____点，薪金由______元增至______元。（+____%）

□维持现时薪金　__________点，薪金维持于__________元

□下调薪金　由____点下调至____点，薪金由_____元减至_____元。（-____%）

备注：__________

＊请在适当空格内加上“√”号

受考核人评级及合约聘用建议

由评核员填写：

经与受核人讨论后，现给予受核人以下评级：［　　　　］（参照总评级对照表）

本人并作出以下的建议：

聘用建议

□继续聘用

□绩效重新评核，须于________年________月________日再作评核

□通过试用期聘用为＊全职/兼职和长期/合约雇员（＊请删除不适用者）

□延长试用期至________年______月________日再作评核

□延续合约：由____年____月______日至________年______月______日

□合约期满，终止聘用

□沿用上次最新考绩表之评级，聘用合约及薪酬调整建议

□其他：____

受考核人项目绩效指标

项目	新年度绩效目标	绩效指标	比重	达标所需完成的主要行动计划

注：本表摘自梁伟康：《成效管理：非营利社会服务组织全面实践策略》，非营利组织卓越管理有限公司，2012，第12页。

10. 员工年度绩效计划表

项目	员工年度绩效目标	绩效目标	比重（总数 100%）	达标的主要行动计划及推行期	中期检讨结果	备注
1						
2						
3						
4						
5						
6						
7						
8						
9						
10						

注：本表摘自梁伟康：《成效管理：非营利社会服务组织全面实践策略》，非营利组织卓越管理有限公司，2012，第 12 页。

11. 员工年度绩效目标自评表

项目	员工年度绩效目标	绩效目标	比重	简述主要的行动计划是否推行及其成效如何	自评达成程度 *				
					1	2	3	4	5

注：本表摘自梁伟康：《成效管理：非营利社会服务组织全面实践策略》，非营利组织卓越管理有限公司，2012，第 12 页。

12. “关爱共融大沥城”项目整合性目标树框架[①]

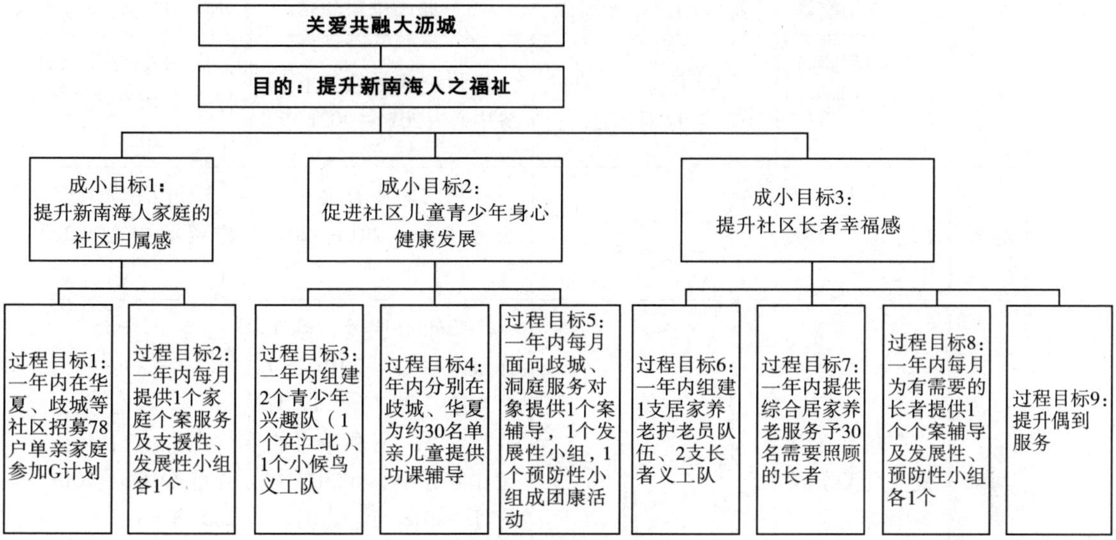

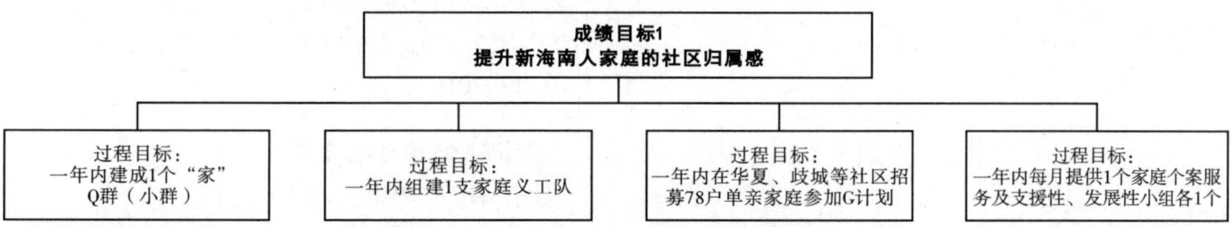

此成效目标1之下各过程目标的具体活动方案此不赘述。

方案评估的成效指标：一年内，≥60%受访家庭觉得可融入社区生活；采用功能水平尺度法、自制“社区融入满意度问卷”并由工作员负责监察等评估方法。

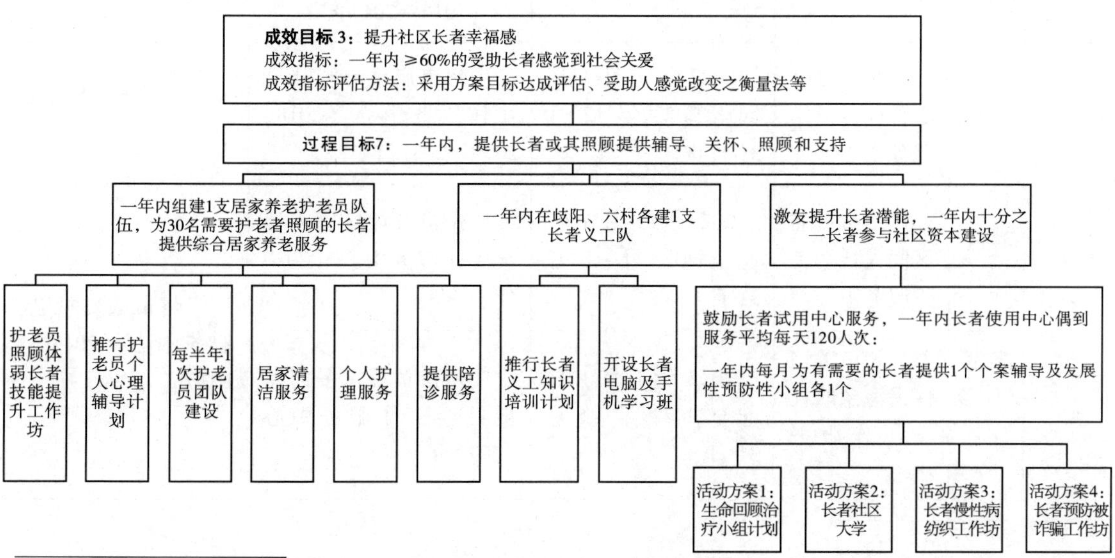

① 本案例由张莉萍编撰、广州市海珠区木棉花社会工作发展中心提供。

13．广州市社区精神康复综合服务中心运营机构名录

编号	辖区	运营机构名称	中标时间（运营时间）	上期中标机构	评估机构及时间①
1	荔湾	广州利康社会工作服务中心	2022年1月1日—2023年12月31日	广州利康社会工作服务中心（2014—2021年）	广州市天河区华社社会服务与研究中心（2021年）
2	越秀	广州市家康社会工作服务中心	2022年1月1日—2024年12月31日	广州市家康社会工作服务中心（2014—2018年）	广州市穗协社会工作资源中心（2021年）
3	海珠	广州市心明爱社会工作服务中心	签合同起至2023年12月31日	广州市心明爱社会工作服务中心（2019年1月1日—2020年12月31日），广州利康社会工作服务中心（2017年1月—2018年12月），广州市越秀区馨和社会工作服务中心（2014年10月—2016年12月）	广州市汉达社会工作服务中心（2019—2020年）
4	白云	广州市恒福社会工作服务社	2022年1月1日起至2023年12月31日止	广州市恒福社会工作服务社（2018—2021年），广州盈超经济社会服务中心（2017年5月1日—2018年），广州利康社会工作服务中心（2014—2017年）	广东省社工师联合会（2019—2021年）
5	天河	广州市启维心智社会工作服务中心	2022年1月1日起至2023年12月31日止	广州市启维心智社会工作服务中心（2018、2019—2021年）	未查找到相关信息
6	黄埔区南片	广州市黄埔区同人社会工作服务中心	2022年1月1日起至2022年12月31日	广州市黄埔区同人社会工作服务中心（2020年）	广州市康健社会服务中心（2017—2020年）
7	黄埔（原萝岗片区）	广州市黄埔区爱海慈航社会工作服务中心	2022年1月1日起至2022年12月31日	广州市黄埔区爱海慈航社会工作服务中心（2020年）	

① 2015—2016年，广州市社区精神康复综合服务中心专项服务项目评估工作和业务督导工作项目中标机构为广州利民精神健康社会工作资源中心。

续上表

编号	辖区	运营机构名称	中标时间（运营时间）	上期中标机构	评估机构及时间
8	南沙	广州市从心力行社会服务中心	2021 年 2 月 1 日—2023 年 1 月 31 日	广州市心康社会服务中心（2019—2020 年），从化市残疾人康复养护服务中心（2014—2019 年）	未查找到相关信息
9	从化	广州市心康社会服务中心	2022—2023 年	广州市心康社会服务中心（2019—2021 年）	未查找到相关信息
10	花都	广州市心明爱社会工作服务中心	2022—2024 年	深圳市龙岗区康健助残综合服务中心（2019—2021 年），广州市花都区思康社会服务中心（2014—2018 年）	广东省社工师联合会（2017—2018 年）
11	增城	广州市心康社会服务中心	2022—2024 年	广州市从化区残疾人康复养护服务中心（2017 年），广州市广大社会工作服务中心（2014—2016 年）	未查找到相关信息
12	番禺	广州市番禺区康园工疗站服务中心	2022 年 1 月 1 日—2024 年 12 月 31 日	广州市番禺区康园工疗站服务中心（2019—2021 年）	未查找到相关信息

（本表由冯慧玲整理）